國家古籍整理出版專項經費資助項目

江南文脉
jiangnan wenmai

江藩全集

（上）

（清）江藩 著
高明峰 整理

鳳凰出版社

圖書在版編目（CIP）數據

江藩全集 / (清) 江藩著 ; 高明峰整理. -- 南京 : 鳳凰出版社, 2023.3
ISBN 978-7-5506-3389-6

Ⅰ. ①江… Ⅱ. ①江… ②高… Ⅲ. ①江藩－全集 Ⅳ. ①Z424.9

中國版本圖書館CIP數據核字(2020)第271406號

書　　名	江藩全集
著　　者	(清)江　藩 著　高明峰 整理
責任編輯	蘭淑坤
特約編輯	張淑婧
裝幀設計	姜　嵩
責任監製	程明嬌
出版發行	鳳凰出版社(原江蘇古籍出版社) 發行部電話025-83223462
出版社地址	江蘇省南京市中央路165號,郵編:210009
照　　排	南京凱建文化發展有限公司
印　　刷	蘇州市越洋印刷有限公司 江蘇省蘇州市吴中區南官渡路20號,郵編:215104
開　　本	880毫米×1230毫米　1/32
印　　張	36.375
字　　數	811千字
版　　次	2023年3月第1版
印　　次	2023年3月第1次印刷
標準書號	ISBN 978-7-5506-3389-6
定　　價	280.00圓(全二册)

(本書凡印裝錯誤可向承印廠調换,電話:0512-68180638)

《鄭堂先生小像》（絹本）

清丁以誠 寫真　費丹旭 補圖　南京博物院藏

國朝漢學師承記序
兩漢經學所以當尊行者爲其去聖賢最近而二氏之
說尚未起也老莊之說盛於兩晉然道德莊列本書具
在其義止於此而已後人不能以己之文字飾而改之
是以晉以後鮮樂言之者浮屠之書語言文字非譯不
明北朝淵博高明之學士宋齊聰穎特達之文人以己
之說傅會其意以致後之學者繹之彌悅改而必從非
釋之亂儒乃儒之亂釋魏收作釋老志後蹤跡可見矣
吾固曰兩漢之學純粹以精者在二氏未起之前也我
國朝漢學師承記　序　一
朝儒學篤實務爲其難務求其是以通儒碩學有束
髮研經白首而不能究者豈如朝立一旨暮卽成宗者
哉甘泉江君子屏得師傳于紅豆惠氏博聞强記無所
不通心貫羣經折衷兩漢元幼與君同里同學竊論
說三十餘年江君所纂
國朝漢學師承記八卷嘉慶二十三年居元廣州節院
時刻之讀此可知漢世儒林家法之承授
國朝學者經學之淵源大義微言不乖不絕而二氏之
說亦不攻自破矣元又嘗思
國朝諸儒說經之書甚多以及文集說部皆有可采竊
欲析縷分條加以翦截引繫於羣經各章句之下譬如

《國朝漢學師承記》書影

嘉慶末年刊本（趙之謙等批校）　天津圖書館藏

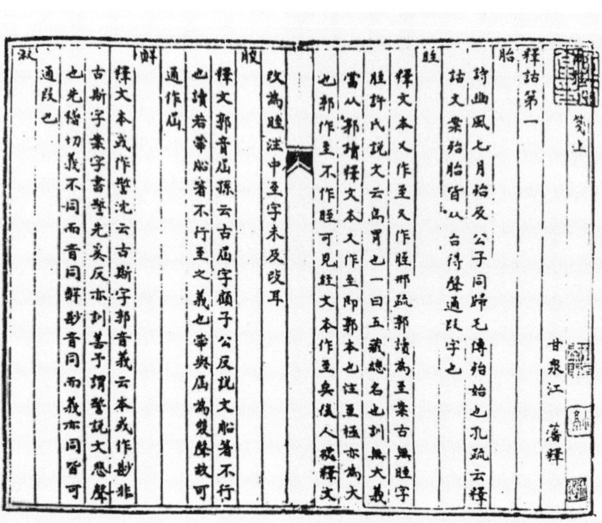

爾雅小箋上　甘泉江藩釋
釋詁第一
胎　詩豳風七月殆及公子同歸毛傳殆始也孔疏云釋
詁文案殆怡皆从台得聲通段字也
晊　釋文本又作至又作胵邢疏郭讀爲至案古無晊字
胵許氏說文云鳥胃也一曰五藏總名也訓無大義
當从郭讀釋文本又作至卽郭本也注至極亦爲大
也郭作至不作晊可見注文本作至後人改釋文
改爲晊注中至字未及改耳
艐　釋文郭音屆孫云古屆字顧子公反說文船著不行
也讀若宰船著不行至之義也宰與屆爲雙聲故可
通作屆
鮮　釋文本或作䲜沈云古斯字郭音義云本或作䲜非
古斯字案字書䲜先奚反亦訓善于讀䲜說文悉䲜
也先稽切義不同而音同鮮䲜音同而義亦同皆可
通段也
淑

《爾雅小箋》書影　清鈔本　上海圖書館藏

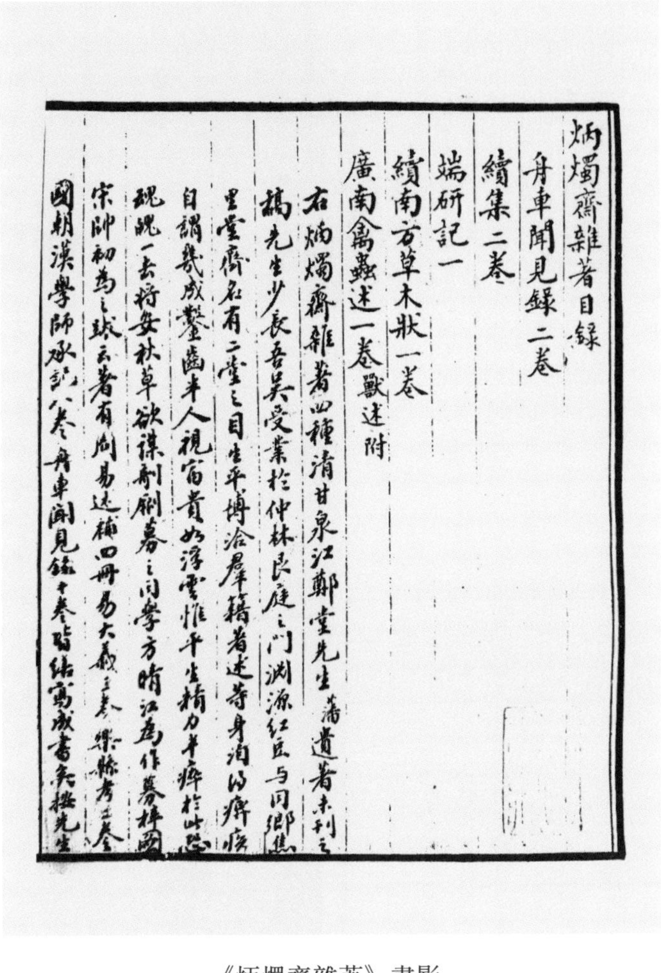

炳燭齋雜著目録

舟車聞見録二卷

續集二卷

端研記一

續南方草木狀一卷

廣南禽蟲述一卷獸述附

右炳燭齋雜著四種清甘泉江鄭堂先生藩遺著未刊之稿先生少長吾吳受業於仲林艮庭之門淵源紅豆与同鄉焦里堂齊名有二堂之目生平博洽羣籍著述等身洎以癖痴自謂甃成鑿齒半人視富貴如浮雲惟平生精力半瘁於此恐䰟魄一去將委秋草欲謀剞劂慕之同學方晴江為作募梓啟宋翔初為之跋云著有周易述補四冊易大義三卷樂縣考二卷國朝漢學師承記八卷舟車聞見録十卷皆結寫成書矣按先生

《炳燭齋雜著》書影

民國三十七年顧廷龍刊《合衆圖書館叢書二集》本

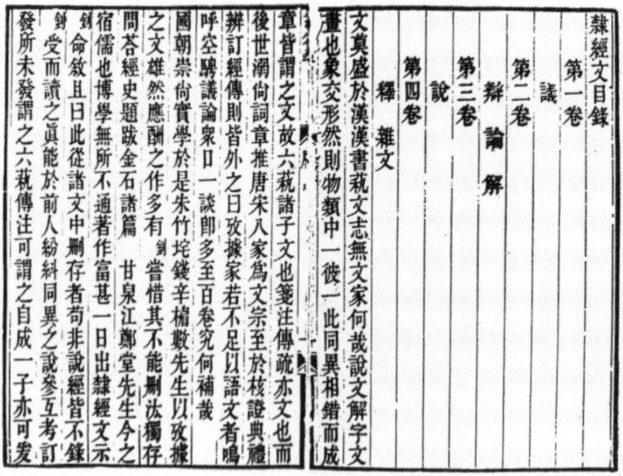

《隸經文》書影　道光元年刊本

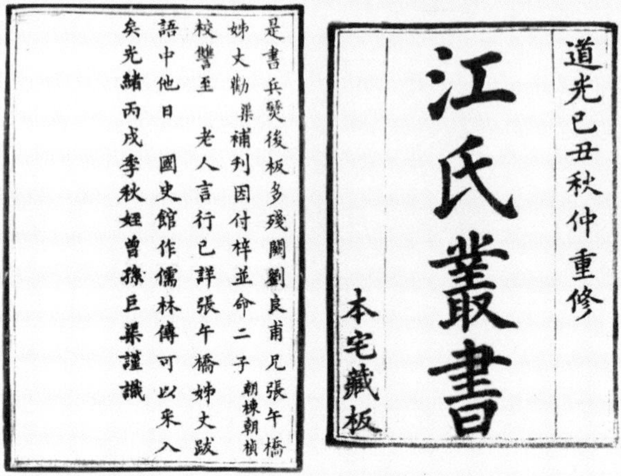

《江氏叢書》書影　光緒十二年江巨渠補刊本

目録

爾雅小箋

國朝漢學師承記

目録

炳燭室雜文

附：江鄭堂河賦注

伴月樓詩鈔

伴月樓詩鈔卷中……………八五〇

扁舟載酒詞

炳燭室雜文補遺一卷

炳燭室雜文續補一卷

炳燭室雜文拾遺一卷

前言

江藩，小名三多，族人稱三多先生。初名帆，一作颿，字雨來，一作豫來。後改今名，字子屏，一作國屏，晚字節甫，號鄭堂。又自署江水松、竹西詞客、炳燭老人、辟支迦羅居士等。祖籍安徽旌德，祖父日宙移居揚州，遂著籍甘泉（今揚州西北）。乾隆二十六年辛巳（一七六一）三月二十二日，江藩出生於吴縣（今蘇州西南）。

江藩祖上從事藥材生意，開藥鋪兼行醫，揚州多子街天瑞堂藥肆即其一。自江藩父親起棟始，漸弃商業儒，與飽學之士薛起鳳、余蕭客等交游。二十歲之前，江藩居吴門，先後師從惠棟弟子余蕭客、江聲，濡染風雅，研習七經、三史及許氏《説文》，受惠氏《易》。二十至三十歲之間，江藩往來於蘇、揚兩地，廣交友朋，與汪中、焦循、阮元、凌廷堪等時相過從，談經論史，學問大進。三十一歲之後，江藩游幕四方。先是見賞於王昶，後又受王杰器重，館其府邸十餘年，繼而又長期入阮元幕，受聘講學、修志。这种幕賓生活，雖是科舉失意、生活困頓的無奈之舉，但讀書便利，切磋有人，且名流延譽，刻書有資，終使江藩以樸學名震東南。六十五歲時，江藩自嶺南返回揚州。旋應黄奭之聘，館其家。道光十年（一八三〇），江藩病逝，享年七十。

縱觀江藩一生，家境衰落，仕途失意，以監生終老，飽受流離之苦。早年受家學影響，兼修佛學，但終以儒術爲志業，淹貫經史，博通群集，在清代學術史上占有重要地位，堪稱「吴派後勁，揚學精英」。

一、江藩的經學研究

江藩自幼師承吴派，長而與揚州學人交好切磋，兼習皖派之學，融會貫通，獨具特色，自名一家。其經學著述，刊刻傳世者主要有《周易述補》四卷（一作五卷）、《樂縣考》二卷、《爾雅小箋》三卷等專經研究之作，另有《考工戴氏車制圖翼》《儀禮補釋》《禮堂通義》《經傳地理通釋》《石經源流考》等未刊存目之作。此外，綜論群經的《隸經文》四卷、《續隸經文》一卷，辨章學術的《國朝漢學師承記》八卷、《國朝經師經義目録》一卷、《國朝宋學淵源記》二卷《附記》一卷，亦是江藩經學成就的重要構成。

在經學觀念上，江藩推尊漢學，兼容宋學。衆所周知，吴派、皖派乃乾嘉漢學的代表。受師承影響，江藩亦唯漢學是尊。所著《周易述補》，一如惠棟《周易述》體例，「取荀、虞，旁及鄭氏、干氏、九家等義」[一]。《爾雅小箋》三卷，承江聲之學，「以《説文》爲指歸，《説文》所無之字，或考定正文，或旁通叚借，不敢妄改字畫」[二]。尤其在《國朝漢學師承記自序》中，江藩直言：「經術一壞於東、西晉之清談，再壞於南、北宋之道學，元、明以來，此道益晦。至本朝，三惠之學，盛於吴中；江永、戴震諸君，繼起於歙。從此漢學昌明，千載沉霾一朝復旦。」而「漢學」之名目，雖有龔自珍與之商兑，提出所謂的「十不安」，建議改作「經學」〔三〕，江藩仍堅持己見，不爲所動，益可見其推尊漢學之意。另一方面，江藩對宋學也不完全排斥。江藩幼年即從儒佛互證的薛起鳳、汪縉游，習涵養工夫。他認爲宋學「率履則有餘，考鏡則不足」，且謂：「本朝爲漢學者，始於元和惠氏，紅豆山房半農人手書楹帖云『《六經》尊服、鄭，百行法程、朱』，不以爲非，且以爲法，爲漢學者背其師承，何哉？」〔四〕故而，江藩在撰成《漢學師承記》之後，又續撰《宋學淵源記》，雖不無調停「漢宋之争」之意，但也與其重視宋儒的躬行踐履相關。

江藩不僅兼容漢宋，且鎔鑄古今，力求會通。譬如，江藩考論樂器、樂制，倡言今樂可通於古樂，著有《樂縣考》二卷。在《方響説》一篇中，江藩指出：「嗟乎！古樂雖亡，然以今樂尋繹之，尚可得千百中之一二焉，惜乎爲自以爲是之妄人所汩没，豈非恨事耶！」張其錦在《樂縣考序》中亦指出：「《方響》《勾鑼》等説，直通今樂於古樂，與吾師（筆者按：指凌廷堪）之説儼若合符。」對於禮制，江藩亦既考之於古代典籍，又揆之以當下情理。在《隸經文》卷四《與伊墨卿太守書》中，江藩指出：「『稽顙拜』，用之於世俗之謝帖則可，用之於訃書、門狀則不可。何以明之？居喪之拜有二：一答賓拜，一答問賜之拜。……今之謝帖，是答賓拜也。至於出訃書、門狀之時，既無弔問之賓，又無賜與之事，何拜之有？」在同卷《答程在仁書》中，江藩批駁居喪稱「棘人」之説，認爲：「居倚廬之時，稱『斬衰』或稱『在苫』；既葬之後，稱『受服』，期而小祥，則稱『練』；大祥，則稱『縞』；中月而禫，則稱『禫』。然古人居喪，本無稱謂，但世風日下，至於今日，何能事事復古哉？」凡此，皆可見江藩博通古今的治學特色。

此外，江藩皓首窮經，博覽群書，又不爲故紙堆所限，兼具經世致用之思。《隸經文》卷四《書阮雲臺尚書性命古訓後》一文，反映出江藩對性命之學的關注，也表現出他研究經典注意經世致用的一面。其中「盡心以求其蘊，存性以致其用」云云，顯示出江藩研經致用的意識，而他高度肯定阮元《性命古訓》「大可以探禮樂之原，致治平之要；小可以進德居業，樂行憂違」，則更是深層次地揭示了研經問道的意旨所在。同卷的《原名》一文，也很有經世的意味，正如江瀚《隸經文提要》所云：「《原名》一篇，尤得正名之旨。其云後世名法合爲一科，先王制禮之原不以名教，而以名刑，爲酷吏騰説，奸胥舞文，殺盗賊非殺人之姦言起，而求治安，烏可得乎？是誠仁人之言。有心經世者，尚其留意焉。」〔五〕

江藩在《國朝漢學師承記自序》中，自言其學術在於「明象數制度之原，聲音詁訓之學」〔六〕。考訂象數制度，掘发聲音訓詁，正是江藩主要的經學貢獻。

江藩《周易述補》，是闡揚虞翻象數《易》學的力作，梁啓超在《論中國學術思想變遷之大勢》一書中稱清代疏注之宏博精確者，「於《易》則有惠氏棟之《周易述》，江氏藩之《周易述補》，張氏惠言之《周易虞氏義》」〔七〕。江書所補自《鼎》至《未既》十五卦中，每卦均引述虞氏逸象，加以發揮，且博徵典籍，尤其注意結合聲音訓詁之學，有所創新。如「鼎」卦爻辭「九四：鼎折足，覆公餗，其形渥，凶」。江藩改「其形渥」作「其刑剭」，並依據鄭氏義作《注》，且在《疏》中加以發揮：

剭，讀如「屋誅」之「屋」，又曰「屋中刑之」者，《周禮·秋官·司烜氏》：「邦若屋誅，則爲明竄焉。」鄭氏彼《注》曰：「屋讀如『其刑剭』之『剭』。剭誅謂所殺不於市而以適甸師氏者也。」《漢書·敘傳》曰：「底剭鼎臣。」服虔云：「《周禮》有屋誅，誅大臣於屋下，不露也。」俗本作「形渥」，非。〔八〕

阮元校刻《十三經注疏》本《周易正義》作「其形渥」，阮氏在《校勘記》中指出：「『其形渥』，《石經》、岳本，閩、監、毛本同，《釋文》：渥，鄭作『剭』。」〔九〕可見，江藩揭櫫「形渥」之非，頗有意義，且資料詳贍，論證有力。而在「豐」卦爻辭中，江藩改「窺其户，闃其无人」作「窺其户，窒其无人」，並在《疏》中充分運用聲音訓詁之學加以闡釋：「窺，小視也，《説文解字》文。《易釋文》：『李登云：小視也。』今作『闚』。闚，《説文》訓閃也，非小視之窺字也。闃，俗字，《易釋文》：『孟作「窒」。』仲翔訓爲空者，猶亂之訓治也。《列子·黄帝》篇：『至人潛行不空。』殷敬順《釋文》云：『一本「空」作「窒」。』據此，當從孟氏作『窒』矣。」由此，可知凌廷堪《周易述補敘》謂其「引證精博，羽翼惠氏」〔一〇〕，所評不虚。

制度考證，主要是禮樂考釋，是江藩經學研究的另一建樹。主要著作除了上引《樂縣考》尚存外，另有《考工戴氏車制圖翼》《儀禮補釋》《禮堂通義》等，均已散失不存。今江氏《隸經文》卷三《藪説》《軹説》《弱説》《股骹説》《較説》《軓轛軫説》《軸説》《軓後説》《相説》及卷四《釋車制尺寸》諸文，悉論車制，蓋即《考工戴氏車制圖翼》之數篇。江藩《隸經文》卷二《畏厭溺殤服辯》《私謚非禮辯》等篇，辨析有關禮制，或可見《儀禮補釋》之一斑。而《禮堂通義》蓋專論廟堂之制，與江氏《隸經文》卷一《明堂議》《廟制議》《特廟議》《昭穆議》諸篇或相去不遠。這些考釋文章，多能參究諸説，論證精博，頗多發明。曾釗《隸經文敘》評曰：「真能於前人紛糾同異之説，參互考訂，發所未發，謂之六藝傳注可，謂之自成一子亦可。」〔一一〕譬如卷一首篇《明堂議》，先列諸家異説，次溯源窮流，以爲漢武時罷儒生之議而用方怪之言，光武時儒生議禮又不敢不本緯書，當從鄭玄之説，繼而徵引《大戴記·聖德篇》、張衡《東京賦》、宇文愷《明堂議》及《周易·説卦》、《禮記·玉藻》正義、《五經異義》、《漢書·光武紀》注等材料，申論鄭氏「明堂爲五室」之説，並論及明堂的位置和尺寸等問題，最後總結道：「在鄭君時，其尺寸之制已不可考。《匠人職》依文解義，乃述古闕疑之意，而後儒鑿空肊斷，豈能合於古制邪？……今緣述古義，通其旨趣，惜《禮經》殘缺，求之靡據已。」可謂條理井然，辨證博洽。後人將之與阮元《明堂圖説》相提並論，給予極高評價，如林昌彝《明堂》指出：「近儒惠士奇、惠棟、戴震、孔廣森、金榜、江聲、孫星衍、任啓運、焦循、萬世美、汪中咸有箸論，有合古制，亦有未盡合古制者。阮氏元《明堂圖説》、江藩《明堂議》最後出，所定諸家得失，碻得古人規制。」〔一二〕至於《樂縣考》一書，考論樂器、樂律乃至樂制，精确詳明，堪與凌廷堪《燕樂考原》相媲美，張其錦稱贊道：「篇葉無多，條理在握，古樂之復，此其權輿。」〔一三〕

聲音訓詁方面，江藩嘗鈔録惠士奇、惠棟手批《説文解字》〔一四〕，批校《爾雅注疏》，更著有《爾雅小箋》三卷。據江藩《爾雅小箋序目》，是書初稿成於江藩十八歲時，直到六十歲時，才重加删定，據古文釐爲三卷。是書承江聲之學，以《説文》爲指歸，對郭璞《注》、邢昺《疏》、邵晉涵《疏》多有批評，如在《釋水第十二》「江有沱，河有灉，汝有濆」條下云：「郭《注》『重見』，非是。」在《釋言第二》「昣，殄也」條下云：「昣訓爲殄，叚借也。邢昺曰『以昣爲場』，何異于王安石之《字説》！可謂不經之談矣。」而對於邵《疏》，辯之尤力，如《釋訓第三》「惸惸、忉忉、慱慱、惙惙」條下云：「邵《疏》云：『《後漢書注》引《爾雅》云：「惙怛，𢝊也。」疑「惙惙」下脱「怛怛」二字，或即「怲怲」之異文。』予謂『惙惙』下脱『怛怛』容或有之，經之異文必聲音相近，『怛』『怲』既不同部，又非合音，此説恐誤。」再如《釋山第十一》「霍山爲南嶽」條，江藩指出：「景純明言兩山，而邵《疏》云郭以衡、霍爲一山，誤甚。予謂衡山爲南岳，其來久矣。豈得以方士荒遠無稽之説，以爲始于軒轅哉？即以霍爲南岳之副，兩山相去二千餘里，燔柴瘞玉分爲二所，恐不然矣。《詩疏》引孫炎説，以『霍山』爲誤，當作『衡山』，於義爲長。」

在清代《爾雅》學史上，邵晉涵的《爾雅正義》和郝懿行的《爾雅義疏》是這一時期的巨帙。邵氏《爾雅正義》於聲音訓詁之原多有壅閡，鮮有發明，郝氏的《爾雅義疏》即爲此而作，以闡發「字借聲轉」之義。而江藩的《爾雅小箋》成書於二者之間，江藩謂「邵《疏》又襲唐人義疏之弊，曲護注文，至於形聲則略而不言，亦未爲盡善也」〔一五〕，此論可謂中肯，其所作補正，亦可糾《爾雅正義》之失。

當然，江藩在經學研究方面卓有影響的著作，還是《國朝漢學師承記》和《國朝宋學淵源記》。儘管江藩嚴分漢宋，頗多争議，但畢竟梳理了清代學術的脈絡，展現了清代學術的業績，揭示出了清代學術的基本框架，而且具有敘述簡明生動、評述實事求是的優長，允爲「上下二百年一大著作」〔一六〕。

二、江藩的史學研究

江藩不僅經學深湛，且史學融貫。凌廷堪評價説：「近日學者風尚，多留心經學，於辭章則卑視之，而於史事，又或畏其繁密。辭章之學，相識中猶有講求之者。而史學惟錢辛楣先生用功最深，江君鄭堂亦融洽條貫，相與縱談今古，同時朋好，莫與爲敵，蓋不僅經學專門也。」[一七]

江藩的史學類著作，除了經學史著作《國朝漢學師承記》和《國朝宋學淵源記》以外，還有參與編撰的地方志，如《（嘉慶）重修揚州府志》七十二卷、《（道光）廣東通志》三百三十四卷、《（道光）肇慶府志》二十二卷等，以及校訂《吴越備史》四卷、《楊太真外傳》二卷、《西漢會要》七十卷等。八卷本《揚州府圖經》的作者問題雖然還有待進一步研究，但即便真如張連生所説，該書是由好事者將焦循、江藩等人編纂《揚州府志》時搜集的部分有關編寫「事志」的文獻材料彙編而成[一八]，其中題署「江藩案」的數條按語還是可以作爲研究江藩史學成就的材料加以利用。這些按語或録其異文，或補充解釋，或考辨異説，尤其是考辨異説的按語，更可見其史學功底。如卷一的《厲王胥傳》後有按語：

江藩案：《諸侯王表》與《厲王胥傳》不同。《表》云：胥在位六十三年。《傳》云：六十四年。考《本紀》，胥立於武帝元狩六年，至宣帝五鳳四年，共計六十三年。《傳》誤三爲四也。《表》云：共王十三年薨。《傳》云：三年薨。共王立於孝元建昭五年，立十三年而薨。是薨於孝成陽朔三年矣。哀王封於孝成建始二年，建昭五年至建始二年，四年耳。則《表》作十三年誤，《傳》作三年亦誤，當作四年。《表》云：哀王立十五年薨。《傳》云：十六年。哀王立於建始二年，自建始二年至永始元年，共十五年。《成帝本紀》：孝王子守立於元延二年。自永始元年至元延二年共計六年。《傳》云：後六年成帝復立孝王子守。據此則《傳》云十六年誤，當從《表》作十五年。《表》：靖王立十七年薨。《傳》云：二十年。靖王立於元延二年，自二年至王莽居攝二年，共十七年。若如《傳》云二十年，是靖王薨於王莽建國三年矣。但王宏嗣位在居攝二年，豈有靖王未死，而王宏得嗣位之理哉！當以《表》爲正。〔一九〕

於此可見江藩的考辨細緻而精審。江藩另有《校補陸志》一卷，乃同鄉同學阮元囑江藩以《輿地紀勝》中《真州》一卷校補前儀徵縣令陸師所修《儀徵縣志》，得數十條，儀徵縣令顏希源刻之於《續志》之末。江藩的《校補陸志》或對陸《志》加以校正，或加以補充，頗有參考價值，是以之後修纂的《儀徵縣志》皆附以刊行。此外，江藩還撰有《通鑑訓纂》一書，惜未能刊刻，至今也已無從得見，但阮元嘗作序給予高度評價：「江君鄭堂，專治漢經學，而子史百家亦無不通，于《通鑑》讀之尤審，就己意所下者抄成《資治通鑑訓纂》若干卷，皆取其所采之本書而互證之，引覽甚博，審決甚精。」〔二〇〕至於江藩未刊的《經傳地理通釋》一書，無文獻可徵，難獲悉其面目。

江藩還有大量的詩文，從中也可一窺其史學造詣。如傳誦一時的《河賦》，文辭典雅，史事融貫，王昶跋云：「本《漢書》《水經》以立言，故晉、魏後置莫論也。醇厚斑駁，亦似鄒、枚。」〔二一〕江藩在自序中也指出：「山居讀書，慕木玄虛之賦海、郭景純之賦江，而賦靈河。晉以後之事，略而不取，恐汎濫則文冗長，且非古賦之體。事則稽之經史，水道合于《水經》，産則考之于古，而徵之于今。『玉卮無當，雖寶非用；侈言無驗，雖麗非經。』左太沖之言也。」正因爲《河賦》具有「麗而堪經」的特色，阮元、金鐘越等人均極力褒揚，一時廣爲傳誦，或許因其涉及的史事、水道、物産等都博徵典籍，融貫古今，錢坤還專門爲之作注，由繆荃孫刊入《藕香零拾》，並有「賦則醇厚斑駁，注亦淹雅閎通」[二二]之評。

再如收入《炳燭室雜文》的《與張篠原書》一文，江藩糾正了《通典》和《文獻通考》中一條史料的訛誤，可看出江藩考辨史實的能力。作者先提出靶子，引述有問題的史料：「杜佑《通典・食貨》篇：宋文帝元嘉中，始興太守孫豁上表曰『武吏年滿十六，便課米十斛，十五以下至十三，皆課三十斛』云云。馬端臨《文獻通考》引此與《通典》同。」繼而詳考《漢書》《後漢書》《宋書》《南史》《風俗通》等相關典籍，首先指出孫豁乃徐豁之誤；繼而揭明武吏即亭長，「豁所表陳者，乃武吏之田，非民田也」，並對《通典》《文獻通考》産生訛誤之由作了説明：「自杜佑《通典》節去『郡大田』三字，混入賦税之内，遂訛爲取民之制。而馬端臨《文獻通考》襲其舛訛，又疑之曰：『晉孝武時，除度定田收租之制，只口税三斛，增至五石，而宋元嘉時，乃至課米六十斛，與晉制懸絶，殊不可曉。豈所謂六十斛者，非一歲所賦耶？』貴與但疑課米之多，而不疑『郡大田武吏』五字，蓋誤以爲取民之制，竟置『武吏』於不論矣。」不僅如此，江藩還援據《晉書・山濤傳》等材料，並結合晉代有關田制，對始興太守徐豁上表的情狀作了具體分析，從而再次强調徐豁所言乃武吏之田：「若以此爲取民之制，既與孝武口税三斛不符，且豁亦不必言武吏矣。」由此可見，江藩的考辨往往博徵典籍，融貫古今，論析透闢，令人信服。汪喜孫評江藩「博覽九流，尤精史學」〔二三〕，並非無根之言。

三、江藩的子學成就

江藩酷愛典籍、金石，博覽群書，加之交游廣泛，縱横南北，時人推爲博雅〔二四〕。誠如阮元《通鑑訓纂序》中所言，江藩不僅專門研治漢經學，「子史百家亦無不通」，江藩在子學方面亦頗有成就。譬如，江藩著有《蠅須館雜記》五種，惜今已無從得見，據李斗《揚州畫舫録》卷九《小秦淮録》記載，可知其名目爲《鎗譜》《葉格》《茅亭茶話》《緇流記》《名優記》。《鎗譜》蓋記鎗的形制及技藝，《葉格》蓋敘當時流行的葉子戲，亦即鬥紙牌，《茅亭茶話》蓋爲揚州風物掌故之瑣記，《緇流記》乃佛教僧徒之敘傳，《名優記》則是曲藝名家之記録。於此可見江藩之博學多識。此外，江藩還校勘過明刻本《十二子》〔二五〕，包括《鬻子》（唐逢行珪注）、《關尹子》（未題撰者）、《尹文子》（未題撰者）、《鄧析子》（未題撰者）、《亢倉子》（未題撰者）、《鬼谷子》（未題撰者）、《公孫龍子》（戰國公孫龍）、《小荀子申鑒》（漢荀悦）、《無能子》（未題撰者）、《天隱子》（未題撰者）、《玄真子》（唐張志和）、《鹿門子》（唐皮日休）等十二種，多爲周秦諸子，除個别收入《道藏》外，鮮有傳刻。江藩之校勘，涉及文字的勘正、篇目的釐定等，於《十二子》之傳存不無貢獻。

江藩子學方面的著述，主要見於《炳燭齋雜著》和《半氈齋題跋》。《炳燭齋雜著》爲江藩未刊遺著，凡四種八卷，包括《舟車聞見録》二卷《舟車聞見雜録續集》一卷《舟車聞見續録三集》一卷、

《端研記》一卷、《續南方草木狀》一卷、《廣南禽蟲述》一卷附《鱗介述》《獸述》，於一九四八年刻入《合衆圖書館叢書二集》。

據統計，《舟車聞見録》《舟車聞見雜録續集》《舟車聞見續録三集》共收條目一百六十四則，内容豐富，涉及面廣，以朝章國故爲主，兼及部族屬國、人物傳記、草木鳥獸等。譬如，朝章國故大至政治、經濟、軍事、科舉、教育等，小至齋戒御膳、太宗御坐等，皆有記載，如《制誥》《世封》《北征圖》等，事關政治軍事；《閣試》《八旗應試》《辟雍》《四庫全書》《滿州榜》等，語關科舉教育；《賦税》《鹽課》《關榷》《茶榷》《礦税》《區田》《架田》等，繫乎經濟；《千叟宴》《圍場宴戲》《壽婦》《經筵》等，關乎掌故；他如《布魯特》《暹羅》《安南》《澳夷》等，記載部族、異國；《陳之遴》《何焯》《宋琬》《李元胤》等，都屬於人物傳記；至於《金蓮花》《敖漢蓮》《地椒》《地莓》《落葉松》《樺欏》《豽》《鼲》《野豬》等篇，則有關草木鳥獸。觀其篇目，即可知江藩博學多識，熟於掌故，故龔自珍推許其爲「掌故宗」〔二六〕。尤可注意者，所輯《限田論》《浮糧議》等篇關乎國計民生，江氏云：「竊謂《限田論》《浮糧議》二篇，乃有用之文，非危言無當之語也。若今之當事者，能起而行之，東南民力之困可以紓矣。其如闒茸者，終日營營於刑名、錢穀之中，而不可緩之民事置若罔聞，悲夫！」〔二七〕其對社會民生的殷殷關切，溢於言表。

江藩酷嗜端溪石硯，曾以阮元所贈館金收購，復潛心鑽研，撰成《端研記》一卷。是書先摘録宋張世南《游宦紀聞》、宋失名《端溪研譜》、清高兆《端硯考》等有關資料，然後附以評論，接著羅列水、旱各坑之名，並輔以説明，最後以「白端石」「緑端石」「五道石」「堊土」「白脆」等五條作爲附録。

江藩於端硯，注重目驗比較，故而書中羅列的水坑、旱坑之名及其説明，頗爲詳贍，且多有發明，正如顧廷龍所言：「味乎《端硯記》所述，允爲寢饋有得之言。」〔二八〕

至於《續南方草木狀》《廣南禽蟲述》等，均載録嶺南風物，前者涉及石柏、布里草、海苔樹、芸香等四十餘種南方草木，後者則記載金烏、烏鳳、石蟹、石羊、三足鹿、猿等廣南禽獸蟲魚，有助於多識鳥獸草木之名。

江藩另著有《半氈齋題跋》，亦可窺見其子學成就之一斑。《緣督廬日記鈔》記載：「廿三日作《愍孝録序》，亦代居停。夜返舍，校江鄭堂《半氈齋題跋》，共三卷，上書籍，中石刻，下吉金。」〔二九〕可知《半氈齋題跋》原有三卷，今未見此本，僅存二卷，有光緒間吴縣潘祖蔭《功順堂叢書》本。上卷爲書籍，有《錢氏詩詁》《三禮圖》《穀梁註疏》《孟子注疏》《楊太真外傳》《劉蜕集》《羣賢小集》《詞源》《草堂詩餘》等二十篇，多是江藩爲所見、所藏、所校書籍而作的題跋，所涉範圍頗廣，包括經傳、類書、小説、詩文集等，主要是考察其作者與内容，辨明其版本與源流，再附以江藩的評論。兹舉《事文類聚翰墨全書》一篇以明之：

《事文類聚翰墨全書》，諸家目録皆無此書，疑是宋劉應李《翰墨大全》，元人重爲編次，羼入《方輿》一門耳。考輿和路之寶昌州，金之昌州也，仁宗延祐六年，改爲寶昌州，是書仍作昌州，則編次之人，在仁宗延祐以前矣。《壬集》二卷後，有康熙時無名氏跋語，云「刊於至正二年」，蓋《甲集》前有序記至正年月，今又失去耳。是書體例踳駁，不足以資考證。惟《輿地》一門，次敘與《元史》不同，如懷孟路下有冠州、恩州，可補《元史·地志》之闕。

江藩既批評此書「體例踳駁，不足以資考證」，又指出《輿地》一門的價值所在，持論公允，頗可參考。

《半氈齋題跋》下卷爲石刻，有《五鳳二年十三字碑》《禮器碑》《北海淳于長夏君碑》《武梁祠堂畫像》《許浦都統司甎》《長樂未央瓦》等二十一篇，主要是就碑、磚、瓦刻字或畫像而作的題跋，以述其原委爲主，時或兼作評論。如《義士左軍甎》一篇，云：「此甎得於寶祐城下，義士左軍無可考。然字體遒勁，有唐賢規範，非近代人所能爲也。許嵩《建康實録》有周廣陵義軍主曹蘗，義士左軍疑即義軍也。」江藩依據許嵩《建康實録》所載，並結合字體，推斷義士左軍或即義軍，持之有故。

至於吉金一卷，已難覓其蹤，今存江藩《漢帳構銅跋》《周太僕銅鬲釋文》《陳逆簠釋文》《虢叔大林鐘釋文》數篇，或可窺其一斑。尤其是《虢叔大林鐘釋文》，着重考釋「大林」之義及律呂度數，精審切當，頗得阮元、趙魏等金石名家嘉許，如阮元稱「元之論虢鐘如是，書呈墨卿正之，以爲何如？若大林之義，則有江公鄭堂之說在」〔三〇〕。趙魏亦云：「和鐘，老友鄭堂之說爲尤覈也。」〔三一〕

總體而言，江藩的子學成就博雜富贍，在典籍文獻、金石磚瓦、朝章國故、草木蟲魚等方面均有著述，不僅保存了諸多珍貴的史料，還提出了不少富有新意的論斷。

四、江藩的文學成就

江藩的文學創作豪邁雄俊，自成一家。其仿《文選》體而作《河賦》一篇，「醇厚斑駁，亦似鄒、枚」，最爲當時傳誦。

對於文章，江藩强調文本經術，俾贊王道，申抒性靈。凌廷堪《校禮堂文集》卷一《與江豫來書》引述江藩之語「近見爲文者，稽之於古，則訓詁有乖；驗之於今，則典章多舛」；「能文者必多讀書，讀書不多必不能文」。江藩也借評價凌廷堪文集作夫子自道：

> 君（凌廷堪）之學可謂本之情性，稽之度數者也。出其緒餘，爲古文詞，經禮樂，綜人倫，通古今，述美惡，大則憲章典謨，俾贊王道，小則文義清正，申紓性靈。嗟乎！文章之能事畢矣。……近日之爲古文者，規倣韓、柳，模擬歐、曾，徒事空言，不本經術，汙潦之水不盈，弱條之花先萎，背中而走，豈能與君之文相提並論哉！〔三二〕

故江藩的文章大多内容切實，考釋精審，敘述平正，少有無病呻吟、舞文弄墨之作。上引《隸經文》之《明堂議》《原名》等篇，《半氈齋題跋》之《事文類聚翰墨全書》《義士左軍甎》等篇，皆如此，不贅述。江藩另有《炳燭室雜文》一卷，以及王欣夫、漆永祥及筆者所輯録的《補遺》三卷，除去考釋博洽、文筆質實的優長外，還有敘述簡潔、描摹生動的特質。譬如《吾母王孺人傳》一篇，先以「孺人在家，事父母以孝聞。于歸後，以事父母者事姑，以佐其父母者佐夫、子，内外無間言」總評王孺人的生平行事，繼而分別加以描摹刻畫，如事姑以孝：「丁太孺人多病，孺人進甘旨，視湯藥，扶持搔抓以及滌牏之役，無不親爲之。」再如相夫以賢、教子以義：

序常丈，敦行君子，六十年中，夫婦相敬如賓。家無中人之産，當坎壈時，孺人少侘傺之色，而勤儉持家，服食朴素，雖不至有負薪被絮之苦，然亦可繼簪蒿杖藜之風矣。嗣後四子成立，奉養無缺，孺人服敬姜之訓，終不休其蠶織也。孺人平居無怒色，無疾聲，教子惟以義方，不加榎楚，即下及臧獲，待之亦以禮。〔三三〕

運用簡潔條貫的語言，通過富有表現力的細節，使得王孺人的形象躍然紙上。

江藩所作文章多爲散文（或曰古文），非駢文，更非用於科考之時文。在《句容道中有懷胡大眉峰》一詩中，江藩嘗自言工於古文，並將賞識其古文的胡量（號眉峰）引爲平生第一知己：

肄經識小愧聲聞，近日名流咸以經學推僕。漢宋諸儒説正紛。粗淺疏迂從物議，玄黄朱緑要君分。僕工古文，世無知者，唯眉峰亟稱之，真可謂平生第一知己也。〔三四〕

後來，江藩還曾對姚鼐高足方東樹説：「吾文無他過人，只是不帶一毫八家氣息。」〔三五〕所謂文無八家氣息，當如黄式三《讀江氏隸經文》所言，「鄭堂酒後耳熱，自言其文無唐宋八家氣，作文豈必外八家，意亦謂不拘其法而已」〔三六〕，應是有激於桐城古文而言。從實際情況來看，江藩的文章或以融貫條暢見長，或以簡潔有法著稱，清俊通脱，與歐、蘇文風相近，非桐城古文所能局限。

江藩暇而爲詩，創作甚夥，然散失嚴重，今存《乙丙集》二卷、《伴月樓詩鈔》三卷，《乙丙集》二卷即分别爲《伴月樓詩鈔》卷上、卷中，去除重複，計詩一百七十三首，另有散見的佚詩、佚句十餘首。

江藩詩歌各體兼備，既有如《古風》《二樹老人畫梅歌》之古體，又有絶句、律詩之近體。從內容上看，以唱和酬贈之作居多，另有寫景題畫、詠史言志之類。

唱酬之作固然多留連光景、應酬往還之詞，但大多情真意摯，饒有趣味。如《早發銀山卻寄半客》：「行人殘夢寄征鞍，相見匆匆一夕歡。學道艱辛談道樂，讀書容易著書難。雲沉空谷天光曙，日轉蒼松江影寒。異姓弟兄如骨肉，何年同把釣魚竿。」把友朋之情、切磋之樂抒寫得興味盎然。寫景題畫詩往往摹畫生動，情融景中，如《杏花村舍》：「千樹紅霞夕照幽，農桑男女一村稠。陸君欄内能言鴨，鄭氏家中學字牛。桐本荷錢搖岸緑，桃根杏葉夾湖浮。我來正值春花了，金麥蕭蕭遍隴頭。」田園風光真切自然，令人嚮往。至於詠史懷古詩，則筆力雄峻，議論深沉，格調渾莽。譬如《出古北口》，撫今追昔，蒼勁雄渾，中間兩聯「唤夢荒雞啼落月，依人老馬怯長風。千山排闥一門瑣，百雉插天萬里通」，摹畫氣象，闊大恢宏，而結尾「多少苻秦慕容事，興亡都在亂流中」兩句，則抒發感慨，深摯沉鬱。

對於詩歌創作，江藩强調獨抒性靈，博采衆長，推陳出新，故而其詩歌既不失六朝、唐宋之風韻，又自出機杼，帶上了濃鬱的學術氣息和豪邁的個性特質。或精工細膩，或自然平淡，而在總體上則呈現出清疏俊朗的面貌。典型者如《題阮梅叔明經亨鴛湖秋泛圖》：

瀲灎波光滿目秋，釣鰲磯下客生愁。菱塘傍晚花纔放，漁舍初晴網未收。兩岸桑麻開尺幅，一樓烟雨入扁舟。當年曾譜《鴛鴦曲》，載酒江湖憶舊游。〔三七〕

中間兩聯精當恰切，整體格調則疏朗清新。顧廣圻《江鄭堂詩序》稱江藩之詩「神思雋永，體骨高秀，鎔裁精當，聲律諧美」〔三八〕，與實際相去不遠。

尤爲可貴者，江藩兼擅倚聲填詞，且有《扁舟載酒詞》一卷傳世。儘管所收篇目不多，但體式多樣、内容廣泛，藝術成就也很突出。從體式上講，兼有小令、中調及長調；就内容而言，以題畫唱和之作居多，亦有紀行詠史、體物遣興或擬寫閨怨之篇。江藩詞作不僅詞句流美，且嚴於聲律，「清真典雅，流麗諧婉，追《花間》之魂，吸《絶妙》之髓，專門名家，未能或之先也」〔三九〕。試看《六么令·夜泊袁江聞笛》：

夢回孤枕，驚起關山笛。篷窗雨絲纔住，漁火昏烟夕。多事《梅花三弄》，惱殺江湖客。酒腸偏窄。消愁無計，怎不教人早頭白。忽按商聲側犯，吹得蒼崖裂。看取九折黄流，

夜静魚龍寂。聽到更殘漏轉，驀地傷離别。天邊明月。悽凉如此，千里相思向誰説。〔四〇〕

此詞抒寫作者羈旅在外的孤寂情懷，文辭清疏，韻律和婉，格調蒼凉峻切，正所謂「瘦硬蒼勁，却又有清空情味」〔四一〕。

五、關於江藩著作搜集與整理的若干説明

江藩學兼四部，著述宏富，自嘉慶、道光以來，《周易述補》《樂縣考》《隸經文》《國朝漢學師承記》《國朝宋學淵源記》《扁舟載酒詞》等陸續刊刻行世。道光九年（一八二九），姪孫江順銘請命於江藩，與伯鎔、叔懋堅、兄慶安修補校刻江藩著述，題作《節甫老人雜著》，收録《周易述補》四卷附清惠棟撰《易大義》一卷、《國朝漢學師承記》八卷、《國朝經師經義目録》一卷、《國朝宋學淵源記》二卷《附記》一卷、《隸經文》四卷《續》一卷，凡五種二十二卷〔四二〕。

江藩去世後，《爾雅小箋》《半氈齋題跋》《炳燭室雜文》等論著又陸續得以刊行。光緒十二年（一八八六），江藩姪曾孫江巨渠補刻《節甫老人雜著》，增《樂縣考》二卷、《扁舟載酒詞》一卷，計七種二十五卷〔四三〕。民國三十七年（一九四八），合衆圖書館刊印《炳燭齋雜著》，含《舟車聞見録》《端研記》《續南方草木狀》《廣南禽蟲述》等四種八卷。二〇〇六年，上海古籍出版社印行漆永祥整理之《江藩集》，收録《隸經文》四卷《續隸經文》一卷、《炳燭室雜文》一卷附《江鄭堂河賦注》、《半氈齋題跋》二卷、《伴月樓詩鈔》三卷、《扁舟載酒詞》一卷，並附録王欣夫輯《炳燭室雜文補遺》一

卷、漆永祥輯《炳燭室雜文續補》一卷。

此外，潘承厚輯得江藩致焦循手札一通，馬學良輯得江藩致汪喜孫手札五通，薛以偉《江藩年譜訂補》輯得江藩《唐語林跋》《吴越備史跋》《吴越備史題記》，王長民輯得《金石録跋》《金石録題記》，李科輯得《虢叔大林鐘跋》《鼎帖跋》，以及筆者輯得《廣東廣西得名説》《本仁堂記》等二十餘篇，亦皆有功於江藩著述的傳存。

江藩著作除了上述獨著傳世者之外，還有《考工戴氏車制圖翼》《儀禮補釋》《禮堂通義》《經傳地理通釋》《石經源流考》《通鑑訓纂》《蠅須館雜記》《竹西詞鈔》等存目未見之作，另有《（嘉慶）揚州府圖經》八卷、《（嘉慶）重修揚州府志》七十二卷《卷首》一卷、《（道光）廣東通志》三百三十四卷《卷首》一卷、《（道光）肇慶府志》二十二卷《卷首》一卷等參纂之作，以及編輯之書如《王氏經説》六卷、《隸韻・碑目》下半册、《余古農文集》一册、《祖帳集》二卷、《賜杖集》二卷附《葆淳閣集補遺》一卷《讀書劄記》一卷、《張舊山詩集》一册、《羣賢小集・目録》一册，校訂之書如《爾雅注疏》十一卷（段玉裁、江藩手校）、《吴越備史》四卷、《楊太真外傳》二卷、《漢三統術注》三卷《漢四分術注》三卷《漢乾象術注》二卷、《校補陸志》一卷、《西漢會要》七十卷、《十二子》、《後村集》五十卷、《遂初堂詩集》二卷、《江蘇詩徵》一百八十三卷（與許珩、凌曙等校正）等。當然，還不得不提到署名江藩纂的《經解入門》，雖影響甚大，然今已確證爲托名之作。〔四四〕

筆者此次編輯、校點《江藩全集》，依照經、史、子、集順序，收録上述江藩獨著存世之作，而存目之書則無從查找，至於參纂、編校之書，除《校補陸志》一卷酌收外，其餘概不收録。今將所收江藩著作的版本及整理所據底本説明如下：

一、《周易述補》四卷（一作五卷）。主要版本有：嘉慶二十五年刻本；道光九年江順銘重修《節甫老人雜著》本；道光九年阮元輯《皇清經解》本；咸豐七年潘道根鈔本，藏上海圖書館；光緒十二年江巨渠補刊《江氏叢書》本。今以《續修四庫全書》影印上海圖書館藏嘉慶刻本爲底本〔四五〕。

二、《樂縣考》二卷。主要版本有：道光三十年錢熙輔增刻《藝海珠塵》本；咸豐四年伍崇曜刻《粤雅堂叢書》本；光緒十二年江巨渠補刊《江氏叢書》本；民國二十四至二十六年《叢書集成初編》本。今以《粤雅堂叢書》本爲底本。

三、《爾雅小箋》三卷。主要版本有：清鈔本，藏上海圖書館；光緒十九年徐乃昌刻《鄦齋叢書》本；一九八八年臺北新文豐出版公司《叢書集成續編》本。今以《續修四庫全書》影印清鈔本爲底本。

四、《國朝漢學師承記》八卷、《國朝經師經義目録》一卷、《國朝宋學淵源記》二卷《附記》一卷。是書版本衆多，主要有：嘉慶二十三年初刻初印本（無阮元《序》）；嘉慶二十三年刻本（補入阮元《序》，其後諸本皆有阮《序》）；嘉慶二十五年揚州藝古堂藏板本；嘉慶末年刻本；道光三年刻本；道光七年曲阜東野隆吉刻本；道光九年江順銘重修《節甫老人雜著》本；咸豐四年伍崇曜刻《粤雅堂叢書》本；光緒二年聚珍版活字本；光緒九年山西書局本；光緒十一年掃葉山房刊本；光緒十二年江巨渠補刊《江氏叢書》本等〔四六〕。其中，嘉慶二十三年初刻初印本、嘉慶二十三年刻本、嘉慶二十五年揚州藝古堂藏板本、嘉慶末年刻本、光緒二年聚珍版活字本僅收《國朝漢學師承記》八卷、《國朝經師經義目録》一卷。今《漢學師承記》《經師經義目録》以《續修四庫全書》影印天津圖書館藏嘉慶末年刻本爲底本，《宋學淵源記》以《粤雅堂叢書》本爲底本。

五、《校補陸志》一卷。主要版本有：嘉慶十三年顏希源修《儀徵縣續志》本；光緒十六年劉文淇、張安保纂《（道光）重修儀徵縣志》本。今以劉文淇、張安保纂《（道光）重修儀徵縣志》本爲底本。

六、《炳燭齋雜著》八卷。主要版本有：阮元文選樓鈔本，藏上海圖書館；清鈔本，藏廣東中山圖書館；民國三十七年合衆圖書館刊本。今以民國三十七年合衆圖書館刊本爲底本。

七、《隸經文》四卷《續隸經文》一卷。主要版本有：道光元年刻本；道光九年江順銘重修《節甫老人雜著》本；咸豐四年刻《粤雅堂叢書》本（僅收《隸經文》）；光緒十二年江巨渠補刊《江氏叢書》本；光緒十四年王先謙輯《皇清經解續編》本（僅收《隸經文》四卷）。今以《續修四庫全書》影印浙江圖書館藏道光元年刻本爲底本，並據《節甫老人雜著》本補入後者多出的一篇《與阮侍郎書》。

八、《半氈齋題跋》二卷。主要版本有：光緒間潘祖蔭刻《功順堂叢書》本；民國二十四至二十六年《叢書集成初編》本。今以《功順堂叢書》本爲底本。

九、《炳燭室雜文》（一作《炳燭室遺文》）一卷。主要版本有：鈔本，日本京都大學文學部中哲文研究所藏；光緒三年潘祖蔭刻《滂喜齋叢書》本；光緒十九年徐乃昌刻《積學齋叢書》本。其中，《積學齋叢書》本比《滂喜齋叢書》本多《爾雅釋魚補義》一篇，少《節甫字説》《私謚非禮辨》二篇，此二篇已收録於《隸經文》中。今以《積學齋叢書》本爲底本。附録之江藩撰、錢坤注《河賦注》，以光緒三十一年繆荃孫輯《藕香零拾》本爲底本。

十、《伴月樓詩鈔》三卷。僅存上海圖書館藏清鈔本，今即以之爲底本。

十一、《扁舟載酒詞》一卷。主要版本有：道光三年刻本（與《國朝漢學師承記》八卷、《國朝經師經義目録》一卷、《國朝宋學淵源記》二卷《附記》一卷合刊，一函六册，藏上海圖書館）；光緒十二年江巨渠補刊《江氏叢書》本。今以《江氏叢書》本爲底本。

十二、《補遺》四卷。包括：筆者據《（道光）廣東通志》《嶺南叢述》等輯録而成之《舟車聞見録補遺》一卷；王欣夫輯《炳燭室雜文補遺》一卷，王氏學禮齋鈔稿本，藏復旦大學圖書館〔四七〕；漆永祥輯《炳燭室雜文續補》一卷，二〇〇六年上海古籍出版社排印漆永祥整理《江藩集》本〔四八〕；筆者輯録並彙集薛以偉、王長民等輯補佚文而成之《炳燭室雜文拾遺》一卷。

這部《江藩全集》的整理，歷時數載，先後得到業師田漢雲先生、傅剛先生的悉心指導，北京大學廖可斌先生、劉玉才先生、漆永祥先生，山東大學杜澤遜先生的熱心支持，又承蒙國家古籍整理出版規劃領導小組、全國高校古籍整理工作委員會、教育部社會科學司立項資助，謹致誠摯謝意！鳳凰出版社的編輯費心審校書稿，並申謝忱！

限於學識，整理工作中難免有疏漏之處，敬祈海内外同道予以指正。

注釋

〔一〕江藩《周易述補》卷首凌廷堪《敘》，《續修四庫全書》影印上海圖書館藏嘉慶間刻本，經部第二七册第一頁。

〔二〕江藩《爾雅小箋》卷首《序目》，《續修四庫全書》影印清鈔本，經部第一八八册第二一頁。

〔三〕龔自珍著，王佩諍校《龔自珍全集》第五輯《與江子屏牋》，上海古籍出版社一九九九年版，第三四六—三四七頁。

〔四〕江藩《國朝宋學淵源記》卷首《自序》，咸豐四年伍崇曜刻《粤雅堂叢書》本，第一頁。

〔五〕中國科學院圖書館整理《續修四庫全書總目提要·經部》，中華書局一九九三年版，第一三七二頁。

〔六〕江藩《國朝漢學師承記》卷首《自序》，咸豐四年伍崇曜刻《粤雅堂叢書》本，第一册第六頁。

〔七〕梁啓超《論中國學術思想變遷之大勢》，上海古籍出版社二〇〇一年版，第一二三頁。

〔八〕江藩《周易述補》卷一《十五卦·鼎》，第二頁。

〔九〕王弼、韓康伯注，孔穎達正義《周易正義》卷五，嘉慶二十一年阮元校刻《十三經注疏》本，第五四頁。

〔一〇〕江藩《周易述補》卷首凌廷堪《敘》，第一頁。

〔一一〕江藩《隸經文》卷首曾釗《敘》，《續修四庫全書》影印浙江圖書館藏道光元年刻本，經部第一七三册第五四一頁。

〔一二〕林昌彝《三禮通釋》卷六七《明堂》，《四庫未收書輯刊》影印同治三年廣州刻本，第二輯第八册第四四五頁。

〔一三〕江藩《樂縣考》卷首張其錦《序》，咸豐四年伍崇曜刻《粤雅堂叢書》本，第二頁。

〔一四〕據《中國古籍善本書目·經目四》，今存後人過録之惠氏批校本《説文解字》計十三種，江藩過録本即爲其一。又，韋力《芷蘭齋書跋初集》著録「江藩批校椒花吟舫刻本《説文解字》十五卷」，實則即爲江氏過録惠氏批語。

〔一五〕江藩《爾雅小箋》卷首江藩《爾雅小箋序目》，第二頁。

〔一六〕江藩《國朝漢學師承記》卷末伍崇曜《跋》，第四册第二頁。

〔一七〕凌廷堪著、王文錦點校《校禮堂文集》，中華書局一九九八年版，第二二六—二二七頁。

〔一八〕張連生《八卷本〈揚州圖經〉作者質疑》，《揚州大學學報》二〇〇一年第二期。

〔一九〕未題撰人，《（嘉慶）揚州府圖經》卷一，嘉慶間刻本，藏中國國家圖書館，第一册第一〇—一一頁。

〔二〇〕阮元《揅經室二集》卷七《通鑑訓纂序》，鄧經元點校《揅經室集》本，中華書局一九九三年版，上册第五五六頁。

〔二一〕江藩撰、錢坤注《河賦注》卷末王昶《跋》，光緒三十一年繆荃孫輯《藕香零拾》本，第一三頁。

〔二二〕江藩撰、錢坤注《河賦注》卷末繆荃孫《識語》，第一四頁。

〔二三〕江藩《爾雅小箋》卷首汪喜孫《跋》，第二頁。

〔二四〕王豫《羣雅集》卷二五《江藩》，嘉慶十三年王氏種竹軒刻本，第六册第一一頁。

〔二五〕今藏上海圖書館，凡八册。

〔二六〕龔自珍著、王佩諍校《龔自珍全集》第三輯《江子屏所箸書序》，第一九三頁。

〔二七〕江藩《舟車聞見雜録續集》之《浮糧議》後評語，民國三十七年合衆圖書館刊《炳燭齋雜著》本，第九頁。

〔二八〕江藩《炳燭齋雜著》卷首顧廷龍《跋》，第一頁。

〔二九〕葉昌熾撰、王季烈輯《緣督廬日記鈔》卷三「光緒甲申三月」條，民國二十三年上海羅氏蟫隱廬石印本，第三册第三頁。

〔三〇〕馮登府《閩中金石志》卷一，《續修四庫全書》影印民國劉氏希古樓刻本，史部第九一二册第三三九頁。

〔三一〕馮登府《閩中金石志》卷一，第三四〇頁。

〔三二〕凌廷堪著、王文錦點校《校禮堂文集》卷首江藩《序》，中華書局一九九八年版，第三頁。

〔三三〕江藩《炳燭室雜文・吾母王孺人傳》，光緒三年潘祖蔭刻《滂喜齋叢書》本，第一七頁。

〔三四〕江藩《伴月樓詩鈔》卷上《句容道中有懷胡大眉峰》，清鈔本，藏上海圖書館，無頁碼。

〔三五〕方東樹《漢學商兑》卷下，商務印書館一九三七年版，《萬有文庫》本，第一四六頁。

〔三六〕黄式三《儆居集》四《子集三》，光緒十四年刻本，第三册第三一頁。

〔三七〕江藩《伴月樓詩鈔》卷下《題阮梅叔明經亨鴛湖秋泛圖》，無頁碼。

〔三八〕顧廣圻《思適齋集》卷一二，《續修四庫全書》影印清道光二十九年徐渭仁刻本，集部第一四九一册第九七頁。

〔三九〕江藩《扁舟載酒詞》卷首顧廣圻《序》，光緒十二年江巨渠補刊《江氏叢書》本，第六册第一頁。

〔四〇〕江藩《扁舟載酒詞》，第九—一〇頁。

〔四一〕嚴迪昌《清詞史》，江蘇古籍出版社一九九九年第二版，第四五七頁。

〔四二〕此據上海圖書館藏本。上圖藏江藩《節甫老人雜著》兩部，一爲一函四册，内封護頁有葉景葵跋，鈐「卷盦收藏」白方印；一爲一函六册。二者雖册數不同，然收録内容一致。中國國家圖書館、北京大學圖書館亦藏有江氏《節甫老人雜著》，均爲一函六册，較上圖藏本多收《樂縣考》二卷。

〔四三〕或一函六册，藏上海圖書館；或一函八册，藏中國國家圖書館；或一函十册，藏北京大學圖書館。其收録内容一致。

〔四四〕以上江藩存目、參纂、編輯、校訂及托名之作，詳參筆者《江藩研究》第三章《江藩著述考録》，中國文史出版社二〇一五年版，第九七—一一六頁。

〔四五〕需要説明的是，《續修四庫全書》影印嘉慶刻本乃拼接影印，偶有次序錯亂之處，據上海圖書館藏嘉慶刻本校正。

〔四六〕參考漆永祥《江藩與〈漢學師承記〉研究》第五章《〈漢學師承記〉版本考》，上海古籍出版社二〇〇六年版，第一〇九—一三二頁。

〔四七〕删去與江藩《半氈齋題跋》重複的《楊太真外傳跋》《詞源跋》兩篇，並補注出處。

〔四八〕爲統一體例，次序略有調整。另，漆氏原據汪喜孫《汪氏學行記》收録《與汪喜孫書》一通，因非全札，且原札已收於筆者所輯《炳燭室雜文拾遺》中，爲免重複，今删去。

凡例

一、全書由正文和附録組成。正文收録江藩現存的各種著述及佚文，附録收録江藩年譜、傳記及各家序跋等資料。

二、本書收録江藩著述，按經、史、子、集順序編次。每種著述之各家序跋依舊保留。

三、凡底本之訛文誤字，除顯著的版刻錯誤如「己」「已」「巳」，「戊」「戌」「戍」之類及少數明顯的訛字徑改不出校記外，皆據校本、他書或上下文勘正，改爲定本，且出校記；難定是非或義可兩存者，不改動底本，僅出校説明；無價值之異文，皆不出校。

四、書中引文，凡字句不同而與原書語意無大出入者，概不出校。

五、書中古今字、異體字、通假字，多存其舊貌，不做改動，部分視情况改爲通行字，以便理解；凡避清帝諱字，一律改作正字，並於首見處出校記説明。

六、書中凡原缺或模糊不可辨識的文字，用虚缺號「□」標明；若有堅實依據，則據以補正，並出校記説明。

周易述補

周易述補敘

（清）凌廷堪

元和惠君定宇著《周易述》二十卷，未竟而卒，闕自《鼎》至《未濟》十五卦、《序卦》《雜卦》二傳。德州盧運使序而刻之，其闕帙如故，愼之也。《易》家之厖雜，如王、韓之鑿，宋人之陋，太極、《河》《洛》之誕，此在國初諸儒黄宗炎氏、毛奇齡氏、胡渭氏皆能言其非者，然從未有盡祛魏、晉以來儒説之異而獨宗漢《易》者也。漢《易》最深者，無過荀氏、虞氏，其説今僅散見於李氏鼎祚《集解》中，後儒土苴視之，而不以爲《易》之準的，是《易》終爲幽渺不可知之書。愚者怖之，陋者鑿之，而漢之師法盡亡矣。

雖然，漢《易》豈易言哉！裴松之《三國志注》引《虞翻別傳》曰：「翻高祖父故零陵太守光，少治孟氏《易》，至祖父鳳爲之最密。世傳其業，至翻五世。」則虞所注者，孟氏學也。陸氏《釋文》曰：「箕子之明夷，劉向云今《易》『箕子』作『荄滋』，鄒湛云訓箕爲荄，詁子爲滋，漫衍無經，以譏荀爽。」而「箕子者，萬物方荄滋也」，其説出於孟喜弟子趙賓。則荀所注者，亦孟氏學也。《漢書・儒林傳》乃曰：「孟喜從田王孫受《易》，詐言師田生且死時獨傳喜，同門梁丘賀疏通證明之。又蜀人趙賓好小數書，後爲《易》，持論巧慧，《易》家皆曰非古法也。云受孟喜。」若然，荀、虞之學幾於師承不明，是班所述已昧經師之授受而啓學士之疑惑。《易》學之亂，不待唐宋以還也。

惠君生千餘年後，奮然論著，取荀、虞，旁及鄭氏、干氏、九家等義，且據劉向之説，以正班固之誤。蓋自東漢至今，未析之大疑、不傳之絶學，一旦皆疏其源而導其流，不可謂非一代之儒者宗也。予讀其書而惜其闕，思欲補之，自懼寡陋，未敢屬草。癸卯春在京師，聞旌德江君國屏爲惠氏之門人，作《周易述補》，心慕其人，未得見也。次年客揚州，汪容甫始介予交江君，讀其所補十五卦，引證精博，羽翼惠氏，皆予所欲爲而不能爲者。江君屬予序之，予以爲江君體例同於惠氏，兹不再論。獨惠氏之書，《彖下傳》「家人，女正乎内，男正乎外」《注》「内謂二，外謂五」，《象下傳》「澤無水困」《注》「水在澤下，故無水」、「木上有水井」《注》「木上有水，上水之象」，猶不免用王弼之説，江君則悉無之。方之惠書，殆有過之，無不及也。歙凌廷堪敘。

周易述補十五卦

周易下經

䷱离宮二世卦。消息：内卦五月，外卦六月。

鼎：元吉，亨。

【注】巽木於下爲鼎象，析木以爨也。大壯上之初，與屯旁通，天地始交，故元吉。屯三變陽成既濟，故亨。

【疏】巽爲木，故曰巽木於下。离爲火，巽爲木，爨以木火，鼎烹熟物之象，故曰析木以爨也。此許慎《説文解字》文。大壯上之初者，虞氏之卦義。大壯乾下震上，震上爻之初，乾初爻之上，而成鼎。與屯旁通者，爻之反也，《屯·彖傳》曰：「剛柔始交而難生。」故曰天地始交。又曰：「動乎險中，大亨貞。」「動」謂屯三動成既濟，六爻皆正，陰陽氣通，故元吉，亨也。

初六：鼎顛趾，利出否。得妾以其子，无咎。

【注】趾，足也，應在四。大壯震爲足，折入大過。大過，顛也，初陰在下，故否。利出之四，故曰利出。兑爲妾，四變得正成震，震爲長子，繼世守宗廟而爲祭主，故得妾以其子，无咎矣。

九二：鼎有實，我仇有疾，不我能即，吉。

【注】九二陽爲實，鼎之實也，故曰鼎有實。怨耦曰仇。即，尼也；尼，近也。二應四，四不得正，與二爲仇。然四已屋誅，故曰我仇有疾。不我能即者，四不能近二也，故吉。

九三：鼎耳革，其行塞，雉膏不食，方雨，虧悔，終吉。

【注】動成兩坎，坎爲耳，鼎耳之象。倒鼎爲革，故曰鼎耳革，鼎以耳行，耳革行塞。离爲雉，坎爲膏，革體兑，兑爲口，口在上，故不食。四變三，動而成坤，坤爲方，坎爲雨，故曰方雨。三動虧乾，故悔。終復之正，故終吉也。

九四：鼎折足，覆公餗，其刑剭，凶。

【注】糝謂之餗。震爲竹，竹萌曰筍，筍之爲菜也餗，美饌，是八珍之食。剭，讀如「屋誅」之「屋」。鼎三足，三公象，若三公傾覆王之美道，屋中刑之。

六五，鼎黄耳，金鉉，利貞。

【注】坎爲耳，陰爻居中，故稱黄耳。鉉，鼎扃也，長三尺，乾爲金，故金鉉；動而得正，故利貞。

上九，鼎玉鉉，大吉，无不利。

【注】鉉謂三，乾爲玉，鉉體《大有·上九》「自天祐之」。位貴居五，三動承上，故大吉，无不利。

此虞義也。九四爻辭曰：「鼎折足。」故曰應在四。大壯震爲足者，大壯上之初，初爲震爻。

【疏】「趾足」至「无咎矣」。

《説卦傳》曰：「震爲作足。」故曰大壯震爲足也。卦互體兑，兑爲毁折，故曰折入大過。大過，顛也，《雜卦傳》文。陰爲否，四動成陰，互有震象。《説卦傳》曰：「帝出乎震。」故震爲出。震爲出，故利出。互體兑，故曰兑爲妾。兑爲妾，《説卦傳》文。《震·彖傳》曰：「出可以守宗廟社稷，以爲祭主。」是震爲長子，守宗廟而爲祭主也。《公羊傳》曰：「母以子貴。」蓋兑雖賤妾，而有震之長子，故无咎也。

「九二」至「故吉」。

京房《易傳》曰：「陽實陰虚，明暗之象。」故曰九二陽爲實也。「怨耦曰仇」，鄭《注》也。耦，《爾雅·釋詁》曰：「匹也。」即，尼也，《釋詁》文。尼，近也，《説文解字》文。四以陽居陰，故不得正。

「動成」至「終吉也」。

三動成坎，自三至五，又成坎卦，故曰兩坎。《説卦傳》曰：「坎爲耳。」《説文解字》曰：「鼎，三足兩耳。」故曰鼎耳之象。此虞義也。倒鼎爲革者，反卦義也，《雜卦傳》曰：「否、泰，反其類也。」虞《注》曰：「否反成泰，泰反成否。」荀爽曰：「三百八十四爻，動行相反。」革，《説文解字》曰：「獸皮治去其毛曰革。」鼎以耳舉行，去耳不可行。雉膏，鄭氏曰：「食之美者。」离爲雉，《説卦傳》文。坎爲膏，虞氏逸象義。兑爲口，《説卦傳》文。四變成陰，三動成陰，自三至五，五成坤體。《九家易》曰：「坤爲方。」自二之四爲乾，三動成陰，則乾體有虧矣。終復之正者，動而不變也。

「糁謂」至「刑之」。

此鄭義也。糁，《説文》曰：「以米和羹也。」餗，本作「鬻」。鬻，《説文》曰：「鼎實惟葦及蒲。陳留謂鍵爲鬻。」鄭氏《易注》曰：「一作『蔌』。」一作「蔌」非，當作「鬻」。《爾雅·釋器》：「菜謂之蔌。」「蔌」非，亦當作「鬻」。《詩·大雅·韓奕》云：「其蔌維何？維筍及蒲。」《毛傳》云：「蔌，菜殽也。」「蔌」亦當作「鬻」。故鄭氏曰：「竹萌曰筍。筍者，菜之餗也〔二〕。」震爲竹，《説卦》文。陸元朗《易釋文》：「虞云：餗，八珍之具也。」故曰八珍之食。剭，讀如「屋誅」之「屋」，又曰「屋中刑之」者，《周禮·秋官·司烜氏》：「邦若屋誅，則爲明竁焉。」鄭氏彼《注》曰：「屋讀如『其刑剭』之『剭』。剭誅謂所殺不於市而以適甸師氏者也。」《漢書·敘傳》曰：「底剭鼎臣。」服虔云：「《周禮》有屋誅，誅大臣於屋下，不露也。」俗本作「形渥」，非。

「坎爲」至「利貞」。

陰爻居中，故稱「黃耳」。《易》例稱黃者，《坤·六五》黃裳，《离·六二》黃离，《遯·六二》黃牛，《革·初九》黃牛指二，《鼎·六五》黃耳。《文言》曰：「天玄而地黃〔二〕。」故爻辭稱黃中者，皆謂陰爻居中也。《士冠禮》：「設扃、鼏。」鄭《注》：「今文扃爲鉉。」扃、鉉古今字。故曰鉉，鼎扃也。長三尺者，《冬官·考工記·匠人》曰：「廟門容大扃七个。」鄭《注》：「大扃，牛鼎之扃，長三尺。」《說文》「鼏」字說：「以木橫貫鼎耳而舉之。《周禮》『廟門容大鼏七个』，即《易》『玉鉉大吉』也。」「鉉」字，說曰：「舉鼎具也。《易》謂之鉉，《禮》謂之鼏。」許君以鉉、鼏爲一物，然《禮》云「設扃、鼏」，明是兩物，若云一物，則《士喪禮》不當言取鼏委于鼎北，加扃不坐矣。鼏、鉉二義，似非許君之言，疑後人增入。乾爲金，《說卦》文。

「鉉謂」至「不利」。

此虞義也。爻例：三謂三公，五爲天子，故曰謂三。乾爲玉，《說卦》文。鉉體大有，說見《大有·九三》疏。三動成陰，故曰承上。

䷲八純卦，象靁。消息：春分。

震：亨。

【注】臨二之四，天地交，故通。

震來虩虩，笑言啞啞。

【注】虩虩，恐懼貌，謂四也。來應初命，四失位，多懼。之内曰來。啞啞，笑聲，謂初也。

震驚百里，不喪匕鬯。

【注】謂陽從臨二，陰數二爲百二十，舉其成數，故百里也。坎爲棘匕，上震爲鬯，坤爲喪，二上之坤，成震體坎，故得其匕鬯。

【疏】「臨二」至「故通」。

此虞義也。臨二之四者，之卦義也。臨爲二陽，之卦三動成乾。虞氏《臨卦注》曰：「乾來交坤，動則成乾。」故曰天地交也。

「虩虩」至「初也」。

此虞義也。《説文》曰：「虩一曰蠅虎。」陸希聲曰：「虩，蠅虎，始在穴中，跳躍而出，象人心之恐動也。」故曰恐懼也。四自臨來應初，故曰來應初命。四以陽居陰，失位。内，内卦也。啞，《説文》曰：「笑聲。」謂初得正，而笑四之失位。

「謂陽」至「匕鬯」。

此虞義也。謂陽從臨二者，二之四也。陰數二，四變成坤，坤數六，二六一百二十，坤六爻之策也。云百里者，舉成數也。坎爲棘匕，震爲鬯，坤爲喪，虞氏逸象義。《詩·小雅·大東》：「有球棘匕。」《毛傳》：「匕，所以載鼎實。棘，赤心也。」《雜記》：「匕以桑長三尺，或曰五尺。」鄭《注》：「匕所以載牲體。此謂喪祭也。吉祭用棘。」陸績云：「棘匕，撓鼎之器。」鬯，鄭《注》曰：「秬鬯，芬芳條鬯，因名焉。」《周禮・鬯人》：「掌共秬鬯而飾之。」鄭司農云：「鬯，香草。」《郊特牲》：「周人尚臭，灌用鬱鬯。」上震者，上卦也。二上之坤者，虞氏之卦義。乾二五之坤，成震、坎、艮，故曰成震。體坎者，互體坎也。上震爲鬯，坎爲棘匕，皆在本體，故曰得其匕鬯。

初九：震來虩虩，後笑言啞啞，吉。

【注】初位在下，故言後。

六二：震來厲，噫喪貝，躋于九陵，勿逐，七日得。

【注】厲，危也，乘剛故厲。噫，惜辭。坤爲喪，三動成离，离爲蠃蚌，故稱貝；在艮山下，故稱陵。震爲足，足乘初九，故躋于九陵。震爲逐，謂四已體復象，故喪貝勿逐。离爲日，震數七，故七日得。

六三：震蘇蘇，震行无眚。

【注】死而復生稱蘇。《春秋傳》：「晉獲秦諜，六日而蘇。」三死坤中，動出得正，震爲生，故蘇蘇。坎爲眚，三出得正，坎象不見，故无眚。

九四：震隊泥。

【注】坤土，得雨爲泥。位在坎中，故隊泥。

六五：震往來厲，噫无喪有事。

【注】往謂乘陽，來謂應陰，失位乘剛，故往來厲也。事謂祭祀之事，出而體隨，王用亨于西山，則可以守宗廟社稷，爲祭主，故无喪有事也。

上六：震索索，視矍矍，征凶。震不于其躬，于其鄰，无咎，婚媾有言。

【注】索索，猶縮縮，足不正也。矍矍，目不正。震爲征，故征凶。四變坤爲躬。鄰謂五，四上之五，三變爲陽，震東兑西，故稱鄰。之五得正，故不于其躬，于其鄰，無咎。三變應上，故婚媾。震爲言，故有言。

【疏】「厲危」至「日得」。

此虞義也。《乾·九三》：「厲無咎。」《文言》曰：「雖危無咎。」故知厲爲危也。乘剛者，乘初九也。噫，俗本作「億」，「億」非古字。《詩·周頌》：「噫嘻成王。」《毛傳》：「噫，歎辭。」故曰惜辭也。三動成陽，互有离，體离。爲蠃爲蚌，《説卦》文。貝，《説文》云：「海介蟲。」古者貨貝而寶龜，周而有泉，至秦廢貝行錢。《相貝經》曰：「貝盈尺，狀如赤電黑雲曰紫貝，赤質紅章曰珠貝，青地綠文曰綬貝，黑文黄畫曰霞貝，又有浮貝、濯貝、皦貝、慧貝。」艮爲山，《説卦》文。卦互體艮，二爲艮之始爻，故曰山下。《爾雅·釋丘》曰：「後高陵丘。」故曰陵也。震爲逐，虞氏逸象義。震爲作足之馬，逐之象也。二應四，四動成陰，爲復卦，七日來復，故勿逐。离爲日，《説卦》文。震數七者，崔憬曰：「震爲長陽，其數七。」

「死而」至「無眚」。

此虞義也。《孟子》：「後來其蘇。」《戰國策》：「勃然乃蘇。」此死而復蘇之義也。《左傳·宣八年》：「春，晉人獲秦諜，殺諸絳市，六日而蘇。」故云晉獲秦諜，六日而蘇也。卦自臨來，臨三在坤下，故曰三死坤中，三動成陽，以陽居陽，故得正。震爲生，虞氏逸象義。《説卦》：「坎爲多眚。」故曰坎爲眚。從三至五，互有坎體，三動成陽，故坎象不見。

「坤土」至「泥也」。

此虞義也。四變成坤，坤爲土，故曰坤土。卦體互坎，坎爲雨，故曰得雨爲泥。「乾雲行雨」施虞《注》：「上坎爲雲，下坎爲雨。」故知坎爲雨也。四爲坎之二爻，故曰位在坎中。《漢書·五行志》：「李奇曰：『震遂泥者，泥溺於水，不能自拔，故曰遂泥也。』」「遂」與「隊」古字通。

「往謂」至「事也」。

此虞義也。乘陽者，乘九四也。應陰者，應六二也。震爲祭主，故曰祭祀之事。五變陽成隨，隨爲震之歸魂，故曰出而體隨，王用享于西山也。

「索索」至「有言」。

此虞、鄭義也。縮，《説文》：「蹴也。」矍，《説文》曰：「視遽貌。」震爲征，虞氏逸象義。征凶者，崔憬曰：「震極則征凶。」坤爲躬，虞氏逸象義。震東方卦，兑西方卦，《易》之稱鄰，指震、兑而言。故但言東西，不言南北。卦自臨來，臨二體兑，故曰兑西。四上之五成坎，三變成离，坎、离成既濟。《既濟・九五》：「東鄰殺牛，不如西鄰之禴祭。」故曰不于其躬，于其鄰。三變陽應六，故婚媾。震爲言，虞氏逸象義。

䷳八純卦，象山。消息：内卦九月，外卦十月。

艮其背，不獲其身，行其庭，不見其人，無咎。

【注】觀五之三也。艮爲多節，故稱背。觀坤爲身，觀五之三，折坤之背，故艮其背。坤象不見，故不獲其身。震爲行人，艮爲庭，坎爲隱伏，故行其庭，不見其人。三得正，故無咎。

【疏】此虞義也。觀五之三者，虞氏之卦義。觀坤下巽上，五之三，三之五，而成艮。艮爲多節，《説卦》文。人脊骨三百六十節，故多節稱背也。觀下卦坤，故曰觀坤。坤爲身，虞氏逸象義。觀五之三，有折坤背之象。五之三成艮，故曰坤象不見。震爲行人，艮爲庭，虞氏逸象義。坎爲隱伏，《説卦》文。卦互體坎，故曰坎爲隱伏。三以陽居陽，故得正。

初六，艮其趾，無咎。利永貞。

【注】震爲趾，故艮其趾。失位，變則得正，故無咎，永貞。

六二：艮其腓，不拯其隨，其心不快。

【注】巽長爲股，艮小爲腓。拯，取也。隨謂下陰，震爲動，故不拯其隨。坎爲心，故其心不快。

九三：艮其限，列其夤，厲熏心。

【注】限，腰帶處也。坎爲腰，五來之三，故艮其限。夤，脊肉。艮爲背，坎爲脊，艮爲手，震起艮止，故裂其夤。坎爲心，艮爲閽。閽，守門人。坎盜動門，故厲閽心。古「閽」作「熏」。

六四：艮其身，無咎。

【注】身，孕也。五動則四體离，离爲大腹，孕之象也。得正乘五，而受陽施，故無咎。

六五：艮其輔，言有孚，悔亡。

【注】輔，頰車也。三至上，有頤象。艮爲止，在坎車上，故艮其輔。輔謂輔車相依。震爲言，五失位，悔也。動而得正，故有孚，悔亡。

上九：敦艮，吉。

【注】丘，一成爲敦丘。敦艮者，兼山之象也。

【疏】「震爲」至「永貞」。

此虞義也。倒艮爲震，故曰震爲趾。震爲趾，虞氏逸象義。初以陽居陰，故失位。

「巽長」至「不快」。

此虞義也。《説卦傳》曰：「巽爲長。」又曰：「巽爲股。」《説卦傳》曰：「艮爲小石。」故曰艮小。爲腓，虞氏逸象義。腓，《説文》曰：「脛腨也。」拼，《釋文》作「承」，虞作「拼」，今從虞。俗作「拯」，非。拼，《説文》曰：「上舉也。」故曰取也。下陰，初也。《説卦傳》曰：「震，動也。」故曰震爲動。坎爲心，《説卦》文。

「限腰」至「作熏」。

此虞義也。《正義》曰：「限，身之中，人繫帶之處。」故曰限，腰帶處也。坎爲腰，虞氏逸象義。五來之三者，觀五之三也。寅，鄭作「膑」，《韓詩外傳》引此亦作「膑」。「膑」非古字，本或作「夤」。「夤」「寅」古字通。寅，《説文》訓髕也。馬氏《注》曰：「寅，夾脊肉也。」故曰寅，脊肉。坎爲美脊，《説卦》文。故曰坎爲脊。艮爲手，《説卦》文。震起艮止，《雜卦》文。裂，綻也。《内則》曰：「衣裳綻裂，紉箴請補綴。」《説卦傳》曰：「坎爲極心。」故曰坎爲心。艮爲閽寺，《説卦》文。閽，《説文》曰：「常以昏閉門隸也。」閽，守門人者，《禮·祭義》：「閽者，守門之賤者也。」坎爲盜，《説卦》文。

古「闇」作「熏」者，古今字也。馬氏《注》言熏灼其心，虞君譏之曰：「未聞《易》道以坎水熏灼人也。」

「身孕」至「无咎」。

此虞義也。《詩・大雅・大明》：「大任有身，生此文王。」《傳》：「身，重也。」《箋》：「重謂懷孕也。」《正義》曰：「以身中復有一身，故言重。」故曰身，孕也。五動則四體离者，五動成陽，從三至五，互有离象，离爲大腹，故艮其身。离爲大腹，《説卦》文。得正者，以陰居陰也。陰承陽，故曰承五。受陽施者，陽施陰受，猶《繫辭》言男女媾精也。

「輔頰」至「悔亡」。

此虞義也。輔，《説文》曰：「人頰車也。」自三至上，有艮、震象，故曰有頤象也。《説卦傳》曰：「坎其於輿也，爲多眚。」故曰坎爲車。卦互體坎，三爲坎爻，自三至上爲頤象，頤在三上，故曰在坎上也。輔車相依，脣亡齒寒，《左傳・僖公五年》文。杜預《注》曰：「輔頰，輔車牙車。」劉熙《釋名》曰：「輔車，其骨强，所以輔持口也。或曰牙車，牙所載也。或曰頰車，所以載物也。或曰鼸車，鼸鼠之食積於頰，人食似之，故取名也。」《楚詞・大招》：「靨輔奇牙，宜笑嫣只。」王逸《注》：「美女頰有靨輔，口有奇牙。嫣然而笑，尤娟好。」「輔」一作「酺」，《淮南子》：「獻酺在頰前則好，在顙則醜。」高誘《注》：「靨酺者，頰上窒也。窒者，在顙似槃，故醜。」高訓靨酺與頰爲二，許慎訓爲一。《毛詩傳》：「倩，好口輔也。」「輔」當作「酺」。酺與輔，《説文》分别甚明，於「輔」曰：「人頰車也。」於「酺」曰：「頰也。」頰車以口中骨，言齒牙所載也；頰以面，言面旁也。然則《左傳》

「輔車」不可作「酺」，凡言「靨酺」不可作「輔」。《咸》卦之「輔」，當作「酺」。何以明之，虞云耳目之間稱輔頰，本卦之「輔」，虞云頰車，故从車。然《説文》《釋名》皆以輔頰爲一物，而惠徵君《咸卦疏》據《淮南子》「靨酺在頰前則好」之語，以《説文》以輔爲頰爲非。蓋輔、頰古人或以爲一物，或以爲兩物，未可以許君爲非也。又云頰所以含物，輔所以持口，則又誤「酺」爲「輔」矣。六五以陰居陽，故失位。動而得正者，動而不變也。有孚，王弼本作「有序」，今改從虞氏。孚，信也。人言爲信，故曰孚也。

「丘一」至「象也」。

丘，一成爲敦丘，《爾雅·釋丘》文。郭璞《注》曰：「成猶重也。」《周禮·秋官·司儀》：「將合諸侯，則令爲壇三成。」鄭司農曰：「三成，三重也。」《爾雅》曰「丘，一成爲敦丘」，故郭《注》曰「成猶重也」。敦艮者，重丘也。《象》曰：「兼山。」艮内外卦，爲兩山，上爲兼山之爻，故曰兼山之象也。

䷴艮宫歸魂卦。消息：正月。

漸：女歸吉，利貞。

【注】否三之四。女，謂四。歸，嫁也。反成歸妹、兑，故女歸。坤三之四承五，進得位，往有功，故吉。初上失位，故利貞。

【疏】此虞義也。否三之四者，否坤下乾上，三之四，四之三，而成漸。四本否坤，坤，妻道也，故曰女，謂四。《穀梁・隱公二年傳》曰：「禮謂嫁曰歸，反曰來歸。」故云歸，嫁也。反成歸妹、兑者，爻之反也。漸與歸妹旁通也。歸妹體兑，兑爲少女，故女歸也。坤三之四，以陰居陰，進得位，往有功，故吉。初以陰居陽，故失位。

初六：鴻漸于干。小子厲，有言，无咎。

【注】鴻，大雁也。离五爲鴻。漸，進也。干，水旁厓也。小水從山流下稱干。艮爲山，爲小徑，坎水流下山，故鴻漸于干也。艮爲小子，初失位，故厲。反成歸妹、兑，兑爲口舌，故有言。

六二：鴻漸于般，飲食衎衎，吉。

【注】艮爲山石，坎爲聚，聚石稱般。衎，樂也。初變得正，體噬嗑。坎水，陽物在頤中，故飲食衎衎。得正應五，故吉。

九三：鴻漸于陸，夫征不復，婦孕不育，凶，利禦寇。

【注】高平稱陸。三動則坎水平，成坤，故稱陸。巽爲婦，离爲大腹，故曰婦孕。坎爲丈夫，坎爲水，水流而去，是夫征不復也。夫征不復，故孕而不育。巽爲高，艮爲山，离爲戈兵甲冑，坎爲盜，自上禦下，三動成坤，坎象不見，故利用禦寇。

六四：鴻漸于木，或得其桷，无咎。

【注】巽爲木。桷，椽也。巽爲交，爲長木，艮爲小木，离爲麗。小木麗長木，巽繩束之，故或得其桷。得位順五，故无咎。

九五：鴻漸于陵，婦三歲不孕，終莫之勝，吉。

【注】艮爲山，故稱陵。巽爲婦，离爲孕，坎爲歲，三動壞离，故三歲不孕。

【注】勝，克也。五巽爲木，三四爲兑。兑金克之，故終莫之勝也。

上九：鴻漸于陸，其羽可用爲儀，吉。

【注】陸謂三，故稱陸。三變受成既濟，與《家人·彖》同義。离爲鳥，故其羽可用爲儀，吉。巽爲婦，坤爲順，婦道既終，有德而可受，有儀而可象，其羽喻其德與儀也。鴻羽有文德之風，故吉。

此虞義也。

【疏】「鴻大」至「有言」。《詩·小雅·鴻雁》「鴻雁于飛」〔三〕，《毛傳》曰：「大曰鴻，小曰雁。」故曰鴻，大雁也。卦互體离，四爲离之五爻而初應之，故曰离五。离五爲鴻，虞氏逸象義也。漸者進也，《序卦》

文。《正義》曰：「徐而不速謂之漸。」《詩・伐檀》：「寘之河之干兮。」《毛傳》曰：「干，厓也。」故曰水厓也。從山流下稱干者，王肅云：「干，山間澗水也。」艮爲山，《説卦》文。《説卦》曰：「艮爲徑，艮爲小石。」故曰艮爲小徑。卦體互坎，坎爲水，故曰坎水流下山也。艮爲小子，虞氏逸象義。初以陰居陽，故失位。兑爲口舌，《説卦》文。

「艮爲」至「故吉」。

此虞義也。《説卦傳》曰：「艮爲山，又爲小石。」故曰艮爲山石。坎爲聚，虞氏逸象義。般，王弼本作「磐」。磐，俗字。馬云：「山中磐紆，故稱磐。」《史記・司馬相如傳・子虚賦》曰：「其山則磐紆岪鬱。」磐紆，般旋之意也。聚石稱般者，亦般紆之意也，故作「般」。衎，樂也，《爾雅・釋詁》文。初變得正者，初變成陽。自初至五，有噬嗑象，故曰體噬嗑也。卦體互坎，坎水，陽物謂三也。在頤中者，謂一陽在二陰之間，即《噬嗑・彖傳》所謂頤中有物也。

「高平」至「禦寇」。

此鄭、虞義也。《説文解字》曰：「陸，高平地。」故曰高平稱陸。卦互體坎，三動爲陰，則坎象不見，故曰坎水平。三動成坤者，三動成陰。下卦體坤，坤爲地，故稱陸。《説卦傳》曰：「巽爲長女。」故曰巽爲婦。离爲大腹，《説卦》文。《説卦傳》曰：「坎再索而得男，故謂之中男。」故曰坎爲丈夫。水流而去，即坎水平也。孕，《説文解字》曰：「裹子也。」育，《爾雅・釋詁》曰：「養也。」孕而不育者，言夫去不復，雖孕而不能養其子也。巽爲高，艮爲山，离爲戈兵甲冑，坎爲盜，並《説卦》文。巽高在上，故曰自上禦下。坎爲盜寇，三動成坤，坎象不見，盜寇自退，故利禦也。

「巽爲」至「无咎」。

此虞義也。巽爲木，《説卦》文。《説文解字》：「椽方曰桷。」故知桷爲椽也。巽爲交，虞氏逸象義。《説卦傳》曰：「巽爲木，爲長。」故曰長木。《説卦傳》曰：「艮爲小石。」又曰：「其於木也爲多節。」故曰小木。《序卦傳》曰：「离者，麗也。」故曰离爲麗。《説卦傳》曰：「巽爲繩。」故曰以繩束之。三動成坤，坤爲順，故順五也。

「艮爲」至「不孕」。

此虞義也。离爲孕，坎爲歲，虞氏逸象義。自三至五，互體离，三動成陰，則离體壞矣，故不孕，三歲不孕，謂三也。

「勝克」至「勝也」。

《爾雅・釋詁》云：「克，勝也。」故曰勝，克也。三、四爲兑者，三、四兩爻，兑象半見。兑爲金者，兑西方卦，西方金屬，金克木，故曰兑金克之。五爲三、四所克，故終莫之勝也。

「陸謂」至「故吉」。

陸謂三者，三應上也。此卦初爻已變陽之正，則五爻皆得位矣。所較者惟上爻耳。三當位不變，動而成陰，三之上，上之三，而成既濟，是上九受三之成既濟也。與《家人・象》同義者，謂《家人・象傳》「正家而天下定矣」，其説見《家人・九三》疏。离爲鳥，虞氏逸象義。此虞義也。三動成坤，故曰坤爲順。《孟子》曰：「以順爲正者，妾婦之道也。」故曰婦道。上九得位，故有德而受三之成。三動成坤，故有儀而爲天下法。《儀禮・士冠禮》：「繼世以立諸侯，象賢也。」鄭《注》：

「象，法也。」《春秋》：「初獻六羽。」《公羊傳》何休曰：「不言六佾者，言佾則干舞在其中，明婦人无武事，獨奏文樂。羽者，鴻羽也，所以象文德之風化疾也。」故曰有文德之風。此干寶義也。

䷵兑宮歸魂卦。消息：内卦八月，外卦九月。

歸妹：征凶，无攸利。

【注】兑爲妹，兑之歸魂，是歸妹也。泰三之四，坎月离日，俱歸妹象。震爲征，三之四，不當位，故征凶。四之三，失正无應，以柔乘剛，无攸利也。

【疏】此虞義也。《説卦傳》曰：「兑爲少女。」故曰爲妹歸魂。兑之歸魂卦也，故曰歸妹。泰三之四者，虞氏之卦義也。坎月离日者，卦體互坎离也。坎爲月，离爲日，《説卦》文。泰三之四，陽往而陰來也。《儀禮·士昏禮》鄭《目録》云：「陽往而陰來，日入三商爲昏，陽往陰來，昏嫁之象。」《繫辭》曰：「陰陽之義配日月。」坎月离日者，亦昏嫁之象。故曰俱歸妹象也。震，上卦也。故曰震爲征。三之四以陽居陰，故不當位。震極則征凶，故凶也。失正者四，本得位之三，失正无應者，不與上應也。柔乘剛者，乘九二也。

初九：歸妹以娣，跛而履，征吉。

【注】妹爲三，娣謂初，震爲兄，故歸妹。初在三下，動而應四，故不歸其妹，而歸其娣。娣，女

弟也。履，禮也。卦體互坎，坎爲曳，故跛而履。震爲征，故征吉。

九二：眇能視，利幽人之貞。

【注】視應五也。震上兑下，离目不正，故眇能視。眇，一目小也。幽人謂四，之初成坎，二在坎中，故稱幽人。震喜兑悦，故利幽人之貞。

六三：歸妹以須，反歸以娣。

【注】須，需也。需，不進也。初至五，體需象，故歸妹以須。娣，初也。兑進在四，初已應之，故反歸以娣。

九四：歸妹愆期，遲歸有時。

【注】愆，過也。坎月离日，爲期三變。日月不見，故愆期。坎爲曳，震爲行。行曳，故遲也。震春、兑秋、坎冬、离夏，四時得正，故歸有時也。

六五：帝乙歸妹。其君之袂，不如其娣之袂良。

【注】帝乙，湯也。震爲帝，坤爲乙，故曰帝乙。泰乾爲良，爲君。乾在下，爲小君，則妹也。袂，袖也。乾爲衣，故稱袂。君袂謂三，失位无應。娣袂謂二，得中應五。三動成乾，爲良，故其君

之袂不如其娣之袂良。

月幾望，吉。

【注】幾，其也。坎月离日，兑西震東，日月象對。五應二，故吉。

上六：女承筐无實，士刲羊无血，无攸利。

【注】女謂三。自下受上稱承。筐，筐筥也。震爲竹，故曰筐。卦體互离。离，火，火動而上，其施不下，故筐无實也。刲羊，士之功。刲，刺也。离爲戈兵，兑爲羊，是用兵刺羊之象。三至五，卦體互坎，坎爲血，血在羊上，故刺无血也。

【疏】「妹爲」至「征吉」。

此虞義也。妹爲三者，泰三之四也。初在三下，故稱娣。《説卦傳》曰：「震一索而得男。故謂之長男。」故曰震爲兄。動而應四者，初動成陰而應四，是不歸其妹，而歸其娣矣。娣，女弟也，《説文解字》文。《序卦傳》曰：「物畜然後有禮，故受之以履。」故曰履，禮也。坎爲曳，《説卦》文。

「視應」至「同義」。

此虞義也。視應五者，二應五也。卦互體离，故曰离目不正。眇，一目小也，《説文解字》文。四之初，動成坎者，四動成陰而之初，初之四而成坎，是二在坎中也。幽人，罪人，《尸子》曰：「文王幽于羑里。」坎爲獄，二在獄中，故稱幽人，虞氏逸象義。震爲大笑，故曰震喜。《説卦傳》曰：

「兑以説之。」故曰兑説。震爲出，出獄而喜，故利貞。

「須需」至「以娣」。

此虞義也。《説文解字》：「需，須也。」又曰：「遇雨不進也。」《雜卦傳》曰：「需，不進也。」故曰須，需也。需，不進也。自初至四，需象半見，故曰體需。三進在四，而初陽應之，是不歸九四之妹，而歸六三之娣矣。

「愆過」至「時也」。

此虞義也。愆，《説文解字》曰：「過也。」坎月离日者，二至五互坎离象。爲期者，《漢書·律曆志》以月法日法定三辰之會〔四〕。期，《説文解字》曰：「會也。」故曰日月爲期。三變成陽，坎离體毁，是日月不見也。日月不見，是愆期也。卦體具有四時，雖遲歸，然有時也。

「帝乙」至「袂良」。

《乾鑿度》曰：「孔子曰：自成湯至帝乙。帝乙，湯玄孫之孫也。帝乙則湯。殷録質，以生爲名，順天性也。玄孫五世之末，外絶恩矣。同日以乙，天之錫命，疏可同名。湯以乙生，嫁妹，本天地之義，順陰陽之道，以正夫婦，夫婦正，則王教興。《易》之帝乙爲湯，《書》之帝易六世王，名同，不害以明功。」子夏、京房皆以帝乙爲湯。京房《易》載湯嫁妹之辭曰：「無以天子之尊而乘諸侯，無以天子之富而驕諸侯。陰之從陽，女之順夫，本天地之義也。往事爾夫必以禮義。」荀爽《對策》引帝乙歸妹，言湯以娶禮，歸其妹於諸侯。故曰帝乙湯也。虞氏云紂父，誤矣。惠徵君《泰》卦《疏》駁之，是也。竊謂泰歸妹，帝乙歸妹，皆五降二也，故其辭曰陰從陽，女順夫，孔子亦曰以正夫婦。俗儒不知升降，而易道蘊蘊矣。此義自東漢以後三千年無知者，傷哉！《説卦傳》曰：「帝出乎震。」故曰震爲帝。魏伯陽《參同契》曰：「坤乙，三十日，東北喪其朋。」虞仲翔《八卦納甲》：艮消丙，坤納乙。故曰坤，乙也。泰三之四，泰三，乾爻也，故云泰乾。乾爲良，虞氏逸象義。乾爲君，《説卦》文。泰乾在坤下，故在下。《論語・季氏》「君夫人，稱諸異邦曰寡小君」〔五〕，何晏《注》：「孔安國曰：小君，君夫人之稱也。故曰小君也。」妹者帝乙之妹，他邦之小君也。袂，袖也，《説文解字》文。《繫辭》曰：「垂衣裳而天下治。」蓋取諸乾、坤。故曰乾爲衣。「震爲帝」以下，皆虞義也。

「幾其」至「故吉」。

此虞義也。「幾」「其」古字通，故曰幾，其也。兑，西方也。震，東方也。《禮・禮器》：「大明生于東，月生于西。」鄭《注》：「大明，日也。」故日月象對。

「女謂」至「血也」。

此服虔義也。《説文解字》曰：「承，奉也，受也。」故自下受上稱承。筐筥者，《詩・大雅・良耜》「載筐及筥」，《鄭箋》：「筐筥，所以盛黍也。」震爲筐，虞氏逸象義。筐以竹爲之，火炎上，故其施不下也。刲，刺也，《説文解字》文。士，雍人也。《大戴禮》：「諸侯釁廟，雍人舉羊，升屋自中，中屋南面刲羊，血流于前。」士之功，猶言士之職也。兑爲羊，《説卦》文。坎爲血，亦《説卦》文。卦互體坎，自三至五坎也。坎在兑上，是血在羊上也。藩謂《詩・召南・摽有梅》：「頃筐塈之，求我庶士，迨其謂之。」《箋》云：「頃筐取之，謂夏已晚，頃筐取之於地，女年二十而無嫁端，則不待禮會而行之，謂明年仲春，不待以禮而會之也。」上亦過時不嫁，筐無梅實矣。雖不待備禮，亦無人娶之，無所歸也。故其占曰无攸利。无攸利者，無所利也。

䷶坎宮五世卦。消息：六月。

豐：亨。

【注】此卦三陰三陽之例，泰二之四，噬嗑上之三，折四于坎獄中，故利用獄。陰陽交，故通。

王假之。

【注】乾爲王。假，至也。

勿憂，宜日中。

【注】噬嗑之四，在坎獄。坎爲憂，离爲日中，五動之正，四變成离，兩體离。象日照天下明，折坎獄，幽人无咎也。

【疏】「此卦」至「故通」。

此虞義也。三陰者，二、五、上也。三陽者，初、三、四也。例，虞氏之卦例也。自泰來者九卦：蠱、賁、恒、損、井、歸妹、豐、節、既濟也。故曰三陰三陽之例。泰二之四者，泰乾下坤上，二之四，四之二，而成豐。噬嗑上之三者，虞氏兩象易：豫、復、萃、臨、夬、履、大過、中孚、大壯、无妄，爲兩象易，非乾坤往來之謂。至于師二升五成比，噬嗑上之三成豐，賁初之四成旅，皆與之卦不同，亦與兩象小異，然亦從兩象之例。噬嗑震下离上，上之三，三之上，而成豐。折四于坎獄者，謂噬嗑四在坎獄，三從上至，三折而斷之，故噬嗑曰利用獄，故《象辭》亦曰折獄致刑。卦自泰來，故陰陽交。

「乾爲」至「至也」。

乾爲王，虞氏逸象義也。《說文解字》：「假，至也。」《虞書》曰：「假于上下。」叚，《說文》「假」字曰：「大遠也。」《爾雅·釋詁》曰：「假，大也。」《詩·大雅》：「假哉，天命後人。」傳寫皆誤叚爲假，假、叚二字本可相通，然後人淆惑，不知誤假爲叚，不訓至而訓大者出矣，王弼之流是也。四宜上至五，動之正而成乾，故訓爲至也。

「噬嗑」至「咎也」。

此虞義也。坎爲憂，《說卦》文。离爲日中者，《繫辭》曰：「日中爲市。」蓋取諸噬嗑。虞氏彼《注》曰：「离象正上，故稱日中。」故曰离爲日中。四動之五，四變成离者，謂四至五，五之四，自三至五，互有离象也。离下互离，故曰兩體离。象明斷折獄，是幽人出獄之象。

初九：遇其妃主。

【注】妃，匹也，謂四也。震爲主。遇，逢也。

雖旬无咎，往有尚。

【注】旬，十日也。初脩禮上朝四，四以匹敵，厚待之，雖留十日，不爲咎。朝聘之禮，止于主國，以十日爲限。聘禮畢，歸聘禮，曰旬而稍。旬之外爲稍。久留非常。尚，庶幾也。

六二：豐其蔀，日中見斗，往得疑疾，有孚發若，吉。

【注】日蔽雲中稱蔀。蔀，小，謂四也。二利四之五，故豐其蔀。离爲日中，噬嗑艮爲斗，斗七星也。噬嗑震下离上，上之三成豐，隱坎雲中，故日中見斗。四往之五成坎，坎爲疑疾，坎爲孚。四發之五，故曰發若。

九三：豐其沛，日中見昧。

【注】沛，蔽也。坎爲雲，日在雲中，蔽之象也。昧，輔星也，在斗魁下。艮爲斗，爲星，故云。

折其右股，无咎。

【注】巽爲股，兑爲右，爲毁折，故折其右股也。日者君之象，折其右股之臣，用无咎也。

九四：豐其蔀，日中見斗，遇其夷主，吉。

【注】遇謂初也。九四變六四，爲明夷。傷於明而動，退位入六四爲明夷，京氏之説也。震爲主，故稱夷主。

六五：來章，有慶譽，吉。

【注】在内稱來。章，顯也。慶謂五，陽出稱慶。譽謂二，二多譽。

上六：豐其屋，蔀其家。

【注】豐，豐也。蔀，蔽也。三至上體大壯，大壯，屋象也。四變陰，五變陽，上動成家人，乃大屋蔽家之象。

闚其户，闃其无人，三歲不覿，凶。

【注】闚，小視也。闃，空也。艮爲門闕，故稱户。离爲目，體明夷坤。坤爲空虚，是无人也。坎爲三歲，坤冥在上，故不覿也。覿，見也。

【疏】「妃匹」至「逢也」。

妃，匹也。《爾雅·釋詁》文。初應四，故謂四。震爲主，虞氏逸象義。《爾雅·釋詁》曰：

「遘、逢，遇也。」故知遇，逢也。

「旬十」至「幾也」。

此鄭義也。《禮·曲禮》：「凡卜筮日，旬之外曰遠某日，旬之内曰近某日。」鄭彼《注》曰：「旬，十日也。」《爾雅·釋詁》：「敵，匹也。」故曰匹敵。初應四，故脩禮上朝而厚待之也。《周禮·秋官·大行人》曰：「殷相聘也，世相朝也。」彼《注》云：「大國朝焉，小國聘焉。」故曰朝聘之禮。旬而稍，《儀禮·聘禮》文。彼《注》：「稍，廩食也。」《周禮·春官·獒人》：「共賓客之稍禮。」《注》：「留間主稍所給賓客者。」賈公彦《聘禮疏》：「賓客之道，十日爲正，行聘禮既訖，合歸。一旬之後，或逢凶變，或主人留之，故曰非常。如過旬日，則有非常之事矣。」故曰庶幾也。尚，庶幾也，《説文解字》文。

「日蔽」至「發若」。

此虞義也。菩，馬作「蔀」，非。鄭、薛作「菩」，古字也。菩，古訓爲蔽，王弼《注》：「蔀，覆曖鄣光明之物。」即蔽之意也。噬嗑、坎爲雲，仲翔《小畜》「密雲不雨」《注》云：「需坎升天爲雲。」故曰蔽雲中。馬融曰：「蔀，小也。」鄭康成曰：「菩，小席。」是菩亦訓爲小也。喻豐有光大之象，蔽於雲中，其光小矣。二利四之五者，四失正，應二，近五。六二得位之幽人，欲遠失正者。四之五，三之四，二之三，幽人出獄，利可知也。幽人在獄，爲隱蔽之象，出獄則處明而豐，是爲豐其菩。噬嗑艮爲斗者，《説卦》曰：「艮爲狗。」《大戴禮·易本命》：「斗主狗。」故曰艮爲斗也。《史記·天官書》：「北斗七星。」小司馬《史記索隱》曰：「第一天樞，第二璇，第三璣，第四權，第五衡，第六開陽，第七搖光。」此七星也。噬嗑上之三，二之上，成豐。噬嗑之三爻乃互坎之中爻，又爲艮之上爻，變而成豐，是隱坎雲中矣。變爲豐卦，下卦成离，离爲日中，所以日中見斗也。四往之五成坎者，四之五，二之四，而成坎也。坎爲疑疾，坎爲孚，並虞氏逸象義。二往應得正，之五則遇坎而得疑疾矣。

「沛蔽」至「故云」。

應劭《風俗通・山澤》篇：「沛者，草木之蔽。」故訓蔽也。坎爲雲，虞氏逸象義。坎，噬嗑互坎也。昧，子夏、服虔、鄭玄、虞翻皆作「昧」，《漢書・王商傳》亦作「昧」，今作「沫」，通借字也。《易釋文》云：「薛云昧，輔星也。」《春秋運斗樞》曰：「斗第一至四爲魁，第五至第七爲杓。」《天官書》輔星，孟康曰：「北斗第六星旁。」《九家易》曰：「昧，杓後小星。」故曰在魁下。藩謂曆法以杓建昏，服虔曰昧，昏也，故輔星亦名昧星。艮爲星，虞氏逸象義也。

「巽爲」至「咎也」。

巽爲股，《説卦》文〔六〕。股，《易釋文》云：「姚信作『股』，虞作『肱』，《注》曰：噬嗑艮爲肱。」本卦互巽，不必遠取噬嗑，故從姚讀。兑爲右，虞氏逸象義。《左傳・成十六年》文曰：「姬姓日也。」故知日者君之象也。

「遇謂」至「夷主」。

初應四，故謂四初，爻辭「遇其妃主」是也。明夷离下坤上，六四變陰成坤，則爲明夷矣。傷於明而動者，謂九四動也。明夷之六四，坎之游魂，故曰傷也。明夷坎宮八月，豐坎宮九月，九四變六四，是九月退入八月也。故曰退位入六四也。

「在内」至「多譽」。

在内稱來，猶之内曰來，謂二來應五也。仲翔《坤・六三》「含章可貞」《注》：「以陰包陽，故含章。」含章則隱，來章則顯，故曰顯也。五陽出稱慶者，五發得正，則來應二，應二乃章，隱多憂，顯多慶。二多譽，《繫辭》文。

「豐䒥」至「之象」。

䒥，《説文解字》：「大屋也。」引《易》曰「豐其屋」。故曰豐，䒥也。虞「九四：豐其蔀」《注》：「蔀，蔽也。」故曰蔽也。大壯乾下震上，故自三至五，有大壯象也。大壯，屋象者，《繫辭》曰：「上古穴居而野處，後世聖人易之以宫室。」蓋取諸大壯。四變陰，五變陽，上動成陽爲巽，离下巽上，家人卦也。故成家人也。

「窺小」至「見也」。

窺，小視也，《説文解字》文。《易釋文》：「李登云：小視也。」今作「闚」。闚，《説文》訓閃也，非小視之窺字也。闃，俗字，《易釋文》：「孟作『窒』。」仲翔訓爲空者，猶亂之訓治也。《列子・黄帝》篇：「至人潛行不空。」殷敬順《釋文》云：「一本『空』作『窒』。」據此，當從孟氏作「窒」矣。艮爲門闕，《説卦》文。四變成明夷坤，故曰成明夷坤也。坤爲空虛，虞氏逸象義也。空虛故無人。坎爲三歲，虞氏逸象義。坤冥在上，謂四變而坤在三上矣。坤爲冥，虞氏逸象。覿，俗字，《説文解字》所無，或曰當作「儥」。《春秋・莊二十四年》：「大夫宗婦覿用幣。」《公羊傳》曰：「覿者何，見也。」故曰見也。

䷷离宫一世卦。消息：内卦三月，外卦四月。

旅：小亨。旅貞吉。

【注】賁初之四，否三之五，小謂否也。

【疏】此虞義也。否坤下乾上，三之五，五之三，而成旅。賁初之四，兩象易也，説見豐卦。否大往小來，故曰小否也。

初六：旅瑣瑣，斯其所取災。

【注】瑣瑣，猶小小也。艮爲小石，履非其正，應离之始。离爲火，自取災也。

六二：旅即次，懷其資，得僮僕，貞。

【注】即，就也。次，舍也。資，貨也。艮爲閽寺，僮僕之象。以陰居二，即就其舍。承陽有實，故懷其資。

九三：旅焚其次，喪其僮僕，貞厲。

【注】三動艮壞，故焚其次。三動艮滅，入坤，坤爲喪，喪其僮僕也。動而失正，貞厲矣。

九四：旅于處，得其齊斧，我心不快。

【注】巽爲處，离爲斧。斧，黄戉也。齊，利也。位未至，故我心不快也。

六五：射雉，一矢亡，終以譽命。

【注】离爲雉，爲矢，爲飛。五變成乾，矢動雉飛，雉象不見，一矢亡也。譽謂二。巽爲命，五變成乾，則二來應五，終以譽命也。

上九：鳥焚其巢，旅人先笑後號咷。

【注】离爲鳥，爲火。巽爲木，爲高。變震爲竹，爲葦，鳥隱其中，皆巢之象也。震爲笑，震在前，故先笑。巽爲號咷，巽在後，故後號咷。

喪牛于易，凶。

【注】离爲牛，乾爲易，五動成遯，故喪牛。《遯·六二》：「執之，用黄牛之革。」即上九之牛也。

【疏】「瑣瑣」至「災也」。

《詩・小雅・節彼南山》：「瑣瑣姻婭。」《傳》曰：「小貌。」故曰瑣瑣，小也。初應四，是應四始也。自蹈於火，自取災也。

「即就」至「其資」。

此《九家易》也。《詩・鄭風・東門之墠》：「子不我即。」《傳》曰：「即，就也。」故曰即，就也。《周禮・天官・宫伯》：「授八次八舍之職事。」《注》：「鄭司農云：庶子衛王宫，在内爲次，在外爲舍。」故曰次，舍也。資，貨也，《說文解字》文。以陰居陰，即就其舍也。承陽，承九三也。蒙四爻《象》曰：「困蒙之吝，獨遠實也。」《正義》曰：「陽主生息，故稱實。」是有實也。初者卑賤，二得履之，僮僕之象也。

「三動」至「厲矣」。

此虞義也。三動近离，動而成坤，是焚其次也。坤爲喪，虞氏逸象義。喪其僮僕，初與三也。

「巽爲」至「快也」。

巽爲處，虞氏逸象義。自二至四，卦互體巽，故曰巽爲處。齊斧，俗本作「資斧」，子夏《傳》及衆家並作「齊」。《漢・王莽傳》：「喪其齊斧。」應劭曰：「齊，利也。」故曰齊，利也。蓋得其利斧也。《說文解字》曰：「戉，斧也。」司馬法曰：「夏執元戉，殷執白戚，周左杖黄戉，右秉白髦。」故曰斧，黄戉也。以陽居陰，位未至也。离爲斧，虞氏逸象義。

「离爲」至「命也」。

此虞義也。离爲雉,《説卦》文。离爲矢,爲飛,虞氏逸象義。二多譽,故曰譽謂二。巽爲命,虞氏逸象義。五變成乾,二來應己者,陰來應陽,正應也。

「离爲」至「號咷」。

此虞義也。巽爲高,《説卦》文。上九變陰成震,震爲竹,爲葦。《説卦》文也。自四至上,上變成震,故曰在前。震爲笑,虞氏逸象義。自二至四,卦互體巽,故曰在後。巽爲號咷,虞氏逸象義。在前、在後,即内卦、外卦也。

「离爲」至「牛也」。

此虞義也。《左傳·昭五年傳》曰:「純离爲牛。」故曰离爲牛。乾爲易,虞氏逸象義。遯艮下乾上,五動成陽,則成遯。互爲离之主爻,离爲牛,變而成遯,則离牛喪而之遯矣。二應五,故爲《遯·六二》所執。此乃虞氏六十四卦變動之大義也。生生之謂易,其斯之謂與?

䷸八純卦,象風。消息:内卦七月,外卦八月。

巽:小亨。利有攸往。利見大人。

【注】遯二之四,柔得位而順五剛,故小亨。大人謂五。离目爲見,二失位,利應五,利攸在也。

【疏】此虞義也。遯二之四,之卦義也。柔謂遯二,以陰居陰,故得位。五剛謂五也。遯坤爲順卦,互體离,故曰离目爲見。二失位,利往應五,故利見九五,之大人也。

初六：進退，利武人之貞。

【注】巽爲進退，乾爲武人。巽於消息爲七月，禮，立秋賞武人於朝，故利武人之貞。

九二：巽在牀下。

【注】巽爲木牀之象也。二无應於五，退而據初，心在於下矣。

用史巫紛若，吉，无咎。

【注】史以書動，巫以告廟。紛，盛。若，順也。二以陽應陽，君所不臣，軍帥之象。書勳告廟，當變而順五則吉。二體兑，兑爲巫，兑道貴順，能變而順五，退在牀下，吉，无咎矣。

九三：頻巽，吝。

【注】頻，蹙也。謂二已變三體坎，坎爲憂，爲水，故頻巽也。在險无應，故吝。

六四：悔亡，田獲三品。

【注】失位无應，悔也。二之初而應四，是悔亡也。二爲田，三品：上殺、次殺、下殺也。卦象則謂下三爻也。初巽爲雞，二兑爲羊，三离爲雉。

九五：貞吉，悔亡，无不利，无初有終。

【注】得位處中，故貞吉，悔亡，无不利也。巽究爲躁卦，變之震，故无初有終也。

先庚三日，後庚三日。

【注】震，庚也。謂變初至二成离，至三成震，震主庚，离爲日，震三爻在前，故先庚三日，謂益時也。動四至五成离，終上成震，震三爻在後，故後庚三日。震究爲蕃鮮，白謂巽也。巽究爲躁卦，躁卦謂震也。與蠱「先甲三日，後甲三日」同義。五動成蠱，乾成於甲，震成於庚，陰陽天地之始終，故《經》舉甲、庚於《蠱·彖》《巽·五》也。

上九：巽在牀下，喪其齊斧，貞凶。

【注】牀下謂初也。究反成震，在牀下也。遂坤爲喪，离爲斧，喪其齊斧也。

【疏】「巽爲」至「之貞」。

巽爲進退，乾爲武人，虞氏逸象義也。乾盈爲息，坤虚爲消，故曰消息。孟長卿《卦氣説》：「六十卦主六日七分。」巽，内卦主處暑七月，外卦主白露八月節，是巽在消息爲七月也。《禮記·月令》：「立秋之日，賞軍帥武人于朝。」鄭氏彼《注》曰：「武人謂環人之屬有勇力者。」

「巽爲」至「下矣」。

二不當位，故无應於五而退據初也。

「史以」至「咎矣」。

史以書勳者，勳，《説文解字》曰：「能成王功也。」《周禮·夏官·司勳》曰：「王功曰勳。」征伐之事亦王功也。《周禮·司勳》：「凡有功者，銘書于王之太常，祭于大烝，司勳詔之。」《注》曰：「銘之言名也，生則書于王旌，以識其人與其功也。死則于烝先王祭之。詔謂告其神以辭也。」今漢祭功臣于庭，藩謂凡有功者賞地，詔辭則司勳之職，凡功勳之事則史官之職，蓋史以掌書故也。巫以告廟者，巫，《説文解字》曰：「祝也，能齊肅事神明也。」《楚語》觀射父曰：「在男曰覡，在女曰巫，是使制神之處位次主，而爲之牲器時服，而後使先聖之後之有光烈，而能知山川之號，高祖之主，宗廟之事。」此即巫以告廟也。祭必有巫，祭于大烝，故曰巫以告廟。《易釋文》曰：「紛，盛也。」故曰盛也。若，順也者，若，順，《釋言》文。《尚書·堯典》：「欽若昊天。」順之義也。此荀氏義也。兑爲巫，虞氏逸象義。《兑·象》曰：「是以順乎天。」故曰兑道貴順。二不當位，以陽應陽，是不臣也。不臣則有危亡之禍，即所謂祭于大烝，司勳詔之也。二體兑，若其極盛之時，能變而順五，則无危亡之禍矣。

「頻蹙」至「故吝」。

頻，《説文解字》曰：「水厓人所賓附，頻蹙不前而止。」故曰頻，蹙也。九二變陰，自二至四，互有坎象，故曰坎爲憂，坎爲水也。坎，重險也，頻蹙不前，是在險无咎也。

「失位」至「爲雉」。

九二師師征伐，田之象也。《穀梁·桓四年傳》曰：「一爲乾豆，二爲賓客，三爲充君之庖。」范甯《注》：「上殺中心，次殺射髀骼，下殺中腸污泡。」故曰上殺、次殺、下殺也。初巽爲雞者，《説卦》文。郭璞《洞林》曰：「巽爲大雞。」二兑爲羊者，自二至四，互體兑也。兑爲羊，《説卦》文。离爲雉者，自三至五，互體离也。此翟元義也。

「得位」至「終也」。

此虞義也。以陽居陽，故得位處中，謂五也。巽究爲躁卦，《説卦》文。此乃震巽特變也。虞氏《説卦注》：「巽變至五成噬嗑，爲市，動上成震，故其究爲躁卦。」明震内卦爲專，外卦爲躁，震无巽象，巽无震象，雷風无形，故特變耳。初失位，終上成震，則得位矣。故无初有終也。

「震庚」至「五也」。

此虞義也。八卦納甲：震内庚。魏伯陽《参同契》曰：「震庚，受西方。」故曰震，庚也。謂變初至二成离者，初變陽，二變陰，而成离。三至三成震者，三動成陰而成震，三前下卦也。三動成震，則爲風雷益䷩。故曰謂益時也。益時者，《益·象》曰：「凡益之道，與時偕行。」動四至五成离者，四動成陽，五動成陰，而成离。三終上成震者，上變陰，而内外皆成震䷲矣。後，上卦也。《説卦傳》曰：「其究爲健，爲蕃鮮。」虞彼《注》曰：「震巽相薄，變而至三，則下象究與四成乾，故其究爲健，爲蕃鮮也。」《説卦傳》曰：「震爲的顙。」虞《注》曰：「的，白也。」《説卦傳》曰：「巽爲白。」故曰白謂巽也。蓋震究巽耳。五動成蠱者，五動成陰，而成山風蠱䷑。乾成於甲，十五日也。震成於庚，初三日也。八卦納甲之説：坎、离，日、月也。戊、己，中土也。晦夕朔旦，坎象流戊，日中則离，离象就己，三十日會于壬，三日出于庚，八日見于丁，十五日盈于甲，十六日退于辛，二十三日消于丙，二十九日窮于乙，滅于癸。乾納甲，故十五日也。震納庚，故初三日也。藩謂乾納甲，震納庚，蠱互震，兑无乾象，故曰先甲、後甲。巽互离，兑无震象，故云先庚、後庚。蠱巽下艮上，退于辛，消于丙，終之象也。中互震兑，有出震見兑之象。故云終則有始，天行也。巽十六日，乾初缺，故无初，消丙入坤，坤代終，故有終。庚、甲相對，中隔三日，故皆以三言之，甲乙爲日也。

「牀下」至「斧也」。

子夏《傳》及諸家「資斧」皆作「齊斧」，惟沈約《宋書・文帝紀》：「元嘉二十九年丙申，詔曰：未勞資斧。」與王氏本同。《漢書・王莽傳》曰：「司徒王尋初發長安，宿霸昌廐，亡其黃戉。尋士房揚哭曰：『此《經》所謂喪其齊斧者也。』」《注》：「應劭曰：齊，利也。」亡其利斧，言无以復斷斬也。卦自遯來，故曰遯坤爲喪。

䷹八純卦，象澤。消息：秋分。

兑：亨。利貞。

【注】大壯五之三，剛中而柔外。二失位，動應五，上承三，故亨，利貞也。

【疏】此虞義也。大壯乾下震上，五之三而成兑。剛中謂二、五也，柔外謂三、上也。動而應五，上承三者，謂二動而成陰，以應九五之陽，不動而承六三之陰。

初九：和兑，吉。

【注】四變應己，和兑吉也。

九二：孚兑，吉，悔亡。

【注】孚謂五也。四已變，五在坎中，稱孚。二動而應之，悔亡也。

六三：來兑，凶。

【注】從大壯來而失位，來兑，凶也。

九四：商兑未寧，介疾，有喜。

【注】商，商賈也。介，大也。巽爲近，利市三倍，故稱商兑。震爲行，故未寧。四變成坎，坎爲疾，故介疾。纖小之疾，故有喜。憂悔吝者，存乎介。

九五：孚于剥，有厲。

【注】孚謂五也。二、四變，體剥象，孚于剥也。在險，故有厲。

上六：引兑。

【注】巽爲繩，艮三爲手，上之失位，三引之也。

【疏】「四變」至「吉也」。

此虞義也。四變應已者，謂四變陰而應初也。

「孚謂」至「亡也」。

此虞義也。四變陰成坎，五爲坎中也。坎爲孚，虞氏逸象義。二動應之者，二動成陰而應五也。

「從大」至「凶也」。

此虞義也。大壯之五，失位之爻，來之兑，三又失位，是以凶也。

「商商」至「乎介」。

此虞義也。《易釋文》：「介，隔也。馬云：介，大也。」故曰介，大也。巽爲近，利市三倍，《説卦》文。卦互體巽，故云。《孟子》曰：「商賈皆欲藏於王之市。」故商兑也。五變成震，故曰震爲行。纖小之疾，勿藥有喜，故有喜。憂悔吝者存乎介，是介疾之義也。

「孚謂」至「有厲」。

此虞義也。剥坤下艮上，二、四變陰，剥象半見。坎爲孚，故孚于剥也。

「巽爲」至「之也」。

此虞義也。四變卦互體艮，三爲艮爻，故艮三爲手也。上之失位，三引之者，即虞所謂柔外也。引之者，言三以繩引之也。巽爲繩，虞氏逸象義。

☴☵离宫五世卦。消息：六月。

涣：亨，王假有廟。利涉大川，利貞。

【注】否四之二，成坎震，天地交，故亨。乾爲王。假，至也。否體觀，艮爲宗廟。坎爲大川，乘木有功，故利涉大川，利貞也。

【疏】此虞義也。否坤下乾上，四之二而成涣，卦互體震，故曰成坎震也。否，天地不交，萬物不通之卦。成涣，涣，散也。散則交而通矣，故曰天地交也。《說卦傳》曰：「乾爲君。」故乾爲王也。假，至也，《說文解字》文。否坤下乾上，觀坤下巽上，觀象半見，鄭氏《觀卦注》曰：「坤爲地，爲衆。巽爲木，爲風。九五天子之爻，互體有艮，艮爲鬼門，又爲宫闕。地上有木，而爲鬼門、宫闕者，天子宗廟之象也。」故否體觀，艮爲宗廟也。坎爲大川，虞氏逸象義也。乘木有功，《彖辭》也。巽爲木，故云。

初六：用拼馬壯，吉。悔亡。

【注】拼，上舉也。坎爲馬，在坎險，故舉之。坎爲美脊之馬，故壯。

九二：渙奔其机，悔亡。

【注】机，五几也。震爲奔，坎爲棘，震爲足，艮肱據之，凭几之象。渙，宗廟也，故設几。

六三，渙其躬，无悔。

【注】否坤爲躬，變而之正，故无悔。

六四：渙其羣，元吉。

【注】三稱羣，謂否坤三爻也。從否來，得位順五，故元吉。

渙有丘，匪夷所思。

【注】艮爲山，故稱丘。匪，當爲「非」。夷，平也。二之四互艮，非夷。四之二成坎，坎爲思，所思也。

九五：渙汗其大號。渙王居，无咎。

【注】號，令也，言號令如汗，汗出而不反者也。五爲王，故宣號布令。艮爲居，故渙王居也。

上九，渙其血，去，逖出，无咎。

【注】應在三。坎爲血，爲逖。逖，遠也。二變爲觀，坎象不見，血去逖出也。

【疏】「拚上」至「故壯」。

拚，俗本作「拯」，子夏、馬氏作「拚」。後漢《孔彪碑》文：「爰尚桓桓，拚馬蠲害。」拚馬即拯馬也。據此，則作「拯」者非矣。俗本无「悔亡」，朱震《漢上易傳》曰：「虞翻、陸績本作『壯吉悔亡』。」《説卦傳》曰：「坎其于馬也，爲美脊。」故曰坎爲馬，坎爲美脊之馬。

「机五」至「設几」。

此虞義也。「机」「几」通借字。机，五几者，《周禮·春官·司几筵》：「掌五几五席之名物。」《注》：「五几，左右玉、彫、彤、漆、素也。」震爲奔，虞氏逸象義。几以木爲之，有足。卦互體震艮。坎爲棘，棘，木也。坎木、震足，几之象也。艮爲肱，虞氏逸象義。《説文解字》：「凭，依几也。」故曰凭几之象。凡大朝覲、大饗射，凡封國、命諸侯，王位設黼依。依前南鄉，設莞筵紛純，加繅席畫純，加次席黼純、左右玉几。祀先王，胙席亦如之。按大朝覲、大饗射、封國、命諸侯、祀先王，皆在廟中，故知渙宗廟設几也。

「否坤」至「无悔」。

否坤下，故曰否坤爲躬。三不當位，故變而之正。

「三稱」至「元吉」。

《周語》：「獸三爲羣。」韋昭《注》：「自三以上爲羣。」是三稱羣也。從否二居四，离其羣侶，渙其羣也。《吕氏春秋》曰：「渙者賢也，羣者衆也，元者吉之始也。渙其羣，元吉者，其左多賢也。」《周語》曰：「人三爲衆。」其左多賢者，亦謂坤三爻也。

「艮爲」至「思也」。

「匪」當爲「非」者，通借字也。夷，平也者，《漢・成帝紀》曰：「帝王之道，日以陵夷。」《注》：「夷，平也。」否二之四，自三至五，互艮。渙有丘，故匪夷。否四之二成坎，坎爲思，謂四离羣而思二也。坎爲思，虞氏逸象義。

「號令」至「居也」。

《文選》薛綜《東京賦》注：「鄭玄曰：號，令也。」故曰號，令也。《漢・劉向傳》曰：「《易》曰：渙汗其大號。言號令如汗，汗出而不反者。今出善政，未能踰時而反，是反汗也。」言令之出不可出乎爾而反乎爾也。艮爲居，虞氏逸象義。

「應在」至「出也」。

此虞義也。應在三，故坎爲血也。坎爲逖，虞氏逸象義。逖，遠也，《説文解字》文，猶言遠出也。觀坤下巽上，二變爲陰，則成觀矣。

䷓坎宮一世卦。消息：七月。

節：亨。

【注】泰三之五，天地交也〔七〕，故亨。

苦節不可貞。

【注】謂上也。應在三，變成离，离火炎上作苦。苦節也，乘陽，不可貞也。

【疏】「泰三」至「故亨」。

此虞義也。卦自泰來，從三陽三陰之例，泰三之坤五。《泰·象》曰：「天地交泰。」故曰天地交也。

「謂上」至「貞也」。

此虞義也。三應上，故曰應在三也。三變成陽，自三至五互离象。《尚書·洪範》曰：「火曰炎上。」又曰：「炎上作苦。」故曰火炎上作苦也。

初九：不出户庭，无咎。

【注】泰坤爲户，艮爲庭，震爲出。初得位應四，不出户庭也。

九二：不出門庭，凶。

【注】變而之坤，艮爲門庭。二失位不變，出艮應五，則凶。

六三：不節若，則嗟若，无咎。

【注】物不可以終离，故受之以節。三變成离，終离也，故不節若。若，語辭。震爲出，爲音聲，故嗟若。嗟，佐也。

六四：安節，亨。

【注】艮止坤安，得正承五，故安節，亨也。

九五：甘節，吉，往有尚。

【注】坎爲美，得位正中，故甘節，吉。往有尚者，謂二變應五也。

上六：苦節，貞凶，悔亡。

【注】乘陽，故貞凶。得位，故悔亡。

【疏】「泰坤」至「庭也」。

此虞義也。卦自泰來，故曰泰坤。坤爲户，艮爲庭，震爲出，虞氏逸象義。卦互體震艮，故云初得位，有應，不動不變，不出户庭之象。

「變而」至「則凶」。

變而之坤者，謂二變陰，自二至五，互坤象。杜預《左傳注》曰：「艮爲門庭。」故曰艮爲門庭也。三至五，互艮象。二不變，應五，則以陽應陽，不出於艮矣，故凶也。

「物不」至「佐也」。

物不可以終离，故受之以節，《序卦》文。涣，离宫卦也，故曰終离。節無离象而互艮，艮，止也，故《雜卦傳》曰：「節，止也。」三變成离，則不節而終离矣。震爲出，爲音聲，虞氏逸象義。嗟，佐也者，劉熙《釋名》曰：「嗟，佐也。言之不足以盡意，故發此聲以自佐也。」

「艮止」至「亨也」。

此虞義也。坤爲安，虞氏逸象義，謂泰坤也。以陰居陰，故得正。

「坎爲」至「五也」。

此虞義也。坎爲美，坎爲美脊。故爲美。美，《説文解字》曰：「甘也。」故曰甘節。二變陰應五，則吉。往有尚，謂二也。

「乘陽」至「悔亡」。

此虞義也。乘陽，乘九五之陽。得位者，以陰居陰也。悔亡，言其小疵也。

䷼艮宮游魂卦。消息：十一月。

中孚：

【注】訟四之初也。

豚魚吉。

【注】三辰在亥，亥爲豕。爻失正，故變而從小名，言豚耳。四辰在丑，丑爲鼈蟹。鼈蟹，民之微者。爻得正，故變而從大名，言魚耳。三體兑，兑爲澤。四上值天淵，二、五皆坎爻。坎爲水，水浸澤，則豚利。五亦以水灌淵，則魚利。豚魚以喻小民也。

利涉大川，利貞。

【注】坎爲大川，涣爲舟楫，故利涉大川也。

【疏】「訟四之初也」。

此虞義也。訟坎下乾上，乾四之坎初，從四陽二陰之例，非乾坤往來之謂也。

「三辰」至「民也」。

此鄭義也。鄭氏十二月爻辰説：十月亥，坤六三也。十二月丑，坤六四也。爻辰之説，詳於《乾鑿度》。《三統曆》以乾子坤未爲主宰，然八卦皆有爻辰，而中孚獨言乾坤者，《乾鑿度》曰：「中孚爲陽，貞於十一月子；小過爲陰，貞於六月未，法於乾坤。」則中孚法乾，小過法坤矣。中孚之三、四，坤之三、四也；小過之三、四，乾之三、四也。所以虞氏之卦義，以中孚、小過與乾、坤反復不衰，即孟氏所謂卦氣起中孚也。故曰三辰在亥，四辰在丑。亥爲豕者，《説文解字》曰：「古文亥爲豕，與豕同。」亥而生子，復從一起。三以陰居陽，故失正。《説文解字》曰：「豚，小豕也。」故曰變而從小名。丑於爻辰爲十二月，《月令》：「季秋之月，其蟲介。」鄭氏彼《注》曰：「介，甲也，龜鼈之屬。」蟹亦介屬也。介，墳衍之物，鱗，川澤之物，變而爲魚，則大矣。兑爲澤，《説卦》文。鄭氏爻辰所值二十八宿説：丑上值斗。天淵，星名，節天海也，在南斗牽牛南。《史記正義》曰：「南斗牽牛，須皆爲星紀。」子辰在丑，故曰上值天淵也。坎中實，故二、五皆坎爻。坎爲水，《説卦》文。《詩・小雅》：「有豕白蹢，烝涉波矣。」《毛傳》曰：「將久雨，則豕進涉水波。」《鄭箋》曰：「豕之性能水。」故曰水浸澤則豚利。《晉書・天文志》曰：「天海，主灌溉田疇事。」故曰以水灌淵。豚魚微物，所以喻小民也。

「坎爲」至「川也」。

此虞義也。訟坎爲大川。《繫辭》曰：「刳木爲舟，掞木爲楫。」蓋取諸涣。故曰涣爲舟楫。涣坎下巽上，自二至上，涣象半見，故曰涣爲舟楫也。

初九：虞吉，有它不燕。

【注】虞，安也。有它，意在四也。

九二：鳴鶴在陰，其子和之。我有好爵，吾與爾靡之。

【注】靡，共也。震爲鳴，訟离爲鶴，坎爲陰夜，鶴知夜半，故鳴鶴在陰。互艮爲子，震、巽同聲相應，故其子和之。吾謂五也。离爲爵。二、五正應，變陰應五，是五與靡之也。

六三：得敵，或鼓或罷，或泣或歌。

【注】三、四俱陰，故得敵也。四得位，故鼓而歌。三失位，故罷而泣。

六四：月幾望，馬匹亡，无咎。

【注】坎爲月，离爲日，兑西震東，月在兑二，日在震三，日月象對，故月幾望。乾坎兩馬，兩馬稱馬匹。震爲奔走，體遯山中，乾坎不見，馬匹亡也。

九五：有孚攣如，无咎。

【注】坎爲孚，坎二陰在中也。艮爲手，故攣如。

上九：翰音登于天，貞凶。

【注】巽爲雞，雞曰翰音，翰，長也。乾爲天，故翰音登于天。失位，故貞凶。

詁》文。

【疏】「虞安」至「四也」。

此荀義也。《儀禮·士虞禮》：「鄭《目録》曰：虞，安也。」故曰安也。初應於四，宜自安虞，无意於四，則吉。四若承五，有它意於四，則不安矣。故曰有它，意在四也。燕，安也，《爾雅·釋詁》文。

「靡共」至「之也」。

此虞義也。《易釋文》：「靡，《韓詩》曰共也。」互震爲鳴。震爲鳴，离爲鶴，坎爲陰夜，虞氏逸象義。訟离者，卦自訟來，訟體互离，坎亦訟坎也。《淮南子·説山》：「雞知將旦，鶴知夜半。」故曰鶴知夜半。艮爲少男，故曰艮爲子。《説卦》：「雷風相薄。」虞氏曰：「謂震、巽同聲相應。」訟互體巽，故曰震、巽同聲相應。《淮南子·泰族訓》：「寒暑燥濕，以類相從。聲響疾徐，以音相應。故《易》曰：鳴鶴在陰，其子和之。」即此意也。离爲爵，虞氏逸象義。變陰應五者，五利二之變而應己也。

「三四」至「而泣」。

此荀義也。敵，匹也。三、四皆陰，得其匹也。四以陰居陰，故得位。三以陰居陽，故失位。

「坎爲」至「亡也」。

此虞義也。八卦納甲：八日成兑見丁，月之生明必於庚，上弦必於丁。則震爲西方，兑爲南方矣。何以云兑西，蓋兑正秋也，卦屬金，故曰兑西。納甲兑爲南方，故《説卦》但言正秋也，不言西方之卦。震，東也，《説卦》文。坎，訟坎也。訟坎下乾上訟，四之初，中孚之二爻也。故曰月在兑二。訟卦二爻至四爻互离，則中孚之三爻，訟离之二爻也。中孚二爻至四爻互震，故曰日在震三。大明生于東，月生于西，故日月象對。乾爲馬，坎爲馬，兩馬也。《爾雅・釋詁》：「匹，合也。」《注》：「謂對合也。」故曰兩馬稱匹。震爲奔走，虞氏逸象義。虞氏曰：「中孚，訟四之初也，當从四陽二陰之例。」遯陰未及三，而大壯陽已至四，故知從訟來。訟自遯來，遯艮下乾上，故曰體遯山中。訟四之初，是乾坎不見也。

「坎爲」至「攣如」。

此虞義也。訟坎二陰居三、四，坎孚在中也。《爾雅・釋詁》：「癵，病也。」《釋文》：「郭作『拘攣』。」謂手足曲病也。

「巽爲」至「貞凶」。

此虞義也。《禮記・曲禮》：「雞曰翰音。」故曰翰音也。鄭氏彼《注》曰：「翰，長聲也。」故曰長也。上九高而失位，貞凶也。

䷽兑宫游魂卦。消息：内卦十二月，外卦正月。

小過：亨。利貞。

【注】晉上之三也，有飛鳥之象，故知從晉來。柔得中，故亨。五失正，故利貞。

可小事，不可大事。

【注】小謂五。晉坤爲事。柔得中，可小事也。大謂四，剛失位而不中，不可大事也。

飛鳥遺之音，不宜上，宜下，大吉。

【注】离爲飛鳥，震爲音，艮爲止，晉上之三，离去震在，鳥飛而音止，故飛鳥遺之音。上陰乘陽，不宜上也。不，鳥飛上翔不下來也。下陰順陽，故宜下，大吉。

【疏】「晉上」至「利貞」。

此虞義也。晉坤下离上，离上爻之坤三，從四陰二陽之例。晉离爲飛鳥，故知從晉來。柔得中，謂五也。

「小謂」至「事也」。

此虞義也。陽爲大，陰爲小，故曰小謂五也。坤爲事，虞氏逸象義。大謂四者，陽爲大也。

「离爲」至「大吉」。

此虞義也。离爲飛鳥，虞氏逸象義。晉离上之三而成震，离象不見，是离去震在也。震爲音，虞氏逸象義。上陰乘陽，謂五乘四也。下陰順陽，謂二順三也。不，鳥飛上翔不下來也，《説文解字》文，許君「不」字之訓本於此也。

初六：飛鳥以凶。

【注】初應四，四爲飛鳥。上之三，則四折入，大過死，故凶也。

六二：過其祖，遇其妣。

【注】祖，祖母，謂初也。母死稱妣。晉坤爲喪，爲母，折入大過死，所以稱妣也。二過初，故過其祖。二、五變體姤遇，故遇妣也。

不及其君，遇其臣。无咎。

【注】五動爲君，晉坎三爲臣，二之五隔三，艮爲止，故不及其君。止如承三得正，遇其臣也。

九三：弗過防之，從或戕之，凶。

【注】防，防四也。從或，從四也。戕，殺也。离爲戈兵，三從离入坤，折四死大過中，凶也。

九四：无咎，弗過遇之，

【注】四雖失位，進則遇五，故无咎也。不復過五，故曰弗過遇之矣。

往厲必戒，勿用永貞。

【注】戒，戒心也，謂三也。震爲奔走，故曰往厲，厲謂五也。四體震動，勿長居四，故勿用永貞。

六五：密雲不雨，自我西郊。公弋取彼在穴。

【注】密，閉也。晉坎在天爲雲，墜地成雨。坤爲地，爲我。兑爲西，上來之三，折坎入兑，不雨也。公謂三也。弋，矰繳射也。坎爲弓彈，离爲鳥矢，离去无矢，故以手取。坎窞爲穴，艮爲手，飛鳥入穴，故取彼在穴也。

上六：弗遇過之，飛鳥離之，凶，是謂災眚。

【注】上之三，三之上，弗遇過之也。離，遭也。飛鳥爲公所取，故凶。坎爲災眚。此虞義也。

【疏】「初應」至「凶也」。

晉上之三，自二至五，互大過象。大過巽下兑上，兑爲毁折，故曰折入。大過二陽在四陰之中，陽死陰中，故曰死也。

「祖祖」至「妣也」。

此虞義也。初陰爻，故曰祖，祖，祖母也。《禮記·曲禮》：「生曰父、曰母、曰妻；死曰考、曰妣、曰嬪。」鄭氏《禮記注》曰：「妣之言媲也。媲於考也。」《説文解字》曰：「殁母也。」是母死稱妣也。姤巽下乾上，二變陽，五變陽，自初至五，互姤象。《姤·象》曰：「姤，遇也。」故體姤遇。三爲妣，下陰順陽，是過祖、遇妣也。

「五動」至「臣也」。

此虞義也。五動爲君者，五動成陽，卦互體乾，乾爲君也。坎爲臣，虞氏逸象義。二、五正應，三爲艮爻，二之五爲艮所止，二、五皆陰，應不得其正。二與三以陰順陽，故得正。如讀爲而，言止而承三也。晉坎者，晉卦自三至五互坎，故曰晉坎。三爲臣也。

「防防」至「凶也」。

此虞義也。晉上之三，三，鳥音所遺也，故弗過。弗過者，鳥音弗過也。三折四死大過，故曰防，防四也。《乾·九四》：「或躍在淵。」仲翔謂或指四。故曰從或，從四也。《春秋·宣公十有八年》：「秋七月，邾人戕鄫子于鄫。」杜預《注》：「邾大夫就鄫殺鄫子。」是戕訓殺也。晉离上入坤三，互大過，四陽死陰中，是三從离入坤，折四死大過中也。

「四雖」至「之矣」。

此《九家》義也。四體震動，位既不正，當動上居五，故不復過。五上陰乘陽，四舍五應上，是動上居五也。

「戒戒」至「永貞」。

《孟子》：「當在薛也，予有戒心。」趙岐《注》：「戒，有戒備不虞之心也。時有惡人欲害孟子，孟子戒備。」故曰戒心也。三弗過防之，故曰謂三也。四往危五，是往厲也。謂舍五應上也，此荀氏義也。《説卦傳》曰：「雷以動之。」是震爲動也。

「密閉」至「穴也」。

此虞義也。《禮·樂記》：「陰而不密。」鄭《注》：「密之言閉也。」上坎爲雲，下坎爲雨，故曰在天爲雲，墜地成雨。坤爲我，虞氏逸象義。晉互坎，晉三爲坎爻，上之三，三之上，成小過。小過互兑，三爲兑爻，折坎爲兑也。爻例：三爲三公。坎爲弓彈，离爲鳥矢，虞氏逸象義。《周禮·夏官·司弓矢》：「矰矢茀矢，用諸弋射。」鄭《注》：「結繳于矢謂之矰。矰，高也。」《詩·鄭風》：「弋鳧與雁。」孔《疏》：「繳射，謂以繩繫矢而射也。」鄭氏《考工記注》曰：「矢落不獲，弋繳射也。」故曰弋，矰繳射也。窞，《説文解字》曰：「坎中小坎也。」故曰坎窞爲穴。《九家》「需于血，出自穴」《注》曰：「震從地出，上升於天。自地出者，莫不由穴。」坎爲雲，雲自穴出，是坎爲穴也。离鳥高飛，故用矰矢。矰，高也。离去无矢，故以手取。晉三爲坎，离上之三，飛鳥入穴也。

「上之」至「災眚」。

《漢書·揚雄傳·反離騷》：「惟天軌之不辟兮，何純潔而離紛。」《注》：「師古曰：離，遭也。」故曰離，遭也，言飛鳥遭公之弋而死。公謂三也，坎爲災眚，《説卦》文。

䷻坎宫三世卦。消息：十月。

既濟：亨小，利貞。

【注】泰五之二，小謂二也。六爻得位，各正性命，保合太和，乃利貞。

初吉，終亂。

【注】初，始也，謂泰乾。乾知大始，坤五之乾二，得位處中，初吉也。泰坤稱亂，二上之五成泰，泰反成否，終亂也。

【疏】「泰五」至「利貞」。

此虞義也。泰五之二者，坤五之乾二也。六爻得位，陰陽氣通，故亨。各正性命，保合太和，乃利貞，《乾·彖》也。乾變坤化，乾五之坤，坤二之乾，成既濟定。坎爲性，离爲命，二、五成位於中，故云各正。當游魂爲變之時，各能還其本體，故云保合太和，乃利貞也。

「初始」至「亂也」。

此虞義也。乾知大始，《繫辭》文。坤爲亂，虞氏逸象義。《雜卦傳》曰：「否、泰反其類也。」故曰泰反成否。

初九：曳其輪，濡其尾，无咎。

【注】應在四。坎爲曳，爲輪。濡，溺也。尾讀爲微。尾，微也。初爲坎，水所溺也。

六二：婦喪其髮，勿逐，七日得。

【注】离爲婦。泰坤爲喪。髮，鬒髮也。坎爲玄雲，故稱髮。《詩》曰：「鬒髮如雲。」故婦喪其髮。泰震數七，故勿逐，七日得。

九三：高宗伐鬼方，三年克之。小人勿用。

【注】高宗，殷王武丁。鬼方，國名。乾爲高宗，坤爲鬼方，乾二之坤五，故高宗伐鬼方。坤爲年，位在三，故三年克之。坤爲小人，故小人勿用。

六四：繻有衣袽，終日戒。

【注】繻，䌌衣也。乾爲衣，故稱繻。袽，敝緼也。乾二之五，衣象裂壞。离爲日，坎爲盜，在兩坎間，故終日戒。謂伐鬼方，三年乃克，旅人勤勞，衣服皆敗，猶戒備鬼方之民也。

九五：東鄰殺牛，不如西鄰之禴祭，實受其福。

【注】互坎，互离。离日坎月，日東月西，東鄰西鄰也。禴，夏祭也。离爲夏，故云。坤爲牛，坎爲豕，西鄰禴祭則用豕歟。言殺牛而凶，不如殺豕受福。

上六：濡其首，厲。

【注】乾爲首，從五之坎，濡其首也。

坎爲弓、輪，《説卦》文。故曰坎爲輪。《史記·倉公傳》：「今客腎濡。」《正義》曰：「濡，溺也。」「尾」「微」古字通，故「微生高」一作「尾生高」。尾，微也，《説文解字》文。《易》以下爲尾，上爲角，初在下，故稱尾。《乾鑿度》曰：「《易》氣從下生。」鄭《注》云：「《易》本无形，自微及著，氣從下生，以下爻爲始。」始即微也。

【疏】「應在」至「溺也」。

「离爲」至「日得」。

此虞義也。《説卦傳》曰：「离爲中女。」故曰离爲婦。坎爲玄雲，虞氏逸象義。鬒髮如雲，《詩·鄘風·君子偕老》文〔八〕。《毛傳》：「鬒，黑髮也。」如雲，言美長也。泰互震，故曰泰震也。髮，子夏、馬、鄭皆作「髴」。虞氏曰：「『髮』或作『髴』，俗説以髮爲婦人蔽膝之髴，非也。」虞氏世傳《易》學，必有所據。且坎爲玄雲，所以稱髮，確有此象，故不從衆家，而從虞讀。

「高宗」至「勿用」。

此虞義也。乾爲高宗，虞氏逸象義。《史記·殷本紀》：「武丁崩，子帝祖庚立。祖已嘉武丁之以祥雉爲德，立其廟爲高宗。」故曰高宗，殷王武丁也。《詩·商頌》：「天命玄鳥，武丁孫子。」

《傳》：「武丁，高宗。」坤爲鬼方，虞氏逸象義。《詩·大雅·蕩》：「覃及鬼方。」《傳》：「鬼方，遠方也。」非仲翔所指。《大戴禮·帝繫》：「陸終氏娶于鬼方氏，鬼方氏之妹，謂之女隤。」《史記索隱》《世本》與此同。鬼方即西羌也。《後漢書·西羌傳》：「后桀之亂，畎夷入居邠、岐之間。成湯既興，伐而攘之。及殷室中衰，諸夷皆叛，至于武丁，征西羌、鬼方，三年乃克。故其《詩》曰：『自彼氐羌，莫敢不來王。』」是鬼方爲國名也。泰坤五之乾二，乾二之坤五成既濟，故曰高宗伐鬼方。卦體互离，三爲离爻，离爲戈兵，故伐也，所以高宗伐鬼方係於三，不係於二。坤爲年，爲小人，虞氏逸象義也。

「繻䋈」至「民也」。

「繻」作「繻」，非，子夏作「襦」是也。《易釋文》作「𧝓」，寫訛也。《説文》无「𧝓」字。襦，䋈衣也，《説文解字》文。䋈，《説文》曰：「安䋈，温也。」蓋冬衣也。袽，俗本作「衻」，《説文》作「絮」，曰：「緼也。一曰敝絮。從糸奴聲。」《易》曰：「需有衣絮。」「需」「繻」古字通。襦，冬衣，故有絮衣象。敗裂者，謂乾象不見也。終日戒者，言高宗伐鬼方，征衣破裂見絮，言三年之久也。征人雖三年勞憊，然猶戒備鬼方之衆。卦體坎，互坎，故曰在兩坎間。此兼虞義。

「互坎」至「受福」。

此鄭義也。礿，夏祭也，《説文解字》文。坤爲牛，坎爲豕，《説卦》文。西鄰礿祭則用豕欺，疑辭也。殺牛而凶，不如殺豕受福者，喻奢而慢，不如儉而敬也。《漢書》引作「瀹祭」，師古曰：「謂瀹煮新菜以祭。」亦儉之意也。

「乾爲」至「首也」。

此虞義也。乾爲首，《説卦》文。之坎，之二也。

䷿离宫三世卦。消息：内卦十月，外卦十一月。

未濟：亨。

【注】否二之五，天地交，故亨。六爻皆錯，未濟也。

小狐汔濟，濡其尾，无攸利。

【注】坎爲小狐。濟，渡也。汔，幾也。汔濟，猶言未濟也。狐性疑，未濟時，一步下其尾，濡其尾也。六爻失位，故无攸利。

【疏】「否二」至「濟也」。

此虞義也。否坤二之乾五也。天地交者，乾坤交也。六爻皆不得位，故曰錯也。錯，亂也。

「坎爲」至「攸利」。

坎爲小狐，九家逸象也。子夏《傳》、干寶皆曰坎爲小狐。《詩·邶風·匏有苦葉》：「濟有深涉。」《毛傳》：「濟，渡也。」《易釋文》：「鄭云：汔，幾也，謂幾於渡也。」故曰猶言未濟也。狐性疑者，酈道元《水經注》曰：「狐性多疑。」故俗有狐疑之説。《風俗通》：「里語：狐欲渡河，無如尾何。」蓋狐性多疑，未渡之時，先以尾度其深淺。一説狐首輕，尾重，負尾而濟也，未濟時一步下其尾。此孟喜説也。見朱震《漢上易》。

初六：濡其尾，吝。

【注】應在四，濡其尾也。失位，故吝。

九二：曳其輪，貞吉。

【注】坎爲輪，离爲牛，牛曳輪上也。坎爲曳。曳，臾也。

六三：未濟，征凶，利涉大川。

【注】未濟者，未成也。女在外，男在内，婚姻未成。四動體震，震爲征，凶。坎爲大川，利下從坎，故利涉也。

九四：貞吉，悔亡。震用伐鬼方，三年有賞于大國。

【注】動正得位，吉而悔亡矣。變震體師，坤爲鬼方，爲大邦，體坤爲年。四爲震之三爻，陽稱賞，三年有賞于大國也。

六五：貞吉，无悔。君子之光，有孚，吉。

【注】之正則吉。乾爲君子，离爲光，坎爲孚。

上九：有孚于飲酒，无咎。濡其首，有孚，失是。

【注】坎爲孚，謂四也。上之三，四爲介坎，水流頤中，皆飲酒之象。乾爲首，故濡其首。濡首必亡，是嗜也。言雖有孚，然濡首而亡，則失其嗜酒之好矣。

【疏】「應在」至「故吝」。

此虞義也。尾，坎狐之尾，言爲四所濡也。四爲互坎之爻，坎爲水，故濡也。

「坎爲」至「臾也」。

离爲牛者，純离爲牛也。牛曳輪上者，牛車也。《考工記》：「大車崇九尺。」鄭《注》云：「大車，平地載任之車，其駕牛。」《説文》：「曳，臾曳也。」故曰曳，臾也。「曳」「臾」古字通。臾，《説文》曰：「束縛捽抴爲臾。」謂牛束縛於輪上也。此兼干寶義。

「未濟」至「涉也」。

此荀義也。虞氏曰：「濟，成也。」蓋乾坤成兩既濟，故虞氏訓濟爲成。未濟，故曰未成也。女在外，男在内，謂坎男离女也。陰陽相反，是婚姻不成也。四動成陰，互震，故曰體震，征凶。利下從坎者，陰從陽也。

「動正」至「國也」。

此虞義也。動正得吉者，謂動而成震，以陰居陰也。師坎下坤上，九四變陰，從初至五，互師象。師，軍旅也，故曰震用伐鬼方也。坤爲大邦，虞氏逸象義。坤，否坤也。四變陰，自二至四互震，則四爲震之三爻矣。陰爲罰，陽爲賞，故曰陽稱賞。

「之正」至「爲孚」。

此虞義也。五不當位，故之正則吉。乾爲君子，离爲光，虞氏逸象義。

「坎爲」至「好矣」。

卦互體坎，四坎爻也。上之三，隔四，四爲介紹之，謂四變陰，不乘六三也。古者飲酒必有介，《儀禮·鄉飲酒禮》曰：「主人就先生而謀賓介。」頤震下艮上，九四動而成陰，自二至五互頤，九四互坎，之二爻動而成陰，是坎水流入頤中也。故曰皆飲酒之象。乾，否乾也。乾五降爲坎二，濡其首也。《釋名》：「是，嗜也，嗜樂之也。」故曰是，嗜也。言雖有坎二之孚信，然而濡首飲酒，必至死亡，死亡則失其所嗜矣。如殷紂之沉湎於酒以取滅亡也。

校勘記

〔一〕「菜之餗也」，王應麟輯《周易鄭康成注》作「餗之爲菜也」。

〔二〕「玄」，原作「元」，避清聖祖玄燁諱，今據改。

〔三〕「小雅」後「鴻雁」二字原脱，據文義補。

〔四〕「曆」，原作「厤」，避清高宗弘曆諱，今據改。

〔五〕「論語季氏」，原作「論語衛靈公」。按：「君夫人」云云，出自《論語·季氏》篇，今據改。

〔六〕「説卦」，原作「釋卦」。按「巽爲股」出自《説卦傳》，今據改。

〔七〕「天地交也」，原作「天地泰也」，據李鼎祚《周易集解》引虞翻《注》及下引《疏》文「卦自泰來……故曰天地交也」改。

〔八〕「鄘風」，原作「衛風」。按：「鬒髮如雲」出自《詩·鄘風·君子偕老》，袁庭棟校本（巴蜀書社一九九三年版）已據改，今從。

周易述補十五卦彖傳

彖下傳

鼎，象也。以木巽火，亨飪也。

【注】象事知器，故獨言象。巽入離下，中有乾象。木火在外，金在其内，鼎鑊亨飪之象。

聖人亨以享上帝，而大亨以養聖賢。

【注】聖人謂乾也。初、四易位，體大畜。震爲帝，在乾天上，故曰上帝。體頤象，故以享上帝也。大亨，牛、羊、豕也。大畜，養也。賢之能者曰聖。聖，聲也。巽而耳目聰明，故以養聖賢。

巽而耳目聰明，

【注】謂三也。三在巽上，動成坎离，有兩坎兩离，乃稱聰明。日月相推而明生焉。

柔進而上行，得中而應乎剛，故亨。

【注】柔謂初也。上行應上，震爲行。得中，五也。應剛，應乾也。

【疏】「象事」至「之象」。

此荀、虞義也。象事知器，《繫辭》文。六十四卦皆觀象繫辭，而獨於鼎言象者，象事知器。鼎，器也，故獨言象。巽下離上，故曰巽入離下。乾爲金，《説卦》文。卦互體乾，金在其内也。《周禮・天官・亨人》：「掌共鼎鑊，所以煮肉及魚腊之器。」故曰鼎鑊亨飪之象。

「聖人」至「聖賢」。

此兼虞義也。虞氏逸象義曰：「乾爲聖人。」故曰聖人謂乾也。大畜乾下艮上。初之四，四之初，而成大畜。大畜三爻至五爻互震，是震在乾上也。震爲帝，虞氏逸象義。體頤象者，大畜三爻至上爻互頤也。大亨，牛羊豕者，《九家易》曰：「牛鼎受一斛，天子飾以黄金，諸侯白金，三足以象三台。羊鼎五斗，天子飾以黄金，諸侯白金，大夫以銅。豕鼎三斗，天子飾以黄金，諸侯白金，大夫銅，士鐵。」《序卦傳》曰：「物畜然後可養。」故曰大畜，養也。《風俗通》曰：「聖者，聲也，聞聲知情。」故曰聖也。《禮記・中庸》篇曰：「唯天下至聖，爲能聰明睿知。」所以知巽而耳目聰明爲聖賢也。

「謂三」至「生焉」。

此虞義也。巽三動而成陰，故曰在巽上也。三動互离，离爲目，體离，互离兩目也。三動自初，至三成坎，自三至五互坎，坎爲耳，變坎互坎，兩耳也。故曰聰明也。聰主耳，明主目，眇能視，不足以有明。聞言不信，聰不明，皆一离一坎之象，故眇能視，聞言不信也。日月相推而明生焉，《繫辭》文。

「柔謂」至「乾也」。

此虞義也。韋昭《晉語注》曰：「震爲作足，故爲行。」是震爲行也。卦自大壯來，應乾者，應大壯乾也。

震來虩虩，恐致福也。笑言啞啞，後有則也。

【注】虩虩，謂四也。來應初命，恐懼致福。則，法也。坎爲則。

震驚百里，驚遠而懼邇也，

【注】近謂初，遠謂四，震爲百里。

出可以守宗廟社稷，以爲祭主也。

【注】震爲出，爲守。艮爲宗廟社稷。祭主，長子也。

【疏】「虩虩」至「爲則」。

此虞義也。虩虩，恐懼貌。《繫辭》曰：「四多懼。」故謂四也。致福，笑言啞啞也。坎爲則，虞氏逸象義。

「近謂」至「百里」。

此虞義也。《説文解字》曰：「邇，近也。」故曰近謂初。《論語讖》曰：「雷震百里聲相附。」宋均《注》：「雷動百里，故因以制國。」是震爲百里也。遠謂四者，謂四驚遠也。

「震爲」至「子也」。

此虞義也。震爲出，爲守，艮爲宗廟社稷，虞氏逸象義也。《序卦傳》曰：「主器者莫若長子。」故曰祭主，長子也。

艮，止也。時止則止，時行則行。

【注】陽窮於上，止也。時止上陽，窮也。時行謂三，體震，震爲行也。

動静不失其時，其道光明。

【注】動謂三，静謂上。艮止則止，震行則行，故不失其時。五動成离，道光明也。

艮其止，止其所也。上下敵應，不相與也。是以不獲其身，行其庭，不見其人，无咎也。

【注】謂兩象各止其所，目相匕而不相下、不相與也。

【疏】「陽窮」至「行也」。

此虞義也。陽窮於上者，謂上爻也。自三至五互震，故曰震爲行。艮者萬物之終始，所以時止時行也。

「動謂」至「明也」。

此虞義也。三體震，故曰動謂三。上止其所，故曰静謂上。五動成离者，謂五動成陽，自三至五互离也。离爲日，爲火，故其道光明。

「謂兩」至「與也」。

兩象謂内、外卦也。《説文》曰：「艮，很也，从匕目。」匕目猶目相匕，不相下。目匕爲艮，匕目爲真也。故曰目相匕而不相下。匕，《説文》：「相與比敘也，從反人。」藩謂言輔不言口，言身不言面，言腜不言脊，言限不言腹，言腓不言股，言趾不言足，皆不獲其身之象，敵應而不相與，不見其人之象也。

漸之進也。女歸吉也。進得位，往有功也。進以正，可以正邦也。其位剛得中也。

【注】巽爲進，陰陽體正，故吉。功謂五，四進承五，往有功也。初變成家人，唯上爻不正。三動成坤，爲邦。三進居上，上反來三，既濟定矣。故進以正，可以正邦也。三在外體之中，故稱得中。

止而巽，動不窮也。

【注】止，艮也。初已變家人。三變體震，震爲動，卦互體坎，坎爲通，故動不窮也。

【疏】「巽爲」至「得中」。

此虞義也。巽爲進，虞氏逸象義。陰陽體正故吉者，謂受成既濟也。《繫辭》曰：「三與五同功而異位。」故曰功謂五。四進者，巽進也。家人离下巽上，初變成家人䷤，則五爻皆正，性命所較者唯上爻耳。三動成陰，下卦成坤。坤爲邦，虞氏逸象義。三進居上，上反來三者，謂三變陰，與上爻易位，而成既濟䷾。自二至四互坎，三爲坎之二爻，故曰三在外體之中也。此乃虞氏爻變受成法也，與家人道正同義。

「止艮」至「窮也」。

此虞義也。《説卦傳》曰：「艮，止也。」故曰止，艮也。初變陽，三變陰，而成震，故曰三變體震也。坎爲通，《説卦》文。

歸妹，天地之大義也。

【注】乾主壬，坤主癸。离日，坎月，日月會北。震東、兑西、离南、坎北。六十四卦，此象最備天地之大義也。

天地不交而萬物不興。

【注】乾三之坤四，天地交也。震爲興。天地以坎离交陰陽，天地交而萬物出乎震矣。不交，故不興。

歸妹，人之終始也。

【注】人始生乾而終於坤。

説以動，所歸妹也。

【注】説，兑。動，震也。震嫁兑，所歸必妹也。

征凶，位不當也。无攸利，柔乘剛也。

【注】中四爻失位，位不當也。三、五乘陽，柔乘剛也。

【疏】「乾主」至「義也」。

此虞義也。八卦納甲：甲乾乙坤，相得合木，故甲乙在東。丙艮丁兑，相得合火，故丙丁在南。戊坎己离，相得合土，故戊己居中。庚震辛巽，相得合金，故庚辛在西。天壬地癸，相得合水，故壬癸在北。《參同契》曰「壬癸配甲乙，乾坤括始終」是也。京君明《火珠林》：「八卦六位，乾下卦主甲，上卦主壬。坤下卦主乙，上卦主癸。」故曰乾主壬，坤主癸也。卦自泰來，乾坤謂泰乾、泰坤也。震東兑西，离南坎北，四正也。四正，四時也。即仲翔所謂四象：震春、兑秋、坎冬、离夏也。《漢書》魏相奏曰：「東方之卦不可以治西方，南方之卦不可以治北方。春興兑治則飢，秋興震治則華，冬興离治則泄，夏興坎治則雹。」亦謂四正也。《易緯是類謀》曰：「冬至日在坎，春分日在震，夏至日在离，秋分日在兑，四正之卦。」故孟長卿以此定六日七分七十二候。壬癸在北，故日月會北也。卦互體坎离，所以云坎冬离夏。六十四卦，唯歸妹有此象，乾坤括始終，《易》道備矣，故曰天地之大義也。

「乾三」至「不興」。

此虞義也。震爲興，虞氏逸象義。泰乾三之坤四，成歸妹，而互坎离，故曰天地以坎离交爲陰陽也。萬物出乎震，《説卦》文。

「人始生乾而終於坤」。

此虞義也。乾主壬，坤主癸。八卦納甲：三十日會於壬，三日出於庚，二十九日窮於乙，滅於癸，故仲翔曰：「陰終坤癸，乾始震庚也。」陽生於乾，陰終於坤，故曰人之終始也。

「説兑」至「妹也」。

此虞義也。《説卦傳》曰：「震，動也。兑，説也。」故曰説，兑。動，震也。震爲長男，兑爲少女，故所以嫁必妹也。

「中四」至「剛也」。

中四爻失位者，謂二、三、四、五也。三、五乘陽者，謂三乘九二，五乘九四也。

豐，大也。明以動，故豐。王假之，尚大也。勿憂，宜日中，宜照天下也。

【注】三至上，體大壯，故大也。明，离。動，震也。四宜之五，尚大也。五動成乾，乾爲天。四動成兩离，重明麗正，故宜照天下。

日中則稷，

【注】「稷」讀如「曰日側」之「側」。《离·九三》爲日側，日在西方，時側也。

月盈則食，

【注】五動成乾，月盈於甲。日食在朔，月食在望。

天地盈虚，與時消息，而况於人乎，况於鬼神乎！

【注】五息成乾，爲盈；四消入坤，爲虚，天地盈虚也。乾爲神，爲人，坤爲鬼。人與鬼神，亦隨時消息。

【疏】「三至」至「天下」。

四宜之五，得其盛位，故曰四宜之五，尚大也。五動互乾，五動成陽，四動成陰而互兩离。

《离・彖》曰：「重明以麗乎正，乃化成天下。」故曰重明麗正，宜照天下也。

「稷讀」至「側也」。

此孟、荀義也。《易釋文》：「厢，孟作『稷』。」此孟氏古文也，通《中候握河紀》曰：「昒明禮備，至于日稷。」康成曰：「稷讀曰側。」故曰讀如「曰日側」之「側」。曰日側，《儀禮・既夕》文。鄭《注》：「側，昳也。」《周禮・司市注》：「日厢，昳中也。」昒，《說文》：「尚冥也，從日勿聲。」昳，《說文》無此字。「稷」「側」「厢」古文通。昃，俗字也。《离・九三》爲日側者，《离・九三》：「日厢之离。」荀《注》曰：「初爲日出，二爲日中，三爲日厢。」日在西方，時側，《說文解字》文。

「五動」至「在望」。

八卦納甲：月之行，生震見兑，盈於乾甲。甲，十五日也。《詩・小雅・十月之交》正義曰：「古曆緯及周髀，皆言周天三百六十五度四分度之一。日月皆右行於天，日日行一度，月日行十三度十九分度之七。是月行疾，日行遲，二十九日有餘而月行天一周，追及於日而與之會。是會之交也。每月皆交會，而月或在日道表，或在日道裏，故不食。其食而要於交會，又與日同道，乃食也。」唐以前曆家言日食、月食者，皆如此。然曆法以日食定朔，故《詩》云：「十月之交，朔日辛卯。」又《春秋傳》曰：「不書朔，官失之也。」秦漢以來，曆差莫詳，多非朔食。唐傅仁均三大三小曆，日食常在朔，月食常在望。傅仁均偏於中氣，行之未久，而日月食比不效。蓋偏於中氣，故不效。然日食在朔，月食在望，其說與一行新曆、西法皆合，所以曰月食在望也。乾甲十五日也，故云。

「五息」至「消息」。

此虞義也。五息成乾爲盈者，乾盈於甲，乾爲盈也。四消入坤爲虚者，《漢書·律曆志》曰：「天數五，地數六。」六爲虚，是坤爲虚也。故天地盈虚。《史記·曆書》太史公曰：「皇帝考定星曆，建立五行，起消息。」《注》：「皇侃曰：乾者陽，生爲息，坤者陰，死爲消。」五動成乾，故五息成乾，爲盈也。四變陰成坤，故四消入坤，爲虚也。與時消息，謂十二月消息也。乾爲神、人，坤爲鬼，虞氏逸象義。

旅，小亨。柔得中乎外，而順乎剛，止而麗乎明，是以小亨，旅貞吉也。

【注】否三升五，柔得中於外，上順於剛。止，艮也。明，离也。

旅之時義大矣哉。

【注】离日麗天，懸象著明，莫大乎日月，故義大也。

【疏】「否三」至「离也」。

此蜀才義也。卦自否來，故曰否三升五。否三，坤三也，升五得中，故曰柔得中也。外，外卦也。順剛者，順上九也。

「离日」至「大也」。

此虞義也。天謂否乾也。懸象著明，莫大乎日月，《繫辭》文。

重巽以申命。

【注】巽爲命令。

剛巽乎中正而志行，

【注】剛中正，五也。二失位，動成坎，坎爲志，終變成震，震爲行。

柔皆順乎剛，是以小亨。利有攸往，利見大人。

【注】柔初與四也。

【疏】「巽爲命令」。此陸績義也。荀慈明曰：「巽爲號令。」《象》曰：「君子以申命行事。」故曰巽爲命令。「剛中」至「爲行」。此虞義也。二以陽居陽，故失位。動而成陰爲坎。坎爲志，虞氏逸象義。終變成震，見本卦九五《注》。「柔初與四也」。剛，二、五也。陸績曰：「陰爲卦主，故小亨。」謂遂二之四也。

兑，説也。

【注】懌也，言也。

剛中而柔外，説以利貞，

【注】二、三、四之正，則利貞。

是以順乎天而應乎人。説以先民，民忘其勞；説以犯難，民忘其死。

【注】乾爲天，五也。人謂三。坤爲順，二變順，五承三，順乎天、應乎人也。兑爲説，坎爲勞，坤爲民，坎爲心，民心説服，忘其勞也。體屯，故難。坎心爲忘，坤爲死，説以犯難，民忘其死也。

説之大民勸矣哉。

【注】體比順象，故民勸。勸，勉也。

【疏】「懌也言也」。《説文》曰：「兑，説也。説，釋也。」古无悦字。《論語》：「不亦説乎？」何晏《集解》：「誦習以時，學無廢業，所以悦懌。」故曰懌也。仲翔曰：「震，喜；兑，説；説，懌也。」夫兑爲學，是以《象》曰：「君子以朋友講習，學而後能言。」故《吕覽・勸學》篇曰：「説者兑之也，非説之也。今世之説者，多弗能兑，而反説之。夫弗能兑而反説，是拯溺而硾之以石也。」是《吕覽》以兑爲學、説爲言也。仲翔曰：「兑口，故説。」仲翔亦訓説爲言。蓋説有懌、言二義。劉勰《文心雕龍》亦曰：「兑爲口舌，故言咨悦懌，過悦必僞，故舜驚讒説。」

「二三四之正則利貞」。

此虞義也。二三四三爻皆不得正，變而之正，則利貞矣。

「乾爲」至「死也」。

此虞義也。大壯五之三成兑，故曰乾爲天，五也。乾，大壯乾也。鄭氏《乾・九三》注曰：「三於三才爲人道。」故曰人謂三。坤爲順，故謂二、四變而互坤也。順五者，應五也。承三者，承陰也。《説卦傳》曰：「勞乎坎。」二、三、四三爻變而之正，成坎，故坎爲勞也〔一〕。屯震下坎上，二四變陰成屯。《屯彖》曰：「屯，剛柔始交而難生。」是體屯爲難也。坎爲忘，坤爲死，虞氏逸象義。

「體比」至「勉也」。

此虞義也。《比・彖傳》曰：「比，輔也，下順從也。」兑爲澤，水有順下之象，剛中柔外，陰比於陽，如民之順從其君。故曰體比順象。民忘其勞，民忘其死，不勉而自勸矣。勸，勉也，《説文解字》文。

涣亨，剛來而不窮，柔得位乎外而上同。

【注】此本否卦。乾居坤中，剛來成坎，水流不窮。坤二升乾，柔得位乎外，上承貴主，與上同也。

王假有廟，王乃在中也。

【注】謂陽來居二，在坤之中也。

利涉大川，乘木有功也。

【注】坎爲水，巽爲木。

【疏】「此本」至「同也」。

此虞義也。此本否卦者，渙自否來。否乾九四之坤二，爲渙成坎，坎爲水，故曰乾居坤中，剛來成坎，水流不窮也。否四之二，二之四成渙，渙坤二升居乾四也。故曰柔得位乎外。四以陰居陰，故得位。外，外卦也。乾爲王，二、五皆乾爻，故稱貴主。上承，謂四承五。與上同，謂初承二。與上同者，與上卦同也。

「謂陽」至「中也」。

此荀義也。陽來居二，乾九四也。乾爲君，故曰王。九四之坤二，是在坤中也。

「坎爲水巽爲木」。

此虞義也。巽爲風，木在水上，流行若風，舟檝之象。《繫辭》曰：「挎木爲舟，掞木爲檝。舟檝之利，以濟不通，致遠以利天下。」蓋取諸渙。是乘木有功也。

節亨，剛柔分而剛得中。

【注】泰三之五，剛柔分也。

苦節不可貞，其道窮也。説以行險，當位以節，中正以通。

【注】上爻乘險，故窮也。兑，説。坎，險。震爲行，説以行險也。中正謂五。坎爲通。

天地節而四時成。

【注】乾天、坤地、震春、兑秋、坎冬、离夏，四象成節。天地節而四時成也。

節以制度，不傷財，不害民。

【注】艮爲制。坤爲度，爲害，爲民，爲財。二動體剥，剥爲傷。三出復位，成既濟定。坤剥不見，不傷不害也。

【疏】「泰三」至「分也」。

此虞義也。卦自泰來，分乾九三上升坤五，分坤六五下居乾三，剛柔分也。得中，謂五也。

「上爻」至「爲通」。

此虞義也。上爻位極於上，乘九五之陽，所以窮也。卦互體震，故震爲行。中正謂五者，五得位居中也。坎爲通，《説卦》文。

「乾天」至「成也」。

此虞義也。乾天、坤地，泰乾、泰坤也。三不得位，變陽互离，故曰离爲夏也。《漢書·律曆志》：「經元一以統始，《易》太極之首也。春秋二以目歲，《易》兩儀之中也。於春，每月書王，《易》三極之統也。於四時，雖亡事必書時月，《易》四象之節也。時月以建分至啓閉之分，《易》八卦之位也。」《注》：「張晏曰：二至、二分、立春、立夏、立秋、立冬，四象之節。」即此也。故曰四象成節。《左傳》孔《疏》：「立春、立夏爲啓，立秋、立冬爲閉。用此八節之日，登觀臺，書其所見雲物氣色。」八節者，兼乾坤而言，即《律曆志》所謂八卦之位也[二]。

「艮爲」至「害也」。

此虞義也。艮手稱制，虞氏逸象義。卦互體艮，故云。坤數十爲度，虞氏逸象義也。爲害，爲財，亦虞氏逸象義。剥坤下艮上，二動成陰，有剥象。鄭氏《剥卦注》曰：「陰氣侵陽，上至於五，萬物零落，故謂之剥。」萬物零落，傷之義也。《説文解字》曰：「剥，割也。」《漢書·揚雄傳》曰：「東方朔割名於細君。」師古曰：「割，損也。」損有傷訓，故曰剥爲傷。此所以《太玄》準剥爲割也。三出復位者，泰三之五，五復居三也。陽出稱慶，故曰出也。本卦二、三兩爻不當位，宜變而之正。二已變陰體剥，三變陽而升五，五出復位，而成既濟。二變陰互坤，體剥，成既濟定，則坤割體壞。故曰坤剥不見也。

中孚，柔在内而剛得中，説而巽孚，

【注】三、四在内，二、五得中。兑，説。巽，順。故孚也。

乃化邦也。

【注】二化應五成坤，坤爲邦。

豚魚吉，信及豚魚也。

【注】豚魚，小民也。孚，信也。

利涉大川，乘木舟虚也。

【注】虚，舟名。内陰爲虚。

中孚以利貞，乃應乎天也。

【注】乾爲天，二動應乾也。

【疏】「三四」至「孚也」。

謂陰順陽也。三、四在内，六三、六四也。陰爲柔，故曰柔在内也。二、五得中，九二、九五也。

「二化」至「爲邦」。

此虞義也。《乾·彖傳》：「乾道變化。」虞注《上繫》曰：「在天爲變，在地言化。」蓋乾言變，坤言化也。故曰二化應五成坤。成坤者，二變陰而互坤也。

「豚魚」至「信也」。

鄭氏曰：「豚魚以喻小民。」故曰豚魚，小民也。《禮記·聘義》：「孚尹旁達，信也。」故曰孚，信也。豚者卑賤，魚者幽隱。言中信之道，皆及之矣。

「虛舟」至「爲虛」。

此鄭義也。《詩·谷風》正義曰：「《易》：『利涉大川，乘木舟虛。』《注》云：『舟謂集板，如今自空大木爲之，曰虛。』」故曰虛，舟名。六三、六四在内，故曰内。陰爲虛。《史記注》裴駰曰：「六甲孤虛，虛謂陰也。」即《漢書·律曆志》所謂六爲虛也。

「乾爲」至「乾也」。

此虞義也。卦自訟來，乾四之坎初。乾，訟乾也。二動成陰，應九五，故曰應乾也。

小過，小者過而亨也。過以利貞，與時行也。

【注】陰稱小，謂二五也。可小事，故亨。震爲行。

柔得中，是以小事吉也。剛失位而不中，是以不可大事也。

【注】二、五得中，陰稱小，故小事吉。四失位，不中。陽稱大，故不可大事。

有飛鳥之象焉，飛鳥遺之音。不宜上，宜下，大吉。上逆而下順也。

【注】离爲飛鳥，飛鳥之象。五失位，上逆也。二得位，下順也。

【疏】「陰稱」至「爲行」。

此荀義也。陰稱小者，謂四陰也。陽大陰小，故泰否二卦稱大往小來。小過之謂過者，四應初，過二而去。三應上，過五而去。二、五處中，不過不見應。故曰謂二、五也。

「二五」至「大事」。

此虞義也。四以陽居陰，故失位。不中，不可大事也。

「离爲」至「順也」。

卦自晉來。离爲飛鳥，晉，离也。或以卦象二陽在内，四陰在外，有似飛鳥之象。宋仲子取之，仲翔以爲妄説，故不取。五以陰居陽，故失位。上，上卦也。二以陰居陰，故得位。下，下卦也。王子邕曰：「二、三得正，故下順。」然《九三·象》曰：「凶如何也。」不得言順。

既濟亨，小者亨也。利貞。剛柔正而位當也。

【注】天地交泰，陰陽升降，小者亨矣。六五降二，九二升五，剛柔正而位當也。

初吉，柔得中也。

【注】中謂二也。

終止則亂，其道窮也。

【注】反否終坤，其道窮也。

【疏】「天地」至「當也」。

此荀義也。天地交泰者，卦自泰來，乾坤交而成既濟。坤六五降二，乾九二升五，陰陽升降也。乾剛，坤柔。乾九二升五，得正得位。坤六五降二，得正得位。剛者居剛，柔者居柔，是剛柔正而位當也。此兼侯果義。

「中謂二也」。

此虞義也。《易》以下爲初，上爲上，故《繫辭》曰：「其初難知，其上易知。」柔中主下卦之吉，故初吉也。

「反否」至「窮也」。

此虞義也。泰反成否，故曰反否。否陰消陽，九四消陽成觀，九五消陽成剥，上九消陽成坤。八卦納甲：乾始震庚，陰終坤癸。故曰終坤也。道，乾道，謂上卦也。

未濟亨，柔得中也。

【注】柔上居五，與陽合同，亨也。

小狐汔濟，未出中也。

【注】二在坎中也。

濡其尾，无攸利，不續終也。

【注】反泰成乾，不終於坤。不續終也，言始易終難也。

雖不當位，剛柔應也。

【注】剛柔相應而不以正。

【疏】「柔上」至「亨也」。

此荀義也。卦自否來，坤六二升居乾五。故柔上居五也。與陽合同者，與九二應也。

「二在坎中也」。

此虞義也。《九家易》逸象：坎爲狐。二爲坎爻，在兩陰之中，渡未過河，是未出中也。

「反泰」至「難也」。

卦自否來，反否成泰，故曰反泰。泰陽消陰，六四消陰成大壯，六五消陰成夬，上六消陰成乾。人生於乾而終於坤，反泰成乾，不終於坤，故未濟也。《戰國策》：「《易》曰狐濡其尾，此言始之易，終之難也。」故曰始易終難也。

「剛柔」至「以正」。

六爻皆錯，然陰陽相應，故曰剛柔應也。

校勘記

〔一〕「成坎」，原作「或坎」，據文義改。

〔二〕「八卦之位」，原作「八卦之值」，據《漢書·律曆志》及《皇清經解》本改。

周易述補十五卦象傳

象下傳

木上有火，鼎。君子以正位凝命。

【注】巽，木。离，火。君子謂三也。五爻失正，三獨得位。凝，成也。五動體遯，初陰始凝。巽爲命，凝命也。

【疏】此虞義也。初、五二爻皆陰居陽，二、四、上三爻皆陽居陰，惟三以陽居陽，得正得位，故曰君子謂三也。《尚書·皋陶謨》：「庶績其凝。」孔《疏》：「鄭云：凝，成也。」《禮記》「至道不凝焉」鄭《注》亦曰「凝，成也」。五動體遯者，五變陽而成遯，爻辰乾四在午，遯消息居之。《東觀記》司徒魯恭《疏》曰：「五月遯卦用事。」遯卦巽下乾上，初六一陰，生遯之初六，即坤之初六也。故《參同契》曰：「遯始紀序，履霜最先，井底寒泉。」《坤·初》：「履霜堅冰至。」《象》曰：「陰始凝也。」陰始凝者，坤來消乾，初爻成陰爲遯。遯乾宫一世卦，故曰初陰始凝。

鼎顛趾，未悖也。利出否，以從貴也。

【注】以陰承陽，故未悖，從貴也。

鼎有實，慎所之也。我仇有疾，終无尤也。

【注】二變爲艮，艮爲順。尤，過也。不能即，故終无尤也。

鼎耳革，失其義也。

【注】義，讀如「儀刑文王」之「儀」。儀，法度也。

覆公餗，信如何也。

【注】覆公之餗，屋誅當加，其如何也。

鼎黄耳，中以爲實也。

【注】得中應陽，故曰中以爲實。

玉鉉在上，剛柔節也。

【注】三動成坤，虧乾之體，變陰應上，成未濟，故有悔。卦雖六爻失位，然六位相應，剛柔有節也。

【疏】「以陰」至「貴也」。

此虞義也。承陽，承九二也。承之故不悖。《易》例：陽貴陰賤。仲翔曰：「天貴故尊，地賤故卑也。」

「二變」至「尤也」。

此虞義也。二變陰，下卦成艮。艮爲順，虞氏逸象義。《詩・鄘風・載馳》：「許人尤之。」《傳》曰：「尤，過也。」不我能即，終无尤者，言四不能近二三，終无過也。

「義讀」至「度也」。

儀，《説文》曰：「度也。」儀刑文王，《詩・大雅》文。《鄭箋》曰：「儀法文王之事。」故曰儀，法度也。古祭有儀，《周官・鬱人》詔祼將之儀是也。鼎所以祭也，耳革失其度矣，故仲翔曰：「耳革行塞，失其儀也。」義，《説文》曰：「己之威儀也。」《詩・邶風》：「威儀棣棣。」則「義」「儀」二字可通借矣。故曰讀如「儀刑文王」之「儀」。

「得中」至「爲實」。

此陸績義也。應陽者，九二應五也。《正義》曰：「陽爲實。」又九二爻辭曰：「鼎有實。」蓋五爲鼎扃，二爲鼎實，故曰中以爲實也。

「三動」至「節也」。

此虞義也。九三方雨虧悔，四變成陰，三動成坤，虧乾之體。鼎五爻皆失位，獨三爻得位，三爻動，亦失位矣。然六位雖失，而六爻陰陽相應，卦互體乾，變互體坤，乾剛坤柔也。故曰雖不當位，六爻相應，剛柔有節也。有節者，陰陽相應之謂。

洊雷震，君子以恐懼修省。

【注】洊，再也。君子謂臨二。震來虩虩，恐懼也。臨二之坤，坤爲身，所以修省其身也。

【疏】此虞義也。洊，《説文》曰：「水至也。」則《坎》卦之「水洊至」，當作「瀳」。瀳，再也，《爾雅·釋言》文。水瀳至者，謂重坎也。今本《爾雅》作「薦」，非。瀳雷震者，亦謂重震也。君子謂臨二者，卦自臨來，兑二之坤四，成震，陽爲君子，故臨二稱君子。坤爲身，虞氏逸象義。

震來虩虩，恐致福也。笑言啞啞，後有則也。

【注】後謂九四也。

震來厲，乘剛也。

【注】震，東方也，屬木。六二木爻，震之身也。得位无應，乘剛故厲。

震蘇蘇，位不當也。

【注】以陽居陰也。

震遂泥，未光也。

【注】德陷陰中，故未光也。

震往來厲，危行也。

【注】乘剛山頂，其行危也。

其事在中，大无喪也。

【注】動出得正，其事无喪也。

震索索，中未得也。雖凶无咎，畏鄰戒也。

【注】不得於三，婚媾於五，五非正應，兩陰不匹，未得中也。中謂五鄰，亦謂五也。戒者，謂非正應而戒之也。

【疏】「後謂九四也」。

初與四應，四在後，故云。

「震東」至「故厲」。

此京氏義也。震，東方也，《說卦》文。震於四正爲春，故《淮南子·時則訓》：「孟春之月，其位東方，其日甲乙，盛德在木。」是震屬木也。六二木爻，震之身者，京氏八卦六位之説：乾屬金，九五，壬申，金，乾之身也。坤屬土，初六，乙未，土；六四，癸丑，土，坤之二身也。故惠徵君曰坤、艮有二身。震屬木，六二，庚寅，木，震之身也。巽屬木，上九，辛卯，木，巽之身也。坎屬水，上六，戊子，水，坎之身也。离屬火，上六，己巳，火，离之身也。艮屬土，初六，丙辰，土；六四，丙戌，土，艮之二身也。兑屬金，九五，丁酉，金，兑之身也。《禮記·月令》正義引《易林》云：「震主庚子午，巽主辛丑未，坎主戊寅申，离主己卯酉，艮主丙辰戌，兑主丁巳亥。」學者讀此，可以類推矣。乘剛故厲者，乘初九也。震身乘剛，故危也，此兼干寶義。

「德陷」至「光也」。

此虞義也。卦互體坎，四在坎中，陽以畋爲德，陷於陰中，畋不下，逮其道，未光也。故仲翔曰：「與屯五同義。」

「動出」至「喪也」。

此虞義也。六五變陽，出而體隨，動出得正也。其事无喪者，王用亨于西山之事也。

「不得」至「之也」。

三、上兩爻，正應而失應，故曰不得於三也。婚媾於五者，不得於三，近求於五矣。五非正應，而兩陰不能匹。匹，《爾雅》曰：「合也。」五非正應，戒之，故曰中謂五鄰，亦謂五也。

兼山，艮。君子以思不出其位。

【注】兼，并也。君子謂三也。震爲出，坎爲隱伏，坎爲思，思不出其位也。

【疏】此虞義也。《説文解字》曰：「兼，并也。從又持秝。」兼持二禾，秉持一禾，故曰兼，并也。謂重艮也。君子謂三者，以《易》有三才。三於三才爲人道，故乾五爻皆稱龍，三獨稱君子。惠徵君曰：「經凡言君子，皆謂九三也。」所以仲翔以三爲君子。震爲出，坎爲思，虞氏逸象義。坎爲隱伏，《説卦》文。

艮其趾，未失正也。

【注】謂動而得正也。

不拯其隨，未退聽也。

【注】坎爲耳，故未退聽也。

艮其限，危閽心也。

【注】坎盜動門，危閽心也。

艮其身，止諸躳也。

【注】諸猶於也。艮爲止。五動則四體离，离爲大腹。身，孕也。五變而止於四之躳也。

艮其輔，以中正也。

【注】五動之正也。

敦艮之吉，以厚終也。

【注】坤爲厚，坤爲終。

【疏】「坎爲」至「聽也」。

此虞義也。坎爲耳，卦互體坎也。子夏《易傳》曰：「退聽，下從也。」言二以陰居陰，得正得位，不聽從於下也。《易傳》句，見朱震《漢上易傳》。張弧僞作所无，當是子弓原書也。

「坎盜」至「心也」。

此虞義也。坎盜動艮門，閽人之心危矣。

「諸猶」至「躳也」。

此虞義也。《禮記·射義》：「反求諸己而已矣。」鄭《注》：「諸猶於也。」故曰諸猶於也。五變陽而四有身，言孕在四之躳也。

「五動之正也」。

此虞義也。五以陰居陽，失正，變而爲陽，得正得中矣。

「坤爲厚坤爲終」。

此虞義也。坤爲厚，虞氏逸象義。坤，觀坤也，卦自觀來，故云地道无成，而代有終也。故曰坤爲終。

山上有木，漸。君子以居賢德善俗。

【注】君子謂乾也。乾爲賢德，坤爲小人，柔弱爲俗。乾四之坤爲艮，爲居，陽善陰也。

【疏】此虞義也。陽爲君子，陰爲小人，故君子謂乾，坤爲小人也。卦自否來，否乾否坤也。乾爲賢德，虞氏逸象義。柔弱爲俗，亦虞氏逸象也。巽爲長女。柔弱，女之性也。所謂柔弱者，蓋指巽耳。乾四之坤者，否三之四，四之三而成漸，是乾四之坤三也。乾四之坤三成艮，故曰爲艮，爲居。艮爲居，虞氏逸象義。艮三君子，乾四賢德，是君子居賢德也。巽四坤三也。否坤小人，爲柔弱之俗，君子居之，能善俗也。君子之道將長，小人之道將消，以陽善陰之時，故曰漸也。

小子之厲，義无咎也。

【注】動而得正，故義无咎。

飲食衎衎，不素飽也。

【注】素，空也。承三應五，有功乃食。

夫征不復，離羣醜也。

【注】離，去也。坤爲醜，三稱羣，坤三之四，離羣醜也。

婦孕不育，失其道也。利用禦寇，順相保也。

【注】三動毀离，陽死陰中，失其道矣。坤爲順，三動成坤，坎象不見，順相保也。

或得其桷，順以巽也。

【注】坤爲順以巽者，順五也。

終莫之勝，吉，得所願也。

【注】坎爲思，三變受成既濟，得所願也。願，思也。

其羽可用爲儀，吉，不可亂也。

【注】鴻飛有行列也。

【疏】「動而」至「无咎」。

此虞義也。初以陰居陽，不得其正，故厲變而得正，故无咎也。

「素空」至「乃食」。

此虞義也。《詩·魏風·伐檀》：「彼君子兮，不素餐兮。」《毛傳》：「素，空也。」故曰素，空也。承三應五，往有功也。仕有功而受禄，是有功乃食也。

「離去」至「醜也」。

此虞義也。離訓爲去者，《易釋文》：「離，力智反。鄭云猶去也。」虞氏逸象義：坤爲醜。《太玄經》：「夜以醜之。」坤爲夜，故又爲醜也。否坤三之乾四，離其羣醜矣。

「三動」至「保也」。

此虞義也。卦互體离，三變成既濟。离象不見，故毁离也。陽死陰中者，謂三死於坤中也。坤爲順，虞氏逸象義。卦互體坎，三動成坤，坎象不見。坎爲盜，离爲戈兵，坎离體毁，所以順相保矣。

「坤爲」至「五也」。

順五者，以陰承陽，故曰順以巽也。

「坎爲」至「思也」。

坎爲思，虞氏逸象義。三變成既濟，五與上受三之變，成既濟，是得所願也。願，思也，《爾雅·釋詁》文。

「鴻飛有行列也」。

《禮·曲禮》：「前有車騎，則載飛鴻。」鄭《注》：「鴻飛有行列也。」飛有行列，故不可亂也。

澤上有雷，歸妹。君子以永終知敝。

【注】雷薄於澤，八月九月，將藏之時，君子象之。坤爲永終，又爲敝。乾爲君，又爲知。三之四爲永終，四之三爲知敝。

【疏】此干寶義也。歸妹於消息，爲寒露、霜降。消息之説，外卦、内卦各主一節。寒露八月節，霜降九月節，雷以二月出，八月入，故《月令》：「仲春之月，雷乃發聲；仲秋之月，雷始收聲。」是八月九月，雷將藏之時也。君子象之者，君子法之，以永終知敝也。坤爲永終，又爲敝，乾爲知，皆虞氏逸象義。卦自泰來。乾坤者，泰乾、泰坤也。君子謂乾三也。三之四爲永終者，乾三之坤四，君子之坤，能永終也。坤四之乾三成兑，兑爲毁折，故知敝也。此兼虞氏義。

歸妹以娣，以恒也。跛而履，吉相承也。

【注】恒，常也。承九二，吉相承也。

利幽人之貞，未變常也。

【注】常，恒也。初變二，在坎中。雖在坎獄，上應六，五不變而承初，未變常也。

歸妹以須，未當也。

【注】位未當也。

愆期之志，有時而行也。

【注】有時，謂令男三十而娶，女二十而嫁，參天兩地而奇數焉。帝乙歸妹，不如其娣之袂良也。其位在中，以貴行也。

【注】五貴三賤。震爲行。

上六无實，承虚筐也。

【注】坤爲虚。

【疏】「恒常」至「承也」。

此虞義也。恒，常也，《説文解字》文。坤爲常，故云。

「常恒」至「常也」。

此虞義也。初變陰成坎，故曰二在坎中也。二雖不當位，而爲幽人，又與六五陰陽相應，不必變陰。乘初九之陽，故曰不變而乘初也。

「有時」至「數焉」。

令男三十而娶，女二十而嫁，《周禮・媒氏》文。鄭《注》：「二三者，天地相承覆之數也。《易》曰：參天兩地而奇數焉。」

「五貴」至「爲行」。

《繫辭》曰：「三多凶，五多功，貴賤之等也。」故曰五貴三賤。震爲行，虞氏逸象義。

「坤爲虚」。

此虞義也。坤爲虚，虞氏逸象義。坤謂泰坤也。

雷電皆至，豐。君子以折獄致刑。

【注】震爲雷，离爲電，君子謂三也。噬嗑四失正，在坎獄中。上之三，折四入大過，死大過〔一〕。兑爲折。

【疏】此虞義也。离爲電，《説卦》文。虞氏兩象《易》，噬嗑上之三成豐，説見本卦。噬嗑四爻，以陽居陰，故失正。大過巽下兑上，噬嗑上之三，自二至五，大過象半見。大過四陽，死於二陰之中，故曰大過死也。三從上至四，在坎獄，三折而斷之，是折獄致刑也。兑爲毁折，故曰兑爲折。

雖旬无咎，過旬災也。

【注】體大過，故過旬災。坎爲災也。

有孚發若，信以發志也。

【注】坎爲孚，爲志。

豐其沛，不可大事也。折其右股，終不可用也。

【注】四之二，不可大事也。折去右股之臣，終不可用也。

豐其菩，位不當也。日中見斗，幽不明也。遇其夷主，吉行也。

【注】艮爲星，离光掩之，幽不明也。震爲行，吉行也。

六五之吉，有慶也。

【注】動而成乾。乾爲慶。

豐其屋，天降祥也。

【注】天降惡祥也。

闃其户，窒其无人，自藏也。

【注】三隱伏於坎中，自藏者也。

【疏】「體大」至「災也」。

此虞義也。大過象半見，故曰體大過。坎爲災，虞氏逸象義。藩謂：旬，十日也。离爲日，初至四，歷三爻。初爻三日，二爻三日，三爻三日，爲九日。餘一日爲閏餘，故曰雖旬无咎。過旬則四上之五，成坎，是坎爲災也。或曰离納己，震納庚，自己逆數，至庚爲旬，自离初至震四也。過庚復己，則爲离之四，當有焚棄之災，故曰過旬災也。

「坎爲孚爲志」。

坎爲孚，坎爲志，虞氏逸象義。

「四之」至「用也」。

卦自泰來。乾二之坤四，坤四之乾二，四之二也。泰：小往大來。虞《注》：「坤陰詘外爲小往，乾陽信内稱大來。」坤四之二，小往也，故不可大事。右股之臣雖死，然坤四小往，終不可用之大事。虞氏曰：「三利四，之陰也。」

「艮爲」至「行也」。

艮星之在天，离日之光掩之，是幽不明也。艮爲星，虞氏逸象義。

「動而」至「爲慶」。

此虞義也。動而成乾者，五動成陽，自三至五，成乾矣。虞氏曰：「陽出稱慶。」即乾爲慶也。

「天降惡祥也」。

此孟氏義也。王弼俗本作「天際翔也」。際，孟作「降」。翔，孟、鄭作「祥」。祥統吉凶之兆，而言有吉祥，有凶祥。《左傳・昭十八年》文：「鄭之未災也，里析告子産曰：將有大祥。」此即惡祥也。干寶曰：「豐其屋，記紂之侈造，爲璿室玉臺也。」蓋言侈奢過節，天降凶災。

「三隱」至「者也」。

此虞義也。坎爲隱伏，《説卦》文。豐爲坎宮五世，故云卦自噬嗑來。噬嗑互坎震，三在坎下，是三隱伏於坎中也。噬嗑上來之三，故於上爻言之。藏，《易釋文》曰：「衆家作『戕』，鄭云：傷也。」於義亦通。今從虞讀。坎爲隱伏，兼噬嗑而言。較之鄭《注》，虞義精確。

山上有火，旅。君子以明慎用刑，而不留獄。

【注】君子謂三。离爲明，艮爲慎，兑爲刑，坎爲獄。賁初之四，獄象不見，故明慎用刑，而不留獄矣。

【疏】此虞義也。火在山上，勢非長久，旅之象也。旅，离宮一世，故曰离爲明。《説卦傳》曰：「离也者，明也。」艮爲慎，坎爲獄，虞氏逸象義。卦自賁來，坎謂賁，互體坎也。賁离下艮上，初之四，四之初，成旅。賁自二之四，互坎，初之四，則坎體壞矣。故曰獄象不見也。

旅瑣瑣，志窮災也。

【注】坎爲志，坎爲災。初陰在下，爲奸細之行，志在窮災也。

得僮僕，貞，終无尤也。

【注】艮爲僮僕，得正承三，貞而无尤也。

旅焚其次，亦以傷矣。以旅與下，其義喪也。

【注】三動體剥，故傷。三變成坤，坤爲下，爲喪，故其義喪也。義，宜也。旅于處，未得位也。

【注】以陽居陰，故不得位。

得其齊斧，心未快也。

終以譽命，上逮也。

【注】逮，及也。謂二上及也。

以旅在上，其義焚也。喪牛之凶，終莫之聞也。

【注】義亦宜也。坎耳入兑，故莫之聞也。

【疏】「坎爲」至「災也」。

坎爲志，坎爲災，虞氏逸象義。《荀子·非十二子》篇：「欺惑愚衆，矞宇嵬瑣。」楊倞《注》：「瑣者，謂爲奸細之行。」初陰窮而在下，爲奸細之行，以取災咎，其志使然也。

「艮爲」至「尤也」。

此虞義也。艮爲僮僕，虞氏逸象義。以陰居陰，得正也。

「三動」至「宜也」。

此虞義也。三變剥，坤下艮上。三變陰，則剥象半見，故曰體剥。《太玄》：「準剥爲割。」割，古訓傷也。故曰傷。三變陰成坤，坤爲下，爲喪，虞氏逸象義。《易釋文》：「馬云：義，宜也。」言三與二在下卦，而近於离，宜其喪也。

「逮及」至「及也」。

此虞義也。《説文解字》：「唐逮，及也。」「唐」疑衍字。故曰逮，及也。二承三，不應五，五變成乾，二來應五，故曰二上及也。逮又訓爲追，《漢書·刑法志》：「齊太倉令淳于公有罪當刑，詔獄繫逮。」師古曰：「逮，及也。辭之所及，則追捕之，故謂之逮。」言二已承三，五變陽，爲正應，二舍三而追應之。

「義亦」至「聞也」。

此虞義也。《易釋文》：「喪牛之凶，本亦作『喪牛于易』。」李心傳《學易編》云「喪牛之凶」。可知宋本猶與《釋文》同也。《唐石經》仍作「喪牛于易」。今從《釋文》。坎爲耳，《説卦》文。賁互坎，初之四，坎變爲兑，是坎耳入兑也。

隨風，巽。君子以申命行事。

【注】君子謂乾也。巽爲命，重巽，故申命。變至三，成坤。坤爲事，震爲行，故行事。

【疏】此虞義也。乾謂遂乾也。巽爲命，虞氏逸象義。申，重也。兩巽相隨，故申命也。二變陰，三變陰，而成坤，故曰變至三成坤。此即「先庚三日」《注》中所謂變初至二成离，至三成震也。

進退，志疑也。利武人之貞，志治也。

【注】動而成乾，乾元用九，天下治也。

紛若之吉〔一〕，得中也。

【注】二處中也。

頻巽之吝，志窮也。

【注】頻蹙不前，其道窮也。

田獲三品，有功也。

【注】五多功。

九五之吉，位正中也。

巽在牀下，上窮也。喪其齊斧，正乎凶也。

【注】陽居於上，謂之上窮。上應三，三動失正，故正乎凶也。

【疏】「動而」至「治也」。

此虞義也。欲進欲退，志疑也。動而成乾者，初動成乾也。

「五多功」。

此虞義也。五多功，《繫辭》文。二爲田，動而得正，處中應五，故曰五多功。謂田有所獲也。

「陽居」至「凶也」。

此虞義也。虞氏曰：「陽窮上反下。」故曰陽居於上，謂之上窮也。三爲正應，動而應上，則失正矣。正乎凶者，謂失正則凶也。

麗澤，兑。君子以朋友講習。

【注】麗，讀如「離坐離立」之「離」。離，兩也。君子謂乾也。伏艮爲友，坎爲習，震爲講。兑口

相對，朋友講習也。

【疏】此鄭義也。《易釋文》：「麗，鄭作『離』。」故曰讀如「離坐離立」之「離」。離坐離立，《禮記·曲禮》文。鄭氏引彼注云[三]：「離，兩也。」《禮記正義》曰：「《易象》云明兩作離，是離爲兩也。」「離澤，兑」者，兩兑也。乾，大壯乾也。兑爲艮宫六世卦，故曰伏艮。艮爲友，坎爲習，震爲講，虞氏逸象義。兑口相對者，兩兑口對，講習之象也。此兼虞義。

和兑之吉，行未疑也。

【注】震爲行，坎爲疑。

孚兑之吉，信志也。

【注】坎爲孚，爲志。

來兑之凶，位不當也。

【注】從大壯來，失位，位不當也。

九四之喜，有慶也。

【注】陽爲慶。

孚于剥，位正當也。

上六引兑，未光也。

【注】离爲光。

【疏】「震爲行坎爲疑」。此虞義也。四變陰應初，卦互體震，震爲行也。卦又互坎，二爲坎爻，比於初而非正應，故曰行未疑也。坎爲疑，虞氏逸象義。

「坎爲孚爲志」。此虞義也。二爲坎爻，所以坎爲孚，爲志也。

「离爲光」。此虞義也。惠徵君曰：「上應三，三體离，故稱光。」内卦互體，見离巽，配火木，入金宫，火彊木弱，故曰未光。京房曰：「分貴賤於彊弱。」此之謂也。

風行水上，涣。先王以亨于帝，立廟。

【注】乾爲先王。震爲帝，爲祭。艮爲廟。坤殺大牲，故以亨帝立廟。

【疏】此虞義也。乾爲先王，虞氏逸象義。乾，否乾也，卦互體震，故曰震爲帝，爲祭。震爲祭，虞氏逸象義。坤爲殺，亦虞氏逸象義。坤謂否坤，《周禮·秋官·小司寇之職》：「凡禋五帝，實鑊水，納亨亦如之。」鄭《注》：「納亨，致牲也。」亨以致牲，故曰坤殺大牲也。

初六之吉，順也。

【注】否坤爲順。

涣奔其机，得願也。

【注】坎爲思。思，願也。

涣其躬，志在外也。

【注】三與上應，避險之外。坎爲志，志在外也。

涣其羣，元吉，光大也。

【注】离爲光。

王居无咎，正位也。

【注】正位居五，三陰順命。

渙其血，遠害也。

【注】乾爲遠，坤爲害。

【疏】「三與」至「外也」。

三與上爲正應。三將出坎，避險而應上九矣。外卦謂上九也。

「离爲光」。

此虞義也。三不當位，變而成陽，則四爲离之二爻。故曰离爲光也。

「正位」至「順命」。

此虞義也。三陰者，初、三、四三爻也。

「乾爲遠坤爲害」。

此虞義也。乾坤者，否乾、否坤也。乾爲遠，坤爲害，虞氏逸象義。爻辭：「渙其血去，逖出。」虞讀「渙其血去」句，「逖出」句。朱震《漢上易傳》曰：「先儒讀『渙其血』作一句，『去逖出』作一句。以象考之，當從先儒。」又曰：「逖，一本作『惕』。巽多白眼，有惕懼之象。然《象》曰遠害，當從逖矣。」虞氏訓逖爲憂，《説文》「惕或從悐」，蓋虞氏本作「悐」，故訓爲憂。後人傳寫誤爲逖。逖，古訓出，无憂訓。逖訓爲出，故《象》曰遠害。子發之言是也。惜舊注亡失，姑從虞義。

澤上有水，節。君子以制數度，議德行。

【注】君子，泰乾也。艮爲制，坤爲度，震爲議，爲行，乾爲德。上，或爲「中」。

【疏】此虞義也。卦自泰來，故曰泰乾。卦互體艮震，坤，泰坤也。艮爲制，坤爲度，震爲議，乾爲德，虞氏逸象義。澤上有水，侯果作「澤中有水」。《易釋文》曰：「上，或作『中』。」今不用。

不出户庭，知通塞也。

【注】坎爲通。二變坤，坤土雍塞。

不出門庭，凶，失時極也。

【注】極，中也。二不得其位，失中矣。

不節之嗟，又誰咎也。

【注】三爲節家君子，雖失位，嗟若，其誰咎之。

安節之亨，承上道也。

【注】承上道者，承九五也。

甘節之吉，居位中也。

【注】艮爲居，五爲中。

苦節，貞凶，其道窮也。

【注】陽窮於上。

【疏】「坎爲」至「雍塞」。

此虞義也。坎爲通，虞氏逸象義。二變陰，卦互體坤。雍，古壅字。《漢書·溝洫志》无「隄防雍塞」之文。故曰坤土雍塞也。

「極中」至「中矣」。

此虞義也。《詩·周頌·思文》：「莫匪爾極。」《毛傳》：「極，中也。」《周禮·天官》：「以爲民極。」鄭《注》：「極，中也。」令天下之人各得其中，不失其所，故曰極，中也。二居中而不得位，失時極者，猶言失其所也。

「三爲」至「咎之」。

虞仲翔曰：「三爲節家君子，雖不得位，君子人也，其誰咎之。」

「艮爲居五爲中」。

此虞義也。卦互體艮，故曰艮爲居。艮爲居，虞氏逸象義。

澤上有風，中孚。君子以議獄緩死。

【注】君子謂乾也。坎爲獄，震爲議，爲緩，坤爲死。乾四之初，二出坎獄。兑，説。震，喜。坎獄不見，議獄緩死也。

【疏】此虞義也。乾，訟乾也。坎，訟坎也。震爲緩，虞氏逸象義。乾四之初者，訟四之初，成中孚，則坎象不見矣。二爲出獄之人，故曰二出坎獄。

初九虞吉，志未變也。

【注】志未變者，謂應四也。

其子和之，中心願也。

【注】坎爲心，爲思。

或歌或罷，位不當也。

馬匹亡，絶類上也。

【注】體與上絶。

有孚攣如，位正當也。

翰音登于天，何可長也。

【注】陽窮於上，其可長乎。

此荀義也。訟四之初，體與上絶，故不承五而應初矣。志未變者，謂四未變志也。

【疏】「志未」至「四也」。

「坎爲心爲思」。

此虞義也。《説卦傳》曰：「坎爲心病。」故曰坎爲心。

「體與上絶」。

此虞義也。訟乾四之初，坎初之四，四爲坎爻，雖與五、上二爻爲類，聚而坎體，與乾體則絶也。故體與上絶。

「陽窮」至「長乎」。

陽窮處上，信不由中。以此申命，有聲无實。虛音振天，其可長乎。

山上有雷，小過。君子以行過乎恭。

【注】君子謂三也。上貴三賤，震爲行。行過乎恭也。

喪過乎哀，用過乎儉。

【注】坤爲喪，离爲目，艮爲鼻，坎爲涕淚，震爲出。體大過，遭死，喪過乎哀也。坤爲財用，爲吝嗇，用過乎儉也。

【疏】「君子」至「恭也」。

此虞義也。卦自晉來，晉上之三也。上貴三賤者，《繫辭》曰：「三多凶，五多功，貴賤之等也。」三處下卦之極，故賤。今仲翔謂上爲貴者，八宮卦次唯上爲世爻，不變，所以上爲貴也。行過乎恭者，謂晉上之三，貴易爲賤，當致恭以順存其位。

「坤爲」至「儉也」。

坤，晉坤也。离，晉离也。坎晉互體坎也。艮爲鼻，坎爲涕淚，虞氏逸象義。自二至五，互大過象。大過二陽死於四陰之中，故爲死喪也。此皆喪過乎哀之象。坤爲財用，爲吝嗇，虞氏逸象義。吝嗇財用，故用過乎儉也。

飛鳥以凶，不可如何也。

【注】四死大過，不可如何也。

不及其君，臣不可過也。

【注】坎三爲臣，二之五，爲艮所止。

從或戕之，凶如何也。

弗過遇之，位不當也。往厲必戒，終不可長也。

【注】體否上傾，終不可長矣。

密雲不雨，已上也。

【注】謂三坎水已之上六，已上也。

弗遇過之，已亢也。

【注】亢，頡亢也。飛下稱亢。晉上之三，已亢也。

【疏】「坎三」至「所止」。

此虞義也。二五正應，三在晉爲互坎，在小過爲艮爻。艮，止也。二往應五，爲三所止。乾五爲居，坎三爲臣，不及其君，臣不可過之象。

「體否」至「長矣」。

此虞義也。卦體自初至四，否象半見，故曰體否。體否則四爲否之上爻。《否·上九·象傳》曰：「否終則傾，何可長也。」是終不可長矣。

「謂三」至「上也」。

此虞義也。坎晉，互坎也。晉上之三，三之上而成小過，晉三爲坎爻，故曰已之上六。坎水已上，密雲不雨之象。

「亢頏」至「亢也」。

此虞義也。《詩·邶風》：「燕燕于飛，頡之頏之。」《傳》：「飛而上曰頡，飛而下曰頏。」亢，古「頏」字。故曰亢，頡亢也。飛下稱亢。晉上之三者，晉离飛鳥，下翔之三也。

水在火上，既濟。君子以思患而豫防之。

【注】治不忘亂。

【疏】此荀義也。六爻得位，各正性命，乾元用九而天下治矣。然有治必有亂，知存而不知亡，知得而不知喪，聖人所懼。故君子思患而豫防之。

曳其輪，義无咎也。

【注】謂得正有應也。

七日得，以中道也。

【注】二得中也。

三年克之，憊也。

【注】坎爲勞，故憊也。

終日戒，有所疑也。

【注】坎爲疑。

東鄰殺牛，不如西鄰之時也。

【注】坎水克离火，故曰不如西鄰之時。

實受其福，吉大來也。

【注】小往大來。

濡其首厲，何可久也。

【疏】「坎爲勞故憊也」。

此鄭、虞義也。《易釋文》：「鄭云：劣弱也。陸作『備』，云當爲『憊』。」又《遯·象》有「疾憊」云，鄭云：「困也。」㑺，《說文》訓㦧也。《公羊》：「嘻！甚矣憊。」《莊子·山木》篇：「貧也，非憊也。」《釋文》：「司馬作『病』。」憊，古訓爲劣弱病困，坎爲勞，故云。

「坎水」至「之時」。

五坎爲月，月出西方，西鄰之時也。二應在离，离爲日，日出東方，東鄰之時也。坎水克离火，西鄰以彊勝弱，故東鄰不如西鄰之時也。

「小往大來」。

小往大來者，泰五之二也。坤五之乾二，小往也。乾二之坤五，大來也。仲翔曰：「坤陰詘外爲小往，乾陽信內稱大來。」

火在水上，未濟。君子以慎辨物居方。

【注】艮爲辨，爲居。坤爲方。

【疏】此虞義也。艮爲辨，爲居，虞氏逸象義。卦自否來，艮否互體艮也。侯果曰：「火性炎上，水性潤下，雖復同體，功不相成。所以未濟也。」故君子慎辨物宜，居之以道，令其用功相得，則物咸濟矣。於義亦通。

濡其尾，亦不知極也。

【注】極，中也。

九二貞吉，中以行正也。

【注】二，中也。震爲行。

未濟征凶，位不當也。

貞吉悔亡，志行也。

【注】坎爲志，震爲行。

君子之光，其暉吉也。

【注】离爲日。暉，光也。

飲酒濡首，亦不知節也。

【注】節，止也。艮爲節。

【疏】「極中也」。

此虞義也。初應四，體坎五。坎四居坎中而濡其尾，是不知極也。不知極者，謂四也。

「二中也震爲行」。

此虞義也。二動成陽，而互震，故曰震爲行。

「离爲日暉光也」。

此虞義也。离爲日者，离日之光也。暉，光也，《説文解字》文。

「節止也艮爲節」。

此虞義也。節，止也，《雜卦傳》文。《説卦傳》：「艮，其於木也，爲堅多節。」故曰艮爲節。不知節者，因否互艮而言，引此以明艮之爲節也。飲酒濡首，不知節矣。

校勘記

〔一〕「死大過」，李鼎祚《周易集解》引虞翻《注》作「死象」。

〔二〕「紛若」，原作「終若」。按：《周易正義》作「紛若」，袁庭棟校本已據改，今從。

〔三〕「引」，原作「氏」，據《皇清經解》本改。

序卦傳

有天地，然後萬物生焉。

【注】天地，乾坤也。萬物者，二篇之策萬有一千五百二十，當萬物之數也。

【疏】二篇之策，萬有一千五百二十，當萬物之數也，《繫辭》文。乾資始，坤資生，所以萬物生焉。不序乾坤之次者，崔憬曰：「以『一生二，二生三，三生萬物』，則天地之次第可知，而萬物之先後宜序也。」干寶曰：「物有先天地而生者矣。今正取始於天地，天地之先，聖人弗之論也。故其所法象，必自天地而還。」《老子》曰：「有物混成，先天地生，吾不知其名，彊字之曰道。」《上繫》曰：「法象莫大乎天地。」《莊子》曰：「六合之外，聖人存而不論。」《春秋穀梁傳》曰：「不求知所不可知者，智也。而今後世浮華之學，彊枝離道義之門，求入虛誕之域，以傷政害民，豈非讒説殄行，大舜之所疾者乎？」惠徵君曰：「令升此《注》，似豫知後世《先天圖》者，其爲聖學之防也至深遠矣。」

盈天地之間者，惟萬物，故受之以《屯》。屯者，盈也。屯者，物之始生也。

【注】陽動在下，造生萬物於冥昧之中。《屯・象傳》曰：「雷雨之動滿形。」又曰：「剛柔始交而難生。」

【疏】陽動在下者，謂震初在下。虞翻「天造草昧」《注》：「造，造生也。」王砅《玄珠密語》：「陽爲造生，陰爲化源。」冥昧者，即《彖辭》所謂草昧。此荀氏義也。雷雨之動滿形，滿即盈也。《左氏傳》：「屯固比入。」艸木之生，不盈滿，不堅固，則不能生。屯字从一从屮，象艸木茁芽於地，一者地也。《稽覽圖》：屯爲十一月卦。陽氣浸長，物物萌芽，故曰始生。《説文解字》曰：「屯，象草木之初生。」

物生必蒙，故受之以《蒙》。蒙者，蒙也，物之穉也。

【注】蒙，幼小之貌。齊人謂萌爲蒙。

【疏】此鄭義也。《文選·班孟堅幽通賦》：「咨孤蒙之眇眇兮。」李善《注》：「曹大家曰：蒙，童蒙也。」故云幼小之貌。《周禮·秋官·薙氏》：「掌殺草，春始生而萌之。」《注》：「杜子春曰謂耕反其萌芽。」張揖《廣雅·釋詁》：「萌，芽始也。」謂萌爲蒙，聲之近也。穉，《説文解字》曰：「幼禾也。」

物穉不可不養也，故受之以《需》。需者，飲食之道也。

【注】坎在乾上，中有离象，水火交和，故爲飲食之道。

【疏】此荀義也。需坎上乾下，自三至五，互體离。故曰坎在乾上，中有离象。坎水离火，有亨飪之象也。《周禮·亨人》：「掌共鼎鑊，以給水火之齊。」謂實水於鑊，又爨之以火，是爲水火交和也。

飲食必有訟，故受之以《訟》。

【注】訟猶争也。言飲食之會，恒多争也。

【疏】此鄭義也。《説文解字》曰：「訟，争也。」《禮記·曲禮》：「分争辯訟，非禮不決。」故曰訟猶争也。解黿不與而鄭國亂，烹羊不斟而宋人危，飲食争競，遂至顛覆。乾餱失德，古人所以深戒也。

訟必有衆起，故受之以《師》。師者，衆也。

【注】坤爲衆物，坎爲衆水，上下皆衆，故曰師也。凡制軍，萬有二千五百人爲軍。天子六軍，大國三軍，次國二軍，小國一軍。軍有將，皆命卿也。二千五百人爲師，師帥皆中大夫。五百人爲旅，旅帥皆下大夫。

【疏】此《九家易》義也。訟之不已，必衆起相争。《説文解字》曰：「師，從帀從自。自，四帀，衆意也。」師，衆也，《爾雅·釋詁》文。坤爲衆，坎爲水，《説卦》文。師卦坤上坎下，故云。服虔《左氏解誼》説此卦，亦曰坎爲水，坤爲衆也。《晉語》：「坎，水也，衆也。」是坎爲衆水也。「凡制軍」至「皆下大夫」乃《周禮·夏官·司馬》文，文小異耳。《周禮·下大夫》下云：「百人爲卒，卒長皆上士。二十五人爲兩，兩司馬皆中士。五人爲伍，皆有長。」鄭玄《注》：「軍、師、旅、卒、兩、伍，皆衆名也。伍一比，兩一閭，卒一旅，旅一黨，師一州，軍一鄉，家所出一人，將、帥、長、司馬者，其師吏也。言軍將皆命卿，則凡軍帥不特置，選於六官六鄉之吏，自卿以下德任者，使兼官焉。」《春秋傳》有大國、次國、小國。又曰：「成國不過半天子之軍，周爲六軍，諸侯之大者，三軍可也。」《詩·大雅·常武》曰：「赫赫明明，王命卿士，南仲大祖，大師皇父，整我六師，以修我戎，既儆既戒，惠此南國。」《大雅·文王》曰：「周王于邁，六師及之。」此周爲六軍之見於經也。《春秋傳》曰：「王使虢公，命曲沃伯以一軍爲晉侯。」此小國一軍之見於傳也。命卿者，《周禮·春官·大宗伯》之職：六命賜官，王之命卿也。四命受器，王之下大夫也。又《典命》：「王之三公八命，其卿六命，其大夫四命。」鄭《注》：「四命，中下大夫也。」賈《疏》云：「四命中下大夫者，序官有中下大夫，於此唯見四命大夫，是知中下大夫同四命也。」《典命》公之孤四命，以皮帛眡。小國之君，其卿三命，其大夫再命，其士一命。侯伯之卿大夫士亦如之。子男之卿再命，其大夫一命，其士不命。此大國、次國、小國、卿大夫之命數也。

衆必有所比，故受之以《比》。比者，比也。

【注】比，備也，猶親也，亦黨也。人衆必有所比矣，君子比則親備，小人比則阿黨。

【疏】比，備也，《爾雅·釋詁》文。《彖傳》曰：「比，輔也，下順從也。」輔與備同。《周禮·夏官·形方氏》：「大國比小國。」鄭玄《注》：「比猶親也。」《論語》：「君子周而不比。」孔安國《注》：「忠信爲周，阿黨爲比。」是比亦黨也。方以類聚，物以羣分。人衆羣類，則必有所比矣。此一陽五陰，以五陰順一陽，則吉，君子之比也。以五陰比一陽，則凶，小人之比也。

比必有所畜，故受之以《小畜》。

【注】畜，養也。有衆不養則亂，君子以容民畜衆。

【疏】比，以五陰比一陽，小畜以一陰畜五陽。侯果曰「四爲畜主」，指六四也。陽大陰小，故曰小畜。比之受畜，有陰陽相反之義。君子以容民畜衆，《象傳》文。虞翻《注》曰：「畜，養也。」

物畜然後有禮，故受之以《履》。

【注】履，和而至。履，禮也。人民育然後可教之以禮。《孟子》曰：「飽食、煖衣、逸居而無教，則近於禽獸。」

【疏】履，禮也，《爾雅·釋言》文。履和而至，《下繫》文。虞翻《注》曰：「謙與履通，謙坤柔和，禮之用，和爲貴也。」《象傳》曰：「君子以辨上下，定民志，所謂禮也。」王者之於民也，必使養生送死而無憾，然後教以禮義。不育而教，則救死不贍，奚暇治禮義哉！

履而泰然後安，故受之以《泰》。泰者，通也。

【注】乾來下降，以陽通陰。

【疏】坤氣上升，乾氣下降，陽氣通陰，天地交而萬物通，故曰通也。此荀義也。姚信曰：「安上治民，莫過於禮。有禮然後泰，泰然後安也。」

物不可以終通，故受之以《否》。

【注】否，泰之反也。

【疏】此虞義也。泰反成否，否反成泰。《雜卦傳》：「否、泰，反其類也。」物極則反，故不終，泰通而否矣。

物不可以終否，故受之以《同人》。

【注】否終則傾，受以同人，可以通天下之志矣。

【疏】否終則傾，《象傳》文。天地不交，則上下不通，而其志不同，无平不陂，无往不復，所以否終則傾也。《同人・彖傳》曰：「唯君子爲能通天下之志。」

與人同者，物必歸焉，故受之以《大有》。

【注】君子以類族辨物，善與人同，人必歸己，所以成大有也。

【疏】君子以類族辨物，《象傳》文。虞翻《注》曰：「師坤爲類，乾爲族。乾陽物，坤陰物，體垢，天地相遇，品物咸章。」師坤爲類者，卦與師旁通也。君子推己及人，善與人同，由人及物，各遂其生，品物咸章，可謂大有之世。

有大者不可以盈，故受之以《嗛》。

【注】處大有之世，易生驕泰之心。人道惡盈而好嗛。

【疏】《禮記·大學》：「君子有大道，必忠信以得之，驕泰以失之。」人道惡盈而好嗛，《彖傳》文。滿招損，嗛受益，君子之道也。

有大而能嗛，必豫，故受之以《豫》。

【注】處大有之世，嗛尊而光，則豫順以動，而天地如之矣。

【疏】嗛尊而光，豫順以動，故天地如之，皆《彖傳》文。鄭玄曰：「言國既大而有嗛德，則於政事恬逸。雷出地，奮逸。豫，出行而喜樂之意。」

豫必有隨，故受之以《隨》。

【注】喜樂出入，人必喜悦。《孟子》曰：「吾君不游，吾何以休；吾君不豫，吾何以助？」此之謂也。

【疏】此鄭義也。豫爲喜樂，鄭玄《豫卦注》曰：「豫，喜。逸，悦樂之貌。」吾君不游，吾何以休；吾君不豫，吾何以助，《孟子·梁惠王章句》晏子對齊景公引夏諺文。君，《孟子》作「王」，趙歧《注》：「吾王不游，吾何以得見勞苦蒙休息也？吾王不豫，吾何以得見賑贍助不足也？」鄭君引此者，以明人君之出，百姓蒙休息，得賑贍，而喜悦也。

以喜隨人者必有事，故受之以《蠱》。蠱者，事也。

【注】喜悦隨人，必有事焉。古者五史，書五帝之蠱事。

【疏】隨君出入，臣下有職事也。《尚書大傳》：「乃命五史以書五帝之蠱事。」所以蠱訓爲事也。伏曼容曰：「蠱，惑亂也。」萬事從惑而起，故以蠱爲事，如本卦幹父之蠱、裕父之蠱，皆事也。

有事然後可大，故受之以《臨》。臨者，大也。

【注】二陽動升，故曰大也。

【疏】此荀義也。謂九二以陽居陰，不當位，當升爲九五，君臨天下，陽稱大，故曰大也。《靈樞經·通天篇》：「太陰之人，其狀臨臨然長大。」宋衷曰：「事立功成，可推而大也。」

物大然後可觀，故受之以《觀》。

【注】臨反成觀，二陽在上，故可觀也。

【疏】此虞義也。臨反成觀初，二、三陽升爲五、六，《彖傳》所謂大觀在上，陽稱大，故曰大觀。崔憬曰：「言德業大者，可以觀政於人。」

可觀而後有所合，故受之以《噬嗑》。嗑者，合也。

【注】言可觀政於人，則有所合於刑矣。

【疏】卦辭曰：「利用獄。」故曰合於刑。宋衷曰：「雷動而威，電動而明，二者合而其道彰也。用刑之道，威明相兼。若威而不明，恐致淫濫；明而无威，不能伏物。故須雷電並合，而噬嗑備。」嗑者，合也。虞翻曰：「頤中有物，食，故口合也。」嗑、合聲相近，義從音出也。

物不可以苟合而已，故受之以《賁》。賁者，飾也。

【注】言物不可苟合於刑，當以文飾之。

【疏】苟，但也。治天下者，不可但威之以刑，當以人文化成天下也。《小雅·白駒》篇：「皎皎白駒，賁然來思。」《毛傳》曰：「賁，飾也。」

致飾然後亨則盡矣，故受之以《剥》。剥者，剥也。

【注】賁，無色也。剥，落也。至剥則文飾剥落盡矣。

【疏】賁，無色也，《雜卦傳》文。虞翻《注》曰：「五動巽白，故无色也。」《易釋文》引馬融《注》曰：「剥，落也。」賁至上九，已爲白賁，兼之五陰來剥，文飾盡矣。

物不可以終盡，剥窮上反下，故受之以《復》。

【注】易窮則變，物極則反其初矣。

【疏】易窮則變，《下繫辭》文。五陰剥一陽，陽將盡矣，窮於上爲剥。物極必反，反於下爲復，陽從下著。剥上爻反爲復初爻，故曰反其初也。

復則不妄矣，故受之以《无妄》。

【注】妄猶望也。无所望，則不妄有爲矣。

【疏】妄猶望，謂无所希望也，此馬、鄭義，見《易釋文》。復反其本，則爲誠實之行，樂天知命，豈復有妄爲之事哉！

有无妄然後可畜，故受之以《大畜》。

【注】畜，容也。无妄誠實，然後能容物。

【疏】《左傳·襄公二十六年》：「右宰穀曰：天下誰畜之？」杜預《注》：「畜猶容也。」大壯上之初，成大畜，故曰大畜。

物畜然後可養，故受之以《頤》。頤者，養也。

【注】畜，養也。頤，養也。畜物必觀其所養，其所自養，養正則吉，不正則凶。

【疏】《彖傳》曰：「觀頤，觀其所養也。」侯果《注》：「王者所養，養賢則吉。」又曰：「自求口實，觀其自養也。」宋衷《注》：「頤者，飲食自養也。君子割不正不食，況非其食乎？」在大畜曰不家食吉，在頤曰養賢以及萬民。

不養則不可動，故受之以《大過》。

【注】人頤不動則死。大過，棺槨之象。

【疏】此虞義也。《下繫》曰：「後世聖人易之以棺槨，蓋取諸《大過》。」

物不可以終過，故受之以《坎》。坎者，陷也。

【注】大過之終，過涉滅頂，而入於坎窞矣。

【疏】過涉滅頂，《大過・上六》爻辭。入于坎窞，《坎・初六》爻辭。窞，《説文解字》曰：「坎中小坎也。」

陷必有所麗，故受之以《离》。离者，麗也。

【注】麗，附也。水流地中，水附地也。日月麗乎天，百穀草木麗乎土者也。陷於地者，必有以麗乎天。

【疏】《禮記・王制》：「郵罰麗於事。」鄭玄《注》：「麗，附也。」日月麗乎天，百穀草木麗乎土，《彖傳》文。《易釋文》：「土，王肅本作『地』。」水附於地，故曰陷於地也。陷於地者，必有以麗乎天，物極則反之意。此崔憬義也。

有天地然後有萬物，有萬物然後有男女，有男女然後有夫婦，有夫婦然後有父子，有父子然後有君臣，有君臣然後有上下，有上下然後禮義有所錯。

【注】天地，否也。否反成泰。天地壹壹，萬物化醇。泰已有否，否三上反正，成咸。艮爲男，兑爲女。咸反成恒，震爲夫，巽爲婦。咸上復乾，成遂。乾爲父，艮爲子。遂三復坤，成否。乾爲君，坤爲臣。否乾君尊上，坤臣卑下，錯置也。

【疏】此虞義也。乾坤升降，成雨既濟，先儒所謂既濟定。既濟，坎离也。物不可以終窮，以未濟終焉。上經終以坎离者，水火相射，亦未濟之意也。水火相射，則天地不能定位，而否塞矣。是以虞君以否之天地釋下經之天地也。否反成泰，陰陽氣通，萬物化生矣。天地壹壹，萬物化醇，《下繫》文。否三反上成咸者，謂否之六三與上九易位而成咸，六三以陰居陽，反而爲陽，得其正也。咸艮下兑上，故曰艮爲男，兑爲女也。咸反成恒，到卦也。恒巽下震上，故曰震爲夫，巽爲婦。《説卦傳》：「震一索而得男，故謂之長男。巽一索而得女，故謂之長女。」長男爲夫，長女爲婦也。咸上復乾成遯者，咸上六以陰居陽，復正成陽，咸上卦成乾，乾上艮下，而爲遯矣。故曰乾爲父，艮爲子也。遯九三復而成陰，坤下乾上而成否。復者，復爲否也。乾爲君，《説卦》文。《坤·文言傳》曰：「地道也，妻道也，臣道也。」故曰坤爲臣。否乾君尊上，坤臣卑下。《上繫》：「天尊地卑，乾坤定矣。」荀爽曰：「謂否卦也。」《論語》孔子曰：「舉直錯諸枉。」包咸《注》：「錯，置也。」《史記·周本紀》：「成康之際，天下安寧，刑錯四十餘年不用。」應劭曰：「錯，置也。」民不犯法，無所置刑。《禮記·曲禮》曰：「君臣、上下、父子、兄弟，非禮不定。」故曰禮義有所錯。義，宜也，禮之宜也。

夫婦之道不可以不久也，故受之以《恒》。恒者，久也。

【注】夫婦當有終身之義，夫婦之道謂咸恒也。

【疏】此鄭義也。《禮記·郊特牲》曰：「壹與之齊，終身不改，故夫死不嫁。」班固《白虎通》曰：「夫有惡行，妻不得去者，地無去天之義也。夫雖有惡，不得去也。」此所謂夫婦當有終身之義。咸反成恒，震夫巽婦，故曰夫婦之道謂咸恒也。

物不可以久居其所，故受之以《遯》。遯者，退也。

【注】二陰當位，陽氣將退。陰氣浸長，小人將害君子之象。君子不可以久居其位，當隨時遯避以遠害。遯，逃去之名。

【疏】二陰當位者，六二以陰居陰，得中當位。虞翻曰：「陰消遘二也。」艮爲山，巽爲入，乾爲遠，遠山入藏，故遯以陰消陽。小人道長，避之乃通，故遯而通。則當位而應，與時行也，故曰當隨時退避以遠害也。鄭玄曰：「遯，逃去之名。」《説文解字》：「遁，遷也。一曰逃也。」遯，逃也。班固《漢書·敘傳》：「攜手遯秦。」應劭曰：「遯，逃也。」師古曰：「遯，古遯字。」《易釋文》又作「遂」，又作「遁」，同隱退也。匿迹避時，奉身退隱之謂。案：遁、遯、遂一字也。

物不可以終遯，故受之以《大壯》。

【注】賢人不可終隱，終隱則天下不治。遯反成大壯，二陰消弱，小人道消，君子可以尚往矣。

【疏】遯反成大壯者，遯到成大壯耳。二陰謂六五、上六二爻也。《象傳》曰：「藩決不羸，尚往也。」故曰君子可以尚往矣。

物不可以終壯，故受之以《晉》。晉者，進也。

【注】壯陽尚往，必有所傷。君子以自昭明德，則進於德矣。

【疏】大壯尚往，不明明德，則小人用壯，君子用罔。陸希聲曰：「罔讀爲剛。」不能惕厲，必至不能退，不能遂矣。馬融曰：「壯，傷也。」郭璞云：「今淮南人呼壯爲傷。」故曰必有所傷。君子以自昭明德，《象傳》文。《説文解字》曰：「晉，進也，日出萬物進。」《易釋文》：「孟作『齊』。齊，子西反，義同。」

進必有所傷，故受之以《明夷》。夷者，傷也。

【注】進極當降，復入於地。日在坤下，其明傷也。

【疏】此《九家易》義也。晉，坤下离上，离爲日，坤爲地，明出地上之象。到晉成明夷，日昃之离，入於地矣。离爲目，故曰其明傷也。

傷於外者必反於家，故受之以《家人》。

【注】晉時在外，家人在内。

【疏】此虞義也。虞氏《明夷注》：「臨二之三，而反晉也。」此四陰二陽之例，蓋明夷、晉、臨三卦，皆四陰二陽。臨九二之三，六三之二，而成明夷，與晉相反。然臨卦無离，晉卦有离，而在外卦，故曰晉時在外。明夷與家人，离在内卦，故家人在内也。《春秋左氏傳·昭五年》：「初，穆子之生也，莊叔以《周易》筮之，遇明夷之謙，以示卜楚邱，曰：『明夷，日也。日之數十，故有十時。』」虞氏以初登于天爲晉時，後入于地爲明夷時，蓋本諸此。

家道窮必乖，故受之以《睽》。睽者，乖也。

【注】婦子嘻嘻，過在失節。失節則窮。

【疏】此崔憬義也。婦子嘻嘻，失家節也，《彖傳》文。鄭玄曰：「嘻嘻，驕佚喜笑之意。」乖，《説文解字》曰：「戾也。」《玉篇》曰：「睽也，邪也，背也，差也，離也。」

乖必有難，故受之以《蹇》。蹇者，難也。

【注】二女同居，志乖難生。坎險在前，故曰難也。

【疏】此崔憬義，兼虞義也。《睽·彖傳》曰：「二女同居，其志不同行。」二女，离兑也。水火性反，乖而難生矣。坎險在前者，謂蹇坎也。《彖傳》曰：「蹇，難也，險在前也。」《易正義·疏》引陸績曰：「水在山上，失流通之性，故曰蹇。」通水流下，今在山上，不得下流，蹇之象。蹇，難之義也。蹇，本作「蹇」。蹇，「蹇」之變體耳，《易述》作「蹇」，今從其舊。

物不可以終難，故受之以《解》。解者，緩也。

【注】蹇終則吉。

【疏】《蹇·上六》：「往蹇來碩，吉。」故云蹇終則吉。京房《易傳》曰：「解，散也。」《玉篇》：「釋也。」險難解釋，物情舒緩，故曰解者緩也。

緩必有所失，故受之以《損》。

【注】宥罪緩死，失之則有損於政刑矣。

【疏】此崔憬義也。《象傳》曰：「雷雨作，解，君子以赦過宥罪。」故曰宥罪，緩死也。失之者，謂刑罰不中也。

損而不已必益，故受之以《益》。

【注】損終則弗損，益之，故言損而不已必益。

【疏】此崔憬義也。弗損，益之，《損·上九》爻辭。

益而不已必決，故受之以《夬》。夬者，決也。

【注】夬，分決也。益之不已，則小人進矣。小人乘君子，當決而去之。

【疏】夬，分決也，《説文解字》文。鄭康成曰：「夬，決也。陽氣浸長，至於五，而陰先之。」陰謂上六也。《廣韻》：「益，進也。」用人無術，邪正並進，故曰益之不已，則小人進矣。五以陽居尊位，而上六乘之，所當夬去者，所謂剛決柔也。

決必有遇，故受之以《遘》。遘者，遇也。

【注】君子夬夬，獨行遇雨，故言決必有遇。

【疏】此崔憬義也。君子夬夬，獨行遇雨，《夬・九三》爻辭。荀爽曰：「謂一爻獨上，與陰相應也。」夬到成遘，則一陰獨下，與剛相遇矣。遘，本作「姤」，《經典釋文》：「薛云：古文作『遘』。」此從古文也。俗本「決必有所遇」，李鼎祚《周易集解》《唐石經》皆無「所」字。

物相遇而後聚，故受之以《萃》。萃者，聚也。

【注】天地相遇，品物咸章，萬物會合矣。萃，聚也。聚，會也。

【疏】天地相遇，品物咸章，《遘・彖傳》文。荀爽《注》：「謂乾成於巽，而舍於离。坤出於离，與乾相遇，南方夏位，萬物章明。」是萬物會合也。《詩・陳風》：「有鴞萃止。」《毛傳》：「萃，集也。」聚，會也，《說文解字》文。皆會合之義。京氏《易傳》：「澤上於地，積陰成萃。」謂坤爻三陰聚於下也。《說卦傳》：「坤爲衆。」虞氏逸象義曰：坤爲聚。

聚而上者謂之升，故受之以《升》。

【注】萃爲積小，升成高大。

【疏】萃，聚也，積聚之義，故曰萃爲積小。升，《易釋文》：「馬云：高也。」故曰升成高大。

《升・象傳》曰：「君子以順德，積小以高大。」下經《釋文》云：「升，《序卦》云上也。上，音時掌反。」《序卦釋文》云：「而上，時掌反。」合而觀之，所謂上也，即「而上」耳，非陸所見本異也。

升而不已必困，故受之以《困》。

【注】冥升不富，則困窮矣。

【疏】《升・上六》：「冥升，利于不息之貞。」荀爽《注》：「坤性暗昧，今升在上，故曰冥升也。」陰用事爲消，陽用事爲息。陰五在上，陽道不息，陰之所利，故曰利于不息之貞。又《象傳》：「冥升在上〔一〕，消不富也。」荀《注》：「陰升失實，故消不富也。」蓋進極則退，升極則消，升之不已，未有不困窮者也。《易釋文》：「困，窮也，窮悴掩蔽之義。」

困乎上者必反下，故受之以《井》。

【注】困極於倪仉，反下以求安。

【疏】此崔憬義也。《困・上六》爻辭曰：「困于葛藟，于倪仉。」倪仉，不安貌。故曰困，極于倪仉。困到成井，故曰困乎上者必反下也。君爲上，民爲下。爲人上者，倪仉不安，當懷保小民，以求治安之道，體國經野，取民有制，則井養不窮矣。

井道不可不革，故受之以《革》。

【注】革，更也。舊井當渫去穢濁而更新之。

【疏】《易釋文》：「革，馬、鄭云：改也。」《説文解字》：「革，獸皮治去其毛，革更之象。」故曰更也。渫，《説文解字》：「除去也。」《廣韻》：「治井也。」渫去穢濁，荀爽「井渫不食」《注》。

革物者莫若鼎，故受之以《鼎》。

【注】革，去故；鼎，取新。

【疏】到革成鼎，革去故也，鼎取新也。《雜卦傳》文。

主器者莫若長子，故受之以《震》。震者，動也。

【注】震爲長子。鼎，祭器。長子，祭主也。動萬物者莫疾乎雷，故曰震者動也。

【疏】鼎，祭器者，《儀禮·少牢饋食》：「雍人陳鼎五，有司徹羊、豕、魚三鼎。」故知祭祀用鼎也。長子，祭主者，《震·彖傳》曰：「出可以守宗廟社稷，以爲祭主。」動萬物者，莫疾乎雷，《説卦傳》文。

物不可以終動，止之，故受之以《艮》。艮者，止也。

【注】動極悔生，静以止之。

【疏】《上繫》：「震无咎者存乎悔。」虞翻《注》曰：「震，動也。有不善未嘗不知之，知之未嘗復行，无咎者善補過，故存乎悔也。」動之極則不能補過矣，故悔生也。《禮記·大學》云：「知止而后有定，定而后能静。」時止則止，非知止乎？動静不失其時，斯無過矣。

物不可以終止，故受之以《漸》。漸者，進也。

【注】止而巽，動不窮也。艮爲止，巽爲進。

【疏】止而巽，動不窮也，《漸·彖傳》文。艮六五變而成漸，艮下巽上，是止而巽也。巽者入也，故曰巽爲進，此虞氏逸象義。

進必有所歸，故受之以《歸妹》。

【注】爻之反也。

【疏】此虞義也。漸與歸妹旁通，故《漸》卦辭「女歸吉虞」《注》：「反成歸妹，兑也。」

得其所歸者必大，故受之以《豐》。豐者，大也。

【注】豐，大也。帝乙歸妹，必大國也。婦人謂嫁曰歸。

【疏】帝乙歸妹，六五爻辭。婦人謂嫁曰歸，《詩·江有汜》毛《傳》文。王姬下降，非二王之後，必異姓諸侯。故曰必大國也。

窮大者必失其居，故受之以《旅》。

【注】有豐必有寡。窺其户，窒其无人，窮大失居之象。旅，羈旅也。

【疏】《雜卦傳》：「豐，多故。親寡，旅。」故曰有豐必有寡。猶夫日盈則昃，月盈則虧，天地循環之道也。窺其户，窒其无人，《豐·上六》爻辭。窒无人焉，是失其居矣。《春秋左傳·莊二十二年》：「齊侯使敬仲爲卿，辭曰羈旅之臣。」杜預《注》：「旅，客也。」

旅而无所容，故受之以《巽》。巽者，入也。

【注】乾初入陰。

【疏】此虞義也。乾初入陰者，謂乾初爻變成巽也。旅人號咷，无所容矣，故受之以巽也。

入而後説之,故受之以《兑》。兑者,説也。

【注】兑爲口舌。説,解也。羈旅之臣,入人之國,必以説進,然後能得人主之喜。説,説服也。

【疏】《詩・衞風・氓》:「士之耽兮,猶可説也。」《毛傳》:「説,解也。」兑爲口舌,言説之象。蓋去國之人,見他國之君,或以堯舜之道説其君,或以雜霸之道説其君,等而下之,即從横堅白,皆以説干時主也。時主説其説而服從,則爵禄可得矣。説,服也,《爾雅・釋詁》文。郭《注》謂喜而服從也。「説」「悦」古今字,諸家皆音「悦」。虞仲翔注兑爲講習,故學而時習之,不亦説乎。仲翔以入而後説之爲講説之説,當音「失爇切」矣。兑者,説也,爲喜説之説,則當音閲矣。今從虞讀。説,古亦作「兑」,《禮記・學記》引《説命》作《兑命》。

説而後散之,故受之以《涣》。涣者,離也。

【注】涣其羣,其佐多賢也。人君説賢者之道,使賢者散處卿大夫之位。

【疏】涣其羣,元吉,六四爻辭也。虞翻《注》:「風以散物,故離也。」

物不可以終離,故受之以《節》。

【注】節以制度,天高地下,萬物散殊,而禮制行矣。

【疏】節以制度,《彖傳》文。天高地下,萬物散殊,而禮制行矣,《禮記・樂記》文。又曰:「天尊地卑，君臣定矣。卑高已陳，貴賤位矣。動静有常，小大殊矣。方以類聚，物以羣分，則性命不同矣。」蓋天地尊卑，君臣定位之後，萬物之散殊於天地間者，節之以禮，則以類聚，以羣分矣。故曰禮者，天地之别也。《易釋文》：「節，止也。」明禮有制度之名。

節而信之，故受之以《中孚》。

【注】節，信也。孚，信也。《傳》曰：「信不由中，質無益也。」

【疏】《周禮・地官》「掌節」，鄭《注》：「節猶信也，行者所執之信。」《禮記・聘義》：「孚尹旁達，信也。」故曰節，信也。孚，信也。信不由中，質無益也，《春秋・隱三年・左傳》文引之，以釋中孚之義。

有其信者必行之，故受之以《小過》。

【注】小過，小者過而亨也。過，度也。震爲行人，無信不行。

【疏】小過，小者過而亨也，《彖傳》文。謂守硜硜之信，而不知大體，所以可小事，不可大事也。《説文解字》：「過，度也。」度，越行之義也。震爲行，虞氏逸象義，謂小過上卦。《論語》曰：「人而無信，不知其可也。大車無輗，小車無軏，其何以行之哉？」是人無信不行也。

有過物者必濟，故受之以《既濟》。

【注】屈己從人，必有濟也。

【疏】行過乎恭，喪過乎哀，用過乎儉，屈己之欲，從衆之善事，有成矣。濟，成也。《春秋左傳·僖二十年》：「宋襄公欲合諸侯，臧文仲聞之曰：以欲從人則可，以人從欲鮮濟。」

物不可窮也，故受之以《未濟》終焉。

【注】易窮則變。

【疏】易窮則變，變則通，《下繫》文。乾升坤，降成既濟定，易道窮矣。故《彖傳》曰：「終止則亂，其道窮也。」

校勘記

〔一〕「上」，原作「土」，據《周易·象傳》及《皇清經解》本改。

雜卦傳

乾剛坤柔，比樂師憂。

【注】乾陽故剛，坤陰故柔。比五得位，建萬國，故樂。師三失位，輿尸，故憂。

【疏】此虞義也。乾爲金，金堅，故剛也。坤純陰，故柔也。《文言》曰：「坤至柔。」《象傳》曰：「地上有水，比先王以建萬國，親諸侯。」先王之德，光被四表，絶域殊俗，皆來親比，不亦樂乎。比五得位者，謂坎二也，師二上之比五也。《師·六三》：「師或輿尸，凶。」失律喪師，能無憂乎？《論語》曰：「子之所慎，齊、戰、疾。」《傳》曰：「外寧必有内憂。」是師貞皆寓憂懼之意，不獨三爻也。

臨、觀之義，或與或求。

【注】教思无窮，與也。觀民設教，求也。

【疏】此荀義也。教思无窮，《臨·象傳》文。教人以道，猶之以物與人也。觀民設教，《觀·象傳》文。觀民設教，先王所以求治也。

屯見而不失其居，蒙雜而著。震，起也。艮，止也。損、益，盛衰之始也。大畜，時也。无妄，災也。萃聚而升不來也。嗛輕而豫怡也。噬嗑，食也。賁，无色也。兑見而巽伏也。隨，无故也。蠱則飭也。剥，爤也，復，反也。晉，晝也。明夷，誅也。井通而困相遇也。咸，速也。恒，久也。涣，離也。節，止也。解，緩也。蹇，難也。睽，外也。家人，内也。否、泰反其類也。大壯則止，遯則退也。大有，衆也。同人，親也。革，去故也。鼎，取新也。小過，過也。中孚，信也。豐，多故。親寡，旅也。

【注】陰出初震，故見。般桓，利居貞，故不失其居。蒙二陽在陰位，故雜。初雜爲交，故著。震陽動行，起也。艮陽終止，止也。損泰初益上，衰之始。損否上益初，盛之始。萃五之復二，成臨，時舍坤二，故時也。无妄，上之遯初，子弑父，故災也。坤聚在内，升五不來之二，故不來之内曰來。嗛位三，賤，故輕。豫，薦樂祖考，故怡。怡或言怠也。頤中有物，故食。賁，离日在下。五動，巽白，无色也。兑陽息二，故見，見龍在田也。巽乾初入陰，故伏也。否上之初，君子弗用，故无故也。蠱泰初上飭坤，故則飭也。剥生於遺陽，得陰果熟，故爤。復，剛反初也。誅，傷也。离日在上，晝也。明入地中，故誅也。泰初之五爲井，故通也。困三遇四，相遇也。相感者不行而至，故速。日月久照，四時久成，故久。涣散，故离。節制數度，故止。雷動出物，故緩。蹇陰在前，故難。离女在上，外也。家人女正位乎内，故内者也。否反成泰，泰反成否。大壯止陽，陽故

止。遯陰息陽，陽故退。巽爲退。五陽並應，衆也。夫婦同心，親也。革，更，故烹飪取新。五以陰過陽，故過。信及豚魚，故信。豐大，故多。旅无容，故親寡。

【疏】此虞義也。屯十二月卦，陽始浸長，而交於陰。卦之初爻，震也，故曰初震。坎初之二而成震，故陰出也。見，《易釋文》：「鄭讀如字。」納甲：三日震象，出庚，月陰也。月出於東，而人仰見之，是陰出初震，故見也。般桓，利居貞，初九爻辭。蒙二陽在陰位者，謂二與上也。陰陽之氣雜，即九、六之變。九變六，六變九，而成著。《漢書·律曆志》：「天以一生水，地以二生火，天以三生木，地以四生金，天以五生土，五勝相乘，以生小周，以乘乾坤之策，而成大周。陰陽比類，交錯相成，故九、六之變，登降於六體，三微而成著，三著而成象，十有八變而成卦，四營而成《易》。」蒙物之始生，故曰初，雜爲交。損泰初益上者，泰初之上而成損也。損否上益初者，否上之初而成益也。大畜與萃旁通，故曰萃五之復二成臨也。萃下卦坤二，舍坤成臨，臨八月之時也。无妄上之遯初者，虞氏四陽二陰之例，所謂非大壯從遯來也。剥上之初爲復，遯上之初爲无妄，剛自外來，故知上也。惠徵君曰：「京房《易》復卦曰崩來无咎，謂剥艮上爻反初，故《象》云剛反動。」遯上爻反初爲无妄，亦復卦之例。六爻反復，漢《易》如是。虞氏《遯卦注》：「陰消遘二也。」艮爲山，巽爲入，乾爲遠，遠山入藏，故遯以陰消陽。子弑其父，小人道長，避之乃通，是子弑父，故災也。坤萃之内卦，坤爲聚，虞氏逸象義。故曰坤聚在内。坤爲升，之外卦。虞氏《象傳》「柔以時升」《注》：「柔謂五坤也，升謂二坤。」邑无君，二當升五，虛蓋以五，與二不當位，易位則陰陽當位。然五之二成解，解，散也，故曰不來也。之内曰來，虞氏之卦義。嗛五陰一陽，九三有君象焉，故《象傳》曰：「萬民服也。」《下繫》曰：「三多凶，五多功，貴賤之等也。」五處上故尊，三處下故賤。是嗛位三，賤，故輕也。《豫·彖傳》曰：「先王以作樂崇德，殷薦之上帝，以配祖考。」故曰豫，薦樂祖考也。怡，本作「怠」，《易釋文》：「京作『治』，虞作『怡』。」《説文解字》曰：「怡，和也。」大樂與天地同和，故仲翔以怠爲怡也。或言怠者，他本作「怠」。《易釋文》：「怠如字，姚同。」是或言怠也。逸豫久則懈生，有君子戒慎之意，於義亦通。且怡、怠二字皆從心，皆從台得聲，訓故雖不同，然而形聲可以假借也。頤中有物曰噬嗑，《彖傳》文。賁离下艮上，故曰賁离日在下。賁上卦六五以陰居陽，動而成陽，變巽。巽爲白，《説卦傳》文。兑陽息三者，謂乾坤消息也。乾六爻，二、四、上以陽居陰。坤六爻，初、三、五以陰居陽。皆不得正。乾息坤消，六爻定位，成兩既濟。兑三匪正，兑二匪正，消息成离，故曰息三也。二爻變陰，离爲見，是見龍在田也。坤初陰消乾成巽。巽者入也，《序卦傳》文。否上之初者，虞氏三陽三陰之例，否坤下乾上，上之初，初之上而成隨。當否之世，不利君子，君子不爲世用，小人不能爲害，儉德避難之時，所以无故也。蠱泰初上飭坤者，亦三陽三陰之例也。《易釋文》：「飭，整治也。鄭本、王肅作『飾』。」陽爲君子，陰爲小人。泰初陽爻之坤，入坤邑而治之，故曰則飭也。剥生於遘者，謂乾卦初陽變陰成遘，自初爻遞變，至五爻而成剥。遘初陰爻，剥上陽爻，陰陽之氣，成四時之序。陰陽和，四時調，然後穀果成熟。專言果者，取上九碩果之象也。《説文解字》曰：「爤，熟也。」剛反初者，上九反下，爲初九而成復。《序卦傳》所謂窮上反下也。誅，《易釋文》：「荀云：滅也。」离日在上，謂晉坤下离上。晝日三接，取象於离。明夷离下坤上，明入地中，是日光滅而不明之象。夷，傷也。誅訓爲傷，亦訓爲滅。誅與夷，皆有傷滅之義。《泰·

彖傳》曰：「則是天地交而萬物通也。」故曰通也。困六三與上六皆不當位，當應不應，初六與六三亦當應不應。京房曰「六三一爻，上下不應，陰陽不交，二氣不合」是也。六三无匹，求偶於四，故曰困三遇四。《周禮・春官・大宗伯》：「冬見曰遇。」鄭《注》：「遇，偶也。」《彖傳》曰：「咸，感也。柔上而剛下，二氣感應而相與。」《繫辭》曰：「不疾而速，不行而至。」以德感人，天地萬物感而相與，教化流行，速於置郵傳矣。日月得天而能久照，四時變化而能久成，《恒卦・彖傳》文。涣者離也，《序卦傳》文。《節・彖傳》曰：「節以制度，不傷財，不害民。」《解・彖傳》曰：「雷雨作而百果草木皆甲坼。」故曰雷動出物。解者緩也，《序卦傳》文。荀爽曰：「仲春之月，草木萌芽，雷以動之，雨以潤之，日以烜之，百果草木應時發生，各以其序。」故曰緩也。《蹇・彖傳》曰：「蹇，難也，險在前也。」險謂坎陰也。睽，内卦；兑，外卦。离女正位乎内，《彖傳》文。否泰，到卦也。終日乾乾，反復之道。大壯與遯，亦到卦也。大壯，陽息泰也。泰四變陽，成大壯。爻例：初爲止。初九壯于止，初應四，故止也。遁陰息陽，「息」當爲「消」字之誤也，謂陰消遘二也。遘九二變陰，成遯二，爲互體巽卦之初爻。巽爲進退，《説卦傳》文。大有五陽一陰，《彖》曰：「大有，柔得尊位大中，而上下應之。」是五陽並應也。同人與師旁通，師震爲夫，巽爲婦，二人同心，故親也。革，更也，改也，去故之謂。王充《論衡》曰：「火金殊氣，故能相革。」烹飪之事，汲新烹鮮，魚餒肉敗，所不取焉。虞翻曰：「小謂五，柔得中，故可小事。大謂四，剛失位，而不中，故不可大事。」五以陰處九四之上，四既不可大事，又不可小事；五雖不可大事，而可小事。其柔中之德，過於四矣。信及豚魚，《彖傳》文。豐，大也，旅而无所容，皆《序卦傳》文。豐，多故，《易釋文》：「衆家以此絶句。」荀本『豐多故親』絶句，『寡旅也』别爲句。」此從虞讀。仲翔曰：「六十四卦，皆先言卦，後道其指。至旅體离四，焚棄之行，又在旅家，故獨先言親寡，而後言旅。」

离上而坎下也。

【注】火曰炎上，水曰潤下。

【疏】水曰潤下，火曰炎上，《周書·洪範》文。离爲火，坎爲水。

小畜，寡也。履，不處也。

【注】四爲畜主，寡也。素履无咎，不處不義之富貴。

【疏】小畜以一陰畜五陽，陽衆陰寡也。《象傳》曰：「素履之往，獨行願也。」獨行君子，不處不義之富貴。

需，不進也。訟，不親也。

【注】險在前，故不進。訟終凶，故不親。

【疏】險，坎險也。前謂外卦也。不和成訟，終凶，則不和之甚矣。和，親也。

大過，顛也。

【注】顛，殞也，過涉滅頂，顛也。

【疏】此虞義也。殞，當作「隕」。《説文解字》：「隕，從高下也。」故亦訓爲隊，又訓爲覆，爲踣，爲仆，爲倒。隊水滅頂，顛覆之象。《説文解字》：「顛，頂也。」或云滅顛即滅頂，於義亦通。

遘，遇也，柔遇剛也。漸，女歸待男行也。頤，養正也。既濟，定也。歸妹，女之終也。未濟，男之窮也。夬，決也，剛決柔也，君子道長，小人道憂也。

【注】柔，坤也。剛，乾也。兑爲女，艮爲男，反成歸妹。巽成兑，故女歸待艮，成震乃行。養正者，養三、五也。五之正爲功，三出坎爲聖，與蒙以養正，聖、功同義也。既濟六爻定位，故定也。從一而終，女之終也。否艮爲男位，否五之二，六爻失正，而來下陰。未濟主月晦，乾道消滅，男之窮也。剛決柔者，乾決坤也。乾爲君子，坤爲小人。

【疏】此虞義也。到漸成歸妹，兑爲女，謂歸妹兑也。艮漸之下卦，反成歸妹，則兑爲妹，震爲兄矣。蓋少男少女，本諧匹配，若無父兄之命，終屬苟合，所以必待震兄爲昏主也。頤三五之正，則頤貞吉，故云養三、五也。説見《頤卦疏》。三之正，則卦體互坎，三爲坎爻，故曰出坎。虞翻《繫辭注》：「在坎則聰。」坎爲耳，耳司聽，聽必聰，故以坎爲聰。《風俗通》曰：「聖者，聲也。」聞聲知情，故曰聖也。是以坎爲聖也。仲翔《蒙卦注》曰：「體頤，故養。五多功，聖謂二。」亦以坎二爻爲聖。是與養正，聖、功同義。既濟各正性命，陰陽定位矣。女終於嫁，一與之齊，終身不改，非女之終乎？否二之五，成未濟。否互艮，爲男位。否二之五，五之二，而六爻失正。下陰者，謂九五之二，反居六五之下。坎爲月，离爲日。月上日下爲望，日上月下爲晦，故未濟月晦，既濟月望也。納甲之説，乾盈於甲，至月晦則乾道消滅矣。夬獨陰在上，乾陽息坤，至九五而坤陰盡矣。小人道憂之「憂」，鄭康成本作「消」。虞仲翔曰：「自大過至此，八卦不復兩卦對説，大過死象，兩體遘夬，故次以遘，而終於夬。」

樂縣考

樂縣考序

（清）張其錦

學術至今日，彬彬乎盛矣。惟樂律一門，陳陳相因，扃鑰未啓。談古樂者，求諸算術而不適於用；談今樂者，嫺於字譜而不通諸古。錦受業淩次仲師，始謂今樂與古樂中隔唐人燕樂一關，爰著《燕樂考原》六卷。雖其説尚有未竟，學者得其書而尋繹之，庶幾有所從入，不墮迷津。舊歲攜至揚州，吾郡鄭堂江先生見而歎之，以爲得未曾有，更與鈕君非石考校古籍，證以今器。雖吾家平子耽好子雲之書，不是過也。今秋，謁先生於江寧，出《樂縣考》一册，命錦序其端。受而讀之。首《鍾磬十六枚一虡説》，十六者，十二辰之外加黄鍾、大吕、太蔟、夾鍾四清聲爲十六也，謂古人旋宫之法即用此十六枚之鍾磬，又引鄭世子之論半律、倍律以發明之。蓋其説本諸康成，實古編鍾、編磬之遺也。宋景祐中太常樂制用之，王堯臣、馮元之徒皆以爲然，惟李照議樂不復考擊，陳暘《樂書》泥十二律之數，臆斷爲十二枚。今先生此書成，得定論矣。次《方響》《勻鑼》等説，直通今樂於古樂，與吾師之説儼若合符。他若《摩説》，則據磬氏推之而及鍾，《樂縣説》則據《儀禮》推之而作圖。謂杜預注《左》以一堵爲一肆者，顯與《周官經》背，非與鄭背；謂鄭君訓鎛如鍾而大者，專指大於編鍾，非指鏞鍾。悉極精確。終則爲問答以申之。篇葉無多，條理在握，古樂之復，此其權輿乎！吁！先生與吾師同爲海内大儒，而當代之名公鉅卿鮮不知者。吾師壯年成進士，齎志廣文。而先生更貧困，迄今未通仕籍，所著《周易述補》《考工戴氏車制圖翼》《儀禮補釋》《石經原流考》《國朝漢學師承記》《蠅須館雜記》具有完書；至《經傳地理通釋》等件，卷帙繁富，尚未編就；《禮堂通義》且命錦分繙典籍，以速其成。著述等身，窮年矻矻。今歲，漕帥阮公延先生主講山陽麗正書院，以布衣爲諸生師，是固阮公貴實學以教士，而先生之道或將行之漸歟！竚卜制科三舉，薦牘頻來，先生從此盡出其所學，黼黻太平，潤色鴻業，以昭我朝文治之盛，豈僅託諸空言已哉！茲先生之來江寧也，緣有促之以應鄉試者，然其體豐，其神壯，其興趣勃勃，而其年則已將周甲矣。矮屋風簷，知音難遘，此錦之所爲連類感歎而不能置也。嘉慶癸酉九月望日，後學宣城張其錦拜撰。

樂縣考卷上

鍾磬二八十六枚一虡説

《周禮・小胥職》：「凡縣鍾磬，半爲堵，全爲肆。」鄭康成《注》：「鍾磬者，編縣之二八十六枚，而在一虡。」賈公彦《疏》：「謂編縣之二八十六枚，共在一虡者也。鄭必知有十六枚在一虡者，按《左氏・隱五年》，考仲子之宫，初獻六羽。衆仲云：『夫舞，所以節八音而行八風，故以八爲數。』樂縣之濾，取數於此，又倍之爲十六，若漏刻四十八箭，亦倍十二月二十四氣，故以十六爲數也。是以《淮南子》云『樂生於風』，亦是取數於八風之義也。按《昭二十年》晏子云『六律七音』，服《注》云：『七律爲七器音，黄鍾爲宫，林鍾爲徵，太蔟爲商，南吕爲羽，姑洗爲角，應鍾爲變宫，蕤賓爲變徵。《外傳》云：「武王克商，歲在鶉火，月在天駟，日在析木之津，辰在斗柄，星在天黿。」鶉火及天駟，七列也。南北之揆，七月也〔一〕。梟氏爲鍾以律計，自倍半一縣十九鍾，鍾七律。十二縣，二百二十八鍾，爲八十四律。此一歲之閏數。』此服以音定之，以一縣十九鍾，十二鍾當一月，十二月十二辰，辰加七律之鍾則十九鍾。一月有七律，當一月之小餘，十二月八十四小餘，故云一歲之閏數。按《大射》，笙磬西面，頌磬東面，皆云其南鍾，其南鎛，北方直有鼓，無鍾磬，避射位，則三面鍾磬鎛。天子宮縣，四面鍾磬鎛而已，不見有十二縣。服氏云十二縣，非鄭義也。」

藩謂欲明宮縣之制，必求鍾磬之數，公彦以八音八風釋康成二八之義是已。若論箭之四十八倍十二月二十四氣，宮縣之十六義不取乎此也，至引服虔十九鍾之説，第云非鄭義而已，終不言十六之義者，不明康成之旨，漫引服説敷衍成文，而於服氏之説亦不辨其爲是爲非矣。服氏所謂七律者，宮、商、角、徵、羽、變宮、變徵也，十二均分七律得八十四律，即後世之七均八十四調也。服以爲天子盛樂必備此八十四調之樂器，殊不知古人旋相爲宮之法，即用此十六枚之鍾磬耳，如服説一虡十九鍾，則一虡之内既有十二月鍾矣，何以又加黄鍾、林鍾、太蔟、南吕、姑洗？若謂此五鍾縣而不擊，則何必縣之哉！若謂擊此五鍾，則有二黄鍾、二林鍾、二太蔟、二南吕、二姑洗矣，五音相奸，豈得克諧耶！又以應鍾爲變宮、蕤賓爲變徵而加二鍾，據服説則奏樂至變音之時，宜擊變音之應鍾、蕤賓二鍾矣，然變宮、變徵即旋相爲宮之法，黄鍾宮之變宮則爲應鍾，變徵則爲蕤賓，若大吕宮則黄鍾爲變宮矣，林鍾爲變徵矣。當大吕變音之時擊應鍾乎？擊蕤賓乎？於是其説窮矣。蓋黄鍾七調，應鍾爲變宮即擊應鍾，蕤賓爲變徵即擊蕤賓，所謂「伏羲作《易》，紀陽氣之初以爲律法，建日冬至之聲，以黄鍾爲宮、太蔟爲商、姑洗爲角、林鍾爲徵、南吕爲羽、應鍾爲變宮、蕤賓爲變徵」者，此指黄鍾一均七調，而言非十二均皆以此二律爲二變也。二變之聲以應鍾、蕤賓爲則，亦如黄鍾之隔八相生，有隔一隔二之法，斷無十二均皆用應鍾、蕤賓之理。服氏之説非古制，此鄭君所以不從也。自有服氏之説，而編磬、編鍾之制紊亂不倫，有設十二鍾於辰位，四面設編鍾、編磬者，北齊也；以鍾磬七正七倍而縣十四者，後周也；以濁倍三七而縣二十一者，梁武也；以鍾磬參縣之正聲十二倍聲十二而縣二十四者，魏公孫崇之説也；主十六枚之説又加以宫商各一枚者，隋牛宏之説也。言人人殊，茫無定説，皆不知鄭君十六枚之義耳。十六者，十二辰之外加四清聲爲十六也，惟北宋用古制，以十二枚爲正鍾，四枚爲清鍾。雖復古制，然無人發明其説。何謂四清聲？黄鍾、大吕、太蔟、夾鍾之清聲。清聲有六，用之者四，以姑、仲之半律太高，不能歌，是以不用也。論樂者但知半律、倍律而不知用四清聲之故，臆説紛紜，皆强不知以爲知者，惟明朱載堉《樂律全書》云：「中聲之上有半律，是爲清聲；中聲之下有倍律，是爲濁聲。以人聲驗之，十二律由濁而清，黄、大、太、夾、姑、仲、蕤、林、夷、南、無、應，皆自然也，繼以半律，黄、大、太、夾，雖清可歌，至於姑、仲，則聲益高而揭不起，或强揭起非自然矣。十二律由清而濁，應、無、南、夷、林、蕤、仲、姑、夾、太、大、黄，皆自然也，繼以倍律，應、無、南、夷，雖濁可歌，至於林、蕤，則聲益低而咽不出，或强歌出亦非自然矣。」鄭世子之論可謂發千古之未發。前人或求其數於管律，或求其法於琴絃，所謂刻舟求劍者歟！《五禮通考》引或曰：「用四清聲以謂夷則、南吕、無射、應鍾四宫，管短則減黄鍾、大吕、太蔟、姑洗四管之半，以爲清聲而應之，則樂音諧矣。」此不明朱子《經傳通解》十二律正變、倍半之法而誤。以姑洗爲四清聲之一，似蔡元定《律吕正義》《宋史·燕樂新書》皆未見者。嗟乎！扣槃捫籥之徒何其多也。十二均之中必用四清聲者，八律還宫用清聲以變濁，用濁聲以變清。若無此四聲，豈能移宫换羽乎！二八十六枚之説既明，而宫縣之制可攷矣。

鍾磬十六枚一虡之序

黄鍾
黄鍾清
大吕
大吕清
太蔟
太蔟清
夾鍾
夾鍾清
姑洗
仲吕
蕤賓
林鍾
夷則
南吕
無射

應　鍾

十二律一陽閒一陰，乃十二辰自然之序，天地自然之音，即《外傳》伶州鳩所謂「六間」也。縣之次序，當如此，若康成《春官·大師》注「聲之陰陽各有合」者。如子與丑合，寅與亥合，乃六律六同，陰陽相合之聲。考中聲以定律之法，《大司樂》「六律六同」，《注》：「《國語》曰：律所以立，均出度也。古之神瞽考中聲而量之以制，度律均鍾。」引此者，以明中聲非編縣之序矣。今以四清聲附於本律之後，亦自然之次序，且便於擊也。阮芸臺侍郎所輯《山左金石志》有《魏太和黃鍾清編鍾》拓本，可見漢魏編縣之制有四清聲矣。

七均八十四調表

黃鍾	黃鍾	太蔟	故洗	林鍾	南呂	應鍾	蕤賓
均	宮	商	角	徵	羽	變宮	變徵
七調	子位	寅位	辰位	未位	酉位	亥位	午位
大呂	大呂	夾鍾	仲呂	夷則	無射	黃鍾	林鍾

均宮商角徵羽變變
七丑卯巳申戌宮徵
調位位位位位子未
位位
太太姑蕤南應大夷
蔟蔟洗賓呂鍾呂則
均宮商角徵羽變變
七寅辰午酉亥宮徵
調位位位位位丑申
位位
夾夾仲林無黃太南
鍾鍾呂鍾射鍾蔟呂
均宮商角徵羽變變
七卯巳未戌子宮徵
調位位位位位寅酉
位位
姑姑蕤夷應大夾無

洗均七調
洗宮未位
賓商酉位
則角亥位
鍾徵寅位
呂羽辰位
鍾變宮午位
射變徵丑位

夷則均七調
夷則宮申位
無射商戌位
黄鍾角子位
夾鍾徵卯位
仲呂羽巳位
林鍾變宮未位
太蔟變徵寅位

南呂均七調
南呂宮酉位
應鍾商亥位
大呂角丑位
姑洗徵辰位
蕤賓羽午位
夷則變宮申位
夾鍾變徵卯位

無無黃太仲林南姑
射射鍾蔟吕鍾吕洗
均宫商角徵羽變變
七戌子寅巳未宫徵
調位位位位位酉辰
位位

應應大夾蕤夷無仲
鍾鍾吕鍾賓則射吕
均宫商角徵羽變變
七亥丑卯午申宫徵
調位位位位位戌巳
位位

七均者，即《左氏傳》晏子所謂「七音」，《外傳》伶州鳩所謂「七律」，宫、商、角、徵、羽、變宫、變徵也。七律，一律之中均而爲七，十二均得八十四調，古人言律不言調，後人言調不言律，調之與律，一而已矣。二變者，即今伶工字譜一凡二調也。朱子《經傳通解·鍾律》篇有二變相生之法，蔡元定《律吕新書》曰：「五聲，宫與商、商與角、徵與羽，相去各一律，至角與徵、羽與宫，相去乃二律，相去一律則音節和，相去二律則音節遠。故角徵之間近徵，收一聲比徵少下，故謂之變徵；羽宫之間近宫，收一聲少高於宫，故謂之變宫。變宫、變徵，宫不成宫，徵不成徵，古人謂之『和繆』。所以濟五聲之不及也。」《淮南子》云：「姑洗生應鍾比於正音，故爲和；應鍾生蕤賓不比於正音，故爲繆。」元定之説蓋本諸此。所謂相去一律者，黄、大、太、夾、姑、仲、蕤、林、夷、南、無、應爲十二律之序，如黄鍾以太蔟爲商，黄、太之間隔大吕一陰律；以姑洗爲角，太、姑之間隔夾鍾一陰律；以林鍾爲徵，以南吕爲羽，中間隔夷則一陽律：此相去一律也。至如姑洗角、林鍾徵之間隔仲吕、蕤賓二律，南吕羽、黄鍾宫之間隔無射、應鍾二律，此相去二律也。故於二律之中，取應鍾爲變宫、蕤賓爲變徵以和之。此指黄鍾一均而言，餘皆倣此。是説乃亡友方君仰松之論也。元定之言雖本《淮南》，然可謂妙悟入神，方君亦可謂善讀元定之書者矣。

七均八十四調之義，見於《宋史》所引仁宗《樂髓新經》、張叔夏《詞源》，今括其義，爲表以明之。作是表之意，欲證明七律八十四律及二變而已。至於中管子聲及宫調，槩略而不言。其書具在，可覆按也。

方響説

後周時，西涼清樂方響一架十六枚，以鐵爲之，亦名「鐵響」，後世或以銅爲之。其制圓上方下，乃編鍾、編磬之遺制，即今之匀鑼也。馬端臨《文獻通考》云：「方響編縣之次，下格以左爲首，其一黄鍾，二太蔟，三姑洗，四中吕，五蕤賓，六林鍾，七南吕，八無射；上格以右爲首，一應鍾，二黄鍾之清，三太蔟之清，四姑洗之清，五中吕之清，六大吕，七夷則，八夾鍾，此其大凡也。教坊燕樂用焉。」方響不用大呂、夾鍾之清聲，而用姑洗、中呂之清聲，此必無之理也。清聲者，半律有六，黃、大、太、夾、姑、仲也。黃鍾清聲高於應鍾，大呂高於黃鍾，太蔟高於大呂，夾鍾高於太蔟，姑洗高於夾鍾，仲呂高於姑洗。樂以人歌爲本，歌聲高至夾鍾則不能高矣，所以清聲有六而但用四也，亦如倍律濁聲，黃鍾以下應、無、南、夷、林、蕤六聲而但歌應、無、南、夷四濁聲也。蓋樂器中實有姑、仲二清聲，然以器和人聲則不用矣。方響用之於燕樂，燕樂以夾鍾爲律本，豈有不用夾鍾之清聲者乎？沈括云：「燕樂高於雅樂二律。方響去大呂用太蔟，又用姑洗去夾鍾，又用仲呂，是高三律矣。既云於燕樂用之，斷無比燕樂又高三律之理，若高三律，與燕樂不和，則燕樂何必用之哉！況黃、大、太、夾、姑、仲乃清聲自然之序，焉有紊其序而能和樂者乎！」竊謂唐時西涼方響乃古編鍾、編磬之遺音，此中國之制流入外裔耳。中土編縣之制度已不可考，得此可以知編縣用四清聲之法。第初入中國之時，伶工不知十二律之名，儒生不知十二律之聲。伶工以中國樂器之聲應之，不知孰爲大呂，孰爲太蔟，孰爲夾鍾，問之儒生，儒生惟知其聲之高而已，乃强不知以爲知，强名之曰此太蔟之清聲，此姑洗之清聲，此仲呂之清聲，又漫爲大言曰非古制也，非可施之公庭，用之民間可也。嗟乎！古樂雖亡，然以今樂尋繹之，尚可得千百中之一二焉，惜乎爲自以爲是之妄人所汩没，豈非恨事耶！宋房庶曰：「古樂與今樂本末不遠。上古世質，器與聲樸，後世稍變焉。金石，鍾磬也，後世易之爲方響。絲竹，瑟琴也，變爲箏笛〔二〕。匏，笙也，攢之以斗。塤，土也，變而爲甌。革，麻料也，擊而爲鼓。木，柷敔也，貫之爲板。此八音者，與世甚便，而不達者指廟樂鎛鍾、鍾磬、宮軒爲正聲，而槩以口部、鹵部爲淫聲〔三〕。殊不知大輅起於椎輪，龍艘生於落葉，其變則然也。」房庶之論可謂知音者矣。

朱載堉半律倍律各止於六之圖

半律（從子至巳律皆長故有半而無倍倍之則太長）	巳辰卯寅丑子	㊀仲 姑 夾 太 大 黃	清聲
		應 無 南 夷 林 蕤 仲 姑 夾 太 大 黃	
倍律（從午至亥律皆短故有倍而無半半之則太短）	亥戌酉申未午	應 無 南 夷 林 蕤	濁聲

清聲濁聲各止於四之圖

半律（半律雖六而清聲止於四以上太高歌聲揭不起）

倍律（倍律雖六而濁聲止於四以下太低歌聲咽不出）

夾 太 大 黃

清聲

陰 陽 陰 陽 陰 陽 陰 陽 陰 陽 陰 陽

應 無 南 夷 林 蕤 仲 姑 夾 太 大 黃

應 無 南 夷

濁聲

匀鑼説

今之匀鑼，古之方響也。古之方響十六枚，今之匀鑼十枚，又呼爲「九匀鑼」，其損之之故。及「九匀鑼」之名，静思之而不得其解。從者吴縣王雲曰：「九者，合、四、乙、上、尺、工、凡、六、五爲九字，上一鑼爲仩字，仩即高上字也。器雖十而其用九字，所以謂之九匀鑼歟！《今樂字譜》有高乙、高上、高尺、高工，以笛之七調應之，高乙字聲雖高，仍乙字也，高尺、高工亦然，惟上字一高則聲類商，故以高上爲一鑼而縣上字之上耳。今大匀鑼有十三面者，備十三字也。」予聞其説而歎曰：「非熟於今樂者，豈能有此神解哉！」乃悟宋之燕樂有上字無高上字，有尺字無高尺字，低於今樂二律也。以此推之，則今樂低二律合於燕樂，燕樂低二律合於雅樂。因取《宋燕樂字譜》《今樂字譜》并今《匀鑼字譜》列於左，覽者按字譜求之，而編鍾、編磬皆可擊矣。

宋燕樂字譜

ㄙ 合 黄鍾	マ 四下 大吕	マ 四上 太蔟	二 一下 夾鍾
二 一上 姑洗	フ 上 仲吕	ㄙ 勾(即今低尺) 蕤賓	コ 尺 林鍾
フ 工下 夷則	ㄱ 工上 南吕	リ 下凡 無射	リ 凡 應鍾
夂 六 黄鍾清	丌 下五 大吕清	丌 上五 太蔟清	口 緊五 夾鍾清

十六字譜見《朱子大全集》,今祇有十三字矣。上,高聲也;下,低聲也。

今樂字譜

合 黄鍾	四 大吕 太蔟	乙 姑洗	上 仲吕
尺 蕤賓	工 夷則	凡 無射 應鍾	六 黄鍾清
五 大吕、太蔟 夾鍾清	亿 姑洗	仩	伬 林鍾

仜南吕

此今樂伶工十三字譜也。沈括《筆談》云：「十二律並清宫，當有十六聲。今之燕樂只有十五聲，無正黄鍾聲。」以《今樂字譜》較《燕樂字譜》，去高仕字，加大、太、夾三清聲，爲十清聲。音本極高，所以不復分别。然耳聽者審之，又何嘗無高、下、緊三聲耶？

匀鑼字譜

㊀乙 ㊃四 ㊀合

仕 上 尺 工

凡 五 六

此九匀鑼式也。若十三面，則加亿、伬、仜三字耳。

摩説

鍾磬之制擊處謂之鼓，《考工記·鳧氏》「于上謂之鼓」、《磬氏》「鼓爲三」是也。鼓必摩鑢之，即《鳧氏》所謂「于上之攠謂之隧」也。攠，「摩」之俗體，鄭君《注》：「攠，所擊之處。攠，弊也。隧在鼓中，窐而生光，有似夫隧。」攠訓爲弊者，賈公彦《釋》：「若《禮記》云『國家靡弊』是也。」靡、摩古字通，謂摩厚使薄，若物之將弊壞然。隧者，《釋》曰：「《司烜氏》『夫隧』。彼隧若鏡，亦生光。

窒而生光者，本造鍾時即窒，於後生光。」是鼓亦謂之摩，摩之中又謂之隧也。《磬氏》曰：「已上則摩其旁，已下則摩其耑。」據此，則鍾磬皆當摩鑢之，厚者摩之使薄，薄者摩之使短，薄厚之所震動，清濁之所由出也。蓋鳧氏爲鍾有水火之不齊，磬氏爲磬有質理之堅脃。鍾磬雖有度數，然其鼓處不摩鑢之，則清濁不分。清濁不分，焉能合律乎！

以意度之，鍾磬制成之後，吹十二律之管以定其聲。如一律有清濁二音者，求濁聲則摩之使薄而廣，求清聲則摩之使短而厚，再以律管比其聲，於是五音諧矣。故《磬氏注》云：「磬聲大上，則摩鑢其旁。玄謂大上，聲清也。薄而廣則濁。大下，聲濁也。短而厚則清也。」摩其旁者，摩鼓之兩旁也。摩開兩旁則薄而廣矣。摩其耑者，摩鼓之兩耑也，薄則聲濁，薄不能使之復厚，摩薄其兩耑，則其中短而厚於兩耑矣。鍾、磬異制，而摩之之法則同，記者記於《磬氏》，不復記於《鳧氏》也。近日禮家但以算術論鍾、磬之形，至摩鑢之法則置之不論矣。且有漫制一磬，不問鼓之摩與不摩，又以不合律之管求其聲，乃大書深刻曰：「聲中夷則。」豈不爲知音者所哂耶？

校勘記

〔一〕「七月」之「月」字，孫詒讓《十三經注疏校勘記》有校語云：「據《周語》當爲『同』，《魏書・樂志》引服《注》亦作『同』。」

〔二〕「瑟琴」，李燾《續資治通鑑長編》卷一百七十五「皇祐五年九月乙酉」條作「琴簫」。

〔三〕「口部」，李燾《續資治通鑑長編》卷一百七十五「皇祐五年九月乙酉」條作「胡部」。

樂縣考卷下

樂縣説

《周禮·小胥》：「正樂縣之位，王宫縣，諸侯軒縣，大夫判縣，士犆縣，辨其聲。」鄭君《注》：「樂縣，謂鍾磬之屬縣於筍虡者。」鄭司農云：「宫縣四面縣，軒縣去其一面，判縣又去其一面，犆縣又去其一面。四面象宫室四面有牆，故謂之宫縣。軒縣三面，其形曲，故《春秋傳》曰『請曲縣繁纓以朝』，諸侯之禮也。玄謂軒縣去南面，辟王也，判縣左右之合，又空北面。犆縣縣於東方，或於階間而已。」《小胥職》又云：「凡縣鍾磬，半爲堵，全爲肆。」《注》：「二八十六枚，而在一虡，謂之堵。鍾一堵，磬一堵，謂之肆。半之者，謂諸侯之卿大夫士也。諸侯之卿大夫，半天子之卿大夫，西縣鍾，東縣磬。士亦半天子之士，縣磬而已。鄭司農云：『以《春秋傳》曰「歌鍾二肆」。』」

樂縣之見於《周官經》者，其制不詳。尋繹《注》文，則宫縣四面皆縣，象宫室之四面有牆，故名宫也。《周官》之外别無可考矣。惟軒縣之制見於《儀禮》，以諸侯之制上推天子之制，可以略言其槩焉。《大射儀》云：「樂人宿縣於阼階東，笙磬西面，其南笙鍾，其南鑮，皆南陳。建鼓在阼階西，南鼓。應鼙在其東，南鼓。」此阼階之一肆也。「西階之西，頌磬東面，其南鍾，其南鑮，皆南陳。一建鼓在其南，東鼓。朔鼙在其北。」此西階之一肆也。「一建鼓在西階之東，南面。」此一縣僅設建鼓，乃北面之一肆也。「簜在建鼓之間，鼗倚於頌磬西紘。」此二器倚而不縣者也。雖東縣之建鼓、應鼙移於阼階西，又北面一縣僅一建鼓，與軒縣之制小異，然宫縣之制可以由此推之矣。宫縣四面皆縣一肆：鍾一堵，磬一堵，有鑮，有建鼓，有應鼙。西縣之制同於東縣，惟笙磬、笙鍾、頌磬、頌鍾、應鼙、朔鼙，異其名耳。據此，則南面一肆、北面一肆亦必有鍾磬鑮，有鼓，有鼙，而鍾磬之名不可考。鄭君云：「先擊朔鼙，應鼙應之。」則南面、北面之鼙亦可以名應鼙矣。笙倚於堂，鼗倚於紘，與軒縣同，此宫縣之大略也。軒縣三面縣，去南面一肆，鄭君《小胥注》所謂「辟王」也。蓋諸侯之制，降天子一等，故去其一面焉。其本制則三面皆縣。《大射儀》北面一縣惟設一建鼓，無鍾磬鑮者，辟射位也。「一建鼓在西階之東，南面。」《注》：「言面者，國君於其羣臣，備三面爾。無鍾磬，有鼓而已。其爲諸侯則軒縣。」公彦《釋》曰：「『言面者，國君於其羣臣，備三面爾』者，言國君合有三面，爲辟射位，又與羣臣射，闕北面。無鍾磬鑮，直有一建鼓而已。云『其爲諸侯則軒縣』者，若與諸侯燕享之類，則依諸侯軒縣，三面皆有鼓與鍾磬鑮。」公彦釋《注》意明晰之至。鄭云云者，謂君與羣臣射，本當備三面之縣，因辟射位，所以去其一面之鍾磬，直設一建鼓而已。若君與諸侯有燕享之禮，則仍復軒縣之制。蓋射在堂上，縣在堂下，物畫於兩楹之間，鵠設於侯道之南，苟不去北面一肆，則矢及鍾磬矣。然則天子射儀，亦去北面一肆，並去南面一肆。若不去南面一肆，則矢亦必及於南面一肆之鍾磬矣。是天子射儀之樂縣，與諸侯大射同也。敖繼公、張爾岐皆云避射位實本鄭《注》，淩君次仲《禮經釋例》謂敖、張之説與《注》異者，蓋於鄭《注》賈《疏》未及悉心尋繹爾。至「東縣之建鼓、應鼙移於阼階西」者，鄭《注》云：「鼓不在東縣南，爲君也。」蓋此鼓與應鼙本屬東縣，當如西縣以次而南，今移在阼階西，故云不在東縣南也。「爲君」者，蓋大射君以臣爲賓，君雖以宰夫爲主人，然公席於阼階上西鄉，則仍就主人之位，是東縣一肆爲君設也，西縣一肆爲賓設也。鄭君《注》：「奏樂先擊西鼙，樂爲賓所由來也。」先擊西鼙，君以賓禮臣，而爲臣者敢毅然受之乎？臣不敢當此盛禮，乃移東縣之鼓鼙於阼階之西，所以尊君也。陳暘不知尊君之義，乃以爲建鼓、應鼙不設於東縣南，以耦次在洗東南故也，可謂盭謬之論矣。鼓鼙之位，當設於阼階西南面横列之，故《經》文云「南鼓」，又云「應鼙在其東」也。若東面，則《經》當云「東鼓」，不得云「南鼓」，而應鼙亦在建鼓之北，不得云「在其東」矣。此大射樂縣異於軒縣之説也。若夫軒縣則三面縣矣。縣以宫名，取其方也；縣以軒名，以其曲也。軒，《説文解字》：「曲輈藩車。」軒有曲義。「曲」字，篆文，如軒縣之形，故《左氏傳》有「曲縣」之名也。至於天子之卿大夫與諸侯同爲軒縣，天子之士同諸侯之卿大夫，諸侯之卿大夫半諸侯之制，西鍾東磬而已，士半天子之士，縣磬而已，賈公彦《周禮疏》：「諸侯之卿大夫半天子之卿大夫，西縣鍾，東縣磬者，天子諸侯皆有鎛，今以諸侯之卿大夫士半天子之卿大夫士言之，則卿大夫直有鍾磬，無鎛也，若有鎛不得半之耳。必知諸侯卿大夫分鍾磬爲東西者，以諸侯卿大夫亦稱判縣，故知諸侯卿大夫以天子卿大夫判縣之一肆分爲西東也。云士亦半天子之士者，天子之士直有東方一肆二堵，諸侯之士半之謂取一堵或於階間，或於東方也。」其言甚詳，今爲圖以明之，較若列眉矣。

宮縣圖

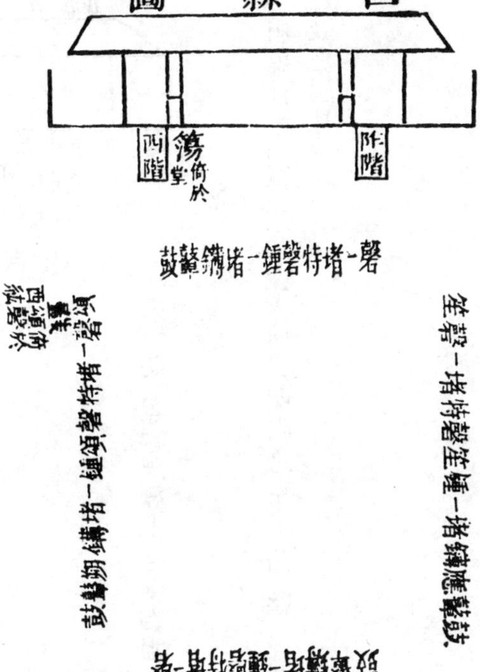

考之《儀禮》，凡樂，瑟在堂上，笙管、鍾磬、鼓鼗之屬皆在堂下，縣在兩階之內，簜在建鼓之間。簜倚於堂者，戴氏震曰：「凡樂器，吹者近堂，擊者遠堂，故笙簫之屬在此也。」竊謂升歌用瑟樂，貴人聲，故在堂上，笙簫和人歌聲近堂者，亦貴人聲之意也。

據《左傳》孔穎達《疏》，當有特縣之大磬在編磬之下，亦如編鍾之下有特縣之鏄也。說見《歌鍾二肆辯》。

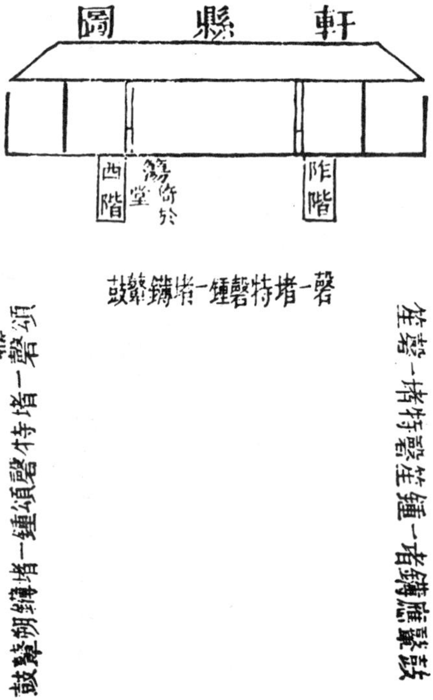

宮縣建鼓設於四隅，軒縣建鼓設於三隅，簜倚於西階之東，在西縣一肆、北面一肆兩建鼓之間。不言應鼙者，鼙乃建鼓之屬耳。

大射樂縣圖

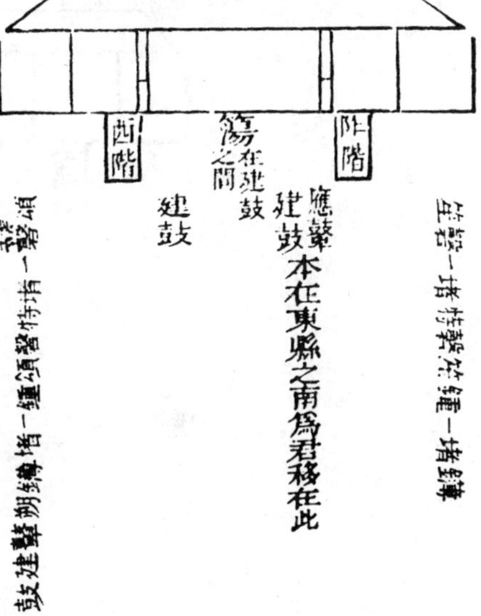

「鼗倚於頌磬西紘」，《注》：「《王制》曰：天子賜諸侯樂，則以柷將之。賜伯、子、男樂，則以鼗將之。」《疏》：「引《王制》者，證鼗爲節樂之器。柷狀如漆，箭中有椎，所以節樂，鼗亦節樂。柷大於鼗，故賜公、侯樂則以柷將命，賜伯、子、男樂則以鼗將命，自餘樂器陳於外也。」蓋柷、鼗皆節樂之器，故鼗可以代柷，柷亦可以代鼗矣。「自餘樂器陳於外」者，謂敔、塤之類陳於縣之外也。

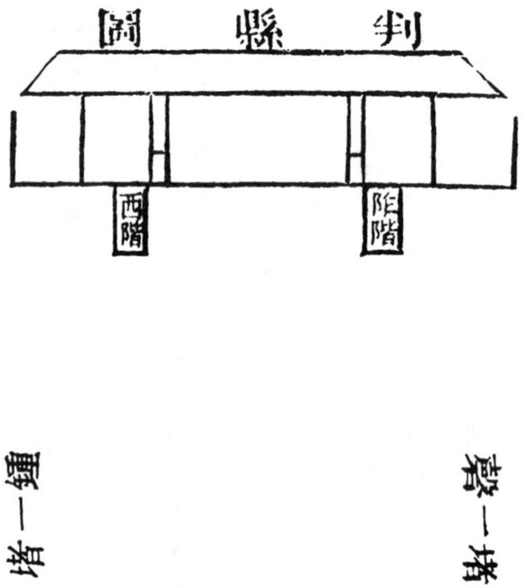

說見《歌鍾二肆辯》。

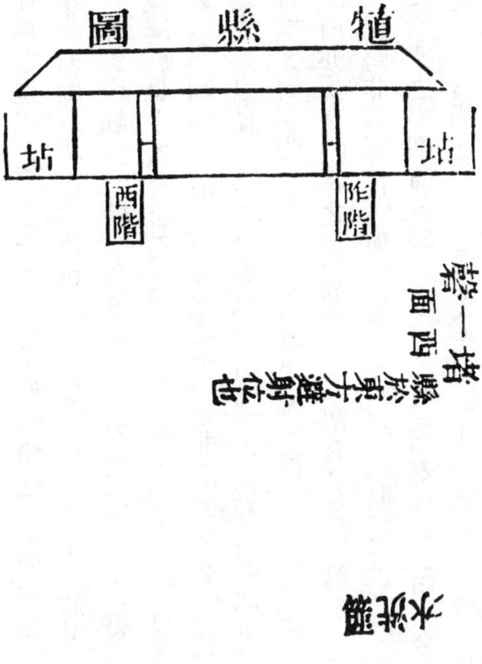

《周禮·小胥》注：「犆縣縣於東方，或於階間而已。」《疏》：「按《鄉飲酒記》云『磬，階間縮霤』，《注》云：『縮，從也，霤以東西爲從。』是其階間。按《鄉射》云『縣於洗東北，西面』，《注》云：『此縣，謂縣磬也。縣於東方，避射位也。』」《鄉射禮》鄭《目録》云：「鄉大夫或在焉。」是鄉射以士爲主，鄉大夫往亦可，不往亦可，所以用士之犆縣也。蓋犆縣本在階間，避射位乃移於東方也。鄉射洗當東榮，縣在洗東北，西面，則近於坫矣。

歌鍾二肆辯

《周禮・小胥》：「凡縣鍾磬，半爲堵，全爲肆。」《注》：「十六枚，在一虡，謂之堵。鍾一堵，磬一堵，謂之肆。」賈公彦云：「堵者，若牆之一堵。肆者，行肆之名。二物乃可爲肆半者，一堵半其一肆，故云『半爲堵，全爲肆』也。」言堵肆之制可謂詳且明矣。《春秋左氏・襄十一年傳》：「歌鍾二肆。」杜預《注》：「肆，列也。縣鍾十六爲一肆，二肆三十二枚。」預不知《禮經》，妄以一堵爲一肆。孔穎達曲護杜過，强爲之説，啓後人之疑。於是轇轕紛紜，莫能定矣。《經》文明云「半爲堵，全爲肆」，預以半爲全，非。與鄭《注》異，乃與《經》文異也。背《注》猶可，背《經》可乎！且預於《傳》文亦不能通其義。《傳》文「歌鍾二肆」者，歌鍾，和歌詩之鍾，不言磬者，省文耳，孔《疏》所謂兼有磬矣。下文云：「魏絳於是乎始有金石之樂。」夫石磬也，上文不言磬此言石者，以足成上文之不言磬耳。「及其鎛磬」者，鎛即《大射》南陳之鎛也，磬非編磬之磬，乃特磬耳。孔穎達云「及其鎛磬」者，鎛是大鍾，磬是大磬，皆特縣之，非編縣也，據鄭玄《禮圖》如此也。可見特磬之制亦康成説矣。特縣之磬即《爾雅》「大磬，謂之毊」也，《大戴禮記・禮三本》篇「縣一磬尚拊」，豈非特磬之一證乎？據此，則編磬之南亦當有特縣之磬，如編鍾之南有特縣之鎛矣。《大射禮》重在射儀，略於縣制，故不言特磬也。此磬非編縣，故《傳》言及也。「鄭人賂晉侯歌鍾二肆，及其鎛磬，晉侯以樂之半賜魏絳。」若從杜説，樂之半則僅有縣鍾十六一堵矣，安得云「始有金石之樂」乎？杜此《注》云：「禮，大夫有功則賜樂。」此説亦非也。禮，大夫判縣鍾一堵、磬一堵。此大夫之定制也，豈必有功然後賜哉！蓋是時絳雖爲大夫，晉國樂制不備，尚用士特縣之磬一堵而已，至此始賜以鍾一堵、磬一堵，得備大夫判縣之制，故《傳》曰「禮」也。若大夫判縣必待有功而後賜，則士之犆縣亦必待有功然後賜矣，而《周禮》之大夫判縣、士犆縣反不爲定制，有是理乎？元凱於《傳》文尚不能明，宜其不知《禮經》也。至於後人紛紛異説，又何足道哉！

釋鑮

鑮、鎛，二字也。鑮，《説文解字》曰：「大鍾，淳于之屬，所以應鍾磬也。堵以二，金樂則鼓鎛應之。从金薄聲。」鎛，「鎛鱗也，鍾上横木上金革也[一]。一曰田器。从金尃聲。詩曰：庤乃錢鎛」。是鑮乃《大射》南陳之鑮鍾，鎛乃大横木上金革，又爲田器之名。鑮、鎛爲二器，則鑮、鎛爲二字無疑矣。古人通借，乃以鑮爲鎛耳，非有二鍾也。《周禮》「鎛師」之「鎛」，當作「鑮」。康成《注》：「鑮如鍾而大。」賈公彦《釋》曰：「如鍾而大者，以其形如鍾，而大獨在一虡。」獨在一虡者，編鍾之外特縣鑮耳。許叔重亦曰：「大鍾所以應鍾磬也。」鄭、許皆訓鑮爲大鍾者，因鑮鍾惟擊編鍾時擊鑮以應之，他樂不用也。謂如鍾而大者，鍾獨指編鍾而言，謂鑮之形大於編鍾，非指鏞也。陳祥道之徒不知「鑮」「鎛」爲通借字，以鑮爲鏞之别名，訾議鄭君，妄而已矣。然其誤亦有所本，本於郭璞之《爾雅注》：《釋樂》「大鍾謂之鏞」《注》曰「亦名鑮」。景純注《雅》多襲舊説，不加深考耳。鍾之大者名鏞，《周禮》鍾師所掌。鑮，鑮師所掌，使眂瞭擊之者。若鑮即鏞，鍾乃鍾師所掌之金奏，何必又設一鑮師哉！則以鑮爲鏞，雖愚者亦知其不可矣。竊謂鍾之制莫大於鏞，莫小於編鍾，編鍾即《釋樂》「小者謂之棧」也。「棧」之轉聲爲「淺」，「淺」之轉聲爲「靖」。故劉熙《釋名》云：「棧，靖也。」靖，《説文解字》：「一曰細皃。」是靖訓爲細小皃也。《爾雅疏》：「李巡云：東晉太興元年，會稽剡縣人家井中得一鍾，長三寸，口徑四寸，上有銘古文云『棧，鍾之小者』。」棧鍾長三寸，是鍾之小莫小於此矣。編縣一虡十六枚，鍾大不能容於虡，其形制不得不小也。然三寸則太小矣，三寸必有誤也。予所見古編鍾，有刻「蕤賓」者，有刻「夷則」者，皆長不踰尺，是以知三寸之必有誤也。以意度之，鎛鍾之制小於鏞，大於棧，《釋樂》「其中謂之剽」者，其鎛鍾之別名與？許氏《説文解字》「堵以二，金樂則鼓鎛應之」二語錯謬難讀，當作「堵以一，金樂則鼓鏄應之」，「二」「鎛」二字皆誤也，附誌於此。

答問

鍾葵嘉問曰：「宋人謂十二辰頭之零鍾亦在宫縣之内。然乎？否乎？」答曰：「非也。十二辰零鍾，公彦以爲即《尚書大傳》之左右五鍾也。《大傳》云：『天子左五鍾、右五鍾。天子將出，則撞黄鍾，右五鍾皆應〔二〕；入則撞蕤賓，左五鍾皆應。』此五鍾亦如金奏。王出入奏王夏，乃鍾師所掌，非眂瞭所擊也，不在編縣之内。且公彦固云：『十二辰鍾之零鍾縣一而已。』」

問曰：「服氏十九鍾内有變宫、變徵二鍾。其云應鍾、蕤賓者，指黄鍾一均而言。服氏以十二縣配十二月，安知大吕宫内不别有黄鍾、林鍾二鍾乎？」答曰：「子言是也。十二縣配十二月，每宫皆有變宫、變徵之鍾矣。所謂變者，即擊本鍾其變音在擊之者輕重之間耳，似不必别鑄二變之鍾。古人制度未必若是之繁也。

問曰：「四清聲不見於經，何也？」答曰：「唐時編鍾有清聲，後因清聲太高，置而弗用，名曰啞鍾。於是范鎮遂謂清聲不見於經，惟《小胥注》云『十六枚在一虡，謂之堵』。國朝舊有四清聲，置弗用，至劉几用之，與鄭、衛無異。」《元祐樂議注》破之曰：「按編鍾、編磬十六其來遠矣，豈獨見於《周禮·小胥》之《注》哉！漢成帝時，犍爲郡於水濱得古磬十六枚，帝因是陳禮樂雅頌之聲，以風化天下。其事載於《禮樂志》不爲不詳，豈因劉几然後用哉！且漢承秦，秦未嘗制作禮樂，其稱古磬十六者，乃二帝三王之遺法也。其王朴樂内編鍾、編磬，以其聲律太高，歌者難逐，故四清聲置而不用。及神宗廟下二律，則四清聲皆用而諧協矣。《周禮》曰：『鳧氏爲鍾，薄厚之所震動，清濁之所由出。』則清聲豈不見於經哉！」

問曰：「唐宋編鍾、編磬一虡分爲上下格，亦有説歟？」答曰：「此乃便於擊耳。不分上下格亦可，分上下格亦可也。」

問曰：「繫磬之繩何以謂之紘也？」答曰：「冠有紘，《左傳》『衡紞紘綖』之紘也。磬紘亦用一組，與冠紘同，故名曰『紘』，而冠紘亦曰『紘縣』也。」

問曰：「縣之外更有樂器乎？」答曰：「樂備八音，見於《儀禮》者：鍾、鎛，金也；磬，石也；鼓、鼙、鼗，革也；琴、瑟，絲也；簜、匏，竹也；八音之内所少者，惟土與木耳，然宫縣之外尚有土音之塤、木音之敔，故公彦曰自餘樂器陳於外也。」

問曰：「鍾磬皆縣，故曰縣也。建鼓不縣，何以亦在縣内？」答曰：「鼓有縣者，有不縣者，《禮記・明堂位》『周縣鼓』，《禮器》『縣鼓在西』，《周頌》『應田縣鼓』，此鼓之縣者也。若建鼓則樹而不縣者，《明堂位》所謂『殷楹鼓』也。射儀用建不用縣，不可考矣。然樂無鼓則不和，《學記》曰『鼓無當於五聲，五聲弗得不和』，此之謂也。鼓之建於四隅，亦如簜之倚於堂、鼗之倚於紘爾。」

問曰：「鼓以和音，建一亦可，何必四也？」答曰：「東之建鼓，和東縣一肆之樂。西之建鼓，和西縣一肆之樂。南北二縣皆然。宮縣四鼓，軒縣三鼓，如九命、八命之等差，無當於音也。宋李照謂西北隅之鼓合應鍾、黃鍾、大吕之聲，東北隅之鼓合太蔟、夾鍾、姑洗之聲，東南隅之鼓合仲吕、蕤賓、林鍾之聲，西南隅之鼓合夷則、南吕、無射之聲，依月均而考擊之。從照之説，則鼓有當於五音矣。《學記》何以曰『鼓無當於五音』也？《國語》伶州鳩曰：『革木一聲。』鼓祇一聲，豈能具五音哉！照之言可謂夢中囈語，病中譫語矣。」

問曰：「大射既去北面之一肆矣，又設一建鼓者，何也？」答曰：「設一建鼓者，存軒縣之制耳。以此推之，則天子射儀去南、北二肆，當仍設南、北二肆之建鼓，以存宮縣之制。」

懋鈞問曰：「七均之義見於《春秋外傳》韋昭《注》：『周有七音，黃鍾爲宮，太蔟爲商，姑洗爲角，林鍾爲徵，南吕爲羽，應鍾爲變宮，蕤賓爲變徵是也。』考《尚書大傳》『六律、五聲、八音、七始著其素』，鄭氏《注》：『七始謂黃鍾、太蔟、姑洗、林鍾、南吕、應鍾、蕤賓也。』是鄭君以虞之七始即周之七律矣。又《尚書・皋陶謨》：『予欲聞六律、五聲、八音在治忽。』《漢書・律曆志》引此文，『在治忽』作『七始詠』，曰：『七始，天、地、四時、人之始也〔三〕。』《禮樂志》高祖唐山夫人《安世房中樂歌》『七始、華始，倡肅和聲〔四〕』，《注》：『孟康曰：七始，天、地、四時、人之始。華始，萬物英華之始。』《敘傳》『八音、七始、五聲、六律』，《注》：『劉德曰：七始，天、地、四方、人之始也。』據此，則七始非七均矣。且杜佑《通典》云：『殷已前但有五音，自周以來加文、武二聲，謂之七音。五聲爲正，二聲爲變。蓋爲變宫、變徵，武王所加也。』然則鄭君以七始爲七均之説然乎？否乎？」答曰：「《尚書》之説有今文、古文兩家，鄭君之説，《今文尚書》也。劉德、孟康、班固之説，《古文尚書》也。後人各守師承，遂殊其説。然七均之義當以《外傳》爲主。《外傳》伶州鳩曰：『昔武王伐殷，歲在鶉火，月在天駟，日在析木之津，辰在斗柄，星在天黿。星與日辰之位皆在北維，顓頊之所建也，帝嚳受之。我姬氏出自天黿，及析木者，有建星及牽牛焉，則我皇妣大姜之姪、伯陵之後，馮公之所馮神也。歲之所在，則我有周之分野也；月之所在，辰馬農祥也。我太祖后稷之所經緯也。王欲合是五位三所而用之，自鶉及駟七列也，南北之揆七同也。凡神人以數合之，以聲昭之，數合聲龢，然後可同也。故以七同其數，而以律龢其聲，于是乎有七律。』此七均之説也。七均用於周而鄭君謂七始爲七均者，蓋五聲爲正，二聲爲變，自古皆然。但古人置而不用，至周始兼用之。不然，鄭君何以有是説哉！杜佑之言亦未喻此旨者矣。且推而言之，州鳩所謂『三所』者，即《論語》『雅頌各得其所』之『所』，詩之入樂，不明七均三所之義，則雅之音可爲頌，頌之音亦可爲雅，皆失次矣。正樂者，正其七均之音也，七均正而三所之義明。故樂正而雅頌之音各得其所也。」

附懋鈞宫縣建鼓設於四隅辯

宫縣建鼓之位，古無明文。宋李照云：「西北隅之鼓，合應鍾、黄鍾、大吕之聲；東北隅之鼓，合太蔟、夾鍾、姑洗之聲；東南隅之鼓，合仲呂、蕤賓、林鍾之聲；西南隅之鼓，合夷則、南呂、無射之聲。」據此，則宮縣之建鼓設於四隅矣。考宮縣之制，《禮經》不詳，惟諸侯軒縣見於《儀禮》。《大射儀》云：「樂人宿縣於阼階東，笙磬西面，其南笙鍾，其南鑮。建鼓在阼階西，南鼓。應鼙在其東[五]。」此東縣之一肆也。「西階之西，頌磬東面，其南頌鍾，其南鑮[六]。一建鼓在其南，東鼓。朔鼙在其北。」此西縣之一肆也。按阼階西之建鼓、應鼙本屬東縣，亦如西縣以次而南，以大射公席於阼階上，特移於阼階西，故鄭君《注》曰「爲君」也。又云：「一建鼓在西階之東，南面。」此北面之一肆也。以避射位，故去鍾磬鑮而僅設一建鼓，以存軒縣之制。竊以東西二肆之位推之，則北面一肆當起於阼階西，磬南面，其西鍾，其西鑮，其西鼙，其西建鼓，軒縣之位大略如是。宮縣視軒縣，益南面一肆。又以北面一肆推南面一肆之位，則南面一肆起於西階東，磬北面，其東鍾，其東鑮，其東鼙，其東建鼓，此宮縣之制也。由是言之，東縣之建鼓在東南隅，西縣之建鼓在西南隅，北縣之建鼓在西北隅，南縣之建鼓亦在東南隅，與東縣之建鼓相近，東北隅無建鼓。是宮縣建鼓無設於四隅之理也。其設於四隅者，蓋指大射而言耳。大射儀之樂縣謂軒縣也，而宮縣之制可因是以推，北面一肆，去鍾磬鑮以避射位，而僅設一建鼓於西北隅，則南面一肆亦當去鍾磬鑮以避射位，而僅設一建鼓於東南隅，加以西縣一肆之建鼓，是西北隅、東南隅、西南隅皆有建鼓。又以東縣一肆之建鼓、應鼙移於阼階西，是東北隅亦有建鼓也。然則宮縣建鼓設於四隅，惟大射然矣。若非大射，則阼階西之建鼓、應鼙仍設於東縣一肆之南，而東北隅安得有建鼓哉！李照之言，不獨「鼓止一聲，不能合十二均之聲」其說爲不經之論，即四隅之制要亦妄爲臆斷，不足據焉。

校勘記

〔一〕「金革」，《説文解字·金部》作「金華」。

〔二〕「黄鍾」之「鍾」字原脱，據《尚書大傳》補。

〔三〕「四時」原脱，據《漢書·律曆志》補。

〔四〕「倡肅」，《漢書·禮樂志》作「肅倡」。

〔五〕《儀禮·大射》「其南鑮」後有「皆南陳」三字，「應鼙在其東」後有「南鼓」二字。

〔六〕「其南頌鍾，其南鑮」，《儀禮·大射》作「其南鍾，其南鑮，皆南陳」。

跋

（清）伍崇曜

右《樂縣考》二卷，國朝江藩撰。按阮氏《瀛舟筆談》稱，嘗見鄭堂所藏舊鏡，銘云：「古銕頑銀不計年，道袍一拂冷光鮮。分明照得人間事，賣與無鹽不值錢。」詩旨寄託深遠，恐非唐人不能。《珠湖草堂筆記》又稱其佳句如「是處樓臺先得月，誰家楊柳不勝鴉」「簾内當風紅燭冷，庭前礙月緑陰稠」，皆有弦外音。又嘗著《竹西詞鈔》，自序稱少時頗研究音律。是書則專考古樂器，而言今樂可通於古樂，其説與凌次仲略同。張褧伯序稱其「篇葉無多，條理在握，古樂之復，此其權輿」，又稱其見凌氏《燕樂考原》而歎之，以爲得未曾有。褧伯即凌氏高第弟子也。夫大樂元音，道侔天地，固非鄭聲所得而奸，而「今樂猶古樂」語實原於孟子。得是書與《燕樂考原》相輔而行，讀者神而明之，即謂《樂經》不亡於秦也可，沈約之説殆無庸辨已。咸豐甲寅百花生日後，南海伍崇曜跋。

爾雅小箋

題記

（清）汪喜孫

江鄭堂先生楹書，喜孫跋尾，奉徐太史星伯藏之，并以請政於吴太守、陳明經，更録副寄阮督部滇南。喜孫記。

爾雅小箋序目

「爾雅」之名，見于《孔子三朝記》。則《釋詁》一篇，爲周公所著無疑。《釋言》以下，則秦漢儒生遞相增益之文矣。在當時，經文皆篆書，讀者望文即知形聲，故但著訓義而略形聲也。至西京時，變篆爲隸，形聲已非其舊，然篆隸之體，不甚相遠，其文猶可考索。嗣後變隸爲楷，形聲皆失矣。字體在後漢已大壞，如「持十爲斗」「屈中爲虫」，鄉壁虛造，變亂常行，此許尗重所以歎「古文欲絶」而作《説文解字》也。桓、靈之世，賄改蘭臺漆書，而文字逾壞矣。魏、晉以降，譌體百出，詭更正文，變「㼌」爲「瓟」，改「悖」作「背」，易「荼」爲「茶」，別「蕚」作「花」。艸木之名無不从艸从木，蟲魚之屬亦皆从虫加魚，文義乖舛，違戾六書。且傳寫多訛，帝虎魯魚，輾轉滋謬。徐鼎臣曰：「《爾雅》所載草木魚鳥之名，肆意增益，不可觀矣。諸儒傳釋，亦非精究小學之徒莫能矯正。」此説是也。

予少習此經。乾隆四十三年，年十八矣，不揣譾陋，爲《爾雅正字》一書。承艮庭先師之學，以《説文》爲指歸，《説文》所無之字，或考定正文，或旁通叚借，不敢妄改字畫。張美和「手可斷，筆不可亂」之言，豈欺我哉！王西沚光禄見之，深爲歎賞，謂予曰：「聞邵晉涵太史作《疏》有年矣，子俟其書出，再加訂正未晚也。」

弱冠後，千里飢驅，未遑卒業。嘉慶二十五年，年六十矣，爲阮生賜卿説《毛詩》，肄業及之。《爾雅》自郭《注》行而舊注盡廢。景純乃文章家，於小學涉獵而已。邢《疏》膚淺，固不足論。而邵《疏》又襲唐人義疏之弊，曲護注文，至於形聲則略而不言，亦未爲盡善也。因撿舊藁，重加删訂。邵《疏》引《毛傳》《鄭箋》《説文》諸書，讀所引之文，即知譌字爲某字，故不複出。其誤者正之，未及者補之。數年中，竊聞師友之緒論，擇善而從，皆書姓氏。有其説本出於予而爲人剽竊者，直書己説，置之不辯，讀者幸勿以掠美責之。《箋》中稱後人者，魏晉以後之人也；稱陋人者，本郭《注》之例，猶言淺人也；稱庸人者，有其人而不質言之，若曰「夫己氏」也。書爵、書氏、書名、書人，《春秋》之名例也。今據古本，釐爲三卷，易名《小箋》，變篆作楷者，俾循覽之人趣于簡易云。道光元年太歲在重光大荒落霜月庚申自叙，時年六十又一。

爾雅小箋上

釋詁第一

胎

《詩·豳風·七月》:「殆及公子同歸。」《毛傳》:「殆,始也。」孔《疏》云《釋詁》文。案:「殆」「胎」皆從台得聲,通叚字也。

晊

《釋文》:「本又作『至』,又作『胵』。」邢《疏》:「郭讀爲至。」案:古無「晊」字。胵,許氏《說文》云:「鳥胃也,一曰五藏總名也。」訓無大義,當从郭讀。《釋文》「本又作『至』」,即郭本也。《注》:「至極,亦大也。」郭作「至」,不作「晊」,可見《經》文本作「至」矣。後人據《釋文》改爲「晊」,《注》中「至」字未及改耳。

艘

《釋文》：「郭音屈。孫云古『屈』字。顧子公反。」《説文》：「船箸不行也，讀若莘。」船箸不行，至之義也。「莘」與「屈」爲雙聲，故可通作「屈」。

鮮

《釋文》：「本或作『誓』。沈云古『斯』字。」郭《音義》云：「本或作『尠』，非古『斯』字。」案字書，誓，先奚反，亦訓善。予謂「誓」，《説文》「悲聲也，先稽切」，義不同而音同。「鮮」「尠」音同而義亦同，皆可通叚也。

淑

當作「俶」。俶，《説文》：「善也，《詩》曰『令終有俶』。一曰始也。」淑，《説文》：「清湛也。」俶，本字「淑」，通借字，後人不察，經傳訓善之「俶」，皆改爲「淑」矣。俶詁爲善，猶夫元之訓善，凡事有始有卒，則善矣。

緝

《説文》：「止也。」蓋謂治絲之功畢也。治絲功止則絲善矣，人能知止則爲善人矣。

徽

《周官·師氏》：「以㜲詔王。」鄭《注》：「以善道告王也。」《説文》無「㜲」字，當作「敳」。敳，《説文》：「妙也。」妙與善訓義相同，是「徽」當爲「敳」矣。徽，古以爲徽幟、徽纆，字無善義，《詩》之「徽音」「徽猷」，皆「敳」之通借字。

業

《釋器》：「大版謂之業。」孫炎曰：「業所以飾栒，刻版捷業如鋸齒也。」《毛傳》：「業，大版也。所以飾栒爲縣也。」縣，樂縣也，刻爲鋸齒以縣編鍾、編磬。六律、六間皆有次敘，《周語》所謂「律呂不易，無姦物也」，變易則姦物，故訓爲敘。訓爲緒者，尋其所縣之緒，則知孰爲黄鍾孰爲大吕矣。

肇

《説文》無訓。徐鼎臣引李舟《切韻》曰：「擊也。」凡遇擊殺，必謀定而後戰，所謂兵謀也。

遹、遵

遹，當作「述」。《説文》：「述，循也。」「述」字下「遵」字亦云：「循也。」二字相次同義。許氏之訓即《爾雅》文，可知古本作「述」，不作「遹」。孫炎以「遹」爲古「述」字，是。孫炎本作「遹」。「遹」

「述」古字雖通用，然經之例訓詁互見。《釋言》：「遹，述也。」則此文當作「述」矣，若皆作「遹」，讀者何由知述之訓自、訓循乎？《説文》：「遹，回避也。」回避與遂循同義，此循訓之外又一義爾。

由

《説文》無「由」字，而从由者不下十餘字。以「甹」「櫾」字推之，則「由」字篆文當作「[illegible]」，倒「甲」爲「由」，亦如倒「子」爲「𠫓」也。其字象百果艸木甲坼之形：ㄩ爲包孚，丄爲萌芽。凡百果艸木皆从此出，故訓爲「自」、爲「从」。説詳《隸經文》。番禺鄭明經灝若曰：「《木部》『柛』字下有『[illegible]』字，云古文『柛』，此即『由』字也。『柛』『由』同部，所以古文叚爲『柛』字。《説文》已見于『柛』字下，不别出『由』字矣。」

黄髮、齯齒、鮐背、耇、老，壽也。

此《釋詁》之事例也。耇、老互爲訓，轉注也。黄髮、齯齒、鮐背，皆壽考之通稱，三者可訓爲耇、爲老、爲壽，推而廣之，亦可訓爲考，又可連文訓爲壽考、壽耇、老壽，是轉注之别一例矣。以訓詁之正例言之，黄髮，當如舍人云「老人髮白復黄」也；齯齒，當从《説文》「老人兒齒」也；鮐背，當从《詩·行葦》箋「大老則背有鮐文」也。

謔浪笑敖，戲謔也。

連文爲訓，同上例。笑，十九字之一，當作「芖」，誤作「关」，又加「口」旁作「咲」，皆俗字也。此乃从篆變隸之譌，隸書从竹之字皆从艸，後世變隸爲楷，分別从艸、从木之字，又誤爲「笑」耳。

爰、粵、于、那、都、繇，於也。

《注》：「繇，辭。於，乎。皆語之韻絶。」或謂辭乃語辭，然爰、粵、于、那、都、於皆語辭，景純必不獨以繇爲語辭。蓋以繇爲卦繇之辭耳。繇，當作「䌛」，从䍃，俗體也。「䌛」「由」古字通，孫炎音「由」，可爲通用之明證。《經》：「由，从、自也。」《説文》：「䌛，隨从也。」音同而義亦同矣。卜龜之兆有釁罅，如百果艸木之甲坼，故兆亦謂之墨坼。下文云「䌛，道也」，謂坼之象若道路然。兆體有五色，重之以墨坼，其頌千有二百。《周官·大卜》鄭《注》：「頌，謂䌛也。」䌛辭由坼兆而作，所以訓爲自、爲从矣。又借爲「由」，《詩·巧言》「秩秩大猷」，《漢書·敘傳》作「䌛」；《書》「大誥猷爾多方」，《釋文》：「馬融本作『䌛』。」䌛，於也，大誥於爾多方也。蓋自與从乃䌛之本，訓於爲䌛，通借之訓矣。　䌛訓於，則由亦可訓爲於。　於，俗字，當作「[illegible]」，古文「烏」字，《説文》引孔子曰「烏，盱呼也，取其助氣，故爲語詞。」凡經傳「於」「呼」皆二字絶句，所以云「語之韻絶」。「於」又通作「于」，《説文》：「亏，於也。」又可通作「乎」，《吕覽》「然則先王聖于」，高誘《注》：「于，乎也。」亏、乎、呼，古人皆讀如「烏」，晉宋以後「于」爲「羽俱切」，從此「於」亦讀如「亏」矣。庸人云郭讀爲非是，此説不但不知古音，并不識「亐」即「烏」字，可不謬哉！郭《注》於、乎連文，又爲單詞。《堯典》「於鯀哉」，單詞也；《論語》「不亦樂乎」，單詞也。於，《詩》《春秋》皆作「亐」，因亐訓於、訓乎，音同義同，可以通叚矣。

郃

郃陽，漢左馮翊縣名，《班志注》：「應劭曰：在郃水之陽。」郃，當作「洽」。《詩・小雅・正月》：「洽比其鄰。」《傳》：「洽，合也。」此可證古本作「洽」，不作「郃」矣。邑因水得名，故从洽省。朩重引《詩》「在洽之陽」，以明「郃」之从合，非謂「洽水」當作「郃水」也。今本《説文》《風俗通》皆後人所改。

知

《注》：「樂子之無知。」《檜風箋》曰：「知，匹也。」《正義》：「下文『無家無室』，故知此宜爲『匹』也。」蓋夫妻好合，重在新知。《楚詞・九歌》：「樂莫樂兮新相知。」王逸《注》：「言天下之樂莫大於男女始相知之時也。」

墬

古無此字。古文「地」作「墬」，从彖，不从豖。此墬字當作「隊」，《説文》：「从高隊也。」

劉

通作「瀏」。《淮南王書》「劉覽偏照」，本或作「瀏」。

剋

俗字，當作「尅」。

惈

《注》引《左傳》「殺敵爲果」，是郭本作「果」矣。《釋文》：「今本作『果』。」今本指郭本也。

堪

元刻作「戡」。《注》引《西伯戡黎》。庸人曰：「作『堪』誤。」《説文》「戡𪓐」作「𢦟𪓐」。蓋「堪」「戡」「𢦟」音同，可以通叚，不可以作「堪」爲誤也。黎，當从《釋文》作「𪓐」，然「𪓐」爲本字，且《釋文》作「𪓐」，可見古本不作「黎」矣。

亹亹、蠠没、孟、敦、勖、釗、茂、劭、勔，勉也[一]。

亹，《説文》無此字，核以六書之義，不知所从。大徐云：「當作『娓』。」《詩·大雅》「亹亹文王」，《釋文》：「音尾。」聲同可以通用。於是學者遂置「亹」字於不問矣。後人以「亹」字不合於六書之義，又不知聲之所从，乃加「文」字于上，以爲諧聲，其後又省「文」爲「亠」，而字義尤晦矣。予謂乃「釁」之省文。釁本爲血祭，引申爲罅隙，事有隙則當勉力爲之，故訓勉也。俗儒誤「酉」作「且」，不知「舋」从釁省，又改「𦥑」作「𠔿」，改「且」作「土」，而作「垦」矣。《詩·生民之什》釋文：「糜音門。」《爾雅》作「蘴」。今本作「虋」。「蘴」乃「虋」之誤，亦省文也。「舋」有「尾」音，轉爲「没没」「勿勿」；又有「門」音，轉爲「泯泯」「勉勉」。舋舋，今之疊均。蠠没，今之雙聲。徐言之，舋舋、没没、勿勿也。疾言之，孟、敦、勖、釗、茂、劭、勔、勉也〔二〕。《方言》：「釗，勉也。」秦晉曰釗音兆，自關而東，周、鄭之間曰勔釗，雙聲也。齊魯曰勖兹，兹，詞也。

卬

《注》：「猶姎也，語之轉耳。」卬，五郎反，聲轉爲「仰」。《詩釋文》「卬，本或作『仰』」是已。又轉爲「姎」，烏浪切。

朕

《說文》作「朕」。戴太史東原《考工記圖解》曰：「舟之縫理曰朕，故札續之縫亦謂之朕。」此説可稱得解，惜無確證耳。

台、䑞、賚、畀、卜、陽，予也。

此乃事例之變例。釋「予」字有二訓也。予一訓我，一訓与。台、䑞、陽，我也；賚、畀、卜，与也。陽，「姎」之轉聲也。

餤

當作「啖」。

掔

《釋文》：「音牽，又却閑反。」郭《音義》：「與慳惜物同。」惠徵君曰：「慳，當作『慳』。」藩謂慳物不用則堅固不敝，故訓固也，通作「几」。《説文》引《詩》「赤舄掔掔」。《豳風箋》：「几，絇皃。」《士冠禮》鄭《注》云：「絇之言拘也，以爲行戒。」「拘拘」亦有慳義。

藐

當作「懇」。

禕

當作「偉」。《韓詩外傳》：「仁者好偉。」《易釋文》：「偉，美也。」古無「禕」字，「偉」之誤字也。

唯唯，音聲和也。

唯，當作「雖」，此亦事例也。因上和也，牽連及之。

䚡、燮，和也。

《釋文》：「本又作『協』。」上文「協，和也」，協、燮非連文，不應復訓和，「又作『協』」非。

泯

錢詹事辛楣云：「通作『湎』。《漢書·敘傳》『湎湎紛紛』，即《呂刑》『泯泯紛紛』也。」予謂「泯滅」雙聲，故皆訓爲盡，而泯亦訓滅也。艮庭先生云：「《周禮》『以秬鬯渳』，杜子春讀渳爲泯。渳，古『泯』字也。」

裒

當从《釋文》作「褎」。

虺積、夅黄、劬勞

《詩·周南》：「我馬虺隤。」《釋文》云：「虺，《説文》作『瘣』；隤，《説文》作『穨』。」《爾雅釋文》「虺」字之外別出「瘣」字，引《字林》云：「病也。今經注無此字。」予謂「瘣」當作「瘣」，《説文》：「病也。」引《詩》曰：「譬彼瘣木。」《釋文》不知「瘣」乃「瘣」字之誤，故云「經注無此字」耳。然《釋文》一書爲宋人改竄，似非元朗之言也。「虺積」「夅黄」「劬勞」皆連文，「劬」「勞」二字又可單詞互訓矣。

戮

通作「僇」，《説文》「癡行僇僇」也。癡，病也。

癙、癵、痻

癙，當作「鼠」。《小雅·雨無正》：「鼠思泣血。」《箋》：「鼠，㥹也。」癵，當作「攣」，《釋文》：「郭作『拘攣』。」痻，當作「悝」，《説文》云：「病也。」

逐

當从《詩·考槃》箋作「軸」。《正義》云：「軸與逐，蓋古今字異。」予謂放逐之臣，亦如戮辱可耻病也。

痗

《説文》無此字，當作「悔」。

瘠

通作「瘠」。《公羊・莊二十年釋文》：「大瘠，病也。本或作『瘠』。」《説文》無「瘠」字。

强、事、謂

邵《疏》：「《衆經音義》引舍人云：『來、强，事也。』疑『强，事』二字本係舍人《注》，傳寫者溷入正文。」考《注》曰：「自勉强者，亦勤力者。由事事，故爲勤也。」是郭本已有此二字矣。《召南・摽有梅》箋云：「謂，勤也。女年二十而無嫁端，則有勤望之悳。」《小雅・隰桑》云：「遐不謂矣。」《箋》：「謂，勤也，勤思君子也。」

晙，早也。

晙，《説文》新附字。錢詹事云：「當作『浚』，《書》『浚明有家』是也。」早，當作「𣅀」。

覼

當作「儥」。艮庭先生曰：「據《説文繫傳》，儥，見也。徐鍇曰：《周禮》『貨賣』字借作『覼』。知爲『覼』之正文。」

孔、魄、哉、延、虚、無、之、言，間也。

《注》：「孔穴、延、魄、虚、無，皆有間隙。」「間」有二義：一曰間隙，如孔之爲穴是也；一曰代也，如詞語借實字以代虚字。《方言》：「南楚江湘之間代語。」《説文》「哉，言之間也」，是已「孔」下文云「甚也」。《禹貢》「九江孔殷」，《史記》作「九江甚中」，甚，詞也。魄，《釋名》：「月始生，魄然也。」「魄然」，通作「迫然」。《白虎通・性情》篇：「魄者，猶迫然著人。」延，「誕」字省文之誤。《説文》：「誕，詞誕也，籀文省『㢟』作『𨔾』。」後人不識此字，妄改爲「延」。《書・大誥》「誕敢紀其敘」、《詩・生民》「誕彌厥月」之類，皆詞也，故《説文》云「詞誕也」。誕，大言也，引申爲妄誕。言大而誇，言妄而不實，有隙可乘矣。虚，「歔」之省。欷歔，歎辭也。無、之、言，皆詞也，見經傳者多矣。

妥

俗字，當作「委」。《詩》「委蛇委蛇」「委委佗佗」，安詳之皃也。

綏

俗字，當作「緌」。《説文》「綏」字乃妄人所改。《説文》無「妥」字，焉得有从妥之字乎？且字从爪从女，無當於六書之義，而《糸部》又無「綏」字，則「綏」爲俗體無疑矣。冠名委皃，爲其有冠緌也。

毗劉，暴樂也。䚕髳，茀離也。

《説文》無「毗」字，當作「仳」。《詩・王風・中谷有蓷》「有女仳離」，即茀離也。仳離句，暴樂句也；䚕髳句，茀離句也，皆連文爲訓，故郭《注》云：「孫尗然字别爲義，失矣。」然《大雅・桑柔》「捋采其劉」，《傳》曰：「劉，爆爍而希也。」據此，亦可字别爲義矣，「爆爍」即「暴樂」也。

串、貫

《注》：「串，厭串。貫，貫忕也。」張平子《西京賦》：「有憑虚公子者，心奓體忕。」《釋文》引張揖《雜字》云：「音曳，狃忕，過度。」今音「泰」，非也。《説文》無「串」字，「患」字下云：「从心上貫，或謂从古文串。」「串」即「毌」字，横書亦如从目之字，多作「罒」耳。然《春秋繁露》曰：「心止於一中謂之忠，持二中者謂之患。」則此字从二中爲會意，「毌」非聲矣。董子，西京大儒，其説必有所受，予謂當从此説。《經》文本作「毌」，後人以二中爲親串，字遂改爲「串」耳。貫，《釋文》作「慣」，或作「摜」，又省作「貫」也。

抯

《説文》：「給也。」通作「〔扌堇〕」，《説文》：「拭也。」《注》以「振訊」釋之，非是。

妯

通作「怞」，《説文》引《詩》曰：「悥心且怞。」

副

《釋文》「音赴」，誤。《曲禮》：「爲天子削瓜者，副之。」鄭《注》：「副，析也。」當音「逼」。《説文》：「副，判也。」

迺

當作「〔乃卤〕」，从乃不从廴。

鬱陶

「鬱陶」連文。陶可訓爲鬱陶，鬱不可訓爲陶也。

貉

通作「莫」。《大雅·皇矣》：「貊其德音。」貊，「貉」之俗體。

釋言第二

斯、誃，離也。

《廣雅》：「斯，離分也。」《詩·陳風》：「斧以斯之。」斯，析也。誃，《説文》：「離別也。」離析辨別之謂離，通作「謻」，《説文》：「多言也。」辨別之辭，不得不多矣。

謖

當作「畟」。

恀

通作「侈」。《注》：「今江東呼母爲恀。」《小雅》：「無母何恃。」「恃」「恀」，音同義亦同也。《方言》曰：「南楚瀑、洭之間謂婦妣曰母姼，稱婦考曰父姼。」「姼」即「恀」字之別體。《廣韻》二字皆音「承紙切」，男女之通稱。是恀可訓爲怙，亦可訓爲恃矣。恀，方言也；怙、恃，雅言也。

畣

《廣雅音義》：「今人以答字爲對答，失矣」。《釋文》：「畣，古『荅』字。」蓋本諸此。《説文》無「畣」字，經傳皆通作「荅」。

庶幾，尚也。

庶，下文云「幸也」。幾、尚，詞也。《易・屯卦》：「君子幾不如舍。」王《注》：「幾，辭也。」《正義》曰：「幾爲語辭，不爲義也。」尚，《説文》曰：「庶幾也。」通作「上」，《詩・陟岵》：「上慎旃哉。」「庶幾」爲連文，《繫辭》：「其庶幾乎！」

僁

通作「愆」。《詩・大雅・抑》「不愆于儀」，《禮記・緇衣》引作「不僁于儀」，鄭《注》：「僁，過也。」

疑、休，戾也。

疑，當作「𠤕」。《大雅·桑柔》：「靡所止疑。」《傳》：「疑，定也。」《儀禮·鄉射禮》云：「賓升，西階上疑立。」鄭《注》：「疑，止也。」賈《疏》：「《鄉飲酒注》：『疑』讀爲『疑然从于趙盾』之『疑』。疑，正立自定之皃。」考《説文》，「疑惑」之「疑」，从子止匕，矢聲，訓惑也；「𠤕定」之「𠤕」，从匕吴聲，訓未定也。予謂「未定」，定也，與「有」訓不宜有同例。二字本可通叚，今則「疑」行而「𠤕」廢矣。《詩正義》曰：「疑，音凝。凝者，安靖之義，故爲定也。」《釋文》：「『凝』爲『冰』之俗字。」此乃不明古訓，不識古字，强作解事耳。

傸

當作「⿰亻灷」。《説文》：「送也，从人灷聲。」

薆

惠徵君曰：「《烝民》詩曰：愛莫助之。《傳》曰：愛，隱也。言隱微之際己所制人，莫能助也。《詩·静女》曰：愛而不見。《韓詩》曰：愛，隱也。《釋言》曰：愛，隱也。《毛》《韓》義本此。郭氏不識字，改爲『薆』。」藩謂「薆」當从竹。

琛

《說文》新附字。鈕君匪石云：「疑『珍』之別體。」俗「珍」或作「珎」，形似而誤。凡經典中字，許君不應遺，或所見本不同，或經典爲後人所改。

窕，肆也。

窕，通作「佻」，讀若「挑」。庸人據《唐石經》，以爲「窕肆」之「窕」从宀，「窕間」之「窕」从穴，今本皆作「窕」，誤甚。《說文》無「窕」字，窕訓深肆極也，義本《爾雅》，「窕」乃「窕」之俗體耳。以不誤爲誤，何哉？且謂《玉篇》《廣韻》脱「窕」字，則近于妄矣。

康

康，「穅」之省文。

粻，糧也。

粻，《說文》新附字。或云即「糧」之別體，不知所本。《說文·食部》「饊」字下：「熬稻粻稈也。」又「餱」字下引《周書》曰：「峙乃餱粻。」據此，則《說文》有此字，疑傳寫奪去耳。《禾部》有「稖」「稈」字，「粻稈」或是「稖稈」之誤。

僁，聲也。

僁，當作「糂」。《説文》：「糂粲，散之也。」謂散米之聲也。

龕

洵，均也。《注》：「謂調均。」《釋文》：「字或作『含』。」予謂肴饌五味，調均則嗛之有味矣。含，嗛也。

里，邑也。

别二名，與土田同例。

硞

《釋文》：「音苦角反。」當作「硞」。

茭，雔也。茭，蔵也。

阮雲臺尚書云：「《詩·大車》『毳衣』，《正義》曰：『茭，雔，《釋言》文。茭，蔵，《釋艸》文。』分引甚明。『茭，蔵也』句乃後人竄入。」

盛

《釋文》：「或作『晠』。」晠，當作「晟」，「皿」字倒書于旁，非「日」字也，即「盛」字，見《方言》。

昣，殄也。

昣訓爲殄，叚借也。邢昺曰「以昣爲埸」，何異于王安石之《字説》！可謂不經之談矣。

殛，誅也。

《説文》：「殛，殊也。」許本雅訓，是古本作「殊」也。「殊」「誅」古字通。殛，通作「極」。《詩·菀柳》：「後予極焉。」《箋》云：「極，誅也。」

屆，極也。

《詩·閟宫》：「致天之屆。」《箋》云：「屆，殛也。殛紂于商郊牧野。」《正義》曰：「屆極，《釋言》文。」訓屆爲殛，古義也，《注》「有所限極」，陋矣。

振，訊也。

訊，通作「迅」。

宣，緩也。

宣，通作「愃」。愃，《説文》：「寬嫺嫺，當作『憪』，《説文》：『愉也。』心腹皃。」《詩》曰：「赫兮愃兮。」寬憪即郭《注》所謂寬緩。

懊

《詩・秦風・無衣》：「安且懊兮。」或云即「懊」字。

稟，癬也。

《説文》無「癬」字，通作「鮮」。《春秋公羊・文公十有三年傳》曰：「羣公稟。」何《注》：「稟者，連新於陳上。」新謂新穀也，陳謂陳穀也。「鮮」有「新」義。《儀禮・士昏禮》：「腊必用鮮。」《釋》曰：「腊用鮮者，取夫婦日新之義。」今人猶謂明潔爲新鮮。稟訓鮮者，取藏新穀之義爾。

翿，纛也。纛，翳也。

翿，《説文》作「翢」，「翳也，所以舞也，从羽设聲。《詩》曰：左執翿。」翳，華蓋也。纛，《釋文》：「字又作『翢』，徒報反。」據此，則《經》文當作：「翢，翳也。翳，翢也。」庸人據《石經》《玉篇》《廣韵》謂「翿」當作「翢」，非也。

苛，妎也。

《説文》：「妎，妬也。」故《注》云「煩苛者多嫉妎」，嫉妬也。

釋訓第三

條

《孟子》曰：「始條理者，智之事也。」

惸惸、忉忉、慱慱、惙惙

惸，通作「煢」，亦通作「𡢕」。𡢕，《説文》「壹也。一曰女𡢕𡢕」。忉，當作「忍」。慱，《説文》無此字，疑作「摶」。摶訓專，謂悳心專一也。邵《疏》云：「《後漢書注》引《爾雅》云：『惙怛，悳也。』疑『惙惙』下脱『怛怛』二字，或即『怲怲』之異文。」予謂「惙惙」下脱「怛怛」容或有之，經之異文必聲音相近，「怛」「怲」既不同部，又非合音，此説恐誤。自此以上，皆《釋言》之本訓。

郝郝，耕也。

《注》：「言土解。」《詩・載芟》「澤澤千耦」，《釋文》：「澤音釋，《爾雅》作『郝』。」孔《疏》引《釋訓》云：「釋釋，耕也。舍人曰：釋釋猶藿藿，解散之意。」據此，則舍人本作「釋釋」，郭本作「郝郝」也。郝郝，通作「藿藿」，字當作「霍」，「靃」之省文。《荀子・議兵》篇「霍焉離耳」，楊倞《注》：「霍焉猶涣焉也。」離涣，解散之義。

琄

《説文》無「琄」字，當作「鞙」。《釋文》：「鞙，音與『琄』同。贙，胡犬反。」今本無「琄」「贙」二字，是《注》中有此二字，今本奪去耳。《説文》：「贙，分别也，从虤對争貝，讀若迴。」迴，「迴」之誤。迴，「鞙」之轉聲。庸人以「贙」爲「鞙」之音。「贙」雖音「胡犬反」，然音字當取字之易識者，必無取難字之理，且《注》文殘缺，豈可强爲之説邪！

灌灌、愮愮，𢝊無告也。

灌，《説文》作「懽」，「喜歀也，从心雚聲」。《爾雅》曰：「懽懽、愮愮，𢝊無告也。」愮，《釋文》：『本又作摇。』當作『摇』，《説文》無『愮』字。《大雅・板》云：「老夫灌灌。」《傳》：「灌灌猶歀歀也。」故《説文》云「喜歀也」，其文本作「𢝊歀」也。後人誤以「懽」爲「喜歡」之「歡」，妄改作「喜」耳。若本作「喜」，又何必引「𢝊無告」以爲證哉！《玉篇》亦誤以「懽」爲「喜歡」字。因「喜」「𢝊」一字二訓，訓義相反，遂移「𢝊無告也」句于「悹」字之下。庸人不知，欲改「懽」作「悹」，且曰：「作『灌』者，聲近之借；作『懽』，又『灌』形近之訛耳。」是不知「灌灌」「懽懽」「歀歀」皆聲之轉例，得通叚，豈可謂形近之訛耶！各本皆作「懽懽」，邵《疏》改作「灌灌」，亦非也。

速速、慼慼，惟逑鞫也。

自此以上，皆釋雅言。如「畇畇，田也」，言畇畇，則知爲田矣。言子子孫孫，則知爲引無極矣。《詩·大小雅》皆雅馴之言也。

粤

邵本作「甹」，誤。

不俟，不來也。不遹，不蹟也。不徹，不道也。勿念，勿忘也。

此又一事例也。言不俟所俟之人，則其人不來矣。不遹，則知其不循軌矣。不徹，則知其所爲無道矣。「勿念」者，人於離別時每云「勿念我」，是勿忘矣，此釋与「不戢，戢也」「不尚，尚也」「毋寧，寧也」同例。

萲、諼，忘也。

此叚借之又一例也。萲，《説文》作「藼」，或作「蕿」，省文爲「萲」，忘憂艸也。萲，通作「諼」，所以萲與諼皆可訓忘也。

「是刈是濩」，濩，煮之也。

此又一事例也。引《詩》不釋「刈」，苐釋「濩」，故曰「濩句，煮之也」。《詩釋文》引《韓詩》云：「濩，瀹也。瀹葛如漚麻。」是濩之訓爲煮也。《毛傳》引《釋訓》文与《韓詩》同義。《詩正義》引孫炎曰：「煮葛以爲絺綌。」以煮之於濩，猶言漬之於湯中耳，非謂煮之於鑊也。邵《疏》云非，訓濩爲煮，失矣。

釋親第四

晜

當作「翼」。《説文》：「周人謂兄曰翼，从弟从眔，通作『昆』。」

男子先生爲兄，後生爲弟。男子謂女子先生爲姊，後生爲妹，父之姊妹爲姑。

此文与《禮親屬記》同。《白虎通》曰：「男稱兄弟，女稱姊妹何？男女異姓，故別其稱也。《禮親屬記》曰：『男子先生稱兄，後生稱弟。女子先生爲姊，後生爲妹。』父之昆弟不俱謂之世叔，父之女昆弟俱謂之姑，何也？以爲諸父曰内，親也，故别稱之也；姑當外適人，疎，故總言之也。至姊妹亦當外適人，所以别諸姊妹，以爲事諸姑禮等，可以外出又同，故稱略也；至姊妹雖欲有略之，姊尊妹卑，其禮異也。《詩》云：『問我諸姑，遂及伯姊。』」《喪服傳》「昆弟」，鄭《注》：「昆，兄也。」「爲姊妹，在室亦如之」，謂女子子在室，爲父衰三年。子嫁，反在父之室，爲父三年。女子子適人者，爲其父母、昆弟之父後者服期也。三年期有在外、在室之别，《記》所謂「異姓别其稱也，在室爲同姓，在外爲異姓」。「亦如之」者，賈《疏》云：「義同於上，姑在室也。」

仍孫

仍孫，「耳孫」之轉聲。

女子謂䍜弟之子爲姪。

《喪服·大功成人》章云：「姪丈夫、婦人，報。」《傳》曰：「姪者何也？謂吾姑者，吾謂之姪。」鄭《注》爲：「婦男女服同。」是女子於昆弟之男女子均稱爲姪，不專指姪娣也。賈《釋》云：「謂吾姑者，吾謂之姪，名惟對姑生稱。若對世叔，唯得言昆弟之子，不得姪名也。」《經》文云「姪丈夫、婦人，報」者，《公羊傳》曰「二國往媵，以姪娣從」，謂婦人；《左傳》曰「姪其從姑」，謂丈夫也。

君姑

《説文》：「威姑也。」《漢律》曰：「婦告威姑。」惠徵君曰：「《爾雅》君姑即威姑。」藩謂：威，於非切，「君」与「威」爲合音，可通叚也。

夫之女弟爲女妹。

《注》：「今謂之女妹是也。」吳縣袁君廷檮曰：「女妹，當作『女叔』。」《禮記·昏義》：「和於室人。」《注》：「室人謂女妐、女叔諸婦也。」《正義》曰：「女叔謂壻之姊也。」夫之弟爲叔，故女弟爲女叔。以《經》作「女叔」，故《注》云「今之女妹是也」。若《經》作「女妹」，郭氏必不如此下注矣。

校勘記

〔一〕「勔」字原脱，據《爾雅注疏》及《郘齋叢書》本補。

〔二〕「勉」字原脱，據《郘齋叢書》本補。

爾雅小箋中

釋宮第五

牖

在牆曰牖，在屋曰窗。

東南隅謂之窔。

《説文》：「宧，户樞聲也。室之東南隅。」此二句二義也，本訓爲户樞聲，又訓爲室東南隅。《既夕禮》：「埽室聚諸窔。」鄭《注》：「東南隅謂之窔。」宧，通作「窅」。窔，《説文》：「窅窔，突也。」宧、窅、突、窔古字通用。《莊子·徐無鬼》篇：「鶉生於突。」司馬彪《注》：「東南隅，鶉火地，生鶉也。」「突」乃「窔」字之誤。或曰古者户東牖西，故以户樞聲名東南隅。此乃肊度之言，不可爲訓。窔爲幽，突如奥之委宛，何取於樞聲哉！況奥爲隱奥，屋漏爲當白，宧爲頤養，窔爲隱闇。古意具在，又何必爲此異説耶！

柣謂之閾。

柣，《説文》作「榍」，限也。古通作「切」。《漢書・外戚傳》：「切皆銅黄金塗。」師古曰：「切，門限也。」亦作「砌」。《文選・西都賦》：「玄墀釦砌。」

楣，謂之梁。

楣之名有三。《公食大夫禮》曰：「公當楣北面。」鄭《注》：「楣謂之梁。」《鄉飲酒禮》曰：「賓西階上當楣北面荅拜。」鄭《注》：「楣，前梁也。」宮室之制，東西爲棟，南北爲梁，南面之梁謂之楣，則北面之梁亦謂之楣矣。門户上橫梁亦謂之楣。前梁、後梁、門梁，是楣有三名也。《釋名》：「楣，眉也。近前，若面之有眉〔一〕。」此指門梁而言。所以古人有門眉之語矣。楣，《説文》作「⿰木冒」，云門樞之橫梁。以楣爲梠，與康成諸家之説不同。《釋文》：「楣，忘悲反。或作『⿰木冒』，亾報反。」《埤蒼》云：「梁也。」吕伯雍云：「門樞之橫梁。」《説文》：「秦名屋櫋聯也，齊謂之檐，楚謂之梠。」據此，則吕氏所見本作「⿰木冒」，郭氏所見本作「楣」，而許尗重所見本與吕本同，郭本與康成所見本同。二説互異，疑不能明也。《公食大夫禮》「公當楣」乃前楣，非門楣也。

垝謂之坫。

《注》：「坫，墆也。」墆，《釋文》：「高皃。」坫，通作「阽」。垝，通作「危」。阽，《説文》：「壁危也。」《漢書·文帝紀》：「詔曰：或阽於死亾。」如淳曰：「阽，近邊欲堕之意。」蓋四隅之坫近四邊而高，高則危而欲堕，故名垝也。

植謂之傳。

《釋名》：「椽，傳也。」相傳次而布列也。

開謂之槉。

開，《説文》：「門欂櫨也。」楹上有欂櫨，門梁亦有欂櫨也。槉，疑是「椄」之俗體。

檐謂之樀。

當从《説文》作「閻」，云閻謂之樀。樀，廟門也。屋梍謂之檐。門樀謂之閻也。

簃

《説文》新附字。當作「誃」。《説文》云：「周景王作洛陽誃臺。」

釋器第六

斪斸謂之定。

《考工記》：「車人之事，半矩謂之宣，一宣有半謂之欘。」鄭《注》：「矩，法也。半矩，尺三寸三分寸之一。欘，斲木，柄長二尺。《爾雅》曰：句欘謂之定。」此乃車人爲耒尺寸之法。宣非器也，凡田器之頭，皆以半矩爲法也。句欘亦非器也，凡田器之柄，皆以句欘爲法也。下文云「一欘有半謂之柯〔二〕，一柯有半謂之磬折」，此乃車人爲車柯尺寸之法，故記于爲耒、爲柯之上。李巡以句斸爲鉏。郭云：「鉏屬皆非也。」又有以茲其爲斫地欘者，亦非也。茲其乃田器之總名。《説文》「欘爲茲其」乃齊語，是他所不以斸爲茲其矣。《月令》：「修耒耜，具田器。」耒耜乃田家之所必不可無者，故特揭之。田器如斧斤、鍬鍤之類，可以不必求備者。是以鄭《注》曰：「田器，鎡錤之屬耳。」田器有用金者，有不用金者，概謂之茲其，从金乃後人所加。宣，如人之頭，低則如磬之折句股之句也。半矩，一尺三寸三分。欘長二尺，股也，所謂「句於矩」也。斪，當从鄭《注》作「句」，非斫之謂也。車人制耒以一宣有半爲定法，故名定爾。耕耨之器，莫不有柄，斸与柯，柄也。柯之度出于斸，所以斸亦訓爲茲其之屬。舉斸則見柯，舉柯則不見斸。柯但爲斧柄及車人之柯，故不訓爲茲其之屬矣。

斫謂之鐯。

鐯，當从《説文》从木，斫地之櫡也。

斛謂之疀。

《説文》：「斛，斛旁有斛，从斗庣聲。一曰突也。一曰利也。《爾雅》曰：『斛謂之疀。』古田器也。」「疀，斛也，古田器也。」《漢書·律志》「斛」作「庣」，其言嘉量之制云：「其法用銅，方尺而圜其外，旁有庣焉。」《注》：「鄭氏曰：『庣，音條，過也。算方一尺，所受一斛，過九氂五豪，然後成斛。』」郭《注》云：「斛、疀皆古鍬、鍤字。」李善《文選注》引《爾雅》作「鍬謂之鍤」。是别本「斛」「疀」作「鍬」「鍤」矣。然斛一名疀，乃田家量米之器。意者「斛」可通作「鍬」，「條」音之轉。「疀」「鍤」亦音近通叚与！《説文》「一曰突也，一曰利也」，蓋指鍬、鍤用鐵，去草甚利，起土能成土；突，别一義也。故引《爾雅》以證突、利二訓耳。

九罭

罭，當作「緎」。

麋罟謂之罞。

罞，《釋文》：「本或作『茅』。」《文選·吴都賦》注曰：「罠，麋網也。」或曰：罞，「罠」之誤。予謂《釋文》「音蒙」，「蒙」「茅」聲之轉也，若作「罠」，則下文之「羉」又作「罠」，漫無區别矣。且張景陽《七命》「布飛羉，張條罠」，明是二物，豈可合爲一耶！

彘罟謂之羉。

《釋文》：「或作『罠』。」「罠」與「羉」合音相近，似可通叚。《文選·七命》注：「羉或云飛羅。」鳥罟謂之羅，彘罟亦可謂之羅，然無明文可證。《孟子》「又從而招之」，趙《注》：「招，罥也。」孫奭《音義》曰：「罥，羈其足也〔三〕。」予謂「羉」疑是「羂」字之誤，謂羂彘之足也。罥，「羂」之俗體。

衣裗謂之視。

裗，當从《釋文》「本又作『流』」，从衣者，後人易「水」爲「衣」耳。轉聲爲「縷」。《説文》：「縷，衽也。」「視褸」，雙聲也。考「縷」「褸」，通用字。縷有二名：一爲衣衽，《方言》：「褸謂之衽。」郭《注》：「衣襟也。」一爲襜褕，《方言》曰：「襜褕，江淮南楚謂之樟容，自關而西謂之襜褕。其短者謂之裋褕。以布而無緣，敝而紩之謂之襤褸。」又曰：「縷謂之緻，裯謂之襤。」《注》：「袛裯，弊衣。」又曰：「無緣之衣謂之襤。」襤，《説文》亦曰：「無緣也。」「裯」「流」「褸」同音通叚。景純不以裗爲衣衽之褸，爲無緣之褸，故不曰衣衽，曰縷衣也。《爾雅・釋詁》三篇爲故言古訓，餘多漢儒之語。裗、裞皆當時之方言俗字尔。後人不達斯義，以深衣之衽釋衣裗，誤矣。《注》「或曰裓衣之飾」者，別二名也。《方言》：「裓謂之裾。」《注》：「衣後裾也，或作『袪』。」此亦當旹之俗語耳。

衱謂之裞。

衱，古無此字，予謂當作「穴」。《説文》：「裞，鬼衣也。」鬼衣猶魂衣，明器之屬，不爲交領，但穴一孔而已。亦如明器之竹不成用，瓦不成沬也。

衣眥謂之襟。

衣眥不見于經傳，豈交領象閉眥邪？

袸

于義未聞。《注》：「衣小帶〔四〕。」《禮・内則》「衿纓」，《注》：「衿猶結也。」蓋帶長結于身，故衿亦謂之帶。《漢書・楊雄傳》注：「衿，帶也。」《儀禮・士昏禮》「庶母施衿」者，解帶之結也。

佩衿謂之褑。

褑，當爲「袁」，通作「爰」。如「袁盎」，亦作「爰盎」。《王風》：「有兔爰爰〔五〕。」《傳》：「爰爰，緩意。」佩玉則宜緩行矣。衿有四：一爲衣衽，一爲交領，一爲小帶，一爲佩玉之帶。衿帶，女子之飾；佩玉帶，男子之飾。衿，本作「絵」，「襟」與「衿」皆別體也。衿，又爲「衾」之別體。

襆

當从衣。《説文》「襹」字下引《爾雅》曰：「襹襹襀襀。」或云即《釋訓》「儚儚洄洄」之異文。予謂乃《爾雅》之缺文。附識于此以俟考。

餘

當从《説文》引《爾雅》作「喙」。麻沙本及《繫傳》《五音韻譜》皆作「喙」。惟汲古閣本作「餘」，乃毛氏所改。《廣韵》：「餘，飯臭。」《集韵》作「餯」，非古字也。

餒

當从《説文》作「餧」。

康謂之蠱。

通作「糠」。《春秋・昭元年左傳》曰：「穀之飛亦爲蠱。」穀生蠱蟲，實空而爲米皮。康，空也。

蘞

《易》：「覆公餗。」鄭《注》：「一作『蘞』。」《説文》作「鬻」。

釋樂第七

大琴謂之離。

《太平御覽》引《爾雅》「大琴謂之離」，此句下有「離二十絃，或傳此是伏羲所制」二語，疑是舊注。

毊

通作「喬」。孫炎云：「毊，喬也。」

沂

《釋文》：「孫云：『篪聲悲，沂，悲也。』」沂訓爲悲，于義無證。又云：「或作『齗』，又作『𥬇』，皆非古字。」予謂《説文》「誓，悲聲也」，「沂」乃「誓」之通叚字。

䜴

艮庭先生曰：「《説文》鉉本作『䜴』。」段氏玉裁云：「當作『豈旁支』。」《弓部》「𢏚」字，《説文》云：「从弓支。支，垂飾，與『䜴』同意。」則「䜴」从支可知。據此，則「鼗」字、「鼛」字皆不从攴矣。經典「䜴鐘」与「鍾鼓」之「鼓」無異。《説文·攴部》「敳」字説云：「擊鼓也。从攴豈，豈亦聲，讀若屬。」是与「䜴」異文異音，乃别爲一字。大徐删去「讀若屬」句，而加「公户切」，遂誤以「敳」爲「䜴」矣。

大鐘謂之鏞，其中謂之剽。

《注》：「亦名鎛。」《尚書大傳》：「天子左五鐘右五鐘。天子將出，則撞黄鐘，右五鐘皆應；入則撞蕤賓，左五鐘皆應。亦如金奏，王出入奏王夏。」此五鐘乃大鐘所謂鏞也，鐘師所掌之金奏，非鎛也。鎛，《説文》：「大鐘淳于之屬，所以應鐘也。」此即《大射禮》「樂縣其南鐘，其南鎛」之鎛，小於鏞，大於編鐘，即剽也。郭以大鐘爲鎛，誤矣。

小者謂之棧。

棧，編鐘也。棧之轉聲爲淺，淺之轉爲竫。《釋名》：「淺，竫也。」竫，《説文》：「一曰細小皃。」是棧、淺、竫皆可訓爲細小皃矣。

篙

通作「喬」。

篞

通作「涅」，管之簧也。今以竹葉、箬葉爲之。

箛

當作「甀」。

鼗

當作「鞀」。或从兆。

釋天第八〔六〕

謂之景風。

郭《注》本《尸子》。邢《疏》引《尸子·仁意》篇云：「燭於玉燭，飲於醴泉，暢於永風。」永風即景風，通叚字也。景風即凱風。凱風，《詩疏》引李巡云：「南風長養，萬物喜樂。故曰凱風。凱，樂也。」《易通卦驗》：「景風一名凱風，此乃祥瑞之應，太平之所致也。」

仍饑爲荐。

荐，从艸存聲，與「仍」音近，故皆訓爲重也。

歲陽

閼逢，《漢書》作「焉逢」。閼，音「遏」，亦音「焉」。《史記·匈奴傳》「閼氏」讀如「胭脂」。「閼」「胭」「焉」音同。《古詩》「奪我胭脂山，婦女無顏色」是已。凡歲陽如「旃蒙」「端蒙」之類，非同音之通叚，即雙聲之通叚也。

十一月爲辜。

《周禮・大宗伯》：「以疈辜祭四方百物。」鄭司農云：「罷辜，披磔牲以祭，若今時磔祭以止風。」辜以名月，或取此義。《月令》磔攘在十二月，此以爲十一月之名，豈三代異制，有于十一月磔攘者与？

天气下地不應曰雺。地气發天不應曰霚。

《書・洪範》：「曰蒙。」《大傳》：「厥咎。」雺，康成《注》：「雺，冒也。」許氏《説文》：「霚，地气發天不應，从雨孜聲。雺，籀文省。」「霾」字下「霧」字曰：「天气下地不應曰霧。霧，晦也，从雨瞀聲。」《書正義》引王肅曰：「雺，天气下地不應，闇冥也。」又曰：「鄭玄以圛爲明，言色澤光明也。雺者，气澤鬱鬱冥冥也。」案「霚」與「霧」音義不同，後人比而同之，於是二字之義轇轕不明矣。蓋地气發天不應，不爲雨而成雺，雺，霧也。天气下地不應而成霧，霧，晦也。《説文》「露」字下繫以「霜」，「霜」字下繫以「霚」，从其類也。霧爲陰曀之象，故繫于「霾」字之下，分別甚明。霚，亡遇切，音近「務」。霧，莫弄切，音近「霾」。後人「霚」「霧」「雺」「蒙」通用而不求其故，妄肆竄改，淆亂本文，訓義到置，皆陋人爲之也。《説文》所述是安國古文，与今文家不同，當從之。《顏氏家訓》云：「許慎撿以六文，貫以部分，使不得誤，誤則覺之。」此所以必以《説文》爲正也。

挈貳

轉聲爲雌蜺。

疾雷爲霆霓。

《注》文不釋「霓」字，諸書引此文亦無「霓」字。疑衍。

雨霓爲霄雪。

或云「雪」字衍，然《注》云：「水雪雜下者，謂之消雪。」邵《疏》引《韓詩章句》云「霰，霙也」，謂霰爲霙，霙即雪也。予謂疑郭本有「雪」字，許氏所見本無「雪」字，故曰「雨霓爲霄」。

涷

當作「涷」。

濟謂之霽。

濟、霽、霋音同，通叚字也。

彴約

當作「彴」。《廣韵》：「彴彴流星。」彴彴，即「彴約」，二字音同，方俗語有分别耳。

肜

《詩·絲衣》箋曰：「商謂之肜。」《詩釋文》云〔七〕：「融，餘戎反，《尚書》作『肜』。」據此，是鄭君所見《爾雅》本「肜」作「融」矣。肜、融同部通借，字或从肉，俗字也。《玉篇》以「彤」爲「肜」，謬矣。

釋地第九

江南曰揚州。

李巡釋九州之名，皆釋字義。如冀，近也；豫，舒也；雍，壅也；荆，疆也；沇，信也；徐，舒也；幽，要也；營，平也。以此推之，則《經》文當作「楊州」。巡《注》當云：「江南其气燥勁，厥性輕揚，故曰楊。楊，揚也。」後人因《五經》文字有州名，取輕揚之義，俗从「木訛」之説，遂改「楊」从手矣。《唐風·揚之水》，《隸釋》載《石經》作「楊」。此「楊」「揚」通叚字，不可援以爲證。許嵩《建康實録》引《春秋元命苞》云：「地多赤楊，因取名焉。」可知古作「楊」，所以李巡有「輕揚」之説也。

陽陓

當从《周禮·職方氏》作「陽紆」。

中有岱岳，与其五穀魚鹽生焉。

與，及也，謂五穀及魚鹽也。自東方以下，無兼産，惟岱則宜五穀，兼有魚鹽之利，故變文不言有而言与其也。

鰈

新附字，通作「魼」。

鶼鶼

郭氏《山海經注》云：「『鶼鶼』當作『蠻蠻』。」《説文》無「鶼」字，一鳥兼兩體，故名兼。从鳥，後人所加。

釋丘第十

三成爲昆侖丘。

惠徵君曰：「《水經注》引此文作『昆丘』。」

椉

當作「乘」，形如車乘也。

絶高爲之，京。非人爲之，丘。

絶，古文作「㡭」。《説文》曰：「象不連體，絶二絲。」不連體，故訓爲斷也。蓋人力所爲之丘，不因丘陵，突然而起，無所縲屬，所以命之爲絶。《釋獸》：「麋，其跡躔，絶有力狄。」謂其齒有力，齧物若刀之斷物然。凡言跡者，指獸之足而言；凡言絶者，指獸之齒而言也，通作「截」。《詩·商頌》：「海外有截。」《傳》曰：「整齊也。」《書·秦誓》：「截截善諞言。」《釋文》引馬融《注》：「辭語，截削省要也。」海外有截者，如刀斷物整齊不連屬也。截截諞言，如刀削物，削其繁而扼其要，娓娓動聽，不知其言之奸也。此皆斷之之義。至於斷然、截然，斷斷然、截截然，則又爲辭語矣。二「爲」字讀如字，「爲之」絶句。

當途，梧丘。

梧，當作「啎」，从午吾聲。午者，横直交互之謂。《儀禮》：「度而午。」《注》云：「一縱一横曰午。」啎丘者，當縱横之塗，作丘以眺遠。《戰國策》之「梧丘」，「啎」字之譌。《釋名》：「當途曰梧丘。梧，迕也，与人相當忤。」「梧」亦「啎」字之訛。或曰「啎」「梧」「枯」同音通叚字。

釋山第十一

河南華，河西嶽，河東岱，河北恒，江南衡。

《虞夏書》《毛詩序傳》言巡狩之典，舉四岳而不言五岳，惟《周禮》《王制》《尚書大傳》《史記》《白虎通》《風俗通》始言五岳之名。東曰岱宗，南曰衡山，西曰華山，北曰恒山，中曰嵩高山。《釋山》之五嶽無嵩高山，而有吴嶽，与諸家異。《虞夏書》但言四嶽之方位，而不言四嶽之所在。據僞孔《注》，亦无吴岳。予謂四岳，四方岳伯主之，祭禮視三公。中岳則天子主之，其禮則視天子矣。所以秩望之祭，但記四岳，不言中岳也。《王制》：「五岳視三公。」疑是漢儒之言，非古義矣。《春官·大司樂》：「五岳四鎮崩，令去樂。」凡遇災異，雖天子之尊，亦必減膳徹樂，況災異之大者乎！此乃凶禮，故偏舉五岳，非巡狩之制也。《爾雅》之五岳，竊以爲周初之制。武王克殷易代，不襲禮，乃以吴岳爲五岳之一，亦取西土發祥之意爾。至周公營成周，以洛邑爲天下之中，於是去吴岳而以嵩高山爲中岳。以嵩高爲中岳，亦虞夏殷之舊制耳。《尚書大傳》云五岳之事，何休《公羊傳注》引《尚書》有「還至嵩如初」句。或《今文尚書》有此文，今本脱去，抑或《大傳》有此文，俱未可知也。《書正義》云：「不巡中岳者，蓋近京師，有事必聞，不慮枉滯。且諸侯分配四方，無屬中岳，故不須巡之也。」此謂虞都冀州以霍山爲中岳耳。

左右有岸，厒。

厒，古无此字，亦不知當从何聲。《釋文》：「音口閤切。」《集韵》有「居」「𢇇」二字，音「渴合切」，引《説文》：「閉也，或作『𢇇』。」又有「厒」「𠩺」二字，云：「山左右有岸曰厒，或从㕻。」《集韵》之説即《爾雅》文也。則此字与「居」「𢇇」二字同音「渴合切」。「厒」非「居」字，又或从㕻，「㕻」乃「𠤷」字之譌，即「合帀」之「合」。厒、𠩺、𠤷、匌，皆「合」之別體。

小山剐大山，鲜。

鲜，別體作「嶰」，誤作「嶰」。《毛傳》作「巘」，《釋名》作「甗」，通借字也。

礐

當作「嶨」。《説文》：「山多大石也。」

多艸木，岵；無艸木，峐。

《説文》無「峐」字。《釋文》：「《三蒼》《字林》《聲類》並云猶『屺』字。」「屺」「改」皆从己得聲，則「屺」可讀古開反，「改」之轉聲爲「亥」，是「屺」可通作「峐」矣。《詩·陟岵》傳「山無草木曰岵，山有草木曰屺」，与《爾雅》異文。孔《疏》以爲傳寫之誤。段丈懋堂欲據此以改《經》。然《説文》《釋名》諸書釋「岵」「屺」皆与《爾雅》同。豈諸書盡誤耶？孔氏云傳寫之誤，無疑義矣。段丈又曰：「岵之言瓠落也，有陽道，故以言父。屺之言荄滋也，有陰道，故言母。」近于鑿矣。

石戴土謂之崔嵬，土戴石爲岨。

《詩·卷耳》傳：「崔巍，土之戴石者。石山戴土曰砠。」孔《疏》与《爾雅》正反者，或傳寫誤。段丈云：「石戴土者以石戴於土上，土戴石者以土戴於石上，有辭異而義同者。」此是也。

霍山爲南嶽。

霍山有三，皆漢儒之説也。一在山西，《漢書·地理志》河東郡彘縣霍太山，在東。一在安徽，《地理志》廬江郡灊縣天柱南，有祠。一在湖南，《地理志》長沙國湘南縣禹貢衡山，在東南。《風俗通》云：「衡一名霍。」是衡山漢時又名霍山矣。凡名山升中于天者，古人皆謂之太山。太山，大山也。堯都冀州霍山，在畿内即以爲中岳，故又名霍太山。漢武以灊之霍山爲南嶽，於是湘南之衡亦蒙霍之名矣。郭《注》脱落不全，全文見《毛詩》《尚書正義》。《注》云：「在衡陽縣南，今在廬江灊縣西，即天柱山，灊水所出也。」《注》意謂衡山本爲南嶽，今則以霍山爲南岳矣。《南岳記》云：「軒轅乃以灊霍之山爲副。」蓋封禪之典有副山，如封泰山則禪亭云，亭云副山也。以此推之，則當時方士之説，必以灊之霍山爲衡山之副矣。孝武憚江湖險阻，乃移神于灊之霍山，並行封禪之禮焉。所以《注》云：「南岳本自以兩山得名，非從近也。」近指孝武而言。若曰古，則軒轅時即以霍山爲南岳之副矣。是景純明言兩山，而邵《疏》云郭以衡、霍爲一山，誤甚。予謂衡山爲南岳，其來久矣。豈得以方士荒遠無稽之説，以爲始于軒轅哉？即以霍爲南岳之副，兩山相去二千餘里，燔柴瘞玉分爲二所，恐不然矣。《詩疏》引孫炎説，以「霍山」爲誤，當作「衡山」，於義爲長。

嵩高爲中嶽。

《史記・封禪書》：「歲二月，東巡狩至于岱宗。岱宗，泰山也。五月，巡狩至南岳。南岳，衡山也。八月，巡狩至西岳。西岳，華山也。十一月，巡狩至北岳。北岳，恒山也。」又曰：「中岳，嵩高也。」司馬子長親從孔安國問《古文尚書》，此爲古文家説無疑。伏生《大傳》云五岳之事，何休《公羊注》引《堯典》有「還至嵩如初」句，則《今文尚書》亦有中岳矣。《漢書・地理志》：「潁川郡崈高縣，武帝置，以奉太室山，是爲中岳。古文以崈高爲外方山。」「古文」云云，疑是《尚書》古文家説，即「還至嵩如初」句之傳注也。據以上諸儒之説，則今古文皆有此一句矣，豈可云帝舜時亦如堯制，以霍山爲中岳乎？予謂《釋山》首列之五岳爲周初之制，篇末五岳之名爲成周之制耳，未可遽謂漢武以後諸儒所竄易也。

釋水第十二

歸異出同流，肥。瀵，大出尾下。

瀵，當作「瀵」。《説文》：「水浸也，从水糞聲。」俗作「米田」，誤。《説文》：「似米而非米者，矢字華，箕屬。」《注》：「《毛詩傳》曰：所出同、所歸異爲肥。」惠徵君曰：「《水經注》引犍爲舍人曰：水異出、流行合同曰肥。又引《字林》曰：《爾雅》異出同流爲瀵水。」藩謂舍人吕忱所引《爾雅》与《毛傳》《郭注》不同。陸德明《音義》不釋「肥」字，「瀵」字下云：「敷問反。義此字不知何字之誤。或方問反〔八〕。水本同而出異。」《釋文》一書爲北宋人改竄之本，非陸氏之舊。如「瀵」下云云，必錯改之誤也。意者舍人本無「歸」字，作「異出同流曰肥」，与毛公所見本異，故其説亦異矣。《水經注》引《爾雅》作「歸異出同曰肥」者，乃後人不達旨趣，反據今本《爾雅》改之耳。吕伯雍引《爾雅》「異出同流爲瀵水」者，疑是舊注，非《經》文也。陸元朗曰「水本同而出異」，即異出同流之義。蓋引舊注以釋「瀵水」，或即《字林》之文，不可考矣。

汝爲濆。

《説文》：「涓小流也。」《爾雅》曰：「汝爲涓。」《詩·汝墳》傳曰：「大防也。」「墳」「濆」雖音同可以通叚，然墳爲厓岸以防水溢，濆爲水涯，音同而訓不同也。經文自灘以下皆釋支流小水之名，厓岸、水涯乃土地之名，豈可以爲水名乎？當以《説文》爲正。

江有沱，河有灘，汝有濆。

此釋水旁土地之名，非重見也。《詩正義》引李巡曰「江河汝旁有肥美之地名」是也。予謂「江有沱」，「沱」當作「汜」。《禹貢》：「岷山道江，東別爲沱。」《説文》：「沱，江別流也。」《召南・江有汜》又曰：「江有汜。」分晰甚明。汜，《説文》：「水別復入水也。一曰汜，窮瀆也。」凡水決而復入者爲汜，水決入去而不復入者爲窮瀆。窮瀆之地必肥美，宜種植，而河決之地尤肥美。窮瀆，水之窮，非謂地之窮也。是沱爲水名，不得蒙土地之名矣。灘，當作「雍」俗書从土，或作「雝」。《漢書・鄒陽傳》：「申徒狄蹈雍之河。」顔籀《注》：「雍，河水溢出爲小流也。」《説文》：「河灘水，在宋。」此自河出之灘也。凡河水下流爲土所壅，反決出者是矣。反流決出不復入者，亦名雍。其地膏腴，所謂「一石之水，五斗之泥」。壅田盛黍稷，亦如江之有汜也。濆，當作「墳」。《詩・汝墳正義》曰：「濆，汝所分之處，有美地，因謂之濆。當作「墳」。《箋》《傳》不然者，以濆從水，此墳從土，且伐薪宜於厓岸大防之上，不宜在濆汝之間也。」可見毛、鄭亦同李巡之説矣。孔氏不知「濆水」當作「涓水」，故曰「濆汝之間」耳。陋人妄改「汜」爲「沱」，是因篆體有作「汜」者，沱形與汜相似，以爲「汜」字之訛，又不知「雍」「雝」「灘」「墳」「濆」爲通借字，以意改之耳。郭《注》「重見」，非是。李巡説於義爲長。

江、淮、河、濟。

淮，从水隹聲，不當讀「户乖切」。「隹」聲近「準」，故《釋名》曰：「淮，準也。」四瀆之「濟」，當作「泲」。《説文》：「沇：水。出河東垣東王屋山，東爲泲。泲，沇也，東入于海。从水㐱聲。」又曰：「濟：水。出常山房子贊皇山，東入泜。从水齊聲。」應劭《風俗通》濟爲四瀆之泲，於是經傳之文皆作「濟」矣。漢碑四瀆之「泲」，書作「濟」，或作「洤」。在應劭之前已誤，不始於劭也。

校勘記

〔一〕《釋名》「近前」後有「各兩」二字。

〔二〕「謂」字原脱，據《考工記·車人》補。

〔三〕「羈」字原脱，據孫奭《孟子音義》補。

〔四〕「衣小帶」，原作「小帶衣」，據《爾雅注疏》及《鄦齋叢書》本改。

〔五〕「有兔」，原作「兔有」，據《詩·王風·兔爰》及《鄦齋叢書》本改。

〔六〕「第八」，原作「第六」，據《爾雅注疏》及《鄦齋叢書》本改。

〔七〕「云」，原作「之」，據《鄦齋叢書》本改。

〔八〕「問」，原作「周」，據陸德明《爾雅音義》及《鄦齋叢書》本改。

爾雅小箋下之上

釋草第十三

「草」，當作「艸」。草，《説文》：「草斗，櫟實也〔一〕。」非艸木字。

藿，山韭。茖，山葱。葝，山䪥。蒚，山蒜。

《説文》無「藿」字。《説文》：「韱，山韭也。」或云「藿」乃「虇」之省文。藿，尗之少也，非韭也。或曰當作「萑」，《説文》艸也。《詩》曰：「食鬱及萑。」此《韓詩》義。今本誤「萑」爲「藿」耳。《本草》以藿爲山名，蓋以産藿得名。然今之山西、江南之藿山，不聞産韭也。惟紹興府西六里有蕺山，因産蕺而得名。句踐自嘗糞之後口臭，乃采蕺食之，以亂其臭。蕺疑即山韭。「蕺」乃「韱」之俗體。「藿」「韱」不同，所見本異爾。蘓頌曰：「山韭与家韭相類，但根白，葉如燈心苗耳。」今蕺菜與蘓説略同。山葱見《千金方》，非胡葱也。䪥，俗作「薤」，寇宗奭《本草衍義》曰：「葉如金燈，差狹而更光。故古人言薤露，以其光滑難竚之義。」山蒜非今之大蒜，漢時得胡蒜於西域，名曰大蒜，呼内地所有者曰小蒜。山蒜，小蒜之别種。頌曰：「山蒜大而臭。」葝，疑作「莖」。

朮，山薊。楊，枹薊。

朮，《説文》作「茦」，有白朮、蒼朮二種，總名曰薊。蘓頌曰：「花紫碧色，亦似刺薊花。因朮花如薊，故名薊也。」朮，今之白朮。楊，今之蒼朮。「蒼」「楊」一聲之轉。

莔，王蔧。

莔，《説文》：「山莓也。」「蒲，王蔧也。」莔，「蒲」之省文。段丈懋堂云：「凡物呼王者皆謂大。」

菉，王芻。

《説文》：「藎，艸也。」《本艸》云：「俗名菉蓐。」《爾雅》所謂王芻，即《詩·淇澳》之菉。據此，藎乃菉之别名。而菉蓐即菉竹，菉竹即菉薄矣。《衛風》：「緑竹猗猗。」《音義》曰：「竹，《韓詩》作『薄』，萹茿也。」萹茿即萹蓄也。

拜，蔏藋。

《釋文》：「藋，《説文》《廣雅》皆云『堇』也，李燾本作『堇艸』也。」毛本作「釐艸」，誤。商，《説文》作「啻」。《淮南·説林訓》：「蔏苗類絮，而不可爲絮。」高誘《注》：「蔏苗荻秀，楚人謂之蒈，讀戰敵之敵。幽冀謂之荻苕也。」未重所見古本《爾雅》作「啻」,即「蔏」也,與郭本異。

蘩,皤蒿。

皤,老人頭白也。蒿背色白,故名皤。又名白蒿。叢生甚繁,故謂之蘩。又謂之旁勃,即蓬勃,聲之轉也。徐言之爲蓬勃,疾言之爲蓬。今人則謂之蓬蒿矣。

蓾

當作「蕇」。

蒤

當作「荼」。

狼尾

或作「莨尾」。

果贏之實,栝樓。

贏,俗字,即蜾贏也。栝樓,當依《説文》作「萿蔞」。蟲名蜾贏,艸實亦名蜾贏,後人因萿蔞果實，乃去「虫」作「果」，易虫爲蠃耳。庸人據《說文》「在木曰果，在地曰蓏」及「苦蔞，果蓏也」，改「蠃」作「蓏」。是不知「果蓏」「蜾蠃」「苦蔞」爲聲之轉，皆可通用，古人不甚分別也。今名瓜蔞，亦聲之轉耳。又名天瓜。其根潔白，爲粉，名天花粉。天花，「天瓜」之誤。

藒

《說文》作「藒」。

衆，秫。

《釋文》：「衆音終。」予謂此義从音出也。古時釀酒必以冬，《月令》「仲冬乃命大酋〔二〕，秫稻必齊」也。「終」之从冬，爲諧聲亦兼會義，謂四時至冬而一年終矣。以秫釀酒在冬時，所以音「終」而義亦爲終也。

卉艸

或據《禹貢疏》引舍人云「凡百艸一名卉」及《藝文類聚》引作「卉百艸」，謂《經》文脱「百」字。案《唐石經》与今本同，是唐本無「百」字矣。且舍人《注》：「凡百艸一名卉。」郭《注》：「百卉總名。」二家《注》皆因《經》無「百」字，故曰百草、百卉以釋之，若《經》有「百」字，又何必爲此詞費哉！《藝文類聚》所引必有錯誤，不足爲據也。

菟

《釋文》：「音古本反。」是「蓘」字之訛。

蘾 薞 菟 蒵

四字从艸，皆後人所加。

黄，兔瓜。 茢甎，豕首。

《説文》：「甎，豕首也。」《御覽》引孫炎云：「兔瓜，一名瓜裂也。」是兔瓜一名瓜裂，「茢」即「裂」字也，可見尗重、尗言之本皆讀「茢」字絶句。《經》文當如「唐蒙，女蘿。女蘿，菟絲」之文〔三〕，作「黄，兔瓜。兔瓜，瓜裂」矣。後人謂郭讀「兔瓜」絶句，然郭《注》但云「《本艸》曰鴕顱」，未嘗云「茢甎，鴕顱」也。意者郭讀与許、孫同，「茢」屬下句，乃傳寫之誤爾。

芚，萲芚。

「萲芚」「薺芚」，聲之轉也。

菩，接余〔四〕。

《釋文》：「音杏〔五〕，本亦作『荇』。《説文》作『莕』。」案：《説文》無「莕」字。《釋文》引《字林》往往誤爲《説文》，疑是《字林》作「莕」耳。《注》：「江東菹食之，亦呼爲菩，音杏。」郭本本作「菩」，不當云「呼爲菩」。菩，疑是「荇」字之誤。接余，當从《説文》作「萎餘」。

薜，白蘄。

今之土，當歸也。

熒，委萎。

《説文》無「萎」字。《御覽》引吴普《本草》云：「女萎，一名葳蕤。」予謂「委萎」乃「女萎」之誤。女，誤作「委」，文爛之故也。萎，本作「委」，後人因草有女委，乃加草以别之，又誤爲「胡荽」之「荽」。輾轉錯誤〔六〕，遂致《經》文訛爲「委萎」〔七〕，不可解也。

英光

《釋文》：「英，一本作『決』。」即草決明也。

莁荑

當作「無夷」。《注》：「一名白蕢。」下文云：「蕢，赤莧。」白蕢豈白莧邪？

蘱

《說文》無「蘱」字。《公羊·宣十年》：「公孫歸父帥師伐邾婁，取蘱。」是古有此字。或曰《說文》本作「類」。

蘇，桂荏。

《說文》：「蘇，桂荏。」又云：「桂荏，蘇也。」案：桂荏，紫蘇也，當从許讀。

薔，虞蓼。

《說文》：「蓼，辛菜，薔虞也。」又云：「薔虞，蓼也。」與「蘇，桂荏」同爲轉注，亦从許讀。

蓧，蓨。

蓧，當作「條」。蓨，《說文》：「苗也。苗蓨也。」此釋凡草之條，皆名蓨也。或引《管子·地員》篇「苹蓨」以爲解，失之矣。

菝，蚍衃。

《詩毛傳》作「芘芣」，《説文》草木魚蟲疏皆作「蚍虾」，字異音同。「衃」乃「虾」之誤。蚍虾即蜉蝣，朝生莫死。菝，崔豹《古今注》曰：「芘芣，似木槿。」槿朝榮莫落，與蜉蝣同，故名。亦同荆葵，槿屬也。

菽，蔆蔞。

《説文》：「蔆，草也。」疾言之「蔆」也，徐言之「蔆蔞」也。「菽」从草，後人所加。

離南，活苋。

陳藏器《本草》云：「通脱。『苋』即『脱』字。今之通草也。」

蘢，天蘥。須，葑蓯。

蘢，通作「龍」，《詩·鄭風》「隰有游龍」是也。葑，《毛傳》：「葑，須也。」《説文》：「葑，須蓯也。」「葑須」爲雙聲，「葑蓯」爲叠韵。《坊記注》云：「葑，蔓青也。」《方言》：「蘴蕘，蕪菁也。陳、楚之郊謂之蘴。」蘴、葑音同字異。葑、蓯轉聲爲菘。菘爲蕪青，又名蔓青。《本草》諸家或以爲芥類，或以爲白菜。惟《埤雅》《嚴氏詩輯》《爾雅翼》三家之説近是，所謂在南爲菘，在北爲蕪青、蔓青也。

菘有二名，一名蕪青，又名蔓青。南人呼爲菘，《世説新語》「春菘夏韭」是已。菘，南方之青菜，葉与北方蔓青相似，其子俱可榨油。青菜味甘如白菜。蔓青味如芥菜。宋國博葆淳自安邑携蔓青子至揚州，種于行館。一年之後變爲青菜矣。土性之宜，不同如此。豈猶橘化爲枳哉！龍，天蘥，紅蓼也。須，葑蓯，青菜也。當分爲二，《經》文連屬，乃傳寫之誤。

莠，隱荵。

陶隱居以爲桔梗葉。古時桔梗、薺苨、沙參三物，不甚分别，故蘓頌以爲薺尼苗，《救荒本草》又以爲沙參苗也。

萓

「苴」之别體。

蔨

當作「蔨」。《説文》：「蔨，草之小者。」

雚，芄蘭。

《注》：「雚芄蔓生。」如此《注》，則雚芄一名蘭矣。《詩》「芄蘭之枝」，《説文》「芄蘭，莞也」，皆云芄蘭，無藿芄之名。且邢《疏》亦云「藿，一名芄蘭」。是「芄」當爲衍文。

茪

當作「冘」。

䕡，鹿䕨，其實莥。

經籍無「䕡」字，或音「窘」。《釋文》：「音其隕反，似有『窘』音。」《集韵》同「菌」。疑爲「菌」字之誤。䕨，《説文》：「尗之少也。」《毛傳》：「藿，猶苗也。」「䕨」「藿」古字通。藿爲出初生之豆苗。尗之名少，亦如初生之禾名稺矣。又云：「莥，鹿藿之實名也。」蓋豆之種不一，其苗葉皆名䕨，惟鹿藿之苗葉則名䕡。豆之實，古名尗，今名豆。惟鹿䕨之實則名莥。蓋鹿亦名鹿藿。《本草》謂之鹿豆，亦名營豆，从豆勞省聲，非古字也。

其本蔤。

《詩·澤陂》正義引《釋草》文，又引郭氏曰：「蔤，莖下白蒻在泥中者。今江東人呼荷華爲芙蓉。北方人便以藕爲荷，亦以蓮爲荷。蜀人以藕爲茄，或用其母爲華名，或用根子爲母號。此皆名相錯，習俗傳誤，失其正體者也。」「今江東人」以下云云，疑是郭氏《音義》文。

紅蘢古，其大者蘬。 荎，薺實。

《説文》以蘬爲薺，實是許讀「其大者」絶句矣。「蘬」「荎」聲相近，薺實一名蘬荎，徐言急言之別耳。凡草木蟲魚之名，或取同聲，或取音近，後人所謂雙聲、叠韵也。《本草》陶《注》：「馬蓼生下溼地，其最大者名蘢鼓。」蘢鼓即蘢古。是陶貞白亦讀「其大者」絶句矣。當从許讀。

芹，楚葵。

芹，《説文》作「莶」，云：「菜，類蒿。《周禮》有『莶菹』。」又別出「芹」字，云：「楚葵也。」《周禮注》云：「芹，楚葵也。」《音義》曰：「芹，《説文》作『莶』。」據此，則《説文》無「芹」字，乃後人羼入者。考「芹」有二種：一爲野芹，莖葉黑色，味如藜蒿，即《説文》蒿類之莶；一爲芹菜，青白色，味甘美，有水芹、旱芹，疑即楚葵。《周禮注》以莶爲楚葵。許、鄭異義爾。《吕覽》伊尹曰：「菜之美者，雲夢之芹。」芹，《説文》作「莶」，「莶」「芹」聲相近，「莶」即「芹」字也。生于雲夢，故名楚葵。

薚 蘱

後人加草。

蘔

《説文》作「䔢」。

藫

通作「蕈」。

莦

當作「肎」。

蕧，盜庚。

蕧，一名夏菊。《圖經》云：「六月開花，如菊花。」李時珍云：「庚者，金也。夏開黄花，盜竊金氣也。」予謂三伏時金氣爲火所伏，此花色黄屬金，獨不爲火所制。又採後見露即生，其花甚繁。故又名金沸草，若湯之涫灂然。禀金精之氣，是以其性能降肝逆也。

蔠

「苳」字之别體。

顆涷

「顆涷」「款冬」，聲之轉也。

中馗菌

《釋文》：「郭音仇。」則字本作「頄」。頄，當作「頯」，顴也。馗，舍人本作「鳩」，通借字也。

蘪

當作「蔩」。

蘪，從水生。薇，垂水。

蘪，水草也，非麋無也。麋，鍾鼎文以爲眉壽，字通作「湄」。《釋名》：「湄，眉也。」臨水如眉也。《釋水》：「水草交爲湄。」蘪生于水湄，故名。蘪薇生于水邊，其葉垂于水中。陳藏器《本草》所云「薇生水旁，葉似萍」者，非薇蕨之薇也。或曰即野豌豆，謬甚。或謂「蘪从水生」，「生」衍字，又謂「蘪從」爲句，皆無明文可證。

𪊊

《説文》：「𪊊，水生厓石間𪊊𪊊也。」𪊊𪊊水流澮間，澮旁之土謂之田稜。竹節有稜，如田之稜，似水之𪊊，故名。邵本改作「鄰」，非是。

芏，夫王。藆，月爾。

《釋文》引《説文》云：「藆，土夫也。」是《説文》讀「芏夫，王藆」。今《説文》作「藆月爾」，乃後人據郭本改之耳。此半農先生之説也。《釋文》引《説文》「芏」作「土」，則土从草乃後人所加。

蘩

「蘩」之省文。庸人云「蘩」俗字，非也。

蒠，杜榮。

蒠，《釋文》云：「亦作『芒』。」《御覽》引《雜字解詁》云：「芸，杜榮。」案：「蒠」「芸」二字，《説文》分别甚明，「芸」必是「芒」字之誤，豈可據誤字强合蒠、芸爲一物哉！

的，䔲。

䔲，《集韵》與「葯」同，當从《釋文》作「敫」。

茦，刺。

刺，《説文》「从草」。茦，《説文》「莿也」，此字在「葎」字下，葎即《本草》之葛勒蔓，似葛有刺。案：草芒曰茦。因葎有刺，故「茦」屬于「葎」字下。又「薺，疾黎也」下有「莿」字，云「茦也」。因疾黎亦有莿，故分屬于「薺」字下，使讀者知二物皆有刺矣。或云茦自有草名，誤。

蕭，荻。

古無「荻」字，當从《釋文》《石經》作「萩」。蕭，从草肅聲，音同「肅」。《周禮・甸師》「其肅茅」，杜子春讀「肅」爲「蕭」。「蕭」之轉爲「萩」。「萩」音「修」，轉聲亦同「肅」，「肅」轉爲「狄」。蕭萩〔八〕、肅狄同爲一類。後人不知「萩」有「狄」音，乃別出「荻」字耳。

蘦，大苦。

《注》：「今甘草也。或云蘦似地黄。」郭本孫《注》，見《詩疏》。沈括《夢溪筆談》云：「《爾雅注》大苦爲甘草，非。此乃黄藥也。其味極苦，故謂之大苦。」予謂蘦非甘草。蘇頌、寇宗奭亦疑之。考《説文》，「苷，甘草也」，「苦，大苦苓也」，又曰「藞，大苦也」。《説文》之字以類相次，如以大苦爲甘草，則當次于「苷」字之下，不應在「薛」字之下。是未重不以苦爲甘草矣。既以大苦爲苓，而又于數十字後别出「藞」字，有乖同條牽屬之例，此必後人因《爾雅》《毛傳》「苓」作「藞」增入，非許氏之舊。蕤頌曰：「『藞』『苓』通用。」二字雖不同部，然音近可以假借也。孫、郭豈以苷草味極甘，反訓爲大苦，亦如亂之訓治与？《公食大夫禮記》云：「鉶芼、牛藿、羊苦、豕薇。」郑《注》：「今文『苦』爲『苄』。」「苄」音「户」，「苄」「苦」同部字，得通假。《本草》云：「乾地黄也。」則或云似地黄，不爲無據矣。予謂大苦必非苷草，而地黄又名苦，亦非苓也。苓疑是黄連之屬。「連」「苓」古音近，可以叚借。至於存中之説，黄藥即今之黄藥子，蕤頌曰：「原出嶺南。今夔陜州郡及明越秦隴山中亦有之。」蓋自漢武開通南粤，此品流入中土，至唐末醫師始用之，所以不見于《别録》諸書，宋開寶始著録。豈可以後世之藥釋《爾雅》哉！學者于此存疑焉可也。

芄

《釋文》：「本又作『芄』。」

萿

《集韵》以爲即獨活。

荂

郭音「俘」，草木敷榮之敷也。《説文》作「蒪」，《類篇》「蒪」同「藪」。

萸、荂，荼。猋、藨，芀。

茅之秀也。

葦醜，芀。

葦之秀也。

菼，薍。

《注》：「似葦而小，實中。」予謂今海濱所産之薍皆實中者，故《詩疏》引樊光云：「菼初生，葸騂色，海濱曰薍也。」

其萌虇。　蕍、芛、葟、華，榮。

《説文》：「夢，灌渝，从草夢聲，讀若萌。」許君讀「渝」字絶句。郭《注》先釋「芛」後釋「渝」，是郭本作「其萌虇蕍句芛蕍葟華榮」，與許讀同。傳寫誤以「蕍」字屬下句，陋人不察，見「芛」下多一

「蕍」字，妄删之耳。蓋「蕍」通爲「敷」，蘿蕍爲葭蕍之敷。「芛、蕍、葟、華，榮」，總釋凡卉之敷也。

菋，茭。　根，荄。

《注》：「今江東呼藕紹緒者。」蓋謂藕節之旁生小藕，如瓜之紹瓞也。元和顧君千里云：「《説文》：菋，茇也；茅，根也；茇，草根也。依許君所説，是《爾雅》本云『菋、茇。荄，根』。郭誤茇爲茭，遂以菋、茭爲一義，荄、根爲一義。『茅，根也』之上當有『一曰』二字，此别一義，以菋專屬茅根也。」

不榮而實者，謂之秀。

《釋文》云：「衆家並無『不』字。郭雖不注，而《音義》引不榮之物證之，則郭本有『不』字。」案郭引不榮之物，不知爲何物也。然《經》文「木謂之華，草謂之榮，榮而實者謂之秀，榮而不實者謂之英」，皆對舉成文，不應有「不」字矣。即有不榮而實者，亦不過一二種耳。《經》文豈有略其習見者，而獨著其不習見者耶！郭本恐誤。

釋木第十四

榣，山榎。

《詩疏》引孫炎曰：「條，榣也。」據此，古通作「條」，無「榣」字也。「夏楚」之「夏」，不从木，通作「檟」，《説文》云「楸也」。

椴，柂。

椴，《釋文》：「音徒亂反。」非是。「椵」「椴」二字，楷書訛爲一字。椵，《説文》：「从木叚聲，讀若賈，古雅切。」世間之木無名椴者，所以《説文》無「椴」字也。柂，當從康成《檀弓注》作「杝」。杝，从木也，聲「叚」也，音近，一聲之轉耳。庸人承陸氏之誤，謂与下「櫠椵」之「椵」相涉而亂，强不知以爲知也。

櫠，椵。

櫠，通作「廢」也。椵，《説文》：「可作牀几。」即椵杝也。此爲柚屬，亦名椵。

杻，檍。

段丈懋堂云：「《説文》無『杻』字。《古今韵會》曰：《説文》作『橿』，今文作『檍』。」然《説文》别有「檍」字，曰「杶也」，「杶」乃「杻」字之誤。據《韵會》，疑此字後人所增。

栵，栭。

栵一名栭，今之茅栗也。「栗」「栵」音同，通用字。《大雅·皇矣》「其灌其栵」，言木叢生之狀，非木名。《説文》引此句者，栵之又一訓也。或以爲即其灌其栵，失之矣。栵，栭也。栭又爲屋枅上標，又爲羊棗之别名。

樓落

樓，《説文》：「『樗』之重文。」曰：「木也。以其皮裹松脂。讀若華。」即今之樺木。樺，當作「華」，「華冠」見《莊子》。其木用以飾器，色如黄楊，故亦名文木，内皮貼弓靶，皮焚之極香。

英梅

英，《説文》作「柍」。梅爲柟，爲柍，今之楠木也。酸果之「梅」，當作「某」，古文作「槑」，从甘者，《本草》所謂甘爲酸母也。

楥，柜桏。

《説文》：「桏，椶椐木也。」「椐」「柜」通用字。楥，《説文》訓爲履法，不以爲木名。「楥」是「椶」字之誤。「椶」「桏」同音，聲之轉耳。

槔

《釋文》：「樊本作『格』。」《六書故》以爲今之烏桕。

朻者聊。

「下句曰朻，上句曰喬」，雖有上下之别，肰上句有高者，下句亦有高者，故曰「句如羽，喬」也。凡上句下句，其枝必相糾繚。「繚」「聊」通借字。

榽醯

榽，疑是「⿰木彝」之别體。醯，俗字，當作「醯」，通作「榹」。

棆，無疵。

《説文》：「棆，母杶也。」「杶」乃「柀」字之誤。蓋《説文》本作「疵」，後人改作「柀」。校者因《説文》無「枇」字，遂取字形相近者妄改爲「杶」耳。

旄，澤柳。

今之垂柳，下垂若節旄狀。

杞，枸檵。

人蓡歲久似人形，枸檵歲久似狗形，故蓡名人蓡，杞名枸檵也。

檓，大椒。

《說文》：「莍，茮樧實裹如表者。」樧似茱萸，出淮南。茱萸，茮類也。「檓」是「樧」字之誤。椒，當作「茮」。

樲，酸棗。

《注》：「《孟子》曰：養其樲棘。」棘，「棗」字之誤。坊本《孟子》亦誤作「棘」。樲，今之酸棗。其實中人，名酸棗人。樲棘，世無此物，或以叢棘釋樲棗，豈不大謬哉！

遵，羊棗。

《内則》「芝栭」，賀氏云：「芝，木椹。栭，軟棗。」羊矢棗也。《内則釋文》云：「栭，本又作『檽』。」檽，「栭」之誤字，即《説文》之樽棗。「樽」「遵」音同，通用字。

棫，白桵。

《文選注》：「棫，今白蕤也。」是「桵」本作「緌」矣。《釋文》作「棱」。

辦

當作「瓣」，如瓜苦之名瓜瓣也。

荼樧醜菉

《釋文》「菉」字下有「萸」字，音「所留反」，又「所于反」。據此，則《注》「菉萸子」，「萸」乃「萸」字之誤。蓋菉一名萸，子似茱萸而小，非茱萸實可知矣。

釋蟲第十五

螜，天螻。

《夏小正》「螜則鳴」，即《月令》之「螻蟈鳴」。《釋文》引蔡邕《章句》以螻爲螻蛄。《説文》：「螻，螻蛄也。一曰螜天螻。」又曰：「𧐐，螻蛄也。」又：「蜮，短狐也。蜮又从國。」《周禮》「蜮氏」，鄭《注》：「蜮當爲蟈，今御所食蛙也。」案螻、蟈二蟲也。螜音近「蟈」，即蟈字。《説文》無「螜」字，陋人據郭本《爾雅》增此句耳。螻一名蛄，急言之曰螻，徐言之曰螻蛄。《本草》云螻蛄穴地而生，立夏後夜鳴，聲如蚯蚓。《小正》紀于三月，則其鳴近立夏時，不必在立夏後矣。蟈，蛙也，今北人呼爲水鷄，南人呼爲田雞，二蟲皆于初夏發聲。《小正》紀蟈不紀螻，《月令》則並紀之。《説文》：「𧐐，螻蛄也。」即《經》文之天螻。「𧐐」「天」同音，「𧐐」爲本字，「天」爲叚借字。疑許所見古本《爾雅》作「𧐐，螻蛄」，與郭本異。許以蟈爲短狐，与鄭異。或云螻蟈即螻蛄，「蛄」「蟈」聲相近，叚借字，於義亦通。

蜚，蠦，蜰。

《説文》：「蜰盧，蜰也。」又曰：「蜚，臭蟲，負蠜也。」蜚，負蠜，諸書牽混難明。孔穎達曰：「《本草》曰：『蜚，厲蟲也。』然則蜚是臭惡之蟲，害人衣物，故《春秋左氏傳》曰：『有蜚不爲災，亦不書也。』《春秋左氏經》《傳》皆云『有蜚』，則此蟲名蜚，一名蠦蜰。而舍人、李巡皆云『蜚蠦，一名蜰』，非也。」按郭《注》「蜰即負蠜、臭蟲」，是郭本作「蜰蠦，蜰」，与許所見本同。舍人、李巡本乃作「蜚」。許氏於「蜚」字下曰：「臭蟲，負蠜也。」然則蜰非臭蟲矣。「蜰」「蜚」同韵通用。蓋《說文》本作「蜰，蜰盧，蜰也」，陋人删去「蜰」字耳。合而觀之，是舍人、李巡、許、郭皆讀「蜰盧」絶句矣，沖遠之說非也。郭云臭蟲、負蠜，考之《詩傳》，明是二物：蜚，臭蟲也；蠜，草蟲也。《詩》「趯趯阜螽」，《傳》曰：「草蟲，常羊也，常羊即負蠜。」《箋》云：「草蟲鳴，則阜螽躍而從之，是以謂之負蠜。」臭蟲乃《春秋經》之蜚也。《漢書·五行志》：「劉向以爲蜚色青，近青眚，非中國所有。南越盛暑，男女同浴川澤，淫風所生，爲蟲臭惡。是時嚴公取齊淫女爲夫人，既入，淫於兩叔，故蜚至。」此蜚之一名臭蟲也。師古曰：「蜚者，中國所有，非南越之蜚，未詳向所說。」考《說文》：「有，不宜有也。」南越之蟲，北方不宜有，故曰「有蜚」。蓋漢武以南越爲郡縣之後，地氣自南而北，於是中土始有蜚矣。如鴝鵒古不踰泲，今則天下皆有之。有蜚、鴝鵒來巢，皆紀異也。若以蜚乃中土之蟲，而鴝鵒亦中土之禽，有何異之可紀耶？師古不通古今，所謂馬牛而襟裾者也。予謂「蜚」古之通用字，蜚乃臭蟲之本名，負蠜亦名蜚耳。惟蜰不知何物，《本草》云：「飛蠊，一名蠦蜰。」飛蠊亦不知爲何物也。「蠜」亦作「盤」，古字通。

衕

《考工記》鄭《注》：「卻行，螾衍屬。」字本作「衍」，後人加虫作「蝒」，又省作「衕」，俗字也。

蜩，蜋蜩，螗蜩。

螗，《夏小正》作「唐」，蟬之大者。「蜋」「螗」，聲之轉也。

蚻，蜻蜻。　蠽，茅蜩。

「蚻」即「蠽」之別體。蜻蜻又名茅蜩。「蜻」「螓」同音通用。《詩・碩人》：「螓首。」《箋》云：「螓，蜻蜻也。」《方言》：「蟬其小者謂之麥蚻。」「茅麥」雙聲，今北人尚呼爲麥蚻也。吴人呼爲葛蜢，廣南人呼爲草蜢。蜢，「茅」之轉聲，似蟬而小，故爲蟬屬。

蝒，馬蜩。　蜓蚞，螇鹿。

蝒，《說文》：「馬蜩也。」又：「蛃，蚈蚗，蟬屬。」《鄭志》王瓚問曰：「《爾雅》莫貉、螳蜋同類物也。今沛魯以南謂之蟷蠰，三河之域謂之螳蜋，齊沛以東謂之馬敫。」予謂馬蜩即馬敫。「敫」「蜩」聲相近，方俗語不同耳。堂蜋、馬蜩似蟬而非蟬，故《爾雅》以爲蟬屬。《說文》不妨分屬，次于蟷蠰一類，不可謂失其次也。馬蜩，蟷蠰之大者，其形如馬，故名。所以《說文》次于蟷蠰之前也。蛃，螇鹿之別名，今之支遼，江北人謂之遮聊。鳴聲似之，至深秋其鳴無力，低如赧赧矣。「赧」即「蝒」「蛃」之轉聲。蝒、蛃二物，《玉篇》《廣韵》以爲一物，非也。蚞，《釋文》：「音木，本或作『沐』〔九〕，非。」《說文》無「蚞」字，作「沐」爲是。

蠰，翦桑。

即今之桑蟲，小兒痘症用之。

蚾，蟥蛢。

蚾，當作「發」。《考工記·梓人》注：「翼鳴，發皇屬。」今之馬蟥。春日土膏動，從地下鑽土而出，若發土然，故謂之發。蚾，本作「坺」，臿土也，後人易「土」爲「虫」耳。《説文》：「蛢，蟜蟥，以翼鳴者。」又：「蟜，蟜蟥句，蛢也。」疑許所見本作「蟜蟥」。蟜蟥即發皇也。是許、鄭皆以「蚾蟥」爲句，郭讀「蟥蛢」，誤矣。

蛖

當作「尨」。

王蚥

蚥如蚚父、輿父之類，不必从虫。

蛄䗐，强蛘。

《釋文》：「蛘，郭音羊，亡婢反，本或作『芈』。《説文》作『羊』。《字林》作『蛘』，弋丈反。」今本《説文》作「蛘」，後人所改。許、吕所見本皆作「羊」，《字林》从虫，以類加耳。郭作「蛘」，恐誤。蛄，當从《説文》作「姑」。蛘，《説文》：「搔蛘也。」則非姑䗐明矣。

蜱

當作「蠯」。

蒺藜，蝍蛆。

蝍，通作「即」。蛆，俗字，當作「胆」。蜡，《説文》：「蠅胆也。」「胆，蠅乳肉中也。」《秋官·蜡氏》鄭《注》：「蜡，骨肉臭腐，蠅蟲所蜡也。」據此，是「蜡」爲「蛆」之古體，「胆」爲正字。「蒺藜」即「胆」，聲之轉也。

蝝，蝮蜪。

《説文》作「復陶」。《左傳疏》引李巡云：「蝝，蝗子也。」韋昭《國語注》：「蝝，蝮蜪也，可以食。」《説文》云：「劉歆説：『蝝，蚍蜉子也。』董仲舒説：『蝝，蝗子也。』」何休《公羊注》：「始生曰蝝，太曰蝝。」《漢書·五行志》董仲舒、劉向以爲蝗始生也。案：董子、劉向乃公羊家説。《外傳》曰：「蟲舍蚳蝝。」蝝，復陶也，蚳，螘子也。《祭統》云「陸産之醢」，鄭《注》以爲蚳蝝之屬，故韋昭云可食。是董子諸儒皆以蝝爲蝗，惟劉歆以爲螘子。《春秋·宣十五年》：「冬，蝝生。」《五行志》云：「劉歆以爲蝝，蚍蠹之有翼者。」此左氏説与公羊家説不同。歆謂有翼者，即今之飛馬蟻。許君亦以復陶爲蝗子。因歆之異説，故又引仲舒説，以足成上文之訓耳，非復陶又一物也。

蟋蟀，蛬。

蟋蟀，當作「悉蟀」。蛬，見《方言》，音「鞏」。「蛬」有「鞏」音，疑是「蛩」之別體。

蟼，蟆。

《注》：「蛙類。」則蟆爲蝦蟇矣。蟼，古無此字，或者衹作「敬」，不从虫。又《説文》：「蝌，蝌竈，詹諸。」「蝌」「蟼」語之轉，疑古本作「蝌」，不作「蟼」。

蜠，馬蝬。

「蜠」「蝬」二字，《説文》所無。蜠从艮，聲當讀如「艮」，或讀如「銀」。《釋文》：「音閑。」「銀」之轉音耳。予謂古本衹作「艮」，不从虫也。馬蝬一名馬蠲，亦名馬蚈，亦名馬蚿。是「蝬」古本作「棧」，或作「淺」，後人改从虫。「棧」「淺」「蠲」「蚈」「蚿」音同，通叚字。郭音「仕板反」，《字林》「仕免反」，皆聲之轉也。予謂《注》「馬蠲，蚐，俗呼馬蝬」，郭不云「馬蛝，蚐」，而云「馬蠲，蚐」，是郭本作「馬蠲」，不作「馬蛝」。今本非郭本之舊矣。蚐音「均」，「艮」之轉聲，即今之蓑衣蟲，多毛多足，北人呼爲錢串子。《詩》：「蜎蜎者蠋。」《説文》作「蜀」，「葵中蠶也。从虫。上目象蜀頭形，中象其身蜎蜎」。蠲，馬蠲也，从虫，罒象形，益聲。蓋蠲之形似蠶，故次于「蜀」字之下，亦如「蜀」字象形，上四横書目字也，象其頭；勹，象其身蜎蜎也。「益」之轉聲爲「圭」，《毛詩》「吉蠲爲饎」，《韓詩》作「吉圭是已」。「蜎」「圭」音相近，故又可讀作「蜎」矣。或云當讀作「桂」，拘墟之見爾。高誘《淮南注》以蠲爲熒火。今夏秋間草中有一種蟲，其形如蠶而小，長二三分，尾有光，如飛熒。吴人呼爲蚰蜒蟲，其誘之所謂熒火与？

蝗螽，蠜。草螽，負蠜。蜇螽，蜙蝑。蟿螽，螇蚸。土螽，蠰谿。

蝗螽、草螽，蝗也。蜇螽以下，悉蛗之屬也。《豳風》：「五月斯螽動股。」《箋》云：「自『七月在野』至『十月入我牀下』，皆謂蟋蟀也。」故知蜇螽以下爲悉蛗之屬。因其似蝗，連類及之耳。《毛傳》：「斯螽，蜙蝑也。」「蜇」即「蜤」字，「析」有「斯」音，所以通作「蜤」。蜤螽即斯螽，《釋文》「蜇，本又作『蜇』，《詩》作『斯』，同」是也。《注》：「蜙蝬也。」《説文》〔一〇〕：「蝬，螉蝬也，在牛馬皮上者。」今牛蝱之類，非悉蛗矣，郭説非是。《釋文》引《字林》云「螉蝬似蟒在牛皮」者，因郭《注》而誤也。「螉」「蜙」古字通，所以誤以蜙蝑爲螉蝬耳。蟿，古無此字，不知爲何字之誤。蚸，《釋文》「或作『蚗』」是也，与蟬屬之螇蚗同名。

蝧蚓，螼螾。

《注》：「即蛩螾也。」螼，古無此字，乃「蛩」字之别體。《説文》：「蟺，宛蟺也。」謂其形宛曲，虒蝓之屬。螼蚓爲一物，宛蟺爲一物。若曰無㲉者爲螼蚓，今之曲蟺也；有㲉者爲宛蟺，今蝸牛之類也。

蛅，毛蠹。

《注》：「即㦸。」㦸，《説文》：「毛蟲也。」即毛㦸，食木葉，其毛螫人。吴人呼爲㦸毛，楊州人呼爲蛘辣子。字从函，不从臽。

蟔，蛅蟴。

《説文》：「蛅斯，墨也〔一〕。」生樹葉上，吐絲如壁錢，育子其中，雀喜食之。《本草》謂之雀甕，色黑，久之色變五彩，生毛不螫人，夏秋之交化爲蛺蝶。《别録》諸書以爲即㦸，誤矣。

蛾，羅。

《注》：「蠶蛾。」《説文》：「蛾，羅也。」次于蠦類。蠶蛾之蛾，作蛾曰蠶，化飛蟲，从䖵我聲，或从虫。據此，蛾羅之蛾，即《記》「蛾子時術之」之蛾，通作「蟻」，蠦屬也。《説文》草木魚蟲皆本《爾雅》，當以《説文》爲正，郭以蟻爲蠶蛾，失矣。

朾

當从《説文》作「丁」。

蝵

《釋文》：「蝵，《説文》《字林》从蚰，蚰乃『蚗』字之誤。」然《説文》「虫」「蚗」二部皆無此字，疑是脱文。

次蟗

蟗，《釋文》：「音秋。」「蝵」非象形，又非聲，當是「蠤」字之誤，即蜉蝣之蜉。與「秋」音同部，故音「秋」也。「次」音近「鼅」，「蟗」音近「鼄」，「次蟗」「鼅鼄」，一聲之轉。

蟦，蠐螬。

蟦，《集韵》：「音肥。」蟲名，出北海，狀如凝脂。案：蟦白色，狀如白脂，故名。蟦，今之白海蛇也。螀蠭之色，亦白如脂，故詩人以比碩人之領。則此字衹作「蟦」，不必加虫矣。

蛜

《説文》作「蛜」，云伊省聲。

蛭蝚，至掌。

蛭，《注》：「水蛭也。」吴人呼爲沙搭。齧人足，人遇之即鑽入足掌，故名至掌。

熒火，即炤。

《詩》：「熠燿宵行。」「即炤」「熠燿」通用字。

蚅

當作「厄」。

蠛

《漢書·揚雄傳》：《甘泉賦》「浮蔑蠓而撇天」，當作「蔑蠛」，《説文》新附字。

王，蛈蝪。

蛈，《字林》「音秩」，可通作「秩」。「秩蝪」「螲蟷」聲之轉。

蟓，桑繭。

蟓，當作「象」，即橡也。橡，栩實。《周官・掌染》注謂之象斗。蓋繭之形橢圓如象斗，故名。郭以爲蠶繭，弗思甚矣。

蚢

當作「亢」，繭之大者。亢，大也。

蟳

當作「蟳」。

校勘記

〔一〕「草斗」之「草」字原脱，據《説文・艸部》補。《鄦齋叢書》本作「斗草」。

〔二〕「酋」，原作「尊」，據《禮記・月令》及《鄦齋叢書》本改。

〔三〕「唐蒙」後「女蘿」二字原不重文，據《爾雅注疏》及文意補。

〔四〕「接余」二字原脱，據《鄦齋叢書》本補。

〔五〕「杏」，原作「莕」，據《釋文》及《鄦齋叢書》本改。

〔六〕「輾」，原作「轉」，據《鄦齋叢書》本改。
〔七〕「萎」，原作「委」，據《爾雅注疏》及據《鄦齋叢書》本改。
〔八〕「萩」，原作「秋」，據《鄦齋叢書》本改。
〔九〕「沐」，原作「木」，據《釋文》及《鄦齋叢書》本改。
〔一〇〕「文」字原脱，據《説文·虫部》及《鄦齋叢書》本補。
〔一一〕「墨」，原作「黑」，據《説文·虫部》及《鄦齋叢書》本改。

爾雅小箋下之下

釋魚第十六

鯉、鱣、鰋、鮎、鱧、鯇。

别三魚之異名也。郭氏分爲六物，謂得諸時驗，不從先儒舊説。然三魚乃常食之魚，人所易知，其兼名則人有未喻者，故先儒分别言之。豈先儒不識常食之魚耶？今一一疏明之。鯉之大者名鱣。《衛風傳》曰：「鱣，鯉也。」《箋》曰：「大鯉也。」古訓鱣爲大鯉，無異説。自陸璣《草木魚蟲疏》謂鱣身形似龍，鋭頭，口在頷下，背上腹下皆有甲，縱廣四五尺，于孟津東石磧上釣取之，大者千餘斤，於是遂分爲二矣。陸所説之魚，産于海者，關東人謂之黄魚，吴人謂之着甲，肉黄，其頭及身皆有軟骨，明如水晶；産于江者，江南人謂之鱘魚，肉白，有軟骨，口有骨如殳，亦明如水晶。楊州人呼爲鋶，非鯉也。三十六鱗者，則謂之鯉，如「鱣鮪發發」，鯉也。古語「鱣鮪過龍門」，爲龍鱣鯉也。鮪，鮥也。陸、郭所指者乃鱘。黄魚亦名鱣耳。又爲蚍蟬之别名。鱣爲三物之名，豈獨不可爲鯉之兼名耶？鲇，《説文》：「鰋也。」鰋，《説文》：「鮀也。」鮀，《説文》：「鲇也。」鮀爲鲇類，故舍人以爲石鮀也。《詩·魚麗》傳曰：「鰋，鲇也。」鰋，「鰋」之别體。《詩正義》引孫炎曰：「鰋，一名鲇。」鲇，今之鰔魚，仰額尖口，其形如鍼，故名。「鲇」「鰔」聲之轉，今俗呼「鲇」如「年」。《釋文》以鰋爲白魚，附會郭説耳。鯉，《魚麗傳》：「鮦也。」阮尚書曰：「《釋文》：鮦，直冢反。『鱧』下云『鮦也』。《正義》云：徧檢諸本，或作『鱧鯉』，或作『鱧鯇』。又云：或有作『鱧鯶』者，定本『鱧鮦』，『鮦』与『鯉』音同。考《正義》引舍人曰：鯉名鯇。《釋文》『鲇』下云：毛及前儒『鱧』爲『鯇』。是《傳》正取《爾雅》爲解。注《爾雅》者，舊無異説，作『鯇』爲是。作『鮦』者乃依郭注《爾雅》而改，謂鱧、鯇各爲一魚也，非《傳》意。」此説是也。予謂《御覽》引陸《疏》云「鮦似鱧，狹而厚」，則鮦非鱧明矣。鯇，今之鱓子魚。鱓，「鯇」之俗體。生於江湖者名鱓子，蓄于池塘者，飼以艸，名草鱓子。「鯇」之轉聲爲「鱯」。《説文》：「鱧，鱯也。」今蘇州人呼鱓子爲會魚，「鱯」聲之訛耳。「鱯」音轉爲「鯶」。鯶，《説文》：「鱧也。」所以《詩正義》云：「或作『鱧』，鯶也。」

鯊，鮀。

《説文》無「鯊」字。鮀名吹沙，沙不从魚。魦乃樂浪潘國所出者，非吹沙也。

鮂，黑鰦。

《注》：「即白鯈魚。」案白鯈白色，不得蒙黑色之名，疑爲黝魚。「鮂」「黝」聲相近，或是「黝」之俗字。《廣雅》云：「鰍，鰌也。」蓋鰌之類，形似鰷，黑色，長二三寸，閩人喜食之。或評爲泥鰷。鰦，疑作「茲」，《本草》以爲即鹽淡水中之鰦魚，未知孰是。

鰼，鰌。

此泥鰌之大者。泥穴田淖中，似鱓，頭鋭如魚，色黄間黑，以涎染身，濡滑難握，長尺許。

鰹，大鮦；小者鮵。

《注》：「今青州呼小鱺爲鮵。」鱺，《説文》：「鱺魚也。」「鱺」字下「鰻」字曰：「鰻魚也。」《説文》部居以類相次，鱺鰻即今之鰻鱺也。鮦，《説文》：「一曰鱶也。」鱶，《説文》：「鮦也。」鱶，《本草》作「蠡」，今之烏魚，頭有七星者是也。郭氏誤以爲鱺。《別録》云：「蠡，今皆作『鱧』。」此又「鱺」之譌字矣。《説文》無「鰹」「鮵」二字，烏魚力大，失水能躍起尺許，其游行甚速，堅喻其力。鮵，喻其速，「鮵」疑作「鋭」。

魾，大鱯；小者鮡。

陳藏器《本草》云：「鱯即鮠俗作『鮰』。魚，生海中，大如石，首作膾，如雪，今産大江中，形似鮎而色潔白。亦名欠鱗魚。非鯇鱯之鱯，亦非魴魾之魾也。」

鱀，是鱁。

「鱀」「鱁」二字，《説文》所無。《注》：「鯌屬也。」據郭《注》，乃《説文》之鮫矣。鮫，海魚，皮可飾刀。陳藏器《本草》云：「沙魚狀皃非一，皆皮上有沙，堪揩木，如木賊。即今之鯊魚皮。大者煮食，味美；小者皮多沙，不堪食，木工以皮揩錯木器。以皮能磨錯，故名鯌魚。」郭所説形狀乃鯌魚，未必鱀之形与鯌同也。予謂《玉篇》「鱁，鮧也」，鮧，《説文》「大鮎也」，鮧，《本草》陶弘景曰：「鯷，即鮎也。」據此，《經》文是「即鯷」字，「是鱁」即鮧也，乃鮎之大者，非鯌屬也。弟不知「鱀」「鱁」爲何字之訛耳。

鱦

段丈懋堂云：「《説文》無『鱦』字，从繩省聲，与『蒸』合音最近，乃『鮞』之俗字。」

鮇

當从《説文》及《文選・江賦》作「𩵽」。

鮥，當魱。

魱，《説文》作「互」。鮥，昔人以爲今之鱘魚。然《説文》不列于魚屬，列于鰕鰝之下，疑非鱘也。《周官・鼈人》：「掌取互物。」《注》：「龜、鼈、蜃、蚌，甲殻交合也。」鮥當是互物，故名當互，列于貝蚌之前。

鮤，鱴刀。

《注》：「今之鮆魚也。亦呼爲魛魚。」《説文》有「鮆」，無「鮤」。鮆，《説文》：「飲而不食，刀魚也。」予謂「鮤」乃「鮆」字之誤。鱴，《玉篇》引作「蔑」，可知古本不从魚矣。「鮆」之轉聲爲「劑」，故又名鱭。吳人謂産于江者曰江鱭，産于湖者曰湖鱭。鄭君《周禮・鼈人》注以鱴刀爲薶物，含漿之屬。蚌屬内别有一物，名鱴刀，非此魚也。賈疏孫注《爾雅》刀魚与蔑别。是以「鮤鱴」爲句，「刀」爲句矣。

鱎鮬，鱖鯞。

「鱎」「鮬」「鯞」三字，《説文》所無。段丈云：「鯞音婦。鱎、鱖音近。鮬，鯞，章酉反。」如段丈説，則《經》文當作「鱖鮬鱖婦」矣。

徽

《釋文》：「字或作『鰴』。」疑即「徽」字。

蚼蛪

當作「陶厄」。

鼁䵷，蟾諸。

鼁，《説文》：「先鼁，詹諸也，或从酋。」是「䵷」乃「鼁」之重文。又曰：「鼀，䵷鼀，詹諸也。《詩》曰『得此䵷鼀』，言其行鼀鼀。」據此，則「䵷」乃「䵷」字之誤。

蜌，螷。

《説文》：「螷，蜌也。」《説文》無「蜌」字，《韵會》作「陛」。艮庭先生曰：「當作『玭』，玭蚌之有聲者。」

蚹蠃，螔蝓。

《注》：「即蝸牛也。蠃即今之螺，附殼而生，故名蚹蠃，亦名蝸蠃。」《説文》：「蝸，蝸蠃也。」《士冠禮》「蠃醢」鄭《注》：「今文蠃爲蝸，單呼爲蠃，爲蝸，累呼爲蝸蠃。」蝸蠃乃螔蝓之總名，非蝸牛也。《莊子釋文》引李云：「蝸蟲有兩角，俗謂之蝸牛。」《古今注》：「蝸牛殼如小螺。」是蝸有二種，有角者名蝸牛，無角者名小螺，或謂螔蝓，無殼，有兩角，無足，延行地上，俗呼延游，即螔蝓，古語也。予謂吴人所謂延游有有角者、無角者，有角者似蝸牛而無殼，則非互屬，不得謂之蠃明矣。凡陸産之蠃，皆臭惡不可食，而延游尤穢。北人謂之鼻涕蟲，若爲醢，食之未有不嗀者，豈可以爲醢乎？凡可食者皆産于水，如蟳螺之類，産于海者謂之海螺，其名不一，其味尤美，《尚書大傳》「鉅定蠃」是也。

蝟蠌，小者蟧。

郭《注》：「螺屬。或曰蟚蝟也，似蟹而小。」蟚蝟即彭越，「蟚蝟」俗字，今名「蟛蜞」。或説非。海螺有一種負殼而行，在殼外足眼皆如蟛蜞，殼内肉如螺絲，一名蟹螺，殼色白而滑澤，故名蝟蠌，後人易「水」爲「虫」耳。《方言》「蝭蟧」本亦作「勞虫」，亦後人所加。

仰者謝

謝，《周官·龜人》作「繹」，《禮記·玉藻》注作「射」，皆爲通叚字。庸人曰當作「射」，非是。

䟢

《説文》作「敥」。

鰿

當作「鯖」，今之鯽魚。鯽，《説文》以爲海魚，湖南、粤東人呼「鯽」若「責」，古音也。

賍

當从《釋文》作「蚳」。

蚆，博而頯。

《釋文》：「郭音蚆，疑作『巴』，博大也。」巴亦可訓爲大，巴蛇，蛇之大者。

蜠

意者其狀輪囷，故名。从虫，後人所加。

蟦

即上文「小貝」，當作「鰿」。

蠑螈，蜥蜴。

《説文》：「蚖，榮蚖，它醫。」「榮」不从虫。《小雅·節南山》傳曰：「蜴，螈也。」螈，「蚖」之别體。或以爲即《史記》「龍漦化爲元蚖」之蚖。然《國語》《史記》《列女傳》皆作「黿」。惟《索隱》曰：「亦作『蚖』，音元。」元蚖，蝘蜴也，「亦作『蚖』」者，一本作「蚖」，解爲蜥蜴耳。「蚖」「黿」通叚字，未可以黿爲蚖也。蜴，當爲「易」，《説文》「蜥蜴」字皆作「易」，古文也。所以先儒釋《周易》之「易」爲蜥蜴也。《説文》引《詩》曰「胡爲虺蜥」，《毛詩》作「蜴」，「蜴」「蜥」同音。合言之蜥蜴，析言之曰蜥曰蜴。「榮」「蚖」聲相近，亦可分合呼之，故《毛傳》訓蜴爲螈矣。惟「蝘蜓」爲連文，不可單呼也。

趹

當作「趹」。

蝮虺

《説文》：「虫一名蝮，博三寸，首大如擘指。」此《爾雅》文也，「指」字疑後人因郭《注》增入，或所見本異。虺，當作「虫」。虺，許君以爲蜥蜴，自是二物，音同，通用字。

鯢，大者謂之鰕。

《説文》：「鯢，刺魚也。」即郭《注》之鯢魚，今四川雅州、陝西秦州多有之，四足，莫夜上樹，日中入水，啼聲如小兒，本名兒魚。然無長八九尺者，《注》文「尺」字疑是「寸」字之誤。鯨、鯢海中大魚，雄曰鯨，雌曰鯢，長百丈，或曰即鱷鯢之鯢，失矣。

靈龜

《注》：「涪陵郡出大龜，甲可以卜，緣中文似瑇瑁，俗呼爲靈龜。」《文選・蜀都賦》注：「龜作釵，蓋謂其甲可卜，其緣可以作叉。」「文」乃「叉」字之誤，「叉」「釵」古今字。緣之色如瑇瑁，若今之瑇瑁叉。「龜」字下脱「叉」字。「中」讀如「律中太簇」之「中」，非謂緣中有文如瑇瑁也。

釋鳥第十七

隹其，鳺鴀。

《釋文》：「隹如字，旁或加鳥。」非也。隹，《説文》：「鳥之短尾總名。」非「鵻其」字。鵻，《説文》：「祝鳩也，从鳥隹聲。」明是二字，不得以總名之隹爲鵻也。隹乃叚借省文，豈可作本字哉！陸説誤矣。「鳺鴀」當作「夫不」，《小雅》「翩翩者鵻」，《傳》曰：「夫不也。」

鳲鳩，鴶鵴。

《説文》作「桔鵴」，《方言》「結誥」，郭《注》亦云「今之布穀」，則「鴶」字當从《方言》作「結」矣。

鵧鳩，鵧鵖。

惠徵君曰：「鵧鵖，當作『禆笠』，亦名雝禮，見《淮南子》。」或云鵧，《釋文》音苻悲反，力買反，苻尸反，父隹反，四音皆从卑。《釋文》：「《唐石經》作『鵧』。」訛。阮尚書曰：「禆、鵧乃支、清合音，戴震已詳言之。」藩謂「禆」本作「卑」，如鶡之名卑居。「鵧」雖俗字，然「并」「卑」合音，其聲則同也。

鵙鳩，王鵙。

《詩疏》引陸璣《疏》云：「鵙鳩大小如鴟，深目，目上骨露，幽州人謂之鷲，而楊雄、許慎皆曰白鷢，似鷹尾上白。」《廣雅疏證》云：「《爾雅》雎鳩自名王雎，鸒自名白鷢，明非一鳥也。」案：鵙，《毛詩》从隹，與《爾雅》《説文》異。

鷂，鵵軌。

鷂與東方雉同名，當从《説文》作「甾」。鵵，當从《釋文》「本亦作兔」。

鷚，天鸙。

鸙，《釋文》云：「鸙，《説文》作『籥』。」今本《説文》作「鸙鷚」，與《釋草》之蘢同名，後人改从鳥者，以别草名之天蘥耳。陋人據今本《爾雅》妄改《説文》。

鷜

當从《説文》作「蔞」。

輿，鵛鷋。

輿，「鸒」之省文。鵛，當从《釋文》「本亦作『徑』」。「荼」从鳥，後人所加。

鷣

《注》：「鷂也。」鷂一名隼。覃，「隼」之轉音，从鳥後人所加。

鳺

《釋文》：「本又作『鳺』。」皆可不从鳥。

鷗，鳳。其雌皇。

《説文》：「鷗，鳥也，其雌皇。从鳥匽聲。一曰鳳皇也。」據此，則鷗又爲鳥名，又爲鳳皇之名。《經》文當以「鷗」爲句，「鳳」爲句，《經》言「其雌皇」則知鳳爲雄矣。

鵯斯，鵯鶋。

《釋文》「斯」字下云：「本多無此字，『斯』是詩人協句之言，後人因將添此字也。而俗本遂『斯』旁作『鳥』，謬甚。」予謂「斯」詞也，詩人以爲語助，後人遂以爲蟲鳥之名，斯螽、螽斯之類是已。鵯鶋，當作「卑居」。

鴽，鴾母。

鴽，當作「雂」，《説文》：「或从鳥。」鴾，當作「牟」。母，《釋文》：「如字，李音無。舍人本作『蕪』。」《月令注》〔一〕：「鴽，母無。」《釋文》：「母音牟。」《正義》曰：「『母』當作『牟』，聲轉字，誤『牟』字作『母』。」《儀禮·公食大夫禮》注：「鴽，無母。」予謂牟、母、毋、無、蕪皆聲之轉，方俗語不同。或云牟母，或云牟毋，或云牟無，或云牟蕪，或云母無，或云無母，無不可也。庸人謂《石經》作「母」非，誤矣。

狂，茅鴟。

鴟，《説文》作「雖」，䳔也，籒文从鳥。狂、怪、梟三鴟，乃《詩·瞻卬》「爲梟爲鴟」之類，非鴟鴞也。

鸖

此字兩見，不知爲何字之誤。

鴘鷉

當从賈逵《左傳注》作「分循」。

竊

《小宛》《毛傳》：「桑扈，竊脂也。」《箋》云：「竊脂，肉食。」陸璣《疏》：「青雀也，好竊人脯肉及筩中膏，故名竊脂也。」孔穎達《左傳疏》云：「諸儒説竊脂皆謂竊人脂膏也，即如此言，竊玄竊黄者，豈復盜竊玄黄乎？竊，古之淺字。竊玄，淺黑也。竊藍，淺青也。竊黄，淺黄也。竊丹，淺赤也。四色皆具，則竊脂爲淺白也。」予謂五官取五方之色，脂爲白色無疑矣。蓋竊脂有二義，一爲淺白色，一爲竊脂肉食，上文桑扈竊脂，竊脂肉食之義也。此文乃淺白色之義也。若皆訓爲食肉好盜脂膏，則此文爲重見，而上文又作何説以處之耶？

牝痺

阮尚書曰：「痺，當作『庳』。」

鸍

當作「爾」，今之野鴨也。

鴢

當作「幼」。

鵵

當从《釋文》作「菟」。

鵽鷵鳥

當从《釋文》作「突胡」。

鸀

當作「蜀」，或云即屬玉，字當作「屬」。

鸉

古無此字，惟見于崔豹《古今注》，當作「楊」。

鷏

不知何字之誤。

鷉，須蠃。

鷉須，《說文》作「鸊鷉」。「鷉須」「鸊鷉」聲之互轉。當如「晨風，鸇」讀，「鷉須」絕句。蠃，《釋文》「音力戈反」，乃蠃字去虫易鳥，俗字也。

鴩，鋪豉。

《說文·尗部》：「豉，配鹽幽尗也，从尗支聲。」豉从豆，蓋古豆名。尗不名豆，漢時始呼尗爲豆，「荅」之轉聲，乃以木豆之豆代之。豉，今之豆豉也。尗爲會意，支爲諧聲，庸人不知，謂作「豉」

非，悖謬極矣。《説文》作「鴂，鋪豉」。郭《注》：「未詳。」意者鳥音如鋪豉也。

鸍，鵜鳩。

鵜，當从《左傳》作「爽」。「鵜」乃「鷞」字之誤。

鴷

當从《説文》作「鵜」。

鴷，斲木。

今之啄木鳥，能裂木食蟲。鴷，疑作「裂」。

鶖，鶶鷵。

鶖，當作「敹」。鶶鷵，當从《玉篇》作「唐屠」。

鷺，春鉏。

《禽經》曰：「步於淺水，好自低昂，如春如鋤之狀。」

鵌　鼵

鵌，楊雄《蜀都賦》作「鷋」，當作「涂」，从鳥後人所加。「鼵」祇作「突」。

鳶　蹼

鳶，古作「鳶」，亦作「鷳」。蹼，《注》云：「蹼屬，即《考工記》之樸屬也。」

亢，鳥嚨。其粻，嗉。

《釋文》引樊光云：「亢，星鳥也。嚨嚨，亢鳥之頸也。舍人云：『嚨嚨，財可見也。』」據此，疑二家本作「亢鳥嚨嚨」，與郭本異。粻，一名嗉，《漢書·天文志》張嗉爲廚星名也，是「粻嗉」又爲連文矣。嗉，當作「素」，受食之處必下垂，素从𠂹，故名素，後人加口耳。

鳼　暮

鳼，疑作「文」。暮，當作「莫」。

鶹鷅

鶹鷅，「鷅」當作「栗」，「栗鶹」「鶹栗」聲之互轉。「離留」「流離」亦互轉也。凡鳥之少美長醜者，爲鸕栗。陸璣以流離爲梟，誤矣。

釋獸第十八

麇

其跡，躔。

《淮南・主術訓》曰：「不取麇夭。」麇，當作「夭」。

《説文》：「躔，踐也。」《方言》：「躔，歷行也。」郭《注》：「躔，脚所踐處。」又云：「躔，逡循也。」日運爲躔，月運爲逡，郭《注》躔猶踐也。案麇在後者，踐在前者，所行之迹故曰躔，猶日躔之次循序而行，周而復始，其即《方言》「循」之謂與？

狄

狄，逖也。逖，遠也。麋鹿能奔，其奔甚遠也。

其跡，速。

《説文・辵部》曰：「速，籀文迹，速即迹字。」《釋文》云：「『跡』字，或作『迹』。」速、跡、迹一字也。《説文》「速」作「𪋵」。或謂淺人據誤本增入，當作「速」。如或説，則《經》文爲「其跡跡」矣，恐不然也。

麌

當作「噳」。《説文》：「麌鹿羣口相聚皃。《詩》曰：麀鹿噳噳。」今本《釋文》：「麌，一作『麌』。」蓋《釋文》本作「噳」，故云「一作『麌』」，此傳寫之誤，可證《經》文本作「噳」矣。

麜

經籍無此字，疑是「麇」字之誤。麇，《説文》：「麞屬，从鹿，㶣省聲。」有省文之「麇」，即可有不省之「麇」矣。此乃誤「灭」爲「木」耳。陸音「栗」，非聲，疑亦「㶣」之誤也。

麆

《集韵》：「音坐五切，與『粗』同。」粗，通作「麤」。

其跡，解。

阮生福云：「《序卦傳》：『解者，緩也。其走緩，故名。』《春秋》『西狩獲麟』，《公羊傳》曰：『有以告者，曰：有麕而角者。』《爾雅》云：『麐身，牛尾，一角，是麕之形似麐。其走也，亦如麐之中規中矩，不疾馳。」其解緩之義與？解，當如康成讀《解》卦『人解倦』之『解』。」

獥

古無此字。疑是「徼」字之誤。《子虛賦》「徼谻受詘」，《注》：「司馬彪云：『徼，遮也。』狼遇人或遮前，或遮後，故名徼。」《論語》何晏《注》：「徼，抄也。」今江南人謂从傍走出人前曰抄前，出人後曰抄後。

兔子，嬔。

嬔，當作「娩」，《説文》：「兔子也。」嬎，生子齊均也。

其跡，迒。

阮生福云：「《釋名》：『鹿兔之道曰迒，行不由正，迒陌山谷草野而過也。』案『迒』與『亢』通，亢，高也，兔性喜竄行不由正，雖阡陌之阻[二]，山谷之險，皆能迒而過。」

絶有力，欣。

欣，「掀」之省文。掀，《説文》：「舉出也。」引《春秋傳》曰：「掀公出於淖。」老兔遇鷹鷂則仰臥，俟其下抑起四足躍而擊之，故名欣。

奏者⿰犭昷。

奏即「腠」字，俗書作「皺」。⿰犭昷，古無此字，《集韻》「⿰豕奏」字下云：「温，豕也。」是當作「温」，「⿰犭昷」俗字也。

橧

《詩·漸漸之石》箋云：「離其橧牧之處。」《釋文》：「《爾雅》『豕所寢曰繒』，《方言》作『橧』，从木。」據此則《爾雅》作「繒」，不作「橧」矣。《説文》無「橧」字。

豥

當从《詩箋》作「駭」。

其跡，刻。

《詩·小雅》：「有豕白蹢，烝涉波矣。」《傳》：「豕，豬也。將久雨則豕進涉水波。」《箋》云：「豕之性能水，又唐突難禁。四蹄皆白曰駭，則白蹄其尤躁者。今離其橧、牧之處，與衆豕涉入水之波漣矣。」《毛傳》以豕之統名釋《詩》，鄭君則專屬之駭，天將久雨，則駭率衆豕涉波，人刻記其跡以驗之。其負塗亦然。《釋名》：「刻，克也。」克訓爲能，謂豕能知雨之時也。刻引伸爲時刻之刻。

《大戴禮·易本命》篇：「六九五十四主時，時主豖」。《易·説卦傳》「坎爲豖」，侯果《注》：「六九五十四，主時精爲豖，坎豖懷胎，四月而生，宣時理節是其義也。」此述《易本命》之旨。宣時者，明四時之序；理節者，治廿四氣之候。豖能知十二時，時从刻起，故不曰時，曰刻也。

豟

疑作「戹」。

鼳，鼠身長須而賊，秦人謂之小驢。

《釋文》：「本多作『狊』。《經》文既云『鼠身』，宜从鼠。」《説文》無「鼳」字，當作「狊」，陸説非是。「秦人謂之小驢」，疑是舊注，傳寫者誤作《經》文。

貄

《釋文》：「衆家作『肆』。」考《説文》，「希，脩豪獸」，「𢑌，希屬」，「𧲸，古文『𢑌』」。《虞書》曰「𢑌類于上帝」，今本《尚書》作「肆」。據此，則「貄」乃「肆」之誤。「貄」又爲「貄」之誤。

貈

貈，《説文》：「似狐，善睡獸。」引《論語》：「狐貈之厚以居。」貉，北方豸種，一爲獸，一爲人。

因「貈」有「各」音，經傳通借「貉」爲「貈」，然非本字也。

貒子，貗。

貗，當作「婁」，婁，豕也。《左傳》曰：「既定爾婁豬。」貒，《本草》以爲野豬，郭《注》「一名貛」，則爲貍屬，此別一義也。

豰

《說文》：「小豚也。」借豕子之名以名貔子。

貙獌，似貍。

狐、貈、貆，皆貍屬也。貙似貍，虎屬，因其似貍，故亦呼貙貍。又呼爲貙膢。《漢書·武帝紀》「膢五日」，《注》：「漢儀注：立秋貙膢。蘇林曰：貙，虎屬。常以立秋日祭獸王者，亦以此日出獵還以祭宗廟，故有貙膢之祭。」《說文·肉部》：「膢，楚俗以二月祭飲食也。一曰祈穀食新曰離膢。」許君二説雖與上説不同，然貙膢、離膢則一也。「貙膢」「離膢」「貙貍」，皆聲之轉也。

魋

《説文》十九字之一，然偏旁有之，疑《説文》脱此字。

䝟貐

《説文》：「䝟貐似貙。」《説文》無「䝟」字。《山海經》作「窫窳」〔三〕，是。《説文》本作「窫」，陋人改之耳。

驨

當从《釋文》「本又作『巂』」。

其跡，厹。

厹，《説文》重文，作「蹂」。蹂，蹸也。貍狐之屬，所過之處其跡若蹂蹸者。然《禮記》「入國不馳」《注》：「國中人多，若馳車則害人，故不馳。」《疏》云：「馳，善蹸人也。蹸，雷刺也。」蓋貍以指爪蹂踐所經之土而又雷刺之，予謂《外傳》狐霾狐搰亦蹂蹸之義也。

猩猩

當作「狌狌」。

寓屬

許叔重、鄭康成所謂禺屬者，乃蜼猴之屬，非寓屬也。《方言》曰：「寓，寄也。」此篇自麋以下，或寄于木，或寄于穴，非家畜，故曰寓也。《釋文》：「舍人本作『麌』。」亦非也。

鼭

陸音「時」，疑作「時」。

鼣

《釋文》：「字或作『⿰鼠發』，苻廢反[四]。」今本从犬，非声，《經》文本作「鼥」，「犮」誤爲「犬」耳。「鼥」讀「吠」，故舍人云「其鳴如犬」也。《説文》無此字。《本草》有鼧鼥，《拾遺》謂之土撥鼠，則「⿰鼠發」乃「撥」字，後人易「手」作「⿰鼠發」耳。

鼤鼠，鼨鼠。　豹文鼮鼠。

鼤，當作「文」。《説文》：「鼨，豹文鼠也。」許君以豹文鼠、鼨爲一物，是《爾雅》古本如此，當云「鼨，豹文」。終軍鼮鼠事，《漢書》所無，《文選注》引《三輔決録》又以爲竇攸事，蓋小説家稗販之言，不可爲典要。鼮鼠之名，僅見于此，「鼮」字亦不見于往籍，疑是後漢人羼入耳。

釋畜第十九

騉蹄，趼，善陞甗。

騉，當作「昆」。《釋文》：「本亦作『昆』。」蹄，當作「蹏」。趼，當作「研」。《釋文》：「舍人云：『研，平也。』」是舍人本作「研」。《漢書·百官公卿表》注如淳引《爾雅》作「昆蹏，研」，可見古本「騉」作「昆」，「趼」作「研」矣。

駥

當作「戎」。《釋文》：「本亦作『戎』。」惠徵君曰：「即『龍』字。《周禮·庾人》馬八尺以上爲龍。」

馬　驓

馬，當作「馵」。驓，疑作「繒」，謂色白如素繒，故名繒。

㺃

《説文》無「㺃」字，當从舍人本作「狗」。

所加。

騵

騵，「驪」之省文。騵，《説文》此字衹作「原」，不从馬。《詩·大明》「駟騵彭彭」，从馬亦後人所加。

白跨

《詩·駉》疏：「孫炎曰：白跨，股脚白也。郭《注》：跨，髀間也。」《説文》：「跨，渡也。」胯，股也。孫以爲股脚則當作胯，郭以爲人所跨馬兩股之間，則當作「跨」，所以《釋文》引《説文》「髀股外也今本《説文》無『外』字。」以證之，若内股白，則非人所跨之處矣。

白州驠

《正字通》曰：「《山海經》：倫山之熊，其川在尾上。《注》：川，竅也。據此，『州』當作『川』。」予謂此説近是。《禮運》「地秉陰竅于山川」，《疏》：「地秉持于陰气，爲孔于山川以出納其气。」所以人之九竅名川，川，穿也。川在尾上，是爲後竅，故邢《疏》云：「馬之白尻者，名驠也。」《説文》亦作「白州」，疑後人據《爾雅》改之耳。

騣

《説文》無此字，疑衹作「㚇」，不从馬。

駺

《釋文》本多作「狼」。

馰

《釋文》：「的，《字林》作『馰』。」據此則《經》文本作「的」，惟《字林》作「馰」耳。的，俗字，當作「旳」。

駫

疑是「駜」字之誤。

褭驂

褭，俗字，當作「褭」。褭，《説文》：「短衣也。」玄駒，小馬。褭，短小之皃。

騇

當作「犵」。《玉篇》：「犵，馬名。」

騝

經傳無此字，惟見于《石鼓文》。

騽

《注》訓騽爲背脊毛。《説文》：「騽，馬豪骭也。」「驔，驪馬黄脊。」此《爾雅》文也，所以《釋文》曰「《説文》作『驔』」。「驔」「騽」聲之轉，通借字。

驎

《釋文》作「粼」，又引孫炎云：「似魚鱗也。」《説文》：「驒，驒騱，野馬也。一曰青驪白鱗，文如鼉魚。」「騏，馬青驪文，如博棊也。」此説本之《爾雅》。驒爲野馬，不可爲騎，是古本作「騏」，不作「粼」矣。「驎」乃「麟」之俗體。

騥

《釋文》：「本又作『柔』。」謂柔毛也。

䮾

《釋文》引《説文》云：「黑馬驪，白雜毛。」今本《説文》無「䮾」字，疑是《字林》之誤。䮾，當作「鴇」，《鄭風》「叔于田，乘乘鴇」是也。

蒼白雜毛，騅。

《説文》作「蒼」，黑雜毛。

駩

《説文》無此字。《釋文》：「孫本作『犉』。」予謂《小雅》「九十其犉」《傳》「黄牛黑脣曰犉」，馬黑脣与牛同，故名犉。

瞯

通作「驔」。《釋文》引《説文》：「戴目也。」今《説文》無此文，疑是《字林》之誤。下文「《字林》

作『騆』」，疑是《説文》之誤。

犘牛

犘，音「麻」。《五經文字·牛部》無「犘」字，是古本祇作「麻」耳。

犦牛

《注》：「領上肉𦢊胅起。」鄭注《考工記》「𦢊謂墳起」，是「犦」當作「𦢊」矣。《釋文》「《注》文作『𦢊』」，云與上「犦」字同。今本皆爲「犦」，非也。《説文》無「𦢊」字，當作「暴」。

犩牛

《中山經》「夔牛」，郭云即《爾雅》「魏牛」。《五經文字》無「犩」字，是郭本作「魏」，不从牛也。

犑牛

無文可證，疑作「狊」。

牰　犚　犈

牰，《釋文》：「或作『褏』。」犚、犈，疑二字皆不从牛。

欣猳

猳，當作「豭」。邵《疏》云：「猳，疑衍文。」阮尚書曰：「《爾雅》凡言絶有力，下一字皆單字。」然雙字、單字隨方俗語言，未可以爲衍字也。

牝，羖。

或云牝羊，無角。《小雅》「俾出童羖」，《箋》：「羖羊之性，牝牡有角。」不可謂牝羊無角也。

獫

當作「獫」，獫，獸之總名也，从犬，是以獸屬之字多从犭，如狌狌、猨、猱之類是已。

獑

古無此字。《説文》有「㸮」字，即此字，乃犬之名，所以从犬也。

健

《集韵》：「雙生子也。」謂連生二子，不从人。

校勘記

〔一〕「注」字原脱。按：引文「鴽，母無」出自鄭玄《禮記・月令》注，今據補。《鄦齋叢書》本亦有「注」字。

〔二〕「阡陌」，原作「阡阻」，據《鄦齋叢書》本改。

〔三〕「窫窳」，原作「窫窳」，據《山海經・海内西經》改。

〔四〕「廢」，原作「發」，據《釋文》及《鄦齋叢書》本改。

跋

（清）汪喜孫

江先生治《爾雅》在邵太史《正義》之前，是其少作，非顓門之業。近日，王、段兩家小學書成，此書不能与之争席。然先生爲大興朱學士弟子，博覽九流，尤精史學。爲人闊達大度，視友朋如性命，散其家産，結納滿天下，竟以餓死。吁！可悲也。喜孫早年受知，獲聞緒論，記先生自京師歸，盛稱星伯先生及少鶴閣學曰："京師學者，孰與二徐！"喜孫心識之。迨來京師，始知星伯先生，今之徐健庵、畢秋颿也。會先生殁，無子，星伯先生出泉十萬貫，俾喜孫録先生遺書，与吴太守、陳明經是正之。二君深于文字、聲音、訓詁之學，與王、段相埒，喜孫奉手受教者也。于時在京師治小學者，復有徐户部、龔舍人、羅上舍，亦奇士也。

國朝漢學師承記

國朝漢學師承記序

（清）阮　元

兩漢經學所以當尊行者，爲其去聖賢最近，而二氏之説尚未起也。老、莊之説盛於兩晉，然《道德》《莊》《列》本書具在，其義止於此而已，後人不能以己之文字飾而改之，是以晉以後鮮樂言之者。浮屠之書，語言文字非譯不明，北朝淵博高明之學士，宋、齊聰穎特達之文人，以己之説傅會其意，以致後之學者繹之彌悦，改而必從，非釋之亂儒，乃儒之亂釋。魏收作《釋老志》後，蹤跡可見矣。吾固曰：兩漢之學純粹以精者，在二氏未起之前也。我朝儒學篤實，務爲其難，務求其是，是以通儒碩學有束髮研經，白首而不能究者，豈如朝立一旨，暮即成宗者哉！

甘泉江君子屏得師傳于紅豆惠氏，博聞强記，無所不通，心貫羣經，折衷兩漢。元幼與君同里同學，竊聞論説三十餘年。江君所纂《國朝漢學師承記》八卷，嘉慶二十三年居元廣州節院時刻之。讀此可知漢世儒林家法之承授，國朝學者經學之淵源，大義微言，不乖不絶，而二氏之説亦不攻自破矣。

元又嘗思國朝諸儒説經之書甚多，以及文集、説部，皆有可采，竊欲析縷分條，加以翦截，引繫於羣經各章句之下。譬如休寧戴氏解《尚書》「光被四表」爲「横被」，則繫之《堯典》；寶應劉氏解

《論語》「哀而不傷」即《詩》「惟以不永傷」之「傷」，則繫之《論語·八佾》篇而互見《周南》。如此勒成一書，名曰《大清經解》。徒以學力日荒，政事無暇，而能總此事、審是非、定去取者，海内學友惟江君暨顧君千里二三人。他年各家所著之書，或不盡傳，奥義單辭，淪替可惜，若之何哉！歲戊寅除夕，阮元序於桂林行館。

國朝漢學師承記卷一

先王經國之制，井田與學校相維，里有序，鄉有庠。八歲入小學，學六甲、五方、書計之事，始知室家長幼之節。十五入大學，學先聖禮樂，而知朝廷君臣之禮。所以耕夫、餘子亦得秉耒横經，漸《詩》《書》之化，被教養之澤。濟濟乎，洋洋乎，三代之隆軌也。

秦并天下，燔《詩》《書》，殺術士，聖人之道墜矣。然士隱山澤巖壁之間者，抱遺經，傳口説，不絶於世。漢興，乃出。言《易》，淄川田生；言《書》，濟南伏生；言《詩》，於魯則申公培，於齊則轅固生，於燕則韓太傅；言《禮》，魯高堂生；言《春秋》，於齊則胡母生，於趙則董仲舒。自兹以後，專門之學興，命氏之儒起，《六經》《五典》，各信師承，嗣守章句，期乎勿失。西都儒士，開横舍，延學徒，誦先王之書，被儒者之服，彬彬然有洙、泗之風焉。爰及東京，碩學大師賈、服之外，咸推高密鄭君，生炎漢之季，守孔子之學，訓義優洽，博綜羣經，故老以爲前修，後生未之敢異。

晉王肅自謂辨理依經，逞其私説，僞作《家語》，妄撰《聖證》，以外戚之尊，盛行晉代。王弼宗《老》《莊》而注《周易》。杜預廢賈、服而釋《春秋》。梅賾上《僞書》，費甝爲《義疏》，於是宋、齊以降，師承淩替，江左儒門，參差互出矣。然河洛尚知服古，不改舊章，《左傳》則服子慎，《尚書》《周易》則鄭康成，《詩》則並主於毛公，《禮》則同遵於鄭氏。若輔嗣之《易》，惟河南、青、齊間有講習之者，而王肅《易》亦間行焉。元凱之《左氏》但行齊地，《僞孔傳》惟劉光伯、劉士元信爲古文，皆不爲當時所尚。《隋書》云：「南人約簡，得其英華；北學深蕪，窮其枝葉。」豈知言者哉！

唐太宗挺生於干戈之世，創業於戎馬之中，雖左右櫜鞬，櫛沐風雨，然鋭情經術，延攬名流。即位後，讎正《五經》，頒示天下，命諸儒粹章句爲《義疏》。惜乎孔沖遠、朱子奢之徒妄出己見，去取失當，《易》用輔嗣而廢康成，《書》去馬、鄭而信僞孔，《穀梁》退麋氏而進范甯〔一〕，《論語》則專主平叔，棄尊彝而寶康瓠，舍珠玉而收瓦礫，不亦傎哉！

宋初承唐之弊，而邪説詭言，亂經非聖，殆有甚焉。如歐陽修之《詩》，孫明復之《春秋》，王安石之《新義》是已。至於濂、洛、關、閩之學，不究禮樂之源，獨標性命之旨，義疏諸書，束置高閣，視如糟粕，棄等弁髦，蓋率履則有餘，考鏡則不足也。

元、明之際，以制義取士，古學幾絶，而有明三百年，四方秀艾困於帖括，以講章爲經學，以類書爲博聞，長夜悠悠，視天夢夢，可悲也夫！在當時豈無明達之人、志識之士哉？然皆滯於所習，以求富貴，此所以儒罕通人，學多鄙俗也。

我世祖章皇帝握貞符，膺圖籙，撥亂反正，伐罪弔民，武德定四海，文治垂千古。順治十三年，勑大學士傅以漸撰《易經通註》，以永樂《大全》繁冗蕪陋，刊其舛訛，補其闕漏，勒爲是書，頒之學官。聖祖仁皇帝嗣位，削平遺孽，親征西番，戡定三藩，永清六合，然萬機之暇，棲神墳典，悦志藝文，闡五音、六律之微，稽八綫、九章之術。天亶睿知，典學宏深，伊古以來所未有也。康熙十九年，勅大學士庫勒納等編《日講四書解義》《日講書經解義》。二十二年，勅大學士牛鈕等編《日講易經解義》。三十八年，奉勅撰《春秋傳説彙纂》。五十四年，又勅大學士李光地等撰《周易折中》。六十年，又勅大學士王頊齡等譔《書經傳説彙纂》，又勅户部尚書王鴻緒等撰《詩經傳説彙纂》。凡御纂群經，皆兼采漢、宋先儒之説，參考異同，務求至當，遠紹千載之薪傳，爲萬世不刊之鉅典焉。世宗憲皇帝際昇平之時，咸寧之世，未明求治，乙夜觀書，雖夙通三乘，然雅重七經。即位之後，即刊行聖祖欽定《詩經傳説彙纂》《書經傳説彙纂》，皆御製序文，弁於卷首，又編定聖祖《日講春秋解義》。雍正五年，御纂《孝經集註》，折衷羣言，勒爲大訓，推武、周達孝之源，究天地明察之理，故能心契孔、曾，權衡醇駁也。至高宗純皇帝御極六十年，久道化成，不疾而速，不行而至，武功則耆定十全，文德則旁敷四海，富既與地乎侔訾，貴乃與天乎比崇，盛德日新，多文日富。乾隆元年，詔儒臣排纂聖祖《日講禮記解義》。十三年，欽定《周官義疏》《儀禮義疏》《禮記義疏》。二十年，大學士傅恒等奉勅撰《周易述義》《詩義折中》。三十年，大學士傅恒等奉勅撰《春秋直解》。於《易》則不涉虚渺之説與術數之學，觀象則取互體以發明古義；於《詩》則依據毛、鄭，溯孔門授受之淵源，事必有徵，義必有本，臆説武斷，概不取焉；於《禮》則以康成爲宗，探孔、賈之精微，綜羣儒之同異，本天殽地，經國坊民，治法備矣；於《春秋》則採三家之精華，斥安國之迂謬，闡尼山之本意，洵爲百王之大法也。經學之外，考《石鼓》，辨大昌、用修之非；刊《石經》，湔《開成》《廣政》之陋。又刻《御製説經文》於太學。皆治經之津梁，論古之樞要，所謂懸諸日月，焕若丹青者也。於是鼓篋之士，負笈之徒，皆知崇尚實學，不務空言，游心六藝之圃，馳騖仁義之塗矣。我皇上誕敷文教，敦尚經術，登明堂，坐清廟，次羣臣，奏得失。天下之衆，鄉風隨流，卉然興道而遷義，家懷克讓之風，人誦康哉之詠。猗歟偉歟，何其盛也！

蓋惟列聖相承，文明於變，尊崇漢儒，不廢古訓，所以四海九州强學待問者，咸沐《菁莪》之雅化，汲古義之精微。縉紳碩彦，青紫盈朝；縫掖巨儒，絃歌在野。擔簦追師，不遠千里；講誦之聲，道路不絶。可謂千載一時矣！

藩綰髮讀書，授經於吴郡通儒余古農、同宗艮庭二先生，明象數制度之原，聲音詁訓之學，乃知經術一壞於東、西晉之清談，再壞於南、北宋之道學，元、明以來，此道益晦。至本朝，三惠之學，盛於吴中；江永、戴震諸君，繼起於歙。從此漢學昌明，千載沉霾一朝復旦。暇日詮次本朝諸儒爲漢學者，成《漢學師承記》一編，以備國史之採擇。

嗟乎！三代之時，弼諧庶績，必舉德於鴻儒；魏、晉以後，左右邦家，咸取才於科目。經明行修之士，命偶時來，得策名廊廟；若數乖運舛，縱學窮書圃，思極人文，未有不委棄草澤，終老邱園者也。甚至饑寒切體，毒螫瘡膚，筮仕無門，齎恨入冥。雖千載以下，哀其不遇，豈知當時絶無過而問之者哉！是《記》，於軒冕則略記學行，山林則兼誌高風。非任情軒輊，肆志抑揚，蓋悲其友麋鹿以共處，侯草木以同彫也。

閻若璩 張弨 吴玉搢 宋鑒

閻若璩，字百詩，先世居太原縣西寨村，五世祖始居淮安。祖世科，明萬曆〔二〕甲辰進士，官至布政司參議。父修齡，郡學生。若璩生，世科愛之，常抱置膝上，摩其頂曰：「汝貌文，其爲一代儒者以光吾宗乎！」

若璩生而口吃，性鈍，六歲入小學，讀書千遍不能背誦。年十五，冬夜讀書，扞格不通，憤悱不寐，漏四下，寒甚，堅坐沉思，心忽開朗，自是穎悟異常。是年，補學官弟子，一時名士如李太虚、方爾止、王于一、杜于皇，皆折輩行與交。若璩研究經史，寒暑弗徹，嘗集陶貞白、皇甫士安語，題所居之柱云：「一物不知，以爲深恥，遭人而問，少有寧日。」其立志如此。年二十，讀《尚書》，至古文，即疑二十五篇之譌。沈潛二十餘年，乃盡得其癥結所在，作《古文尚書疏證》。其説之最精者，謂：「《漢書·藝文志》言『魯共王壞孔子宅，得《古文尚書》，孔安國以攷二十九篇，得多十六篇』。《楚元王傳》亦云『《逸書》十六篇，天漢之後，孔安國獻之』。古文篇數之見於西漢者如此，而梅賾所上乃增多二十五篇，此篇之不合也〔三〕。杜林、馬、鄭，皆傳古文者。據鄭氏説，則增多者《舜典》《汩作》《九共》《大禹謨》《益稷》《五子之歌》《胤征》《典寶》《湯誥》《咸有一德》《伊訓》《肆命》《原命》《武成》《旅獒》《冏命》十六篇〔四〕，而《九共》有九篇，故亦稱二十四篇。今晚出《書》無《汩作》《九共》《典寶》等篇，此篇名之不合也。鄭康成注《書序》，於《仲虺之誥》《大甲》《説命》《微子之命》《蔡仲之命》《周官》《君陳》《畢命》《君牙》，皆注曰亡，而於《汩作》《九共》《典寶》《肆命》諸篇，皆注曰逸。

逸者，即孔壁《書》也。康成雖云受《書》於張恭祖，然其《書贊》曰『我先師棘下生子安國亦好此學』，則其淵源於安國明矣。今晚出《書》與鄭名目互異，其果安國之舊耶？」

又云：「古文傳自孔氏，後惟鄭康成所注者得其真；今文傳自伏生，後惟蔡邕《石經》所勒者得其正。今晚出《書》『宅嵎夷』，鄭作『宅嵎鐵』；『昧谷』，鄭作『柳谷』；『心腹腎腸』，鄭作『憂腎陽』；『劓、刵、劅、剠』，鄭作『臏、宫、劓、割頭、庶剠』，與真古文既不同矣。《石經》殘碑遺字，見於洪适《隸釋》者五百四十七字，以今孔《書》校之，不同者甚多。碑云高宗之饗國百年，與今《書》之『五十有九年』異；孔敍三宗以年多少爲先後，碑則以傳敍爲次，則與今文又不同。然後知晚出之《書》，蓋不古不今，非伏非孔，别爲一家之學者也。班孟堅言司馬遷從安國問故，故《堯典》《禹貢》《洪範》《微子》《金縢》諸篇，多古文説。許慎《説文解字》亦云其稱《書》孔氏。今以《史記》《説文》與晚出《書》相校，又甚不合。安國注《論語》『予小子履』，以爲《墨子》引《湯誓》其辭若此，不云此出《湯誥》，亦不云與《湯誥》小異，然則『予小子履』云云，非真古文《湯誥》，蓋斷斷也。其注『雖有周親，不如仁人』句，於《論語》則云『親而不賢不忠，則誅之，管、蔡是也。仁人謂微子、箕子，來則用之』；於《尚書》則云『周，至也。言紂至親雖多，不如周家之少仁人』。其詮釋相懸絶如此，豈一人之手筆乎？」

又云：「古未有夷族之刑，即苗民之虐，亦祇肉刑止爾；有之，自秦文公始。僞作古文者偶見《荀子》有『亂世以族論罪，以世舉賢』之語，遂竄之《泰誓》篇中。無論紂惡不如是甚，而輕加三代以上以慘酷不德之刑，何其不仁也！荀卿曰：『誥誓不及五帝。』《司馬法》言有虞氏戒於國中，夏后氏誓於軍中，殷誓於軍門之外，周將交刃而誓之。當虞舜在上，禹縱征有苗，安得有會后誓師之事〔五〕？此亦不足信也。《司馬法》曰：『入罪人之地，見其老弱，奉歸無傷，雖遇壯者，不校勿敵。敵若傷之，藥醫歸之。』三代之用兵，以仁爲本如此，安得有『火炎崑岡，玉石俱焚』之事？既讀陳琳《檄吴文》云『大兵一放，玉石俱碎』，鍾會《檄蜀文》云『大兵一發，玉石俱碎』，乃知其時自有此等語，則此書之出魏、晉間又一佐也。」

又云：「《武成》篇先書一月壬辰，次癸巳，又次戊午，已是月之二十八日；後繼以癸亥、甲子，是爲二月之四、五日，而不冠以二月，非今文書法也。《洛誥》稱乙卯，《費誓》兩稱甲戌，此周公、伯禽口中之詞，指此日有此事云爾，豈史家紀事之例乎？」

又云：「《書序》，益稷本名棄稷，馬、鄭、王三家本皆然，蓋別是一篇，中多載后稷與契之言。揚子雲《法言·孝至》篇『言合稷、契之謂忠，謨合皋陶之謂嘉』。子雲親見古文，故有此言。晚出《書》析《皋陶謨》之半爲《益稷》，則稷與契初無一言，子雲豈鑿空者耶？」

其辨《孔傳》之僞云：「三江入海，未嘗入震澤，孔謂江自彭蠡分而爲三，共入震澤者，謬也。金城郡，昭帝所置，安國卒於武帝時，而《傳》稱積石山在金城西南，豈非後人作僞之證乎！《傳》義多與王肅《注》同，乃孔竊王，非先有孔説而王取之也。漢儒説六宗者，人人各異，王肅對魏明帝乃取《家語》『孔子曰所宗者六』之語，肅以前未聞也，而《僞傳》已有之，非孔竊王而何！」

其論可謂信而有徵矣。

康熙元年，始游京師，合肥龔尚書鼎孳爲之延譽，由是知名。旋改歸太原故籍爲廩膳生。崑山顧炎武游太原，以所撰《日知録》相質，即改訂數則，炎武心折焉。未幾，出游鞏昌，與陳秀才子壽善〔六〕，一夕共成七言絶句百首，名曰《隴右倡和詩》。

十七年，應博學宏詞科試不第，留京師，與長洲汪編修琬反覆論難。琬著《五服考異》成，若璩糾其繆，琬雖改正，然護前輙，謂人曰：「百詩有親在，而喋喋言喪禮乎！」若璩聞之，曰：「王伯厚嘗云：『夏侯勝善説禮服，言禮之喪服也。蕭望之以禮服授皇太子，則漢世不以喪服爲諱也。唐之奸臣以凶事非臣子所宜言，去《國恤》一篇，識者非之。』講經之家，豈可拾其餘唾哉！」崑山徐贊善乾學問曰：「於史有徵矣，於經亦有徵乎？」若璩曰：「按《雜記》，曾申問於曾子曰：『哭父母，有常聲乎？』申，曾子次子也。《檀弓》：『子張死，曾子有母之喪，齊衰而往哭之。』夫孔子没，子張尚存，見於《孟子》。子張死而曾子方喪母，則孔子時曾子母在可知，《記》所載《曾子問》一篇，正其親在時也。」乾學歎服。

三十一年〔七〕，客閩歸，乾學延至京師，爲上客。每詩文成，必屬裁定，曰：「閻先生學有師法，非吴志伊輩所及也。」合肥李公天馥亦云：「詩文不經百詩勘定，未可輕易示人。」及乾學以尚書歸里，奉敕修《一統志》，開局於洞庭東山，既又移嘉善，後歸崑山，若璩皆從事焉。若璩精於地理之學，山川形勢，州郡沿革，瞭若指掌。嘗曰：「孟子言讀書當論其世，予謂並當論其地。」少讀《孟子》書，疑滕定公薨，使然友之鄒問孟子，何緩不及事；及長大，親歷其地，乃知故滕國城在今縣西南十五里，故邾城在今鄒縣東南二十六里，相去僅百里，故朝發而夕至，朝見孟子而暮即反命也。」因撰《四書釋地》六卷、《釋地餘論》一卷。又據《孟子》七篇，參以《史記》諸書，作《孟子生卒年月考》一卷。

晚年，名益著，學者稱爲潛邱先生。世宗在潛邸，手書延至京師，握手賜坐，呼「先生」而不名。索觀所著書，每進一篇，未嘗不稱善。疾亟，請移就外，留之，不可，乃以大牀爲輿，上施青紗帳，二十人舁之出，移居城外十五里，如臥牀簀，不覺其行也。

卒年六十有九，時康熙四十三年六月八日。世宗遺官經紀其喪，親製輓詩四章，有「三千里路爲余來」之句。後爲文以祭之，有云「讀書等身，一字無假，孔思周情，旨深言大」。若璩以諸生而受聖主特達之知，可謂得稽古之榮矣。

平生長於考證，遇有疑義，反覆窮究，必得其解乃已。嘗語弟子曰：「曩在東海公邸夜飲，公云：『今晨直起居注，上問古人言使功不如使過，此語自有出處，當時不能答。』予舉宋陳傅良有《使功不如使過論》〔八〕，篇中有秦伯用孟明事，但不知此語出何書耳。越十五年，讀《唐書·李靖傳》，高祖以靖逗留，詔斬之，許紹爲請而免。後率兵破開州蠻，俘擒五千，帝謂左右曰：『使功不如使過，果然。』謂即出此。又越五年，讀《後書·獨行傳》〔九〕，索盧放諫更始使者勿斬太守，曰『夫使功不如使過』，章懷《注》：『若秦穆公赦孟明而用之，霸西戎。』乃知全出於此。甚矣！學問之無窮，而尤不可以無年也。」

天性多否少可，詞科五十人中，獨許吴志伊之博覽、徐勝力之强記而已。如李天生，謂其杜撰故事；汪鈍翁，謂其私造典禮。所服膺者三人，曰錢受之、黄太沖、顧寧人。然論受之，則曰：「此老《春秋》不足作準。」論太沖，則曰：「太沖之徒麤。」《待訪録》，指其繆訛，不一而足。指摘《日知録》一卷，見《潛邱劄記》中。藩聞之顧君千里，云曾見初印亭林所刊《廣韻》，前有校刊姓氏，列「受業閻若璩」名，則若璩嘗執贄崑山門下。然若璩所著書中不稱亭林爲師，豈亭林没後，遂背其師耶？

所著《古文尚書疏證》《四書釋地》《孟子生卒年月考》《潛邱劄記》，行於世。子詠，亦能文。

同時山陽有張弨者，字力臣，隱於賈，受業於崑山顧炎武，究心小學，有《婁機漢隸字原校本》。敍曰：

自隸變篆以就省，而碑版各家，可以隨意增減點畫，改易偏旁，好異尚奇，貽誤後學。今悉準之《説文》，於《漢隸字原》中取一正體，以朱筆標出之；或破體而不至背正體者，亦標出之；其雖無當於正體而近是者，亦點出之；其全譌者，則據説文駁正之；其本碑不誤而《字原》抄寫致錯者，亦校正之。

論「辭」字曰：「『辭』乃『辭訟』之『辭』，若『辤受』之『辤』則從『受』，而『文詞』之『詞』又別焉」。

論「懷」字曰：「『懷』乃『懷想』之『懷』，若『褱抱』之『褱』，則不從『心』，而『褢袖』之『褢』又別焉。」

論「麟」字曰：「麟，大牝鹿也，非西狩所獲也。四靈之一，乃『麐』字也。」

論「氤氳」二字曰：「以篆法當作『壹壼』，而隸無『壼』字，故借爲『烟煴』，又借『煴』而爲『緼』。若『氤氳』，乃俗字，而『絪』亦俗字也。」

論「雕」字曰：「『雕』之爲『鵰』，猶『雞』之爲『鷄』，本一字，而『彫』則『琢』也。今反歧『雕』與

『鵰』爲二字，而系『雕』與『彫』爲一字，謬之尤者也。」

論「華」字曰：「古作『雩』，通作『蕚』，宋、齊以前無『花』字，北朝魏、齊之交始有之。」

論「彊」字曰：「彊者，弓有力也。『强』則『蚚』也，非『彊』也。」

論「累」字曰：「『繫纍』之『纍』，省而爲『累』，非『積絫』之『絫』。」

論「序」字曰：「『庠序』之『序』是學名，非『次敘』之『敘』。」

論「艸」字曰：「『艸』乃象形，若『草』，則斗櫟實也，别爲一字。」

論「气」字曰：「凡『天气』『地气』之『气』，皆气也。加『米』是『氣稟』之『氣』。今妄以『氣』爲『气』，而加『食』字爲『餼』，贅文也。」

論「俊」字曰：「千人之材曰『俊』，若『雋』則肥肉也。『冋』乃『弓』之横體，引弓射隹，故曰得雋，非俊也。今加『人』於『雋』旁，通以爲『俊』，謬之大者也。」

論「黻」字曰：「黑與青相次之文。『市』則上古蔽前之皮，其字象形。『市』之重文曰『韍』，非『黻』也。後世加『艸』於『市』爲『芾』，非也。又改『韋』作『系』爲『紱』，亦非也。漢人不曉，妄用之。宋之米元章名芾，而通書作『黻』，皆誤也。」

其書之大略如此。

力臣雖不知古人假借通用之説，然謹守叔重之書，辨鄉壁虚造之字，其學識遠出戴侗、楊桓之上矣。雅好金石文字，遇荒村野寺，古碑殘碣埋没榛莽之中者，靡不椎拓。嘗登焦山，乘江潮歸壑，往山巖之下藉落葉而坐，仰讀《瘞鶴銘》，聚四石，繪爲圖，聯以宋人補刻字，証爲顧況書，援據甚核。力臣書法唐賢，世稱能品，爲炎武寫《廣韻》及《音學五書》，今世傳彫本是也。

力臣之後有吴玉搢，字藉五，號山夫。考古書文字之異，取字體之假借通用者，系韻編次，各注所出，爲之辨証，著《别雅》五卷。亦癖金石，與力臣同嗜，作《金石存》十卷。乾隆年間，游京師，秦大司寇蕙田延至味經軒中，校定《五禮通考》。後以廪貢生官鳳陽訓導，卒。

又有安邑宋半塘者傳潛邱之學。半塘名鑒，字元衡，世居運城。生而穎悟，善讀書。乾隆甲子，舉於鄉。戊辰，成進士，銓授浙江常山縣知縣。三年，調鄞縣。蒞鄞七年，以廉能升廣東南雄府通判，署連州，又署澳門同知，又署潮陽縣。所至有政聲，士民立生祠，頌遺愛焉。以親老告歸，囊無長物，攜書數千卷而已。歸田後，弟某爲確山令，馳書招之，至確山，卒於官署。

半塘湛深經術，尤精小學，以潛邱《古文尚書疏證》文詞曼衍而不爾雅，重輯《尚書攷辨》四卷。嘗曰：「經義不明，小學不講也。小學不講，則形聲莫辨而訓詁無據矣。《説文解字》，乃小學之祖也，取而疏之，治經者其有所津逮乎！」採經史、《方言》《釋名》《玉篇》《廣韻》《水經注》諸書爲《説文解字疏》，詳贍辨博，又益以「坿」「借」「備」三門。如《水部》「沛」字，本遼東水名，附訓爲澤，借訓爲大、爲仆，此皆見於經傳者。若見於史者，如《漢書·禮樂志》「神哉沛」，師古《注》「沛，疾也」；司馬相如《封禪文》「沛然改容」，師古《注》「感動」；又《大人賦》「沛艾赳螑」《注》，張揖曰「沛艾，駊騀也」。則謂之備也。此乃宋氏一家之學。「附」者，《説文》無此訓，以經注訓附益之，故曰「附」。至於「借」，例與附益無二，又非通借之借，意當時必有一説以處之，不可得聞矣。

又有《易見》《尚書彙鈔》《漢書地理考》《詩文集》藏於家。

子葆淳，字帥初，一字芝山。乾隆甲午優貢生，癸卯舉人，隰州學正，以例授國子監助教。學問淹通，工詩古文詞，性愛金石，隸書、行楷、山水皆入能品，傳其家學。

時陽城張古餘太守與芝山友善。太守名敦仁，古餘其字也。乾隆甲午舉人，乙未成進士，戊戌補應殿試，以知縣用，今官吉安府知府。於學無所不窺，邃於經術，尤精天文曆算，北方之儒者也。

胡渭 黄儀 顧祖禹

胡渭，初名渭生，字朏明，一字東樵，世爲德清人。曾祖友信，明隆慶戊辰進士，廣東順德縣知縣，有政聲，工古文，與歸有光齊名，世所稱思泉先生也。父公角，天啓甲子舉人。

渭生十二而孤，母沈攜之避寇山谷間，雖遭顛沛，猶手一編不徹。十五爲縣學生，試高等，充增生。屢赴行省試，不售，乃入太學。嘗館益都馮文毅公家。

渭潛心經義，尤精輿地之學。崑山徐尚書乾學奉詔修《一統志》，開館洞庭山，延渭與黄儀子鴻、顧祖禹景范、閻若璩百詩分郡纂輯。因得博觀天下郡國書，又與子鴻輩觀摩相善，而問學益進焉。

渭素習《尚書・禹貢》，謂僞孔、孔沖遠及蔡沈於地理皆疎舛，如三江當主鄭康成説，庾仲初之言不足信；「浮于淮、泗，達于河」，「河」當從《説文》作「菏」；「滎波既豬」，「波」當從鄭康成本作「播」；梁州之黑水與導川之黑水不可溷而爲一。因足疾家居，博稽載籍及古今注釋，攷其同異而折中之，依經立解，章别句從，成《禹貢錐指》二十卷。錐指者，取《莊子·秋水》篇「用管窺天，用錐指地」之意，言所見者小也。又謂《禹貢》山川非圖不明，而漢永平中賜王景之圖及晉司空裴秀之圖皆亡，宋程大昌《禹貢山川地理圖》世無傳本，而合沙鄭氏東卿《禹貢二十五圖》世亦罕覯，且於郡國山川未能精審，先儒舊説與經異者不能釐正。乃據九州、五服、導山、導水之文，證以地志、《水經》，參之傳紀，計里畫方，爲圖四十七，古今水道山脈，條分縷析，聚米畫沙，如身歷目擊者矣。

漢、唐以來河道遷徙，雖非《禹貢》之舊，要爲民生國計所繫，故於《導河》一章，備攷歷代決溢改流之跡。論近日淮、黄之勢云：「清口不利，海口愈塞，加以淫潦，而河、淮上流一時並決。洪澤諸湖衝盪高堰，人力倉卒難支，必決山、鹽、高、寶諸湖，而淮南海口沙壅更甚，爲禍尤烈。近日治河，乃遏之使不得北，而南入於淮，以便運耳。南行非河之本性，東衝西決，率無寧歲，非治河治漕也。設會通有時不用，則河可以北。先期戒民，凡田廬塚墓當水之衝者，悉遷他所，官給其費，兩岸之隄增卑倍薄，更於低處創立遥隄，使暴水至，得左右游波，寬緩而不迫。然後縱河所之，決金龍，注張秋，而東北由大清河入於渤海，不煩人力也。」其説可稱卓論，豈不通時務之迂儒所能哉！

嘗謂《詩》《書》《禮》《春秋》皆不可無圖，惟《易》無所用圖，六十四卦，二體六爻之畫，即圖也。八卦之次序方位，《乾》《坤》三索、出《震》齊《巽》二章盡之矣，安得有先後天之别哉？《河圖》之象，自古無傳，何從擬議？《洛書》之文，見於《洪範》，五行九宫初不爲《易》而設。作《易圖明辨》十卷。

又言《洪範》古聖所傳，如日月之麗天，有目者所共覩，而間有晦盲否塞者，先儒曲説爲之害也。漢儒《五行傳》專主災異，以瞽史矯誣之説，亂彝倫攸敘之經，其害一也。《洛書》之本文，具在

《洪範》，宋儒創爲白黑之點，方圓之體，九十之位，書也而變爲圖矣。且謂《洪範》之理通於《易》，劉牧以九爲《河圖》，十爲《洛書》，蔡元定兩易其名，其害二也。《洪範》元無錯簡，而宋儒任意改竄，移「庶徵」「王省惟歲」以下爲「五紀」之《傳》，移「皇極」「斂時五福」至「其作汝用咎」〔一〇〕，及「三德」「惟辟作福」以下並爲「五福」「六極」之《傳》，其害三也。作《洪範正論》五卷。

又作《大學翼真》七卷，言「格物致知」之義，釋在《邦畿》章内，本無缺文，無待於補。

其議論之正，可謂通儒矣。

康熙己卯，因再從姪會恩官京師，乃復游日下，禮部尚書李振裕、侍講學士查昇，皆以爲當代儒宗。未幾，以老病歸。昇供奉内廷，暇日以《禹貢錐指》進呈，上覽而嘉之，問年籍，對曰：「浙江人，六十餘歲，禮部侍郎胡會恩之叔也。」四十二年〔一一〕，法駕南巡，渭撰《平成頌》一篇，獻諸行在，有詔嘉獎，召至南書房直廬，賜饌及書扇，又御書「耆年篤學」四大字賜之，禁直諸臣咸謂一時之曠典云。五十三年正月九日，卒於家，年八十有二。

黄儀，常熟人，篤信古學，於經史中地理及各家輿地書靡不究心。謂《班書·地志》所載諸川，第言其所出所入，而中間經歷之地不可得聞，惟《水經注》備著之，然非繪圖，讀者不能了然於心目，乃反覆尋玩，每水各爲一圖，如某水出某縣，向某方，流逕某縣、某方，至某縣合某水，某縣入某水，無一不具。閻若璩見之，不忍釋手，歎曰：「酈道元千古以下第一知己也。」

顧祖禹，無錫人，徙居常熟。客於釣渚渡，依范九鼎。後居膠山黄守中家。父柔謙，字剛中，精於史學，著《山居贅論》一書。

祖禹少承家訓，不事帖括，經史皆能背誦如流水。性好遠游，足跡遍天下，無所遇，歸而閉户著書，撰《歷代州域形勢》九卷、《南北直隸十三省》一百十四卷、《川瀆異同》六卷、《天文分野》一卷，共一百三十卷，又用開方法繪地圖□卷，名曰《讀史方輿紀要》。凡職方、廣輿諸書承譌襲謬，皆一一駁正，詳於山川險要及古今戰守之蹟，而景物名勝皆在所略。讀其書，可以不出户牖而周知天下之形勝，爲地理之學者，莫之或先焉。世所稱「三大奇書」，此其一也。其二則梅文鼎《曆算全書》，李清《南北史合抄》。然合抄本人所易爲，李書尤嫌踈漏，豈能與顧氏、梅氏之書稱鼎足哉！

張爾岐

張爾岐，字稷若，自號蒿庵居士，濟陽人也。

少爲縣諸生，遜志好學，工古文詞，著《天道論》《中庸論》《後篤終論》〔一二〕，爲時所稱。年三十，讀《儀禮》，歎曰：「漢初，高堂生傳《儀禮》十七篇。武帝時，有李氏得《周官》五篇，河間獻王以《考工》補《冬官》，共成六篇，奏之。後復得古經五十六篇於魯淹中，其十七篇與高堂生所傳同，餘三十九篇無師説。《漢志》所載傳《禮》者十三家，其所發明，皆《周官》及此十七篇之旨也。十三家獨《小戴》大顯，近代列於經以取士，而《二禮》反日微。蓋先儒於《周官》疑信各半，而《儀禮》則苦其難讀故也。夫疑《周官》者，尚以新莽、荆國爲口實；《儀禮》則周公之所定，孔子之所述，當時聖君賢相士君子之所遵行，可斷然不疑者，而以難讀廢，可乎？」因鄭康成注文古質，賈公彦釋義曼衍，學者不能尋其端緒，乃取經與注章分之，定其句讀，疏其節，録其要，取其明注而止，有疑義則以意斷之，亦附於末，始名《儀禮鄭注節釋》，後改名《儀禮鄭注句讀》。又參定監本脱誤凡二百餘字，並考《石經》脱誤凡五十餘字，作《正誤》二篇附於後。成書之時，年五十有九矣。

崑山顧炎武游山左，與爾岐友善，讀其書而爲之序，手録一本，藏山西祁縣所立書堂。嘗與汪琬書，稱爾岐之學根本先儒，立言簡當。又與友人論師道書曰：「獨精《三禮》，卓然經師，吾不如張稷若。」其爲亭林所推重如此。

爾岐閉户著書，是以世無知者。平生交游，炎武之外，則長山劉友生、樂安李象先、關中李中孚、王宏撰四人而已。所著書有《夏小正傳注》一卷、《吴氏儀禮考注訂誤》一卷、《弟子職注》一卷、《老子説略》二卷、《濟陽縣志》九卷、《蒿庵集》三卷、《蒿庵閒話》二卷，《春秋傳議》未成。晚年，蕭然物外，不與世接，自爲墓銘而卒。

馬驌 王爾膂

馬驌，字宛斯，一字驄御，鄒平人。順治己亥進士，謁選在京師，用才望，與順天鄉試同考官，後爲淮安府推官。尋奉裁改知靈壁縣〔一三〕，有善政，卒於官。士民皆哭，且號於上曰：「願世世奉祀。」於是得部檄，祠名宦。

驌少孤，事母以孝聞。穎敏强記，於書無不精研，而尤癖《左氏春秋》，以敘事易編年，引端竟緒，條貫如一傳，謂之《左傳事緯》，凡數萬言。又取太古以來及亡秦之事，合經史諸子，鉤括裁纂，佐以圖考，參以外録，謂之《繹史》，分五部：一曰《太古三皇五帝》，計十篇；二曰《三代夏商西周》，計二十篇；三曰《春秋十二公時事》，計七十篇；四曰《戰國春秋至亡秦》，計五十篇；五曰《外録》，紀天官、地志、名物、制度等，計十篇。合一百六十篇，篇爲一卷。其書最精，時人稱爲馬三代。顧炎武讀是書，歎曰：「必傳之作也！」

康熙四十四年，仁皇帝南巡狩，至蘇州。一日，垂問驌所著書，命大學士張玉書物色元板。明年四月，令人賫白金二百兩至鄒平購板入内府。

同時有王爾膂，字襄哉，號止庵，一號泡齋，掖縣諸生。讀經宗漢學，以爲鄭夾漈謂漢人窮經而經亡，此言大非。漢儒有家法，七十子之大義賴漢以存，窮經而經亡，當在魏、晉以後。蓋荀、虞之《易》亂於王輔嗣；馬、鄭之《書》亡於僞孔氏；賈、服之《春秋》淆於杜元凱。其幸存者，毛、鄭之《詩》，何氏之《公羊》，鄭氏之《三禮》耳。窮經當以毛、何、鄭爲主，然後參以六朝、唐、宋、元、明諸儒，擇其善而折衷焉，庶乎可矣。

其論讀史也，以正史爲主，而旁証以外史。如前、後《漢》外，有荀悦、袁宏《兩漢紀》；《三國志》外，有蕭常《續漢書》、謝陛《季漢書》；《晉書》外，有崔鴻《十六國春秋》；《南》《北史》、《宋》《齊》《梁》《陳》《隋》諸書外，有許嵩《建康實録》；《新唐書》外，有劉昫《舊唐書》、范祖禹《唐鑑》；《五代史》外，有尹洙《五代春秋》，范坰、林禹《吴越備史》，勾延慶《錦里耆舊傳》，馬令、陸游《南唐書》；《宋史》外，北宋有王禹偁《東都事略》、曾鞏《隆平集》，南宋有李心傳《建炎以來朝野雜記》、徐夢莘《北盟會編》、葉紹翁《四朝聞見録》；《元史》外，有蘇天爵《名臣事略》。凡此諸書，皆當參互考訂，以知其得失。

亦一時之學者也。

校勘記

〔一〕周予同《漢學師承記（選注）》（商務印書館一九三四年版）言「麋」或「縻」之誤，「縻氏」當指三國魏東海人麋信，撰有《春秋穀梁傳注》十二卷，馬國瀚《玉函山房輯佚書》輯得一卷。

〔二〕「曆」，原作「歷」，避清高宗弘曆諱，今據改。

〔三〕山西書局本「此篇」後多一「數」字。

〔四〕「胤」，原作「嗣」，避清世宗胤禛諱，今據改。

〔五〕漆永祥《漢學師承記箋釋》（上海古籍出版社二〇〇五年版）據《僞古文尚書·大禹謨》及閻若璩《古文尚書疏證》卷四「第六十四言《胤征》有玉石俱焚語爲出魏晉間」條，在「會」字後補「群」字。

〔六〕「子壽」，原脱「子」字。按閻若璩友陳子壽，名祺芳，常熟人，閻氏有《移寓雜興贈陳子壽先生五十首》等唱和之作。杭世駿《道古堂文集》卷二九《閻若璩傳》作「陳秀才子壽」，漆永祥《漢學師承記箋釋》據補，今從。

〔七〕「三十一」，杭世駿《閻若璩傳》作「二十一」，漆永祥《漢學師承記箋釋》據張穆《閻潛邱先生年譜》改作「二十二」。

〔八〕「陳傅良」，原作「陳良時」。按：閻若璩《潛邱札記》卷一：「余（指閻若璩）對：丙午、丁未間重策論,讀宋陳傅良時論,有《使功不如使過》題,通篇俱就秦穆公用孟明發揮……」漆永祥《漢學師承記箋釋》已據改,今從。

〔九〕「後書」,山西書局本作「後漢書」。近藤光男《國朝漢學師承記(譯註)》(日本明治書院二〇〇一年版)、漆永祥《漢學師承記箋釋》均認爲非脱誤「漢」字,無需補入。

〔一〇〕「皇極」之「極」字原脱,鍾哲校本(中華書局一九八三年版)云:「『極』字據《洪範》原文增。」今據補。

〔一一〕「四十二」,漆永祥《漢學師承記箋釋》據夏定域《胡渭年譜》改作「四十四」。

〔一二〕「後」字原脱,漆永祥《漢學師承記箋釋》據《蒿菴集》卷一《後篤終論》補,今從。

〔一三〕「壁」,漆永祥《漢學師承記箋釋》據《乾隆靈壁縣志略》改作「璧」。

國朝漢學師承記卷二

惠周惕 惠士奇 惠松崖

惠周惕，字元龍，一字研溪，吴縣人。先世居扶風。遠祖元祐徙洛陽〔一〕，靖康末以文林閣學士扈高宗蹕，如臨安，家湖州。生善，分爲四支：曰四七，曰廿一，曰三八，曰小一。三八支後七傳至倫，始遷吴縣東渚邨。五傳至洪，洪年至一百五歲，吴下所稱「百歲翁」是也。洪生萬方，萬方生有聲，有聲生周惕。有聲字樸庵，明歲貢生，與同里徐枋友善，以九經教授鄉里，尤精於《詩》。研溪先生少傳家學，又從徐枋、汪琬游，工詩古文詞。既壯，阨於貧，遍遊四方，與當代名士交，秀水朱彝尊亟稱之，文名益著。康熙辛未，成進士，選庶吉士，因不習國書，改密雲知縣，卒於官。著有《易傳》《春秋問》《三禮問》《詩説》及《研溪詩文集》。

子士奇，字天牧，晚年自號半農人。研溪先生夢東里楊文貞公來謁，已而生先生，遂以文貞之名名之。年十二，即能詩，有「柳未成陰夕照多」之句，爲先輩所激賞。二十一，爲諸生，不就省試。或問之，曰：「胸中無書，焉用試爲？」乃奮志力學，晨夕不輟，遂博通六藝、九經、諸子及《史》《漢》《三國志》，皆能闇誦。嘗與名流宴集，坐中有難之者曰：「聞君熟於《史》《漢》，試爲誦《封禪書》。」先生朗誦終篇，不遺一字，衆皆驚服。

戊子，鄉試第一。明年，成進士，選庶吉士，散館，授編修。癸巳、乙未會試，兩充同考官。聖祖嘗問廷臣誰工作賦，閣學蔣廷錫以華亭王頊齡、仁和湯右曾及先生三人對。其後己亥正月，太皇太后升祔禮成，奉命祭告炎帝陵、舜陵。故事，祭告使臣，學士以上乃得開列，先生以編修得膺寵命，洵異數也。

庚子，主湖廣鄉試。冬，奉命督學廣東。雍正元年癸卯，命留任三年。嘗謂：「漢時蜀郡僻陋，文翁守蜀，選子弟就學，遣雋士張叔等東受七經〔二〕，還以教授。其後司馬相如、王褒、嚴遵、揚雄相繼而起，文章冠天下。漢之蜀，今之粵也。」於是毅然以經學倡。三年之後，通經者多，文體爲之一變。又謂：「今之校官，古博士也。博士明於古今，通達國體，今校官無博士之才，弟子何所效法？」訪諸輿論，有海陽進士翁廷資，其學品勝校官之職，具疏題補韶州府教授，得以誘進多士。吏部以學臣向無題補官員之例，格不行。世宗特旨：「惠士奇居官聲名好，所舉之人諒非徇私，著照所請補授，後不爲例。」

在任遷右春坊、右中允，超擢侍講學士，轉侍讀學士。丙午，任滿還都，送行者如堵牆。既去，粵人設木主，配食先賢，廣州於三賢祠，惠州於東坡祠，潮州於昌黎祠。元旦及生日，諸生肅衣冠入拜。其得士心如此。

丁未五月，奉旨修鎮江城，以産盡停工罷官。乾隆元年，奉旨調取來京引見，以講讀用，所欠修城銀兩得寬免。丁巳六月，補侍讀。戊午，以病告歸。辛酉三月卒，年七十有一。

先生邃深經術，撰《易説》六卷、《禮説》十四卷、《春秋説》十五卷。其論《易》曰：「《易》始於伏羲，盛於文王，大備於孔子，而其説猶存於漢。不明孔子之《易》，不足與言文王；不明文王之《易》，不足與言伏羲。舍文王、孔子之《易》而遠問庖犧，吾不知之矣。漢儒言《易》，如孟喜以卦氣，京房以通變，荀爽以升降，鄭康成以爻辰，虞翻以納甲，其説不同，而指歸則一，皆不可廢。今所傳之《易》，出自費直，費氏本古文，王弼盡改爲俗書，又創爲虛象之説，遂舉漢學而空之，而古學亡矣。《易》者，象也。聖人觀象而繫辭，君子觀象而玩辭，六十四卦皆實象，安得虛哉！」

其論《春秋》曰：「《春秋三傳》，事莫詳於《左氏》，論莫正於《穀梁》。韓宣子見《魯春秋》曰：『周禮盡在魯矣。』然則《春秋》本周禮以記事也。《左氏》褒貶，皆春秋諸儒之論，故紀事皆實，而論或未公。《公羊》不信國史，惟篤信其師説，師所未言，則以意逆之。故所失常多。要之，《左氏》得諸國史，《公》《穀》得之師承，雖互有得失，不可偏廢。後世有王通者，好爲大言以欺人，乃曰『《三傳》作而《春秋》散』，於是啖助、趙匡之徒争攻《三傳》，以伸其異説。夫《春秋》無《左傳》，則二百四十年盲焉如坐闇室之中矣。《公》《穀》二家，即七十子之徒所傳之大義也。後之學者當信而好之，擇其善而從之，若徒據《孟子》『盡信《書》不如無《書》』之説，力排而痛詆之，吾恐《三傳》廢而《春秋》亦隨之而亡也。《左氏》最有功於《春秋》，《公》《穀》有功兼有過，學者信其所必不可信，疑其所必無可疑，惑之甚者也。」

其論《周禮》曰：「《禮經》出於屋壁，多古字古音。經之義存乎訓，識字審音，乃知其義，故古訓不可改也。康成注經，皆從古讀，蓋字有音義相近而譌者，故讀從之。後世不學，遂謂康成好改字，豈其然乎！康成《三禮》、何休《公羊》，多引漢法，以其去古未遠，故借以爲說。賈公彦於鄭《注》如『飛茅』『扶蘇』『薄借綦』之類，皆不能疏，所讀之字亦不能疏，輒曰『從俗讀』，甚違『不知蓋闕』之義。夫漢遠於周，而唐又遠於漢，宜其説之不能盡通也，況宋以後乎！周、秦諸子，其文雖不盡雅馴，然皆可引爲《禮經》之證，以其近古也。」

幼時讀廿一史，於天文、樂律二志未盡通曉。及官翰林，因新法究推步之原，著《交食舉隅》二卷。言測日食者，先求食限，食限必在兩交，去交近則食，遠則否。有入食限而不食者，未有不入食限而食者也。古法不能定朔，故日食或在晦。説者謂日之食晦朔之間，月之食惟在望，此知二五而不知十也。日月有平行，有實行，有視行；日月之食亦有實食，有視食。實食者，日月在天相揜之實度；視食者，人在地所見之初虧，食甚復圓也。古術或知求實行，莫知求視行；皆知求平朔，莫知求實朔。故不能定朔者，以此。七政有高卑，故有恒星天，有五星天，有日天，有月天。古人以恒星最高，遂指恒星爲天體，新法於恒星天之外，又有宗動天，合於九重之數。宗動者，七政之所同宗也。沈括謂日月星辰之行，不相觸者，氣而已。此不知曆象者也。如日月有氣而無體，則月焉能揜日哉？日高而月下，五星亦有高下，高下既殊，又焉能相觸乎？《春秋》「日有食之既」，既者，有繼之辭，非盡也。新法謂之「金錢食」：日大月小，月不能盡揜日光，故全食之時，其中闕然，而光溢於外，狀若金錢也。

又撰《琴箋理數考》四卷，其略云：「十二律，黄鍾至小吕爲陽，蕤賓至應鍾爲陰，陽用正而陰用倍，蕤賓長，小吕短，黄鍾中，自古相傳之舊法也。晉永嘉之亂，有司失傳。梁武帝始改舊法，黄鍾長，應鍾短，小吕中，由是陽正陰倍之法絶。漢、魏律，篴小吕一均之下徵調，黄鍾爲宫，有小吕無蕤賓，故假用小吕爲變徵，黄鍾篴之黄鍾宫爲正宫，小吕篴之黄鍾宫爲下宫，徵最小而以爲宫，故爲下宫。隋鄭譯遂以黄鍾正宫當之，擅去小吕，用蕤賓，以附會先儒宫濁羽清之説。夫宫濁羽清者，指下徵調而言，譯改爲正宫，是以歷代之樂皆患聲高。隋、唐以來惟奏黄鍾一均，而旋宫之法廢矣。古法盡亡，獨存於琴篴，篴孔疏密，取則琴暉。琴之十二律起於中暉，篴之七音生於宫孔。黄鍾篴從宫孔黄鍾始，一上一下，終於蕤賓；琴自中暉黄鍾始，一左一右，終於十暉。」書成，惟嘉定王進士恪見而喜之，餘莫能解也。

所著有《紅豆齋小草》《詠史樂府》及《南中集》《采蓴集》《歸耕集》各一卷，《人海集》四卷，《時術録》一卷。海内學者稱爲紅豆先生。

初，研溪先生由東渚邨遷居郡城東南香溪之北。郡城東禪寺有紅豆一株，相傳白鴿禪師所種，老而枯矣。至是時，復生新枝，研溪先生移一枝植堦前，生意郁然，僧睿目存爲繪《紅豆新居圖》，自題五絶句，又賦《紅豆詞》十首，和者二百餘人。四方名士過吴門者，必停舟訪焉。因自號紅豆主人。所以鄉人稱研溪先生曰老紅豆先生，半農先生曰紅豆先生，松崖先生曰小紅豆先生。

松崖先生，半農先生之次子也，名棟〔三〕，字定宇，一字松崖。初爲吴江學生員，復改歸元和籍。自幼篤志向學，家有藏書，日夜講誦，自經史、諸子、百家、襍説及釋、道二藏，靡不穿穴。父友臨川李紱一見奇之，曰：「仲孺有子矣。」

學士視學粵東，先生從之任所。粵中高才生蘇珥、羅天尺、何夢瑶、陳海六，時稱惠門四子，常入署講論文藝，與先生爲莫逆交。至於學問該洽，則四子皆自以爲遠不逮也。及學士毁家修城，先生往來京口，饑寒困頓，甚於寒素。遭兩喪，不以貧廢禮。終年課徒自給，甑塵常滿，處之坦如。雅愛典籍，得一善本，傾囊弗惜，或借讀手抄，校勘精審，於古書之真僞，瞭然若辨黑白。乾隆十五年，詔舉經明行修之士，兩江總督文端公尹繼善、文襄公黄廷桂交章論薦，有「博通經史，學有淵源」之語。會大學士九卿索所著書，未及進而罷歸。然先生於兩公，非有半面識也。

年五十後，專心經術，尤邃於《易》，謂宣尼作《十翼》，其微言大義，七十子之徒相傳，至漢猶有存者。自王弼興而漢學亡，幸傳其略於李鼎祚《集解》中。精覃三十年，引伸觸類，始得貫通其旨，乃撰《周易述》一編，專宗虞仲翔，參以荀、鄭諸家之義，約其旨爲注，演其説爲疏。漢學之絶者千有五百餘年，至是而粲然復章矣。書垂成而疾革，遂闕《鼎》至《未濟》十五卦，及《序卦》《雜卦》傳二篇。

孔氏《正義》據馬融、陸績説，以爻辭爲周公所作，與鄭學異。其所執者，《明夷》六五云「箕子」，《升》六四云「王用亨于岐山」，皆文王後事也。先生獨能辨之。

於《明夷》之五曰：「箕子，當從古文作『其子』。其，古音『亥』，亦作『萁』。劉向云：今《易》『其子』作『荄茲』。荀爽據以爲説，讀『其子』爲『荄茲』。『其』與『亥』，『子』與『茲』，文異而音義同。《三統術》云：『該閡于亥』『孳萌于子』。該、荄亦同物也。五本《坤》也，《坤》終於亥，《乾》出於子，用晦而明，明不可息，故云『其子之明夷』。馬融俗儒，不識七十子傳《易》之大義，讀『其』爲『箕』，蓋涉《彖傳》而譌。五爲天位，箕子臣也，而當君位，乖於《易》例甚矣。謬種流傳，兆於西漢。博士施讎讀『其』爲『箕』，蜀人趙賓述孟氏之學，以爲箕子明夷，陰陽氣無箕子，箕子者，萬物方荄茲也。賓據古義以難諸儒，諸儒皆屈，於是施讎、梁丘賀皆嫉之。孟喜、讎、賀同事田王孫，喜未貴而學獨高。喜所傳《易家候陰陽災變書》，得自王孫，而賀惡之，謂無此事。語聞於上，宣帝遂以喜爲改師法，中梁丘之譖也。讎、賀嫉喜而並及賓，班固作《喜傳》，亦用讎、賀之單詞，皆非實録。劉向《别録》猶循孟學，故馬融俗説，荀爽獨知其非，復用賓古義，而晉人鄒湛以漫衍無經譏之。蓋魏、晉以後，經師道喪，王肅詆鄭氏而禘郊之義乖，袁準毁蔡、服而明堂之制亡，鄒湛譏荀諝而《周易》之學晦，郢書燕説，一倡百和，何尤乎後世之紛紜也！」

於《升》之四曰：「文王爻辭，皆據夏、商之制。《春秋》引《夏書》『惟彼陶唐，帥彼天常，有此冀方』。服虔云：『堯居冀州，虞、夏因之。』《禹貢》冀州『治梁及岐』。《爾雅》云：『梁山，晉望也。』諸侯三望，天子四望，梁山爲晉望，明梁、岐皆冀州之望。此王謂夏后氏受命祭告，非文王也。」

其説《乾》之四德曰：「元者，天地之始。《説文》『元从一』〔四〕，『道立於一，造分天地，化生萬物』。《乾》之初九，積善在下，陽之始生，東方爲仁，故云『善之長』。陰陽交而後亨，《乾》之九二當上升《坤》五爲天子，故《文言》再言君德。經凡言亨者，皆謂《乾》《坤》交也。《乾》六爻，二、四、上匪正；《坤》六爻，初、三、五匪正。《乾》變《坤》化，六爻皆正，成兩《既濟》，故云『各正性命，保合太和』。和即利，正即貞也。經凡言利、貞者，皆爻當位，或變之正，或剛柔相易。惟《既濟》一卦，六爻皆正，故云『剛柔正而位當』，《雜卦》篇所謂『《既濟》，定也』。卦具四德者七：《乾》《坤》變化，而成兩《既濟》；《屯》三爻變，《革》四爻變，皆成《既濟》；《隨》三、四易位，成《既濟》；《无妄》三、四易位，上爻又變而成《既濟》；《臨》二升居五位，三爻又變而成《既濟》。故皆言元、亨、利、貞也。」

其論占筮之法曰：「《易》稱天下之動，貞夫一。故卦爻之動，一則正，兩則惑。京氏筮法，一爻變者爲九六，二爻以上變爲八。晉公子得貞《屯》、悔《豫》，皆八，乃三爻變，不稱《屯》之《豫》而稱八；穆姜遇《艮》之八，乃五爻變，不稱《艮》之《隨》而稱八，所謂『貞夫一』也。七者，蓍之數；八者，卦之數。蓍圓而神，卦方以知。神以知來，知以藏往。知來爲卦之未成者，藏往爲卦之已成者，故不曰七而曰八。《春秋内外傳》無筮得某卦之七者，以七爲蓍之數，未成卦也。」

又因學《易》而悟明堂之法，撰《明堂大道録》八卷、《禘説》二卷。大略謂《説卦》「帝出乎震」，帝者，五帝也，在太微之中，五德相次以成四時，聖人法之，立明堂爲治天下之大法。明堂有五室、四堂，室以祭天，堂以布政。王者承天統物，各於其方以聽事，謂之「明堂月令」，今所傳《月令》是也。古之聖人，生有配天之德，没有配天之祭〔五〕。故太皞以下，歷代所禘，太皞以木德，炎帝以火德，黄帝以土德，少皞以金德，顓頊以水德。王者行大享之禮於明堂，謂之禘、祖、宗，其郊則行之南郊。禘、郊、祖、宗四大祭〔六〕，而總謂之禘者，禘其祖之所自出故也。鄭注《大傳》「不王不禘」，及《詩·長發》「大禘」《箋》，皆云「郊祀天」，是郊稱禘也。《周頌·雝序》云「禘太祖也」，《鄭箋》云「太祖謂文王」，是祖稱禘也。劉歆云「大禘則終王」，是宗稱禘也。董子曰：「天地者，先祖之所自出也。」禘者，禘其祖之所自出。故四大祭皆蒙禘名。禘禮上溯遠祖，旁及毁廟，下逮功臣。聖人居天子之位，行配天之祭，推人道以接天，而天神降，地示出，人鬼格。夫然而陰陽和，風雨時，五穀熟，草木茂，羣生咸遂，物无疵厲，所謂「既濟，定也」。先儒皆以明堂上有靈臺，下有辟雍，四門有太學。潁容《春秋釋例》云〔七〕：「太廟有八名：肅然清静，謂之清廟；行禘祫，序昭穆，謂之太廟；告朔行政，謂之明堂；行饗射，養國老，謂之辟雍；占雲物，望氛祥，謂之靈臺；其四門之學，謂之太學；其中室，謂之太室。總謂之宫。」盧植《禮記注》亦云：「明堂即太廟，與靈臺辟雍，古法皆同一處。近世殊異，分爲三耳。」而晉時袁準著論非之，昧於古制矣。王者覲諸侯，或巡狩四岳，則有方明。方明者，放乎明堂之制也，亦謂之明堂，《荀子》所謂「築明堂於塞外，以朝諸侯」。戰國時，齊有泰山明堂，即方明也。《周書》朝諸侯則於明堂，覲諸侯則設方明〔八〕，故虞禋六宗而覲四岳羣牧，周禮方明而覲公侯伯子男。六宗方明，即明堂六天之神，鄭氏謂天之司盟，非也。自明堂之制不詳，而禘禮亦廢。鄭氏知圜丘、方丘之爲禘，而不知爲明堂六帝。王肅又誤據魯禘，改禘爲宗廟之祭，無配天之事。此魏明所以斥漢四百餘年廢無禘祀也。禘行於明堂，明堂之法本於《易》。《中庸》言至誠可以贊化育，與天地參，此明堂配天之義也。

又有《易漢學》七卷，《易例》二卷，皆推演古義，鍼砭俗説。

於《書》有《古文尚書考》二卷，謂孔壁中古文得多十六篇，内有《九共》九篇，析之爲二十四篇。鄭康成所傳之二十四篇，即孔壁真古文。東晉晚出之二十五篇，與《漢書》不合，可決其僞。唐人詆鄭所傳爲張霸僞造者，妄也。今文《太誓》三篇，其略見於《太史公書》。太史公從安國問故，當可信。唐人尊信晚出之《太誓》，而以今文《太誓》爲僞，亦非也。

於《春秋》有《左傳補注》六卷，自序云「嘗見鄭康成之《周禮》、韋弘嗣之《國語》〔九〕，純采先儒之說，末乃下以己意，令學者審其異同。杜元凱《春秋集解》，雖根本前修，而不著其說，又其持論，間與諸儒相遠，於是樂遜《序義》、劉炫《規過》之書出焉。今刺取經傳，附以先世遺聞，宗韋、鄭之遺，前修不揜；效樂、劉之意，有失必規。而於古今文之同異，辨之尤悉」云。其注「秦穆姬屬賈君」，用唐尚書說，以賈君爲申生妃；「令尹蔿艾獵」，用《世本》說，爲叔敖之兄；「同盟于亳城北」，用服虔本，證「亳」爲「京」之譌；「塹防門而守之廣里」，用《續漢書》及京相璠說，以防門、廣里爲地名；「吴句餘」，用服虔說，以爲吴子餘祭；「萬者二人」，用吴仁傑說，「二人」當爲「二八」；「臧文仲廢六關」，訓「廢」爲「置」，讀如《公羊》「廢其無聲者」之「廢」〔一〇〕，皆前人所未及道也。

又言《公羊》有嚴、顔二家，蔡邕《石經》所定者，《嚴氏春秋》也；何邵公所注者，《顔氏春秋》也。《石經公羊》末云：桓公二年，顔氏有「所見異辭」云云；僖公三十年，顔氏言「君出則己入」。今何本皆有之。又云：「顔氏無『伐而不言圍』者，非取邑之辭也。」今何本亦無之〔一一〕。以此知何所注者，顔氏本也。鄭康成注《三禮》，引《隱二年》『放於此乎』，《隱五年》『登戾之』〔一二〕，《桓十一年》『遷鄭焉而鄙留』，皆與何氏異，與《石經》同。蓋鄭所據者，嚴氏本也。」

又云：「應劭《風俗通》稱穀梁爲子夏門人，楊士勛謂受經於子夏。按桓譚《新論》云：『《左氏》傳世，遭戰國寖微，後百餘年，魯穀梁赤爲《春秋》，殘略多所違失。』然則穀梁子非親受經於子夏矣。古人親受業者稱弟子，轉相授者稱門人，則穀梁於子夏，猶孟子之於子思，故魏麋信注《穀梁》，以爲與秦孝公同時也。楊士勛言穀梁作《傳》，傳孫卿，卿傳魯人申公，申公傳博士江公。按孫卿，齊湣、襄時人，當秦之惠王，則在其後。卿所注書〔一三〕，言天子廟數及賻、賵、襚、含之義，述《春秋》善胥命，而言盟詛不及三王，諸侯相見，仁者居守，皆本《穀梁》説。其言傳孫卿，信矣。《隱元年傳》『成人之美，不成人之惡』，《僖二十二年傳》『過而不改，是謂之過』，《二十三年傳》『以不教民戰，則是棄其師』，今皆在《論語》中。《傳》所載與《儀》《禮》二記合者尤多。故鄭康成曰：『穀梁，善於經者也。』」

其論《論語》曰：「宣尼言『述而不作』，於《魯論》見之。《鄉黨》一書，半是禮經；《堯曰》數章，全書訓典。論君臣則『人言不廢』，譏無恒則『南國有言』。於善人爲邦，則曰『誠哉是言』；於隱居行義，則曰『吾聞其語』。素絢唐棣，逸詩可誦；百官冢宰，古典可稽。『出門如見大賓，使民如承大祭』，此胥臣多聞之所述也。『視其所以，觀其所由，察其所安』，此《文王官人》之所記也。『克己復禮』，左氏以爲古志，『己所不欲，勿施於人』，管子以爲古語。見《小問》篇。『參分天下而有其二』，《周志》之遺文也；今《逸周書》即《周志》也，在《程典》篇。『陳力就列，不能者止』，周任之遺言也。推此言之，聖人豈空作哉！」

其論《爾雅》曰：「《釋詁》《釋訓》，乃周公所作，以教成王，故《詩》稱『古訓是式』。漢時謂之故訓，又謂之詁訓。詁訓者，雅言也。周之古訓，仲山式之；子之雅言，門人記之。俗儒不信《爾雅》，而仲山之古訓，夫子之雅言，皆不存矣。

又撰《九經古義》十六卷，討論古字古言，以博異聞、正俗學。又以范蔚宗《後漢書》缺略遺誤，范書行而《東觀漢記》，謝承、薛瑩、司馬彪、華嶠、謝沈、張瑩、袁山松諸家之書皆亡〔一四〕，乃取《初學記》《藝文類聚》《北堂書抄》《太平御覽》諸書，作《後漢書補注》十五卷。所有撰述，如《王文簡公精華録訓纂》二十四卷，盛行於世，論者以爲過於任淵之注山谷，李壁之注荆公詩焉。《周易本義辨証》五卷、《太上感應篇注》二卷，亦經好事刊刻。惟《山海經訓纂》十八卷、《九曜齋筆記》二卷、《松厓筆記》二卷、《松厓文鈔》二卷，世無刊本。又有《諸史會最》《竹南漫録》，皆未成書。

卒於乾隆二十三年戊寅五月，年六十有二。

先生晚年，盧運使見曾延至邗上，如《雅雨堂十種》《山左詩鈔》《感舊集》，皆先生手定焉。同時與先生友善者，沈彤、沈大成。大成字學子，號沃田，華亭人，有《學福齋集》。受業弟子最知名者，余古農、同宗艮庭兩先生。如王光禄鳴盛、錢少詹大昕、戴編修震、王侍郎蘭泉先生，皆執經問難，以師禮事之。

錢少詹爲先生作《傳》，論曰：「宋、元以來，説經之書盈屋充棟。高者蔑棄古訓，自誇心得；下者勦襲人言，以爲己有。儒林之名，徒爲空疎藏拙之地。獨惠氏世守古學，而先生所得尤深，擬諸漢儒，當在何邵公、服子慎之間，馬融、趙岐輩不能及也。」

沈彤

沈彤，字冠雲，一字果堂，吴江縣諸生也。

康熙、雍正間，何學士焯以制義倡導學者，四方從游弟子著録者四百餘人。弟子中惟陳季方、陳少章及彤最知名。季方工文詞，少章精史學。彤獨以窮經爲事，核先儒之異同而求其是，爲文章不貴詞藻，抒心自得而已。

應博學宏詞科，以奏賦至夜半不及成詩，不入選。有人薦修《三禮》及《大清一統志》，議敘得九品官，恥不仕。遂歸吴江，閉户治經，矻矻終年。羣經皆有撰述，尤邃於《禮》。

著《周官禄田考》三卷。因歐陽脩有《周禮》官多田少、禄且不給之疑，故詳究周制以與之辨。《官爵數》《公田數》《禄田數》三篇，積算特爲精密。又以《儀禮》古人患其難讀，自唐賈公彦後，惟朱子、李如圭、張淳、黄榦、楊復五人〔一五〕，乃專攻《士禮》，著有《儀禮小疏》，惜未成書，惟有《士冠禮》《士昏禮》《公食大夫禮》《士喪禮》《喪服傳》五篇，每篇附以《監本刊誤》，卷末又附《左右異尚考》一篇。其説以康成、公彦爲宗，兼采元敖繼公之《注》，然掊擊君善者十之七，從其説者十之二三耳。

彤述作矜慎，不輕意下筆，所著如《尚書小疏》《春秋左傳小疏》，僅有數十則，以視近日士大夫急於成書，蹈鹵莽滅裂之譏者，有霄壤之分矣。其書傳於世者，《周官禄田考》《儀禮小疏》之外，有吴江、震澤二《縣志》，《果堂集》十二卷。

彤老而無子，窮困以卒，得年六十有四。

藩向在京師，有夫己氏問予曰：「叔嫂有服乎，無服乎？」予答之曰：「據《禮經》，是叔嫂無服也。考《奔喪》云『無服而爲位者，唯嫂叔及婦人降而無服者麻』，鄭《注》：『雖無服，猶弔服加麻，袒免，爲位哭也。』則叔嫂之服，弔服加麻，袒免，既葬而除，無所謂大功也。」夫己氏出鄞人萬充宗《叔嫂有服辨》示予，大笑曰：「子墨守鄭學，知其一而不知其二，豈得謂禮家乎！」充宗之文，因晉成粲之説，而曲解《喪服傳》『夫之所爲兄弟服，妻降一等』，以證叔嫂之大功，而謂康成不能解，公彦強爲之解。予心知其説之謬，然無以應也。

南歸後，讀《儀禮小疏》曰：「『夫之所爲兄弟服，妻降一等』，鄭於上記《注》云：『兄弟，猶言族親也。此兄弟同義，故不重出。』賈云：『妻從夫服，其族親即上經夫之諸祖父母，見於《緦麻》章。夫之世叔父母，見於《大功》章。夫之昆弟之子不降，嫂叔又無服，今言從夫降一等，記其不見者，當是夫之從母之類乎？』彤謂此條總結上經，非專記其不見者。夫之姑姊妹，見於《小功》章，賈乃遺之。至云從母之類，則有若夫之從祖父母，夫之從父姊妹之類，皆以小功而降爲緦，有若夫之族曾祖父母、族祖父母、族父母，及夫之從祖姑姊妹適人者之類，夫皆爲之緦，妻皆降而無服，並包含於其中矣。從母者，母之女兄弟也，故亦可稱兄弟。」此可以發成粲之癥結，息充宗之狂喙矣。且自愧不能潛心尋討傳文及鄭、賈之説，至爲夫己氏所折，乃知果堂肆《禮》之精審如此。嗟乎！先輩之用心縝密烏可及哉！

余古農先生

先生諱蕭客，字仲林，别字古農，吴縣布衣也。

先生生五歲，父幕游粤西不歸，母顔授以《四子書》《五經》，夜則課以《文選》及唐、宋人詩古文。年十五，通《五經》，即知氣理空言無補經術，思讀漢唐注疏。家貧不能蓄書，有苕溪書棚徐姓，識先生。一日，詣書棚借《左傳注疏》，匝月讀畢。歸其書，徐姓訝其速，曰：「子讀之熟矣乎？」曰：「然。」徐手翻一帙，使先生背誦，終卷無誤。徐大駭曰：「子奇人也。」贈以《十三經注疏》《十七史》《説文解字》《玉篇》《廣韻》。於是閉户肄經史，博覽羣書。

性癖古籍，聞有異書，必徒步往借，雖僕僕五六十里，不以爲勞也。以郭璞注《爾雅》，用舊注而掩其名，謂之「攘善無恥」，乃採《注疏》及《太平御覽》諸書中犍爲舍人、孫炎、李巡舊《注》而爲之釋。書未成，先成《注雅别鈔》八卷，專攻陸佃《新義》《埤雅》及羅願《爾雅翼》之誤，兼及蔡卞《毛詩名物解》。沈宗伯德潛見其書，折節下交。年二十二，以《注雅别鈔》就正於松崖先生，先生曰：「陸佃、蔡卞乃安石新學，人人知其非，不足辨；羅願非有宋大儒，亦不必辨。子讀書撰著，當務其大者遠者。」先生聞之矍然，遂執贄受業，稱弟子焉。

吴縣朱丈文游，藏書之富，甲於吴門，延先生教讀。館於滋蘭堂中，得遍讀四部之書。又嘗閱《道藏》於玄妙觀，閲《佛藏》於南禪寺。居恒手一編弗輟，日不足，則繼之以夜，於是目力虧損，不見一物。有人傳以坐暗室中，目蒙藍布，存想北斗七宿。一年之後，目雖能視，然讀書但能讀大字本而已。

直隸總督方恪敏公觀承聞其名，延至保定修《畿輔水利志》。間游京師，與朱學士筠河先生、紀文達公昀、胡文恪公高望相友善，咸謂其學在深寧、亭林之間。因目疾復作，舉歙戴震以代，遂南歸，以經術教授鄉里，閉目口授，生徒極盛。是時，江震滄孝廉名筠者，亦以目疾教讀，時人皆稱爲盲先生。同郡以經義、詩古文詞相論難者，薛家三先生、汪愛廬先生、彭進士紹升、汪孝廉元亮先生，上下議論，風發泉湧。家三先生曰：「鬼谷子，縱横家，舌有鋒鍔，不可當也。」先生狀貌奇偉，頂有二肉角，疎眉大眼，口侈多髯，如軏革，家懸鬼谷子像，故同社中戲呼爲鬼谷子。

乾隆年間，詔開四庫館，徵四方名彦充校讎之任，有人以山陰童鈺及先生名達於金壇。因一諸生、一布衣，格於例，不果薦。先生貧病交攻，再娶無子，卒年四十有七。其牢騷不平之氣，往往托之美人香草，形於歌詠，哀音微茫，有騷人之遺意焉。

生平著述甚多，《爾雅釋》《注雅别鈔》，悔其少作，不以示人。《文選音義》，亦悔少作，然久已刊行，乃别撰《文選雜題》三十卷。又有《選音樓詩拾》若干卷。先生深於「選學」，因名其樓曰「選音」。疾革之時，以《雜題》《詩集》付弟子朱敬輿，敬輿寶爲枕中秘，以是學者罕知之。惟《古經解鉤沉》已入《四庫·經部》。當日戴震謂是書有鉤而未沉者，有沉而未鉤者。然沉而未鉤，誠如震言；若曰鉤而未沉，則震之妄言也。今核考其書，豈有是哉！惟皇侃《論語義疏》，其書出於著《鉤沉》之後，且爲足利贋鼎，何得謂之鉤而未沉者乎？

藩爲先生受業弟子，聞之先生曰：「《鉤沉》一書，漢、晉、唐三代經注之亡者本欲盡采，因乾隆壬午四月得虚損症，危若朝露，急欲成書，乃取舊稿録成付梓，至今歉然。吾精力衰矣，汝能足成之，亦經籍之幸也。」藩自心喪之後，遭家多故，奔走四方，雨雪載塗，饑寒切體，不能專志壹心從事編輯。今年已五十，忽忽老矣，歎治生之難，蹈不習之罪，有負師訓，能不悲哉！

江艮庭先生

先生諱聲，本字鱷濤，後改叔澐。其先世居休寧之梅田，後遷蘇州，又遷無錫，復歸吴下，遂爲吴縣人。

少與兄震滄孝廉同學，不事帖括。讀《尚書》，怪古文與今文不類，又怪孔傳庸劣，且甚支離，安國所爲不應若此。年三十五，師事同郡通儒惠松崖徵君，得讀所著《古文尚書考》及閻若璩《古文疏證》，乃知古文及孔《傳》，皆晉時人僞作。於是集漢儒之説以注二十九篇，漢注不備，則旁考他書，精研故訓，成《尚書集註音疏》十二卷，附《補誼》九條、《識僞字》一條、《尚書集註音疏前後述》、《外編》一卷、《尚書經師系表》也。經文註疏，皆以古篆書之。

疑僞古文者，始於宋之吴才老，朱子以後，吴草廬、郝京山、梅鷟皆不能得其要領。至本朝閻、惠兩徵君所著之書，乃能發其作僞之跡、勦竊之原。若刊正經文，疏明古注，則皆未之及也。先生出而集大成，豈非伏、孔、馬、鄭之功臣乎？

其辨《泰誓》曰：《泰誓》，今文、古文皆有之，漢儒皆誦習之，馬、鄭皆爲之注。自東晉僞古文出，則有《泰誓》三篇，世無具巨眼人，遂翕然信奉，以爲孔壁古文。因目此爲今文，且反疑其僞，以故寖微而至於亡。顧其遺文，記火流、穀至之事，且無諸傳記所引之語，故馬融雖爲之注，不能無疑。今姑備録馬説而辯之。馬融《書敘》曰：「《泰誓》後得，案其文，似若淺露。」又云：「八百諸侯不召自來，不期同時，不謀同詞。及火復于上，至于王屋，流爲雕，五至，以穀俱來。舉火神怪，得毋在子所不語中乎！又《春秋》引《泰誓》曰：『民之所欲，天必從之。』《國語》引《泰誓》曰：『朕夢協朕卜，襲于休祥，戎商必克。』《孟子》引《泰誓》曰：『我武惟揚，侵于之疆，則取于殘，殺伐用張，于湯有光。』《孫卿》引《泰誓》曰：『獨夫紂。』《禮記》引《泰誓》曰：『予克紂，非予武，惟朕文考無罪；紂克予，非朕文考有罪，惟予小子無良。』今之《泰誓》，皆無此語。吾見書傳多矣，所引《泰誓》而不在《泰誓》者甚多，弗復悉記，略舉五事以明之，亦可知矣。」馬此説具《正義》。辯之曰：「案融之意，以《泰誓》非伏生所傳，故疑之爾。融獨不見伏生之《尚書大傳》乎！《泰誓》『維四月，太子發上祭于畢』云云，《大傳》既引其文矣，其所以不傳者，蓋生年老，容有遺忘，自所得二十八篇之外，不能記憶其全故爾。《大傳》引《九共》曰『予辨下土，使民平平，使民無敖』，引《帝告》曰『施章乃服明上下』，能録其片語而不傳其全文，是其不能記憶之明驗也。然則《泰誓》雖不出於伏生，不得謂非秦火已前伏生所藏之舊文矣。且《漢書·藝文志》云：『《尚書古文經》四十六卷，爲五十七篇。』計伏生《書》二十八篇，三分《盤庚》，則爲三十，加孔氏多出之二十四篇，才五十四，加《太誓》三篇適五十七，無《泰誓》則不符其數。又李顒《集注尚書》，於此《泰誓》輒引孔安國曰，則孔氏古文亦有此篇，安國且作《傳》矣。而兩漢諸儒備見今文古文者，未嘗疑《泰誓》有今古文之異，然則今文《泰誓》同乎古文，又可知矣。融獨以其後得而疑之，則五十四篇惡在其可信邪？若其所稱『八百諸侯，不期而會』，則婁敬説高帝嘗言之矣，司馬子長亦録其文於《本紀》矣，不既信而有徵乎？又若『火流爲雕，以穀俱來』，斯乃符命之應，猶龜書馬圖之屬也。孔子繫《易》曰：『河出《圖》，洛出《書》，聖人則之。』《論語》記孔子之言曰：『鳳鳥不至，河不出《圖》，吾已矣夫。』然則符瑞之徵，聖人且覬幸遇之，而乃以火流穀至爲神怪，謂爲『子所不語』，豈通論乎！且《思文》之詩不云乎，『貽我來麰，帝命率育』〔一六〕，即此『以穀俱來』之謂。融亦將斥《詩》爲誕乎！不然，《詩》則信之，《書》則疑之，進退皆無據矣。融又以《書傳》所引《泰誓》甚多，而疑此《泰誓》皆無有。又案《湯誓》篇傳自伏生，既又出諸孔壁，今文古文若合符節，而『予小子履敢用玄牡』云云，載於《墨子・兼愛》篇，而《湯誓》未有其文。故孔安國注《論語・堯曰》篇，不敢質言《湯誓》之文，而云『《墨子》引《湯誓》，其詞若此』。又《墨子・尚賢》篇引《湯誓》曰『聿求元聖，與之戮力同心，以治天下』〔一七〕，而《湯誓》中亦無之。然而謂《湯誓》有逸文可也，謂《湯誓》爲僞書則不可。以此相況，《泰誓》亦猶是耳，夫復奚疑哉！不獨此也，《大傳》引《盤庚》曰『若德明哉，湯任父言，卑應言』，引《無逸》曰『厥兆天子爵』，今《盤庚》《無逸》具在，而皆無是言。《經》與《傳》俱出於伏生，不應《傳》録其文，《經》反遺其語。然則伏生既傳之後，歐陽、夏侯遞有師承，猶不能無闕逸。況《泰誓》經灰燼之餘，百年而出，反怪其有遺逸邪！且夫傳記諸書，夫人而見之矣，苟欲僞造，必不敢張空拳以自吐其胸臆，並不敢出神奇以駭人之觀聽，將摭拾典籍以供補綴〔一八〕，依據誼理，以爲干城，以求售其欺於後世，如彼僞孔氏之所爲矣。安肯故留此間隙，以滋後人之議哉？蓋惟當時實有其事，史官據事直書而無所顧忌，故有『火流穀至』之文。逮其後遺文殘闕，傳之者謹守殘編而不敢補緝，故無諸傳記所引之語，斯何足怪乎！季長之説，吾不謂然，故爲此辨。」此又閻、惠二君之所未及也。

先生精於小學，以許叔重《説文解字》爲宗，《説文》所無之字，必求假借之字以代之。生平不作楷書，即與人往來箋札，皆作古篆，見者訝以爲天書符籙，俗儒往往非笑之，而先生不顧也。嘗著《六書説》一首，自書勒石。其説轉注，以五百四十部爲「建類一首」，以「凡某之屬皆從某」爲「同意相受」，實前人所未發。又《恒星説》一卷，文不録。喜爲北宋人小詞，亦以篆書書之。

先生性耿介，不慕榮利。交游如王光禄鳴盛、王侍郎蘭泉先生、畢制軍沅，皆重其品藻，而先生未嘗以私事干之，所以當事益重其人。嘉慶元年詔開孝廉方正科，江蘇巡撫費公淳首舉先生，賜六品頂帶。卒年七十有八〔一九〕。晚年因性不諧俗，動與時違，取《周易》艮背之義，自號艮庭，學者稱爲艮庭先生云。

藩少從古農先生學。先生没後，藩汎濫諸子百家，如涉大海，茫無涯涘。先生教之讀七經、三史及許氏《説文》，乃從先生受惠氏《易》。讀書有疑義，質之先生，指畫口授，每至漏四下，猶講論不已，可謂誨人不倦者矣。

子鏐，字貢庭，名諸生。孫沅，字鐵君，優貢生。世傳其學。

弟子數十人，元和顧廣圻、長洲徐頲最知名。廣圻字千里，號澗薲，邑諸生。天資過人，無書不讀，經史、小學、天文、曆算、輿地之學靡不貫通，又能爲詩古文詞、駢體文字，當今海内學者莫之或先也。頲字述卿，嘉慶甲子舉人，乙丑以第二人及第，今官翰林院編修。

先生老友中來往親密者，錢宮詹大昕、褚部郎寅亮。宮詹别有傳。

褚寅亮

褚寅亮，字搢升，號鶴侣，一字宗鄭，長洲人也。

乾隆十六年，召試舉人，内閣中書〔二〇〕，官至刑部員外郎，與錢宮詹大昕爲同年友。

深於經學，從事《禮經》幾三十年。嘗謂宋人説經，好爲新説，棄古注如土苴，惟《儀禮》一書爲樸學，空談義理者不能措辭，而晦庵、勉齋、信齋又崇信之，故鄭氏之學未爲異義所汩。至元吳興敖繼公撰《集説》，雖云采先儒之言，其實自注疏而外，皆自逞私意，專攻鄭氏。學者苦注疏之難讀，而喜其平易，乃盛行於世。蓋君善之意不在解經，而有意與康成立異，特其巧於立言，含而不露，若無意於排擊者，是以入其玄中而不悟。至於説有不通，甚且改竄經文，曲就其義，不幾於無所忌憚乎！著《儀禮管見》四卷。

其説之最精者，如《鄉飲酒記》：「北面者東上。」敖改「東」爲「西」。駁之曰：「《注》明言『統於門』，門在東，則不得以西爲上也。」《鄉射記》：「勝者之弟子洗觶升酌，南面坐，奠於豐上，降，袒執弓，反位。」敖以「袒執弓」句爲衍。駁之曰：「勝者之弟子，即射賓中年少者，以是勝黨，故袒執弓，非衍文也。」《燕禮》：「媵觚於賓[二二]。」敖改「觚」爲「觶」。駁之曰：「凡獻以爵者酬以觶，燕禮宰夫主獻，既不以爵，則酬亦不以觶矣，安可破觚爲觶乎！」《大射儀》：「以耦左還上射於左。」敖依《鄉射》改爲「於右」。駁之曰：「上射位在北，下射位在南，鄉射大射所同。但鄉射位在楅西，從楅向西，則北爲右；大射次在楅東，從楅向東，則北爲左。敖比而同之，昧於東西之别矣。」《喪服記》：「公子爲其妻縓冠。」敖改「縓」爲「練」。駁之曰：「練冠之紕亦飾以縓，故《閒傳》云『練冠縓緣』。就其質言之，曰『練冠』，就其紕言之，曰『縓冠』。母重，故言其質；妻輕，故言其紕。非有二也。」《士虞禮》：「明齊醙酒。」敖以「醙酒」爲衍文。駁之曰：「《注》明言『有酒無醴』，據下文『普薦醙酒』，亦專言酒，不及醴，豈得妄解明齊爲醴，輒删經文乎！」《特牲饋食禮》：「三拜衆賓，衆賓答再拜」。敖改「再」爲「一」。駁之曰：「《鄉飲酒》衆賓答一拜者，大夫爲主人也；《有司徹》之答一拜者，大夫爲祭主也。此士禮，安得以彼相例乎！」

寅亮精天文曆算之術，尤長於句股和較相求諸法，作《句股廣問》三卷。錢少詹著《三統術衍》，寅亮校正刊本誤字，如「月相求六扐之數」句〔二二〕，「六扐」當作「七扐」；「推閏餘所在，加十得一」句，「加十」當作「加七」。少詹服其精審。早年爲《公羊》何休之學，撰《公羊釋例》三十卷，謂《三傳》惟《公羊》爲漢學，孔子作《春秋》，本爲後王制作，訾議《公羊》者實違經旨。又因何邵公言禮，有殷制，有時王之制，與《周禮》不同，作《周禮公羊異義》二卷。又著《十三經筆記》十卷、《諸史筆記》八卷、《諸子筆記》二卷、《名家文集筆記》七卷，藏于家。

乾隆四十年以病告歸，五十五年卒〔二三〕。

校勘記

〔一〕「祐」，原作「祜」，據《粵雅堂叢書》本、山西書局本改。按：惠元祐（一〇八一—一一四一），字吉甫，原籍扶風，後師事尹惇，遷居洛陽。官國子監直講、文淵閣學士等，後秦檜用事，遂乞身終老。事見《惠氏宗譜》卷四宋王居正《文淵閣學士惠公傳》。

〔二〕「叔」，原作「寬」，漆永祥《漢學師承記箋釋》據《漢書》卷八九《文翁傳》改，今從。

〔三〕「楝」，原作「家諱」，按江藩父名起棟，故稱，今據改。

〔四〕「从」，原作「從」，漆永祥《漢學師承記箋釋》據《説文·一部》改，今從。

〔五〕據惠棟《明堂大道録》卷六「明堂配天」條，「德」原作「業」，「没」原作「殁」。漆永祥《漢學師承記箋釋》據之改「德」作「業」。

〔六〕「四」，原作「曰」，據山西書局本改。

〔七〕「頍」，原作「頍」，漆永祥《漢學師承記箋釋》據惠棟《明堂大道録》卷一「諸儒論明堂」條改，今從。

〔八〕「覲」前當有「儀禮」二字。惠棟《周易述》卷二十《説卦傳》「坤位至六天」《注》：「戰國時，齊有泰山明堂，即方明也。《周書》朝諸侯則于明堂，《儀禮》覲諸侯則設方明，故虞禋六宗而覲四嶽群牧，周禮方明而覲公侯伯子男……」

〔九〕「弘」，原作「宏」，避清高宗弘曆諱，今據改。

〔一〇〕「無」，原作「有」，漆永祥《漢學師承記箋釋》據《公羊傳·宣公八年》及惠棟《左傳補注》改，今從。

〔一一〕「無」，原作「有」。周予同《國朝漢學師承記（選注）》云：「『今何本亦有之』，各本《師承記》皆作『有』，但惠棟《九經古義》卷十三《公羊上》原文作『今何本亦無』。按『有』當作『無』，或江引偶誤，或刻誤。何休本爲《顔氏春秋》，顔氏既無『伐而不言圍』云云，則何本不當言『有』甚明。」今據改。

〔一二〕「五」，原作「三」。周予同《國朝漢學師承記（選注）》云：「按『登戾之』係嚴本《公羊·隱五年傳》文，今本何氏《公羊》依顔氏作『登來之』。……又『隱三年』《師承記》各本皆作『三』，按『三』當作『五』，或江誤引，或刻誤，《九經古義》原文作『五』，亦可證。」今據改。

〔一三〕「注」，漆永祥《漢學師承記箋釋》據惠棟《九經古義》卷一五《穀梁古義》卷首改作「著」。

〔一四〕「袁山松」之「松」，原作「濤」，據《粤雅堂叢書》本、山西書局本改。按：袁山松（？—四〇一），陳郡陽夏人，官吴郡太守，著有《後漢書》百篇。《晉書》卷八三有傳。

〔一五〕「黄榦」之「榦」，原作「幹」。按：黄榦（一一五二—一二二一），字直卿，號勉齋，南宋福州人。師事朱熹，後爲朱氏壻，協助纂輯《禮書》。《宋史》卷四三〇有傳。漆永祥《漢學師承記箋釋》據改，今從。

〔一六〕「貽」，原作「詒」。按《詩·周頌·思文》作「貽」，《粤雅堂叢書》本、山西書局本已改，今從。

〔一七〕「湯誓」，原作「泰誓」。按：徐洪興校本（三聯書店一九九八年版）云：「『泰誓』，各本同。當爲『湯誓』。江聲《音疏》原文，正作『湯誓』。」據上下文，「泰誓」亦當作「湯誓」。今據改。

〔一八〕「供」，原作「龔」，據《粤雅堂叢書》本、山西書局本改。

〔一九〕「八」，漆永祥《漢學師承記箋釋》據閔爾昌《江子屏先生年譜》嘉慶四年條改作「九」。

〔二〇〕山西書局本「内閣中書」前有「授」字。

〔二一〕「滕」，原作「勝」。近藤光男《國朝漢學師承記（譯註）》云：「《師承記》原刊本一下皆作『勝』，明爲涉前引『勝者』『勝黨』而致誤。《儀禮》本經、《管見》《錢序》皆作『滕』。」今據改。

〔二二〕近藤光男《國朝漢學師承記（譯註）》據錢大昕《三統術衍》、阮元《序》，在「月」前補「中」字。

〔二三〕漆永祥《漢學師承記箋釋》云：「此段自『早年爲《公羊》何休之學』起至『五十五年卒』止，中國國家圖書館藏嘉慶二十三年初刻初印本《國朝漢學師承記》作『早年爲《公羊》何休之學（按：此句漆氏漏引，今補），撰《公羊義疏》二十九卷，又以《玉篇》《廣韻》諸書中字體之不悖於六書者，補許氏《説文》之闕，名曰《説文補遺》，其書藏於家。乾隆五十三年，以老疾告歸，未幾卒。』與後來刻本皆不同。」

國朝漢學師承記卷三

王鳴盛 金曰追

王鳴盛，字鳳喈，一字禮堂，別字西莊，嘉定人。生而敏慧，四歲，隨王父讀書丹徒學署，日識數百字，縣令馮詠以神童目之。年十二，爲《四書》文，才氣浩瀚，已有名家風度。年十七，補諸生，屢試第一，鄉試中副榜，才名藉甚。江蘇巡撫陳文肅公大受招入蘇州紫陽書院，院長歸安吴大綬、常熟王峻皆賞其才。乾隆十二年鄉試，以《五經》中式，會試不第，客游蘇州。時沈文慤公德潛以禮部侍郎致仕，海内英儁之士皆出其門下。與王侍郎蘭泉先生、錢少詹大昕、吴内翰企晉及曹仁虎、趙文哲、黄文蓮相唱和，文慤以爲不下「嘉靖七子」。又與惠松崖徵君講經義，知詁訓必以漢儒爲宗。精研《尚書》，久之，乃信東晉之古文固僞，而馬、鄭所注，實孔壁之古文也。東晉所獻之《大誓》固僞，而唐人所斥爲僞《大誓》者實非僞也。古文之真僞辨，而《尚書》二十九篇粲然具在，知所從事矣。

十九年，莊培因榜以第二人及第，授編修，公卿争以禮致之。刑部侍郎秦蕙田修《五禮通考》，屬以分修。尤見重於掌院學士蔣文恪公溥。二十三年，天子親試翰詹諸臣，特置一等一名，擢侍講學士，充日講起居注官。明年，充福建正考官。未蕆事，即有内閣學士兼禮部侍郎之命，還京。有御史論其馳驛濫用驛馬，罣吏議，左遷光禄寺卿。尋丁内艱，歸，遂不復出。卜居蘇州閶門外，不與當事通，亦不與朝貴接。家本寒素，賣文諛墓以自給，餘則一介不取也。閉户讀書，日夕探討。

嘗謂漢儒説經必守家法，亦云師法，自唐貞觀撰諸經義疏而家法亡，宋元豐以新義取士而漢學殆絶。今好古之士，皆知崇注疏矣。然經注惟《詩》《三禮》及《公羊傳》猶是漢人家法，餘經則出於魏、晉，未爲醇備。故所撰《尚書後案》以鄭、馬爲主，不得已間采僞孔、王肅，而唐、宋諸儒之説槩不取焉。

又撰《十七史商榷》一百卷，主於校勘本文，補正譌脱，審事迹之虚實，辨紀傳之異同，最詳於輿地、職官、典章、制度，獨不喜褒貶人物，以爲空言無益也。又有《蛾術編》一百卷，其目有十：《説録》《説字》《説地》《説制》《説人》《説物》《説集》《説刻》《説通》《説系》。其書辨博詳明，與洪容齋、王深寧不相上下。詩宗盛唐，中年出入於香山、東坡，晚年獨愛玉谿生，謂少陵以後一人。手定《詩集》二十四卷，古文若干。

老年因讀書窮日夜不輟，目遂瞽，有吴興醫鍼之而愈，著書如常，乃自號西沚。卒年七十有八〔一〕。

藩十六歲時，著《爾雅正字》，光禄在艮庭先生家見此書，囑艮庭先生招藩往謁，奬賞不去口。

嘗謂藩曰：「予門下士，以金子璞園爲第一。予近日得見好學深思之士，惟子及李子賡芸、費子士璣三人而已。」

璞園名曰追，嘉定諸生，閉門校書，不求聞達，《十三經》皆有校本，而《儀禮》尤精，著有《儀禮正譌》十七卷，行於世。

士璣，吴江人，嘉慶戊午科舉人，治漢《易》。

李賡芸，號許齋，嘉定人，深於小學，乾隆庚戌成進士，今官浙江嘉興府知府。

錢大昕 錢塘 錢坫

錢大昕，字曉徵，一字辛楣，又號竹汀。先世自常熟徙居嘉定，遂爲嘉定人。生而穎悟，讀書十行俱下。年十五，爲諸生，有神童之目。時紫陽書院院長王侍御峻詢嘉定人材於王光禄西沚，以先生對。先生，西沚之妹婿也。侍御告之巡撫雅蔚文，檄召至院中，試以《周禮》《文獻通考》兩論，下筆千言，悉中典要，侍御歎爲奇才。

乾隆十六年，高宗純皇帝南巡，獻賦行在，召試舉人，以内閣中書補用。在京師與同年長洲褚寅亮、全椒吴烺講明九章算學[二]，及歐羅巴測量弧三角諸法。時禮部尚書大興何翰如久領欽天監事，精於推步，時來内閣與先生論李氏、薛氏、梅氏及西人利瑪竇、湯若望、南懷仁諸家之術，翰如遜謝，以爲不及也。先是，在吴門時，與元和惠定宇、吴江沈冠雲兩徵君游，乃精研古經義聲音訓詁之學，旁及壬遁太乙星命，靡不博綜而深究焉。

乾隆十九年，莊培因榜成進士，散館，授編修。二十三年，大考翰詹，以二等一名擢右贊善，尋遷侍讀。二十八年，又以大考一等三名擢侍講學士，充日講起居注官。三十七年，改補侍讀學士。其年冬，擢詹事府少詹事。純皇帝深知爲績學之士，官侍讀學士時即命入直上書房，授皇十二子書。又奉敕修《熱河志》《續文獻通考》《續通志》《一統志》《天毬圖》，皆預纂修之列。己卯、壬午、乙酉、甲午，充山東、湖南、浙江、河南主考官。庚辰、丙戌，充會試同考官。主考河南之年，授廣東學政。明年夏，以丁外艱歸。

先生淡於名利，慕邴曼容之爲人，嘗謂官至四品，可以歸田，故奉諱家居之後，即引疾不出矣。嘉慶四年，今上親政，垂詢大昕家居狀，朝貴寓書敦勸還朝，婉言謝之。

嘉慶九年十月二十日，卒於紫陽書院，年七十有七。

先生深於經史之學，其論《易》先天、後天之説曰：「《説卦傳》，孔子所作。其言曰『《震》東方，《巽》東南，《離》南方，《乾》西北，《坎》正北，《艮》東北』，惟不見《坤》《兑》二方。《兑》爲正秋，則必正西方矣；《坤》介於《離》《兑》之間，亦必位西南矣。伏羲畫卦以來，蓋已有之。伏羲以木德王，而《傳》稱『帝出乎《震》』，是《震》東、《巽》東南之位，必出於伏羲，不當别有方位也。漢、唐以前，儒家與方士，均未有言《先天圖》者。宋初，方士始言之，而儒家尊信其説，欲取以駕乎文王、孔子之上，毋乃好奇而誣聖人乎！天地、水火、雷風、山澤，各自相對，本無方位之可言，後儒援『天地定位』四語，傅會先天之説，尤爲非是。夫天高而尊，地下而卑，古今不易之位也。地勢北高而南下，君位北而南面，臣位南而北面，信如『《乾》南《坤》北』之説，上下傎倒甚矣，安得云定位乎！」

論虞氏之卦之説曰：「之卦，即變卦也。虞仲翔説《易》，專取旁通，與之卦旁通者，《乾》與《坤》，《坎》與《離》，《艮》與《兑》，《震》與《巽》，交相變也。之卦則以兩爻交易而得一卦。《乾》《坤》者，諸卦之宗。《復》《臨》《泰》《大壯》《夬》，陽息卦；《姤》《遯》《否》《觀》《剥》，陰消卦。皆自《乾》《坤》來，而諸卦又生於消息卦。三陰三陽之卦，自《泰》來者九：《恒》，初四易也；《井》，初五易也；《蠱》，初上易也；《豐》，二四易也；《既濟》，二五易也；《賁》，二上易也；《歸妹》，三四易也；《節》，三五易也；《損》，三上易也。自《否》來者九：《益》，初四易也；《噬嗑》，初五易也；《隨》，初上易也；《涣》，二四易也；《未濟》，二五易也；《困》，二上易也；《漸》，三四易也；《旅》，三五易也；《咸》，三上易也。二陰二陽之卦，自《臨》來者四：《升》，初三易也；《解》，初四易也；《明夷》，二三易也；《震》，二四易也。自《遯》來者四：《无妄》，初三易也；《家人》，初四易也；《訟》，二三易也；《巽》，二四易也。自《大壯》來者四：《大畜》，上四易也；《睽》，上三易也；《需》，五四易也；《兑》，五三易也。自《觀》來者四：《萃》，上四易也；《蹇》，上三易也；《晉》，五四易也；《艮》，五三易也；《臨》，二之五爲《屯》，《觀》上之初亦爲《屯》；《臨》初之上爲《蒙》，《觀》五之二亦爲《蒙》。故不從自《臨》《觀》來之例，於《屯》曰『《坎》二之初』，於《蒙》曰『《艮》三之二也。《遯》二之五爲《鼎》，《大壯》上之初亦爲《鼎》；《遯》初之上爲《革》，《大壯》五之二亦爲《革》。於例不當從《遯》《大壯》來，而仲翔於《鼎》曰『《大壯》上之初』，於《革》曰『《遯》初之上』，失其義矣。愚謂《鼎》蓋《離》二之初，《革》蓋《兑》三之二也。《臨》初之五爲《坎》，《觀》上之二亦爲《坎》；《遯》初之五爲《離》，《大壯》上之二亦爲《離》；《臨》二之上爲《頤》，《觀》五之初亦爲《頤》；《遯》二之上爲《大過》，《大壯》五之初亦爲《大過》。此四卦亦不得從《臨》《觀》《遯》《大壯》來之例，《中孚》《小過》二卦，則非《臨》《觀》《遯》《大壯》所能變。且《頤》《大過》《中孚》《小過》與《坎》《離》《乾》《坤》，皆反覆不衰之卦，故別自爲例，於《頤》曰『《晉》四之初』，於《大過》曰『《訟》三之上』，於《中孚》曰『《訟》四之初』，於《小過》曰『《晉》三之上』。而仲翔於《大過》仍取《大壯》五之初，於《頤》兼取《臨》二之上，又於《坎》云『《觀》上之二』，於《離》云『《遯》初之五』，皆自紊其例也。一陰一陽之卦，仲翔説《易》未及之。今依其例，理而董之，則《復》初之二爲《師》，初之三爲《謙》；《剥》上之五爲《比》，上之四爲《豫》；《姤》初之二爲《同人》，初之三爲《履》；《夬》上之五爲《大有》，上之四爲《小畜》。每卦當各生二卦也。而仲翔於《謙》云『《剥》上之三』，蔡君謨説〔三〕。於《豫》云『《復》初之四』，於《比》云『《師》二之五』，此別取兩象易爲義。其注《大畜》云『《萃》五之二成《臨》』，於《豐》云『《噬嗑》上之三』，於《旅》云『《賁》初之四』，亦兩象易也。《睽》，本《大壯》上之三，而仲翔注《繫辭》『蓋取諸《睽》』，又云『《无妄》五之二』，亦自紊其例也。」

論鄭爻辰之例曰：「鄭氏爻辰之例，初九辰在子。《頤》初云『舍爾靈龜』，子爲天黿，龜者，黿屬也。《同人》初云『同人于門』，《隨》初云『出門交有功』，《節》初云『不出户庭』，子上直危，危爲蓋屋，故有門户之象。《節》九二『不出門庭』，二亦據初，故云門也。《明夷》初云『三日不食』，子爲玄枵，虚中也，故有不食之象。九二辰在寅，《泰》二云『用馮河』，寅上直天漢，雲漢，天河也。九三辰在辰，《大壯》三云『羸其角』，辰上直角也。九五辰在申，《革》五云『大人虎變』〔四〕，申上直參，參爲白虎也。上九辰在戌，《睽》上云『見豕負塗』，戌上直奎，奎爲封豕也。初六辰在未，《小過》初云

『飛鳥以凶』，未爲鶉首也。六三辰在亥，上直營室，營室爲清廟，《萃》《涣》之《彖辭》皆云『王假有廟』，謂六三也。六四辰在丑，《大畜》四云『童牛之牿』，丑上直牽牛也。上六辰在巳，《小過》上云『飛鳥離之』，巳爲鶉尾也。《小過》六爻，惟初上有飛鳥之象，此其義也。《解》上云『公用射隼』，巳上直翼，翼爲羽翮，有隼象也。此皆可以爻辰求之者也。康成初習《京氏易》，後從馬季長授《費氏易》。費氏有《周易分野》一書，其爻辰之法所從出乎？」

論孔壁《書》增多二十四篇，康成既親見之，何以不爲之注？曰：「漢儒無無師之學。《古文尚書》初得之屋壁，未有能通之者。孔安國始以今文讀之，而成孔氏之學。然安國非能自造也，亦由先通伏生《書》。古今文本不相遠，以此證彼，易於闓闡；惟文義不能相通者，乃别爲之説，以名其學。若增多之《書》，既無今文可相參攷，雖亦寫定，而不爲訓詁，故馬季長云『逸十六篇，絶無師説』也。自安國以及衛、賈、馬諸君，皆未有説此逸篇者，康成又何能以無徵不信之説著於竹帛乎？即如《禮》，古經五十六篇，鄭亦親見之，其注《儀禮》，多以古文參定，而不注增多之三十九篇，亦以無師説故也。左氏得劉子駿枊通大義，故流傳至今。而《逸書》《逸禮》無師説，故皆亡於永嘉，自東晉古文出，乃有安國承詔爲五十八篇作傳之語。夫使安國果爲逸篇作傳，則都尉朝、庸生輩必兼受之，何以馬、鄭以前傳古文者，皆止二十九篇已哉？朱文公疑康成不解《逸禮》三十九篇，予向亦未喻其故，今因論古文逸篇而並悟及之。」

論《詩毛傳》多轉音曰：「古人音隨義轉，故字或數音。《小旻》『謀夫孔多，是用不集』，與『猶』『咎』爲韻，《韓詩》『集』作『就』，於音爲協。毛公雖不破字，而訓『集』爲『就』，即是讀如『就』音。

《書·顧命》『克達殷，集大命』，《漢石經》『集』作『就』。《吴越春秋》：『子不聞《河上之歌》乎？同病相憐，同憂相救。驚翔之鳥，相隨而集。瀨下之水，回復俱留。』是『集』有『就』音也。《瞻卬》『藐藐昊天，無不克鞏』，《傳》訓『鞏』爲『固』，即轉從『固』音，與下句『後』爲韻也。《載芟》『匪且有且』，《傳》訓『且』爲『此』，即轉從『此』音，與下句『茲』爲韻也。顧亭林泥於一字祗有一音，遂謂《詩》有無韻之句，是不然矣。溱、洧之『溱』，本當作『潧』，《説文》『潧水出鄭國』，引《詩》『潧與洧，方涣涣兮』，是也。今《毛詩》作『溱』者，讀『潧』如『溱』，亦諧韻耳。『溱』即『潧』之轉音，不可謂《詩》失韻，亦不可據《詩》以疑《説文》也。《魯頌》『烝徒增增』，《傳》云『增增，衆也』，本《爾雅·釋訓》文。而《小雅》『室家溱溱』，《傳》亦云『溱溱衆也』。『增』『溱』聲相近，轉『增』爲『溱』，亦以諧韻，與『潧洧』作『溱洧』同。」

論《春秋》曰：「孟子言『孔子成《春秋》而亂成賊子懼』，愚嘗疑之。將謂當時之亂賊懼乎，則趙盾、崔杼之倫，史臣固已直筆書之，不待《春秋》也。將謂後代之亂賊懼乎，則《春秋》以後，亂賊仍不絶於史册，吾未見其能懼也。孟氏之言，毋乃大而夸乎！然孟子固言『《春秋》者，天子之事也』，述王道以爲後王法，防其未然，非刺其已然也。太史公曰：『撥亂世，反之正，莫近乎《春秋》。』又曰：『有國家者不可以不知《春秋》，前有讒而弗見，後有賊而不知。爲人臣子者不可以不知《春秋》，守經事而不知其宜，遭變事而不知其權。』《春秋》之法行，而亂臣賊子無所容其身，故曰『懼』也。凡篡弑之事必有其漸，聖人隨事爲之杜其漸。隱之弑也，於翬帥師戒之；子般之弑也，於公子慶父帥師伐於餘邱戒之。此大夫不得專兵柄之義也。尹氏立王子朝，在昭公之世，而書尹氏卒於隱之策；崔杼弑君，在襄公之世，而書崔氏奔衛於宣之策。此卿不得世之義也。齊侯使其弟年來聘，再見於《春秋》，爲無知之弑君張本也。母弟雖親，不可使踰其分也。趙穿弑君，而以趙盾主惡名，穿之弑由於盾也。胥甲父與穿同罪，盾於甲父則放之，於穿不惟不放，且使之帥師侵崇，盾尚得辭其罪乎？侵崇小事，不必書而書之，所以正盾之罪，且不使穿得漏網也。鄭公子宋弑君，而以歸生主惡名，歸生正卿，且嘗帥師敗華元矣，力足以制宋而從宋之逆，較之趙盾，又有甚焉，不得託於本無逆謀也。楚公子比之弑君，棄疾成之，而比獨主惡名者，奸君位也。而棄疾之惡，終不可掩，故以相殺爲文，著其罪同。然比與棄疾皆楚靈之弟，靈逐比而任棄疾，卒死於二人之手。先書比奔晉，又書棄疾帥師圍蔡，明君之𦍑弟，不可以愛憎爲予奪也。衛孫、甯出其君，而以出奔爲文，衎有失國之道也。貶衎，則嫌於奬剽，故先書公孫剽來聘以見義，公孫而干正統，其罪不可掩也。楚商臣、蔡般之弑，子不子，父亦不父也。許止不嘗藥，非大惡，而特書弑，以明孝子之義，非由君有失德，故楚、蔡之君不書葬而許獨書葬，所以責楚、蔡二君之不能正家也。楚成之事與晉獻略同，子孝則爲申生，子不孝則爲商臣，而晉亦尋有奚齊與卓之弑，未有家不齊而國治者也。故晉獻之卒亦不書葬也。書閽弑吴子餘祭，戒人君之近刑人也。書盜弑蔡侯申，戒人君之疏大臣而近小人也。欒盈之入曲沃，趙鞅之入晉陽，書之以戒大都耦國之漸，人臣不可專其私邑也。楚子虔弑於乾谿，書其地，著役之久也。君親出師，久而不歸，禍之不旋踵宜矣。楚之强莫强於虔，伐吴，執慶封，滅賴，滅陳，滅蔡，史不絶書，而無救於弑者，無德而有功，天所惡也。宋襄公用鄫〔五〕，楚靈王用蔡世子，皆特書之，惡其不仁也，且以徵二君之强死，非不幸也。宋公與夷、齊侯光、楚子虔，以好戰而弑，晉侯州蒲以誅戮大臣而弑，經皆先文以見義，所以爲有國家者戒，至深切矣。《左氏傳》曰：『凡弑君稱君，君無道也；稱臣，臣之罪也。』後儒多以斯語爲詬病。愚謂君誠有道，何至於弑？遇弑者，皆無道之君也，其賊之有主名者，書名以著臣之罪；其微者不書，不足書也；無主名者亦闕而不書，史之慎也，非恕臣之罪也。聖人修春秋，述王道以戒後世，俾其君爲有道之君，正心修身，齊家治國，各得其所，又何亂臣賊子之有！若夫篡弑已成，據事而書之，良史之職耳，非所謂其義則竊取之者也。秦、漢以後，亂賊不絶於史，由上之人無以《春秋》之義見諸行事故爾。故曰：『惟孟子能知《春秋》。』

論婦人「七出」之説曰：「『七出』之文，先王所以扶陽抑陰，而家道所以不至於窮而乖也。夫父子、兄弟，以天合者也；夫婦，以人合者也。以天合者，無所逃於天地之間；而以人合者，可制以去就之義。堯、舜之道，不外乎孝弟，而孝弟之衰，自各私其妻始。妻之於夫，其初固路人也，以室家之恩聯之，其情易親。至於夫之父母，夫之兄弟姊妹，夫之兄弟之妻，皆路人也，非有一日之恩，第推夫之親以親之，其情固已不相屬矣。矧婦人之性，貪而吝，柔而狠，而築里姑姊之倫，亦婦人也，同居而志不相得，往往有之；其真能安於義命者，十不得一也。先王設爲可去之義，義合則留，不合則去。俾能執婦道者，可守從一之貞；否則，寧割伉儷之愛，勿傷骨肉之恩。故嫁曰歸，出亦曰歸。以此坊民，恐其孝衰於妻子也。然則聖人於女子，抑之不已甚乎？曰：去婦之義，非徒以全丈夫，亦所以保匹婦。後世閭里之婦，失愛於舅姑，讒間於叔妹，抑鬱而死者有之，或其夫淫酗凶悍，寵溺嬖媵，淩迫而死者有之。準之古禮，固有可去之義，亦何必束縛之、禁錮之，置之必死之地以爲快乎？先儒戒寡婦之再嫁，以爲餓死事小，失節事大。予謂全一女子之名，其事小；得罪於父母、兄弟，其事大。故父母、兄弟不可乖，而妻則可去，去而更嫁，不謂之失節。使其過在婦歟，不合而嫁，嫁而仍窮，自作之孽不可逭也；使其過不在婦歟，出而嫁於鄉里，猶不失爲善婦，不必强而留之，使夫婦之道苦也。自『七出』之法不行，而牝雞之司晨日熾。夫之制於婦者，隱忍而不能去，甚至於破家絶嗣。而有司之斷斯獄者，猶欲合之。知女之不可事二夫，而不知失婦道者，雖事一夫，未可以言烈也；知臣之不可事二君，而不知失臣節者，雖事一君，未可以言忠也。此未諭先王制禮之意也。」

論性與天道之説曰：「經典言天道者，皆以吉凶禍福言。《易》『天道虧盈而益謙』；《春秋傳》『天道多在西北』，『天道遠，人道邇』，『吾非瞽史，焉知天道』；《古文尚書》『滿招損，謙受益，時乃天道』，『天道福善禍淫』；《史記》『天道無親，常與善人』。皆此道也。鄭康成注《論語》曰『天道，七政變通之占』，與《易》《春秋》義正同。孟子云『聖人之於天道也』，亦謂吉凶陰陽之道，聖人有所不知，故曰『命也』；否則，性與天道又何別焉！一説性與天道，猶言性與天合也。《後漢書・馮異傳》：『臣伏自思惟，以詔勑戰攻，每輒如意；時以私心斷決，未嘗不有悔。國家獨見之明，久而益遠，乃知性與天道不可得而聞也。』《管輅列傳》：『苟非性與天道，何由背爻象而任心胸。』《晉書・紀瞻傳》：『陛下性與天道，猶復役機神於史籍。』此亦漢儒相承之説，而何平叔俱不取。」

論《孟子》「決汝漢，排淮泗而注之江」，先儒以爲記者之誤，曰：「漢儒趙邠卿注《孟子》，於此文未嘗致疑，宋以後儒乃疑之。予謂孟子長於《詩》《書》，豈不能讀《禹貢》！且生於鄒嶧，淮、泗之下流，近在數百里之間，何至有誤？蓋天下之水，莫大於海，而江即次之，故老子以江海爲百谷王。南條之水皆先入江，後入海。世徒知毗陵爲江入海之口，不知朐山以南、餘姚以北之海，皆江之委也。漢水入江二千餘里，而尚有北江之名；淮口距江口僅五百里，其爲江之下流何疑！《禹貢》云『沿于江、海，達于淮、泗』，此即淮、泗注江之證。注江者，會江以注海，與導水之文初不相悖也。《説文》云：『江水至會稽、山陰爲浙江。』浙江者，漸江也。漸江與江水不同源，而得名江者，源異而委同也。《國語》『吴之與越，三江環之』，韋昭以爲吴松江、錢塘江、浦陽江也。錢塘江即浙江，吴松、浦陽亦注江而後注海，故皆有江之名。漢儒去古未遠，其言江之下流，不專指毗陵一處，如知會稽、山陰亦爲江水所至，則無疑乎『淮泗注江』之文矣。」

此先生説經之大略也。至於辨文字之詁訓，考古今之音韻，以及天文輿地，草木蟲魚，散見於《文集》《十駕齋養新録》者，不下數萬言，文多不載。嘗謂自惠、戴之學盛行於世，天下學者但治古經，略涉三史，三史以下茫然不知，得謂之通儒乎！所著《二十二史考異》，蓋有爲而作也。

又謂：「史之蕪陋，未有甚於《元史》者。顧寧人謂《食貨》《選舉》二《志》皆案牘之文。朱錫鬯謂列傳既有速不台矣，而又有雪不台；既有完者都矣，而又有完者拔都；既有石抹也先矣，而又有石抹阿辛；阿塔赤、忽剌出兩人既附書於杭忽思、直脱兒之傳矣，而又別爲立傳：皆乖謬之甚者。金華、烏傷二公，本非史才，所選史官，又皆草澤迂生，不諳掌故，於蒙古語言文字，素所未習，所以動筆即謬。即假以時日，猶不免穢史之譏，況成書之期又不及一歲乎！如太祖功臣，首推『四傑』，而赤老温之傳獨缺。世尚公主者，魯、昌、趙、鄆最著，而鄆國之傳亦缺。塔察兒、和禮霍孫，至元之良臣；旭邁傑、倒剌沙，泰定之元輔，而史皆失其傳。《禮》《樂》《兵》《刑》諸《志》，皆缺順帝一朝之事。《地理志》載順帝事僅二條，餘亦缺漏。列傳之重複者，如昂吉兒已附於《也蒲甘卜傳》，而又別有《昂吉兒傳》；重喜已附於《塔不已兒傳》，而又別有《重喜傳》；阿朮魯已附於《懷都傳》，而又別有《阿朮魯傳》；譚澄已附其父《資榮傳》，而又別有《譚澄傳》。此又朱氏所未及糾者也。其他事跡舛誤，如仁宗莊懿皇后卒於仁宗朝，未嘗尊爲皇太后；吾也而圍益都，從木華黎之弟帶孫，非從木華黎；張子良來歸，因元帥蔡罕〔六〕，非因阿朮；段直爲澤州長官〔七〕，在太祖朝，非世祖朝。此皆謬戾之顯然。」因搜羅元人詩文集、小説、筆記、金石、碑版，重修《元史》。後恐有違功令，改爲《元詩紀事》。

生平著述傳於世者，《潛研堂文集》五十卷、《詩集》廿卷〔八〕、《二十二史攷異》一百卷、《潛研堂金石文跋尾元集》六卷、《亨集》七卷、《利集》六卷、《貞集》六卷、《十駕齊養新録》二十卷、《養新餘録》三卷、《日記抄》三卷〔九〕、《補元史氏族表》三卷〔一〇〕、《元詩紀事》、《補元史藝文志》六卷。先生不專治一經而無經不通，不專攻一藝而無藝不精。經史之外，如唐、宋、元、明詩文集、小説、筆記，自秦、漢及宋、元金石文字，皇朝典章制度，滿洲、蒙古氏族，皆研精究理，不習盡工。古人云「經目而諷於口，過耳而闇於心」，先生有焉。戴編修震嘗謂人曰：「當代學者，吾以曉徵爲第二人。」蓋東原毅然以第一人自居。然東原之學，以肄經爲宗，不讀漢以後書。若先生學究天人，博綜羣籍，自開國以來，蔚然一代儒宗也。以漢儒擬之，在高密之下，即賈逵、服虔亦瞠乎後矣，況不及賈、服者哉！

先生之弟大昭，從子塘、坫、東垣、繹、侗，子東壁、東塾，一門羣從皆治古學，能文章，可謂東南之望矣。

大昭字晦之，一字竹廬。淹貫經史，著書滿家，刊行者，惟《後漢書補表》八卷而已。嘉慶元年，應孝廉方正科，賜六品頂帶。

東垣，舉人。繹、侗、東壁、東塾，皆諸生。

塘字學淵，一字禹美。爲諸生時，與諸瀫淪、汪緗青、王鶴谿、王耿仲相唱和，爲古今體詩，爲王光禄西莊、王侍郎蘭泉先生所激賞。塘慊然不足，不欲以詩名。及選拔入成均，試歸，肆力於經史之學。乾隆四十四年，舉江南鄉試。明年，汪如洋榜成進士。需次當得知縣，自以不習吏事，就教職，選授江寧府學教授。公務多暇，專志撰述。於聲音、文字、律吕、推步之學，尤有神解，著《律吕考文》六卷。又著《史記三書釋疑》，於律曆天官家言，皆究其原本，而以他書疏通證明之。《律書》「上九，商八，羽七，角六，宫五，徵九」數語，注家皆不能曉，小司馬疑其數錯，塘據《淮南子》《太玄經》證之，始信其確不可易。又以《淮南·天文訓》一篇，多《周官·馮相》《保章》遺法，高氏《注》闕略，罕所證明，作《補注》三卷，以闡其旨。晚年讀《春秋左氏經傳》，精心有得，作《古義》若干卷，以補杜氏之闕，且糾其謬。其所作古文曰《述古編》，四卷。皆行於世。卒年五十有六。

坫字獻之。少而穎敏，有過人之資，精於小學。游京師，朱笥河先生延爲上客。乾隆甲午，中副榜，遂至關中，在畢巡撫沅幕中，與歙方子雲、陽湖洪亮吉、孫星衍討論訓故、輿地之學。後就職州判，監修陜西城，授乾州州判，得末疾歸，卒於蘇州。著有《詩音表》一卷、《車制考》一卷、《論語後録》五卷、《十經文字通正書》十四卷、《新斠注地理志》十六卷。獻之工於小篆，不在李陽冰、徐鉉之下。晚年，右體偏枯，左手作篆，尤精，世人藏弆其書如拱璧云。

嘗注《史記》，詳於音訓及郡縣沿革、山川所在。兵部侍郎松筠爲陝甘總督時，重其學品，親至臥榻問疾，索未刊著述。獻之以《史記注》付公，泣曰：「坫疾不起矣。三十年精力盡於此書，惟明公憐之，勿使蠟以覆車焉。」是時，侍郎有伊犁將軍之命，曰：「塞外不能事剞劂，當録一副本，原稿必寄子也。」後江都韋佩金書城爲廣西淩雲縣知縣，獲譴謫塞外，戍滿南還，公知書城與獻之同舉於鄉，以原稿囑書城付獻之。獻之捧書泣曰：「我不能復見公矣。」至公爲兩江總督時，獻之先四年死，而書城亦化爲異物，公皆賙恤其家。嗟乎！當今士大夫能謙抑下士，故舊不遺如公者，有幾人哉！

校勘記

〔一〕「七十有八」，漆永祥《漢學師承記箋釋》據黄文相《西莊居士年譜》改作「七十有六」。

〔二〕「吴烺」之「烺」，原作「朗」。近藤光南《國朝漢學師承記（譯注）》云：「『朗』爲『烺』之誤，當據改。王昶《墓誌銘》稱『吴荀叔』，錢氏《自訂年譜》乾隆十八年條作『吴杉亭』。據《揚州畫舫録》卷一〇，吴烺，字杉亭，又字荀叔。父敏山徵君，工詩，久居揚州。又《疇人傳》卷四一，吴烺精通算學，著《周髀算經圖注》。」今據改。

〔三〕「蔡君謨」，疑作「蔡景君」。周予同《國朝漢學師承記（譯注）》云：「錢氏原書作『蔡景君』，江引蓋誤。蔡君謨，宋蔡襄之子，在虞翻之後，何能有《易》説爲虞氏所稱引？蔡景君，漢人，在虞翻前，正史無傳。馬國瀚《玉函山房輯佚書》以爲即《漢志》之《蔡公易傳》，亦無確證。」

〔四〕「革」，原作「萃」。按：「大人虎變」出自《革》卦九五爻辭，漆永祥《漢學師承記箋釋》已據改，今從。

〔五〕據《潛研堂文集》卷七《答問四》「孟子言孔子成《春秋》而亂臣賊子懼……」條，「鄙」下有「子」字。周予同《國朝漢學師承記（譯注）》據以增補。

〔六〕「因」字原脱，漆永祥《漢學師承記箋釋》據《潛研堂文集》卷一三《答問十》「問史之蕪陋未有甚於《元史》者……」條補，今從。

〔七〕「澤州」之「澤」，原作「深」。《元史・段直傳》作「澤」。徐洪興校本云：「『深』，周注本作『澤』，是。前引《文集》正謂『段直爲澤州長官』。」今據改。

〔八〕「廿」原爲空格，據鍾哲校本補。漆永祥《漢學師承記箋釋》云：「《潛研堂詩集》一〇卷，其中詩集一〇卷，爲錢氏生前手定，《詩續集》一〇卷，爲其弟大昭等所定。」

〔九〕「三」原爲空格，漆永祥《漢學師承記箋釋》云：「鍾校本補爲『四』，案是書有一卷本、二卷本、三卷本，然無四卷本者，通行以三卷本爲多，故改爲『三』。」今從。

〔一〇〕「三」原爲空格，據鍾哲校本補。

國朝漢學師承記卷四

王蘭泉先生 袁廷檮

先生諱昶，字德甫，號述庵，一字蘭泉，又字琴德。其先世居浙江之蘭溪，高祖懋忠始遷江南松江府青浦縣西珠街角鎮，遂爲青浦人。

考士毅，字鴻遠，年四十五無子，禱於杭州靈隱寺，夢人贈以蘭。明日市蘭歸，逾兩旬，蘭茁二枝：一出土即隕，其一長尺有六寸，森森若巨竹狀。及夏，紫燕栖於楹，同巢異穴。至冬，陸太夫人孕男不育，而錢太夫人生先生，咸以爲蘭徵燕兆也。

先生生而開敏，四五歲時，能背誦周伯弜《三體唐詩》，爲人演説楊用修《廿一史彈詞》，娓娓不倦。年十八，應學使試，以第一入學。是年得韓、柳《文集》《歸震川集》，張炎《山中白雲詞》，讀而愛之，乃肆力於古文詞。年二十一，丁外艱，先生侍疾日久，哀勞毁瘠，居喪讀《禮》，不作詩文。服闋，游吴下，蔣恭棐、楊繩武見先生詩文，謂宋文憲以後一人也。

肄業紫陽書院，時從惠徵君定宇游，於是潛心經術，講求聲音、訓故之學。是時沈尚書歸愚爲院長,選先生及王光禄鳳喈、吴舍人企晉、錢少詹曉徵、贈光録寺少卿趙升之、曹學士來殷、上海黄芳亭、泌陽令文蓮七人詩,稱爲「吴中七子」。流傳日本,大學頭默真迦見而心折,附番船上書於沈尚書,又每人各寄《相憶詩》一首,一時傳爲藝林盛事。

乾隆十八年癸酉,鄉試中式。十九年甲戌,成進士,歸班候選,秦尚書蕙田延先生修《五禮通考》。明年,游山左歸,陸太夫人病逝,哭泣盡禮。兩淮鹽運使盧見曾聘先生課其子及孫,與程修午橋、馬同知曰琯、弟徵君曰璐、汪部曹棣、張貢生四科爲文酒之會。二十二年,高宗純皇帝南巡,獻賦行在,欽定一等第一,授内閣中書。是歲,仍留揚州,盧運使屬撰《紅橋小志》,以記篠園平山堂亭榭花木之勝。明年入都供職,溧陽、南沙、薌林,三公皆以國士待之。二十九年〔一〕,授刑部山東司主事,充方略館收掌官。三十一年,授刑部浙江司員外。三十二年,陞刑部江西司郎中。三十三年,兩淮運使提行事發,先生與趙文哲坐言語不密罷職。

時緬甸未靖,詔以伊犁將軍文成公阿桂爲兵部尚書、定邊右副將軍,總督雲南、貴州。文成,文勤公阿克敦子也。文勤爲先生殿試讀卷師,是以知先生學問經濟,請以從,詔許之。三十四年,文成出萬仞關,住騰越。頃之,得旨命大學士忠勇公傅恒爲經略,緬酋懵駁乞降,經略屬先生草檄諭懵駁,允其降。三十六年,文成罷,用理藩院尚書温福代之,奏留先生佐籌善後事。會四川小金川土司澤旺之子僧格桑指沃日咒詛,發兵佔其地,又侵據明正土司濃等寨〔二〕,而金川應襲土司索諾木亦併革什咱,殺其土司。上命温福移師赴四川,奏請以先生行,奉旨賞給主事,隨往四川軍營辦事,旋授吏部考功司主事。僧格桑遣人訴沃日詛害狀,先生作檄斥其罪。大兵進討,克斑斕山,破斯當安，進攻日耳寨。三十七年，參贊大臣五岱與温福訐訟，詔罷五岱，命文成往北山木雅斯底代統其衆。先生從文成督兵，緣山而下，築卡斷賊路。時南路總督桂林統兵次達烏，久不能克，乃以兵三千，遣參將薛琮從墨壟溝經郭舟山出賊後〔三〕，爲夾攻之策。既行，大雨雪，兵無繼者。金川賊由格六古來援，琮援絶糧盡，全軍皆没。上削桂林職，趣文成督南路兵，文成奏請以先生從。先生因兵至達烏久不攻戰，賊必無備，乃建策潛師襲之。於十一月四日子刻潛師渡溪，遂據達烏，翁古爾壟之賊亦震駭無守志，破其柵，克美諾，僧格桑遁入金川。

先是，文成奏先生係獨子，母年七十餘，深明大義，勖以殫心軍事。今從軍已五年矣，請量加拔擢。至是，得旨以吏部員外郎陞用。大兵進討金川，議分三路：温福與參贊哈國興由空喀；文成與參贊明亮由當噶；兵部尚書果毅公豐昇額與參贊舒常往綽斯甲，由日傍、俄坡。未幾，哈國興病没，奉旨以海蘭察代之。三十八年，從師由美諾進發，次當噶山，攻克西山峯，又克兩大碉；而將軍温福自空喀移兵木果木，攻戰失利。賊煽小金川人盡反其地，先侵登達、占固，提督董天弼赴水死，遂分寇登春、八卦碉。海蘭察奪隘出，兵潰，温福死焉。六月十日也。金川既得美諾，率衆犯當噶，參將劉輝祖率一百四十餘人拒戰，自亥至寅，殺賊二百人；而領隊大臣奎林，於色木則隘口拒賊，日十餘接。賊死者甚衆，畏當噶兵，乞降，文成知當噶不可守，姑從其請，徹師至翁古壟，奏「沃日乃進討大路，請往視師」，乃西行。是時，晨夕得警報，而詔旨詢問無虚日。先生馳馬日行四五百里，夜草奏治文書，恒徹夜不寐。十一月八日，大兵至大板昭，僧格桑復竄入金川。八日而小金川悉平。

三十九年，分兵三路合攻，先生從師，自美諾啓行，抵谷噶。四月，刑部侍郎袁守侗按事入川，詔令赴軍營視狀，知軍牘皆先生一人經畫，回京具奏。上嘉之，有旨垂問，文成覆奏，得旨擢吏部郎中。四十年五月，克遜克爾宗，奉旨補吏部文選司郎中。八月，克勒烏圍賊巢。十二月，克則朗噶，克下壓雍中喇嘛寺，取之。金川賊索諾木之母阿倉及姑阿青，時在河西，路斷不能歸，來降，於是移大營於噶喇依。即刮耳厓。四十一年，三路兵合攻，索諾木兄莎羅奔、岡達克，索諾木、明楚克等，相繼投出。二月，合攻益急，索諾木率其兄爽爾瓦沃雜爾、弟斯丹巴、妻巴底土、妹得什安木楚及大頭人丹巴訛雜爾等二千餘人齎印出降，僧格桑已病死，并以首獻，兩金川蕩平。

先生從征九年，雖羽書旁午，然磨盾之暇，馬上吟咏，穹廬誦讀，無一日廢也。凱旋至良鄉，駕幸黄新莊郊勞，用戎服行禮。四月二十九日，上遣皇子獻俘太廟。五月朔，御午門受俘，訊於瀛臺，以逆酋兄弟罪在不赦，磔死，縣首藁街。是日，幸紫光閣賜宴，作《四裔之樂》。宴畢，賜白金緞匹，朝珠荷包。奉旨：吏部郎中王昶久在軍營，著有勞績，着陞授鴻臚寺卿，賞戴花翎，在軍機處行走。命纂《金川方略》，充總修官。尋擢通政使司副使。四十二年三月，擢大理寺卿。四十三年，上因《大清一統志》成於雍正四年，至乾隆二十三年平定準噶爾回部，拓地二萬餘里，及府、州、縣增置改析者多，命重修，充總修官。四十四年，補授都察院左副都御史，又有旨授河南布政使。户部尚書梁公國治言先生在軍機久，多聞舊事，請留内用，上允其奏。四十五年，隨駕南巡，鑾輿次嘉興，有旨授江西按察使。旋丁内艱，回籍治喪，能盡古喪禮。奉諱家居時，建宗祠，置家塾，以教族人子弟。

服闋，補授直隸按察使，未抵任，改授西安按察使。四十九年，甘肅固原屬鹽茶廳回人田五阿渾倡復新教，糾衆攻破西安州。阿渾者，回語，通經教主之稱也。總督李侍堯、提督剛塔具奏，奉旨以西安州距陝西長武六站〔四〕，恐回匪竄入，命往禦，乃至長武。長武有都司一員，兵一百三十名，提督調去，存三十名。又益以宜君兵五十名，合參將孫受兵四十二名，共一百二十名。而長武之通甘肅者有七路，各以兵役數人守之。未幾，田五自戕死，餘黨張文慶等走會寧，提督又調孫受兵去，長武勢益弱。賊又走安定之官川，其地乃前回匪馬明心所居，回匪盤聚於此，賊勢甚張。乃借兵於總兵三德，得兵三百，令通判黄秉哲率領以來，椎牛享之，分撥城内外，聲勢稍壯，民心乃安。

時副都統明善、參將孫受，以滿、漢兵一千七百人駐高廟山，擊賊失利，二人没於陣。賊勢大熾，距長武不及三百里。先生乃試炮巡城，爲防禦計，數堞分人；籍城外民强壯者，識其名，如有急，入城協守；凡刀矛、炮石、燈燭、油米，悉具無缺。民恃以不恐。邠、乾、永壽，皆鑿塹填門，而長武樵採往來自若也。賊知有備，不敢犯，與石峯回匪合兵據隘以守。上命大學士阿桂、户部尚書福康安，領侍衛内大臣都統海蘭察領京兵從山西來，工部尚書復興領兵從河南來，將軍莽古賚統寧夏兵一千，阿拉善王旺親班巴爾統蒙古兵一千五百，皆會隆德，賊首馬文熹率衆降。而總兵三德調赴甘肅，敷倫泰代之。會敷倫泰亦調往甘肅，以太原總兵富敏泰統兵。先生恐其未習地利，遂出長武，從隴州至長寧，見富敏泰，告以要險形勢及攻戰之策〔五〕，復歸長武。諸軍攻剿，斷賊水道，賊勢蹙，欲突圍出，海蘭察率兵邀截，殪無算。於是，阿渾張文慶、李可魁、馬四娃等，皆就擒，餘黨悉平。

是役也，用兵陝西緑營駐防五千名之外，調山西兵二千，京兵二千，絡繹過長武，需車輛馬騾，約以萬計；而銀錢、火藥、鎗炮，車裝駝載者〔六〕，又以萬計。先生不攜胥吏，不藉賓僚，草檄飛書，無一舛誤。奏上，有旨嘉許。

五十一年，河南伊陽縣民秦某等三十餘人，戕知縣孫岳灝，逸去。巡撫畢沅搜捕不獲，因奏言伊陽接壤湖、陝，恐由熊耳諸山遁入商、洛。得旨派往督緝。乃赴商州檄州同李景蓮邏輯，奉旨授雲南布政使，仍令督捕，事竣入都陛見。未幾，景蓮等獲秦某，解京師，即命入京。陛見時，奏肝氣不調，精神疲憊，請改京職。温旨不許，乃之任。五十三年，調江西布政使。五十四年，奉旨授刑部侍郎。

五十五年，隨駕東巡，回鑾至青縣，上命與兵部尚書慶桂往江南，同鞫高郵州典史陳倚道揭州書吏假印重徵事。定讞回京，又命同兵部侍郎吉慶馳驛鞫湖南湘鄉縣民童高門控書吏收漕折色案。事竣，又命審湖北應城縣科派斂錢事；發摺起行，又得旨鞫江陵縣趙學三控書吏何良弼修方家淵堤工偷減土方案。訊畢，又命訊湖南永明縣賄買武童及長沙勒買常平倉穀二案。分別定擬奏聞，奉旨允行。是年，純皇帝八旬萬壽，恩詔晉封三代皆光禄大夫，妣皆一品夫人，先生暨鄒夫人亦封一品。勘方家淵堤工時，按册丈量，無偷減情跡，其殘損處應賠補者，屬知府張方理任之。回至荊州，方家淵堤工尚未修補，乃具奏方理草率揑飾，落其職。

五十七年，隨駕幸五臺。八月，充順天鄉試主考官，有貴介子擯斥，忤當軸旨，遂乞假南歸，有終焉之志矣。一日，上召見大臣，詢王昶何以不來，輦下諸公飛札告知，乃克日就道。時屆隆冬，跋涉二千里，精神疲苶，動履盤跚。召見時，上鑒其老病，以原品休致，傳諭歲暮苦寒，宜竢春融回籍。

先生以文學受純皇帝特達之知，所以開《續三通》館、《方略》館、《通鑑輯覽》，皆預纂修之役。己卯、庚辰、壬午充順天鄉試同考官，辛巳、癸未充會試同考官，及壬子主試順天，所得皆知名士。在京師時，與朱笥河先生互主騷壇，門人著録者數百人，有「南王北朱」之稱。歸田後，往來吴門，賓從益盛，與王西沚、錢竹汀兩先生艤舟白公堤下，朋簪雜還〔七〕，詩酒飛騰，望之者若神仙然。

六十年乙卯，先生年七十二，純皇帝以明年歸政，舉行千叟宴，詔中外臣工逾七十者皆入宴，遂詣闕。召見時，詢問舊事及江、浙年歲豐稔狀，奏對稱旨。嘉慶元年正月初四日，行千叟宴禮於寧壽宫。宴畢，賜玉如意、楠木鳩杖、綢緞、裝錦大毯、筆墨等十六件。獻詩六章，奉旨入《燕集》中。二十一日，陛辭出都，主婁東書院講席。

嘉慶四年正月，太上皇帝升遐，入都哭臨。三月初一日，召見詢問歷官始末，及外省吏治民情，與川、楚寇盜未平之故。奏對畢，又諭凡有欲言，可繕寫密封以進。明日，詣觀德殿前，敬謁梓宫，遂陳數事，上命留覽。四月十三日，百日期滿，具奏回籍。先生以辛酉年補博士弟子，至嘉慶六年辛酉，六十年矣。江蘇學政錢樾、松江府知府趙宜喜請重遊泮宫，率新弟子祇謁文廟，行釋奠禮，宴於曲水園。時阮侍郎元爲浙江巡撫，請主敷文書院，主講席者三年。卒於家，年八十有三。

先生天資過人，於學無所不窺，尤邃於《易》。詩宗杜少陵、玉溪生而參以韓、柳，古文則以韓、柳之筆發服、鄭之藴。功業文章，炳著當代，求之古人中，亦豈易得者哉！生平著述甚富，《春融堂詩文集》六十八卷、《金石粹編》一百六十卷、《明詞綜》十二卷、《國朝詞綜》四十八卷、《湖海詩傳》四十六卷、《續修西湖志》《青浦縣志》《太倉州志》《陝西舊案成編》《雲南銅政全書》，皆刊行於世。其未刊行者，則《滇行日録》三卷、《征緬紀聞》三卷、《蜀徼紀聞》四卷、《屬車雜志》二卷、《豫章行程記》一卷、《商洛行程記》一卷、《重游滇詔紀程》一卷、《雪鴻再録》二卷、《使楚叢談》一卷、《臺懷隨筆》一卷、《青浦詩傳》三十六卷、《天下書院志》十卷。其未成書者，《羣經揭櫫》《五代史注》。「揭櫫」，取《周禮・職金》注「今時之書，有所表識，謂之揭櫫」之意，蓋以漢學爲表識，而專攻毁漢學者。皆藏於家。

藩從先生游，垂三十年，論學談藝，多蒙鑒許。後先生因袁大令枚以詩鳴江、浙間，從游者若鶩若蟻，乃痛詆簡齋，隱然樹敵，比之「輕清魔」。提唱風雅，以三唐爲宗，而江、浙李赤者流以至吏胥之子，負販之人，能用韻不失粘者，皆在門下。嘉慶四年，藩從京師南還，至武林，謁先生於萬松書院，從容言曰：「明時湛甘泉，富商大賈多從之講學，識者非之。今先生以五七言詩争立門户，而門下士皆不通經史、惘知文義者〔八〕，一經盼飾，自命通儒，何補於人心學術哉！且昔年先生謂笥河師太丘道廣，藩謂今日殆有甚焉。」默然不答。是時，依草附木之輩，聞予言大怒，造謗語搆怨，幾削著録之籍。然而藩終不忍背師立異也。

先生弟子中，以經術稱者三人。

開化戴君敦元，字金溪，乾隆癸卯舉人，庚戌中式進士，癸丑殿試，授庶吉士，今官刑部郎中。

會稽王君紹蘭，字畹馨，癸丑進士，官至福建按察使。二君博通經傳，爲當代聞人。

袁上舍廷檮，字又愷，一字壽階，吴縣人也，明「六俊」之後，爲吴下望族。饒於資，築小園於楓江，有水石之勝。又得先世所藏五硯，爲樓弆之。蓄書萬卷，皆宋槧元刻，秘笈精抄，以及法書、名畫、金石、碑板，貯於五硯樓中。又得洞庭山徐尚書健庵留植於金氏聽濤閣下之紅蕙，種之階前，名其室曰紅蕙山房。遇春秋佳日，招雲間汪布衣墨莊、胡上舍元謹、同邑鈕布衣非石、顧秀才千里、戈上舍小蓮爲文酒之會。時錢竹汀先生主紫陽講席，王西沚先生、段大令懋堂三寓公亦時相過從，袁大令枚、王蘭泉先生往來吴下，皆主其家。於是四方名流，莫不拏舟過訪，詩酒流連，應接不暇。

壽階性好讀書，不治生産，且喜揮霍，急人之難，坐是中落，乃奔走江、浙間，歲無虚日矣。後江觀察頡雲延之康山賓館。頡雲爲俗僧小石搆精舍於浙之西溪，屬壽階董其事，冒暑熱徒步山中，得痢下疾，死於家，年四十有七。

藩與壽階少同里閈，後攜家邗上，壽階館於康山，蹤跡最密，談論經史，有水乳之合。壽階無書不窺，精於讎校，邃深小學。其論《大誥·敘》「將黜殷命」云：「今《尚書》諸本皆無『命』字，《詩豳譜正義》引此則有『命』字。按《微子之命·敘》及《周官·敘》皆云『既黜殷命』，則此必曰『將黜殷命』，二《敘》相應。且此敘《正義》云『黜退殷君武庚之命』，又云『獨言黜殷命者』，又云『且顧《微子之命》，《敘》故特言黜殷命也』。據此，則《正義》本實有『命』字。近見錢少詹《唐石經攷異》云：『「將黜殷」下本有「命」字，後摩改。』因取舊藏《石經》檢視，『作』字之旁猶留『命』字右偏之波磔，『誥』字既移第二行之末矣，而第三行之首猶有摩未盡之『誥』字具存，此摩改之明證也。」

其論《説文解字》「蘜，以秋華」曰：「以秋華者，謂此爲《月令》『有黄華』之『蘜』字，以别於『蘜』之爲治牆〔九〕，『菊』之爲大菊、蘧麥也」。「嗙，司馬相如説『淮南宋蔡舞嗙喻』也」，曰：「『淮南宋蔡舞嗙喻』，七言句也，蓋《凡將篇》之一句。李善引《凡將》曰『黄潤纖美宜製禪〔一〇〕』，歐陽詢引《凡將》曰『鐘磬竽笙筑坎侯』，皆七言也。」「麠，麋牝者」，曰：「宋本作『牡』，與《爾雅》合。上文曰『麎，牝麋』，則麠不當云牝矣。」「液，盡也」，曰：「『盡』當作『𧖧』〔一一〕，《血部》『𧖧，气液也』。小徐本《玉篇》《廣韻》竝作『津』者，假借通用字。今毛本作『盡』，誤也。」「𠀅，古文亥爲豕，與豕同」，曰：「汲古閣初印本篆文如此，各本皆同，説解當云『古文亥，亥爲豕，小徐本如此。故字與豕同』，轉寫譌脱耳。『字與豕同』者，古文『豕』亦作『𠀅』，見九篇《豕部》，此『己亥』與『三豕』之所由誤也。所謂誤者，『己』與『三』字之誤耳。『亥』『豕』古文本同字，讀書者當依文義讀之，今本剜改篆體作『𢁍』，則叔重云『與豕同』者何解乎？」

著書甚多，皆未編輯，其子椎魯，不能讀父書，所有稿本，散失無存矣。今記藩之所聞者，略書數語以見梗槩云。

非石名樹玉，吴縣人，家洞庭山，隱於賈，無書不讀，亦深小學。著有《説文解字校録》三十卷、《説文新附考》七卷。詩文清峭拔俗，亦當代之畸士焉。

朱筍河先生

先生諱筠，字竹君，一字美叔，號笥河。其先家浙之蕭山，曾祖必名始居京師，遂爲大興人。祖登俊，湖南長陽、四川珙縣知縣，後官中書科中書。父文炳，大興諸生，官陝西盩厔縣知縣。

先生年十三，通七經。十五，作詩文，才氣浩瀚，老宿見之咋舌。與弟文正公珪讀書，同臥起，手鈔默誦，雞鳴不已。弟兄同入泮宮，學使吕熾試以《鵬翼搏風歌》，奇其才，爲之延譽。京兆尹武進蔣炳邀劉文定公綸、程文恭公景伊、錢文敏公維城、莊侍郎存與及其弟學士培因，設筵招先生及文正公飲，試以《崑田雙玉歌》，詩成，諸公歎賞不絶，於是京師有「競爽」之目。

年二十五，乾隆癸酉，中式舉人。明年，成進士，選庶吉士。丁丑，散館，授編修，充方略館纂修官。辛巳，充會試同考官，旋丁外艱，哀毁骨立。先生本無宦情，服闋後，欲徧游天下名山，已乞假矣，上召見文正，詢家事曰：「編修無定額，汝兄當補官，不似汝需缺也。」文正告之翰林院，取假呈歸，曰：「兄實無疾，恐上再詰問，不敢欺罔，强爲弟起。」先生不答，既而覼然曰〔一二〕：「汝敗我清興矣。」是年，授贊善。明年，大考翰詹，御試二等，擢翰林院侍讀學士，充日講起居注官，戊子科順天鄉試同考官。三十四年，欽派協辦内閣學士批本事，充己丑會試同考官。庚寅，奉命爲福建鄉試正考官，充辛卯會試同考官。是秋，奉命視學安徽，以古學教士子，重刻許氏《説文解字》而爲之敘。《敘》曰：

漢汝南召陵許君慎，范蔚宗《儒林傳》不詳，惟曰「《五經》無雙許叔重」，爲郡功曹，舉孝廉，再遷除洨長，卒於家，作《説文解字》十四篇。本書召陵萬歲里公乘許沖上書言：「先帝詔侍中騎都尉賈逵修理舊文。臣父故大尉南閣祭酒慎，本從逵受古學，博問通人，考之於逵，作《説文解字》凡十五卷。慎前以詔書，校書東觀，教小黄門孟生、李熹等〔一三〕，以文字未定，未奏上。今病，遣臣齎詣闕。建光元年九月己亥朔二十日戊午上。」徐鍇曰：「建光元年，安帝之十五年，歲在辛酉也。」按《賈逵傳》，肅宗建初元年，詔逵入講北宫白虎觀、南宫雲臺。八年，詔諸儒各選高才生，受《左傳》《穀梁春秋》《古文尚書》《毛詩》，皆拜逵所選弟子及門生爲千乘王國郎，朝夕受業黄門署。據此，知許君校書東觀，教小黄門等，當在章帝之建初八年，歲在癸未也。本書許君《自敘》言：「粤在永元困敦之年，孟陬之月，朔日甲申，次列微辭。」徐鍇曰：「和帝永元十二年，歲在庚子也。」按《逵傳》，逵以永元八年自左中郎將復爲侍中騎都尉，内備帷幄，兼領秘書近署。據此，知許君本從逵受學，其考之於逵作此書，正當逵爲侍中之後四年。其後二十一年，當安帝之建光元年，歲在辛酉，君病在家，書成，乃令子沖上之也。其始末略可考見如此。

夫許君之爲書也，一曰世人詭更正文，鄉壁虚造不可知之書；一曰諸生競説字解經，諠稱秦之隸書爲倉頡時書；一曰廷尉説律，至以字斷法，皆不合孔氏古文，謬於史籀。恐巧説衺辭使學者疑，於是依據宣王大史籀《大篆》十五篇、丞相李斯《倉頡篇》、中車府令趙高《爰歷篇》、太史令胡母敬《博學篇》、黄門侍郎揚雄《訓纂篇》諸書，又襍采孔子、楚莊王、左氏、韓非、淮南子、司馬相如、董仲舒、京房、衛宏數十家之説，然後成之。又曰必遵舊文而不穿鑿，又曰非其不知而不問，蓋其發揮六書之指，使百世之下猶可以窺見三古制作之意者，固若日月之麗天，江河之由地。其或文奥言微，不盡可解，亦必明者之有所述，師者之有所授，後學小生區聞陬見，不得而妄議已。

《易》曰：「書不盡言，言不盡意。」陳其大要，約有四端：

一曰部分之屬而不可亂。敘曰：「其建首也，立一爲端，據形聯系，引而申之，以究萬原，畢終於亥。」是以徐鍇作《繫傳》，有《部敘》二卷，本《易·敘卦傳》，爲之推原偏旁所以相次之故，使五百四十部一字不紊。今起東既疑韻書，而比類又從字體，便於檢討，實昧聲形。自李燾之《五音韻譜》作，而部分紛然，自亂其例矣。

一曰字體之精而不可易。夫篆本異文，而今同一首者，「奉」「奏」「春」「秦」「泰」是也。篆本同文，而今異所从者，「𨑒」「從」「赴」「徒」是也。「賊」之「从戈則聲」而改从「戎」，「賴」之「从貝剌聲」而改从「負」，半譌也；「䑞」之爲「舜」，「𡔷」之爲「壺」，「𠚕」之爲「曲」，「𣝰」之爲「爵」，全譌也。以「气化」之「气」當「乞」，而「氣牽」之「氣」遂當「气」，於是有俗「餼」字；以「萎飼」之「萎」當「矮」，而「饑餧」之「餧」當「萎」，於是有俗「餒」字：此因一字以譌數字者也。「匈」已从「勹」而又从「肉」，「州」已从「川」而又从「水」，既重其類；「垔」从「土」而又「土」，「蜀」从「虫」而加「虫」，又重其从：此并二字以譌一字者也。从者失从，滋者不滋，自隸一變之，楷再變之，而字體莫之辨識矣。

一曰音聲之原可以知。「農」之「从晨囟聲」，《玉篇》「囟」「窗」同。《考工記·匠人》「四旁兩夾窗」，「窗」一音「悤」。徐鍇以爲當从凶乃得聲，非也。「移」之「从禾多聲」，古音弋多反。《楚辭》：「夫聖人者，不凝滯於物，而能與世推移。舉世皆濁，何不淈其泥而揚其波？」徐鍇以爲「多」與「移」聲不相近，非也。「能」之「足似鹿，从肉㠯聲」，古音奴來、奴代反。《詩》：「其湛曰樂，各奏爾能。賓載手仇，室人入又。酌彼康爵，以奏爾時。」徐鉉等以爲「乙」非聲，疑象形，非也。「摘」之「从手啻聲」，陟革反，去聲則陟寘反。「啻」與「商」同文，「摘」與「適」同聲。《詩》：「勿予禍適，稼穡匪懈。」徐鉉等以爲當从適省乃得聲，非也。此音聲之可據者也。

一曰訓詁之遺可以補。《易》：「其牛觢。」觢，一角仰也。《爾雅》：「皆踊觢。」郭《注》：「今豎角牛也。」《書》：「西伯既𢦟黎。」𢦟，「从戈今聲」，殺也，不當作「戡」，戡，刺也。《詩》：「深則砅。」砅，「从水从石」，履石渡水也。「在彼淇厲」，蒙梁而言，亦此訓也。「得此䵻䵶」，䵻亦爲鼀，鼀䵶，詹諸。「縞衣綼巾」，綼，「从糸卑聲」，未嫁女所服，處子也。《周禮》：「垗五帝於四郊。」垗，畔也，爲四時界，祭其中也。《春秋傳》：「脩涂梁溠。」溠，荆州浸也。《職方氏》：「豫州，其浸波溠。」鄭《注》：「《春秋傳》曰：楚子除道梁溠。則溠宜屬荆州，在此非也。」「闕砮之甲」，砮，水邊石也。《論語》：「小人窮斯爁矣。」爁，「从女監聲」，過差也。《孟子》：「呭呭猶沓沓。」呭呭，多言也；沓沓，語多沓沓也，所謂「言則非先王之道」也。《爾雅》：「西至汃國，謂四極。」汃，「從水八聲」，西極之水也。《廣韻》：「汃，府巾切，西方極遠之國。又普八切，西極水名也。」不當作「邠」。邠，周大王國也。此訓詁之可據者也。

部以屬之〔一四〕，體以別之，音以審之，訓以絜之，文字之事，加諸蔑矣。

後之非毁許君者，或摘其一文，或泥其一説，歷代以來，不量與撼，要無足論。惟近日顧氏炎武脩紹絶業，學者所宗，而於是書亦有不盡然之言。竊恐瞽説附聲，信近疑遠，是不可以不辨。今如所舉：「秦」「从禾，以地宜禾」，「宋」「从木爲居」，「辥」「从辛爲辠」，「威」爲「姑」，「也」爲「女陰」，

「毆」爲「擊聲」，「困」爲「故盧」，「普」爲「日無色」，「貉」之「言惡」，「犬」之「字如畫狗」，「有」曰「不宜有」，「褱」爲「解衣耕」，「弔」爲「人持弓會敺禽」，「辱」爲「失耕時」，「臾」爲「束縛捽抴」，「罰」爲「持刀罵詈」，「勞」爲「火燒門」，「辛」爲「辠人在屋下執事」，「冥」爲「十六日月始虧」，「刑」爲「刀守井」。凡此諸説，皆始造文字，取用有故，必非許君之所創作。書契代遠，難以强説，復不當删。是以觀象、闕文之訓，明著於《敘》，豈得以勦説穿鑿，横暴先儒乎？至若江別氾洍，舄殊掔已，逑救各引，載旆爲坺，當時孔壁古文未亡，齊、魯、韓三家之《詩》具在，衆音禖陳，殊形備視，豈容廢百舉一，去都即鄙耶！

又言，別指一字，以「鎦」當「劉」，以「甹」當「由」，以「絻」當「免」，此説亦非。按本書之例，「从某」者有其部也，「某聲」者有其字也。「瀏」之「从水劉聲」，「紬」之「从糸由聲〔一五〕」；「勉」之「从力勉聲」，具著於篇。乃知書闕有間，傳寫者之過，謂「別指一字以當之」者，謬矣。《記》曰：「今人與居，古人與稽。」「居」不當爲「法古」乎！《易》曰：「是興神物，以前民用。」「用」不當爲「卜中」乎！《費誓》之「費」改爲「粊」，訓爲「惡米」，按陸德明《經典釋文·曾子問》注作「粊誓」，粊音祕，鄭君説也。「童」爲「男有辠」，按《易》「喪其童僕」作「童」。至「僮」之字，《國語》「使僮子備官而未之聞〔一六〕」，韋昭《注》：「僮，僮蒙不達也。」《史記·樂書》：「使僮男僮女七十人俱歌。」本書《敘》「尉律，學僮十七已上」亦同。當知「僮」之「僮」从人，辠人爲奴者正作「童」也。訓「參」爲商星，乃連大書讀「參商，星也」，即如《水部》「河水，出焞煌塞外」「泑澤，在昆侖下」之例，明參與商同爲星，非參、商亦不知也。其引齊之郭氏及樂浪事，古人往往隨事博徵，不拘拘一説也。

至援《莽傳》及《讖記》以「劉」之字爲「丣金刀」，謂許君脱其文。按「劉」之字「从刀从金丣聲」，丣，古酉，丣非丣也。《讖記》不可以正六書。《後漢書·光武紀論》「王莽以錢文有金刀，改爲貨泉。或以貨泉字爲『白水真人』」。於篆，「貨」或近「真人」，「泉」豈得爲「白水」耶？《五行志》：「獻帝初，僮謡曰：千里草，何青青，十日卜，不得生。」以「千里草」爲「董」，「十日卜」爲「卓」。按「重」字「从壬東聲」，非「千里草」；「早」字爲「日」在「甲」上，非「十日卜」，又可據以爲證乎？又援魏太和初公卿奏於文「文武爲斌」，古未嘗無「斌」字。按「彬」「从彡从林」，爲「文質備」。文武之字，經典闕如，不知所从，無以下筆，徐鉉列之俗書是也，又可據魏以疑漢乎？

凡顧氏所説，皆不足以爲許君病。輒附疏之，用詔學者。

時上詔求遺書，先生上言：「伏見皇上稽古右文，勤求墳典。請訪天下遺書，以廣藝文之闕。而前明《永樂大典》中，古書有僅存，宜選擇寫入於著録。」又請「立校書之官，參考得失，併令各州縣所有鐘鼎碑碣，悉拓進呈，俾資甄録」。奏入，上嘉之，下軍機大臣議行。乃命纂輯《四庫全書》，於《永樂大典》中採輯逸書五百餘部，次第刊布，流傳海内，實先生啓之也。又奏請倣漢熹平、唐開成故事，擇儒臣校正《十三經》文字，勒石太學，奉旨：「候朕緩緩酌辦。」其秋，以某生欠考事，部議甚嚴，得旨：「朱筠學問尚優，加恩授編修，在《四庫全書》處行走。」又命總辦《日下舊聞》纂修事。是時，金壇掌院爲總裁，又直軍機，凡館書稿本，披覈辨析，苦往復之煩，欲先生就見。而先生執翰林故事，總裁、纂修相見於館，無往見禮。先生友某公，强先生見之，先生持論侃直，不稍下。金壇憾之，間爲上言朱筠纂修不勤，上曰「命蔣賜棨趣之」，而不之罪焉。

己亥八月，特旨命先生督學福建。至閩，以經學六書訓士，口講指畫，無倦容。有某生，爲攝令某坐以殺人，鍛鍊成獄。發其奸，雪某生冤。閩中士人至今稱道之。任滿回京，卒於家，年五十有二。

先生博聞宏覽，於學無所不通。説經宗漢儒，不取宋、元諸家之説，十七史、涑水《通鑑》諸書，皆考其是非証其同異。汎濫諸子百家，而不爲異説所惑。古文以班、馬爲法，而參以韓、蘇，詩歌出入唐、宋，不名一家。先生之學，可謂地負海涵，淵渟嶽峙矣。

先生性愛山水，探黄山、武夷之勝，峭壁巉巖，不通樵徑，攀藤負葛，必登其巔，題名鐫石而下。性又喜飲，至連舉數十觥不亂，拇戰分曹，雜以諧笑。每酒酣耳熱時，議論天下事，自比李元禮、范孟博，激揚清濁，分别邪正，慷慨激昂，聞者悚然。屢主文柄，搜羅英俊，如大理寺卿陸錫熊、吏部主事程晉芳、禮部郎中任大椿，皆所取士也。戴編修震、汪明經中皆兀傲不羣，好雌黄人物，在先生幕中，獨於先生無間言。陽湖孫觀察星衍爲諸生時，以不見先生爲恨，屬同邑洪君稚存爲紹，願遥執弟子禮。天下士仰慕丰采，望風景附有如此。

先生提唱風雅，振拔單寒，雖後生小子一善行，及詩文之可喜者，爲人稱道不絶口。飢者食之，寒者衣之，有廣廈千間之槩。是以天下才人學士，從之者如歸市。所居之室，名曰椒花吟舫，亂草不除，雜花滿徑，聚書數萬卷，碑版文字千卷，終年吟嘯其中。足不詣權貴門，惟與好友及門弟子考古講學，釃酒盡醉而已。藩年十六，即受知於先生。每酒闌燈灺時，嘗謂藩曰：「吾儕當以樂死，功名利鈍，何足介意哉！」先生之襟期磊落，蕭然遠矣。

子二：長錫卣，府學生；次錫庚，字少白，乾隆戊申科舉人，候選直隸州，緣事罷官，讀書好古，精於《左氏春秋》，能世其學。

弟子以通經著者：興化任大椿，龍溪李威，陽湖洪亮吉、孫星衍，偃師武億，全椒吴鼒。

李威字畏吾，深於六書之學，著有《説文解字定本》十五卷。戊戌進士，今官廣東廉州府知府。

孫星衍字伯淵，讀書破萬卷，訓詁、輿地及陰陽五行之學，靡不貫串。乾隆丙午舉人。丁未以第二人及第，今官山東糧道。

吴鼒字山尊，淹通經史，凡學術之異同，論説之是非，一見即能分黑白、辨昭聾也。乾隆壬子舉人，嘉慶己未進士，今官翰林院侍讀學士。

任君大椿別見。

武億

武億，字虚谷，先世由懷慶軍籍遷偃師。父紹周，雍正癸卯進士，官至吏部郎中。

少喜讀書。年十七，喪父。十九，母孟、生母郭皆逝。時伊洛溢，廬舍毁圮，架蓆處洿泥中，誦讀不輟。斯朽木，焚火以禦寒，斧傷指及足，流血殷地，終不廢讀也。年二十二，入學。乾隆庚寅，舉鄉試。庚子，會試中式，賜同進士出身，以知縣用。

辛亥，選山東博山縣，訟無留牘，禱雨即降。有人賄以二千金者，曰：「汝不聞雷聲乎！我懼雷擊我也。」暇日，召耆老問土俗利病，革除民供煤炭及饋里馬草豆諸秕政。博山民煮糯米汁爲土玻璃，作釵珥、瓶盎、燈毬鬻於市，及婦孺嬉戲之物，不足以供玩好之式。乾隆中葉，有好事者爲山東巡撫，取以入土貢，遂爲例。每歲按額徵之，民苦其擾，乃爲民請於大吏，力白其害，遂不入貢。剏范泉書院，立程課教諸生，親往講學，勵以讀書、立品，爲善士。君承竹河先生之學，痛詆二氏，乃檄合邑僧尼至署，諭以佛爲異端，害人心，壞風俗，演傅奕、韓愈之言，反覆譬喻。僧尼雖不解其說，然感其誠，皆蓄髮還俗。於是入其境者，第聞絃歌之聲，不聞梵唄之音矣。

乾隆壬子，大學士和珅兼步軍統領，聞妄人言山東反賊王倫未死，密遣番役四出蹤跡之。於是副頭目杜成德、曹君錫等十一人横行州縣，至博山，宿逆旅飲博，手持鐵尺，指揮如意，莫敢誰何。君率役往收之，成德等持器械拒捕，役不敢前，君手撲之仆，縛以歸。成德尚倔强不服，出牌擲於堂上，瞋目大呼曰：「吾等奉提督府牌緝要犯，汝何官，敢問我邪！」立而不跪。命役撾其脛，始伏地。乃杖之，曰：「牌役二名，此十一人爲誰？且牌文明言，所至報有司協緝，汝來三日不謁見，是不奉法。吾通揭汝等騷擾狀，奈我何！」成德等始懼，咸叩首求去。其事喧傳省中，小人皆謂武鹵莽，禍叵測，將累上官。時山東巡撫吉慶畏勢闒茸，聞此言，即委員絡繹於道，訪問虚實。有府佐劉大經者，與君不相能，駕説於大府前。吉慶以「濫責無罪」，直書其事劾之。和珅笑曰：「是暴吾役之不謹，而陰爲武令地也。」封還其疏。吉慶望風承旨，易以「任性行杖」，空言入奏，報罷。縣民聞令去，扶老攜幼，數千人走省中見大府，叩首乞「留我好官」。吉慶曰：「歸無譁，還汝好知縣。」吉慶知不容於輿論，而忸於權勢，會將入覲，乃挈君至都下，爲謀捐復。和珅總吏部事，駁之，其事遂寢。乃請主東昌啓文書院講席，以塞衆口也。後故人秀水王復爲偃師令，遂歸，與復商榷政事，暇時考校古書，相得甚歡，不復作出山之計。嘉慶四年，天子親政，和珅伏辜，詔各舉所知廢員可起用者。有以博山事聞，敕吏部將原任山東博山縣知縣武億，行文豫省巡撫，咨部引見，並將革職原案查奏，十一月二十九日事也，而君先一月死矣。得年五十有五。

君生而狀貌魁梧，有兼人之力，兼人之量。生平深於經史，七經注疏、三史、涑水《通鑑》，皆能闇誦。所著書有《經讀考異義證》《偃師金石記》，校定《五經異義》《駁異義補遺》《箴膏肓》《起廢疾》《發墨守》《鄭志》等書。

與童君二樹名鈺者，同修《偃師縣志》。童君好收藏碑版，君考訂秦、漢以來金石文字，童君服其精審。於是酷嗜翠墨，游歷所至，如嵩山、泰岱，遇有石刻，捫苔剔蘚，盡心摸拓；或不能施氈椎者，必手録一本。偃師杏園莊，去所居四十餘里，民家掘井得晉劉韜《墓誌》，長二尺有餘，重幾百斤，君肩之以歸。

性善哭。館笥河師家，除夕，師謂君曰：「客中度歲，何以破岑寂？」君曰：「但求醉飽而已。」乃遺以二彘肩、一雞、一鶩、蒙古酒一斗，及湯餅飫飥諸物。君閉户恣啖，食盡酒傾。至晚，師曰：「醉飽矣，更有他求乎？」對曰：「哭。」師亦曰：「哭。」乃放聲大慟，比鄰驚問，笥河師大笑而去。庚子年，陽湖洪亮吉稚存、黄景仁仲則流寓日下，貧不能歸，偕飲於天橋酒樓，遇君，招之入席，盡數盞後，忽左右顧盼，哭聲大作，樓中飲酒者駭而散去。藩嘗叩之曰：「何爲如此？」曰：「予幸叨一第，而稚存、仲則寥落不偶，一動念，不覺涕泣隨之矣。」藩戲之曰：「君乃今日之唐衢也。」

藩與君交垂二十年，核君行事，不愧循吏。古人云：「以經術飾吏事。」不通經術而能爲循吏者，蓋有之矣，我未之見也。

洪亮吉 張惠言 臧琳

洪亮吉，字君直，一字稚存。先世居歙縣。祖公寀，贅於武進趙氏。至君，籍陽湖。生六歲而孤，依外家讀書，穎悟異常兒。晚自塾歸，母氏篝燈課讀，機聲軋軋，與書聲相間不斷。年十八，祖妣趙及祖相繼下世，君承重，水漿不入口，杖而後起。二十四歲，入學爲附生，與同邑黄秀才景仁爲詩歌相唱和，有時譽，人目爲「洪黄」。後謁安徽學使笥河先生，受業爲弟子，先生延之校文。時幕下士多通儒，戴編修震、邵學士晉涵、王觀察念孫、汪明經中，皆通古義，乃立志窮經。家居，與孫君星衍相觀摩，學益進，時人又目爲「孫洪」。乾隆三十九年甲午科，中本省鄉試副榜。四十一年，母猝病卒，時在浙江學使王文端公杰幕中，得病耗，馳歸里門。有以死告者，大慟，失足落水，遇汲者救甦。既以不得視含斂爲終天之恨，遂絶粒。或喻以毁不滅性，始啜粥，居苫枕凷，不入内，不飲酒食肉，里中稱爲孝子。四十五年庚子科，中式順天舉人。五十五年庚戌，石韞玉榜以第二人及第，授編修，充國史館纂修官。明年，又充《石經》收掌詳覆官。藩是時館總裁王文端公第，君手定條例，屬藩呈之，公是其説。彭文勤主其事，以爲不然，文端不能與之争也。後文勤自作凡例，文端命藩勘定，駁其秕謬者數十條。文勤大怒，謂藩與君互相標榜。嗟乎，直道之不行也久矣！

五十七年壬子科，充順天鄉試同考官，即拜貴州學政之命。黔省僻遠，無書籍，爲購經史、《通典》《文選》諸書，置各府書院。黔人争知好古，君之教也。奏陳澔《禮記注》乃臆説空言〔一七〕，絶無師法，宜易鄭玄《注》以試士，格於部議不行。

嘉慶元年，充咸安宫總裁，在上書房行走。三年正月，大考翰詹，時教匪充斥，題爲《征邪教疏》，君指陳時事，直書無隱。又在師友前論時事，扼腕歎息，皆以爲狂。君知不容於時，適弟靄吉卒於家〔一八〕，以古人有期功去官者，乃引疾歸。

今上親政，修《高宗純皇帝實録》，朱文正公珪薦君，復赴都與修《實録》，教習庶吉士。與同館議論不合，將乞假歸矣，念今上大開言路，而陳奏者皆無經國之計，身居翰林，又無奏事之責，因陳時政數千言。謂故福郡王所過繁費，州縣供億，致虚藏帑；故相和珅擅權時，達官清選或執贄門下，或屈膝求擢。羅列中外官罔上負國者四十餘人，作書上成親王及朱文正、劉相國權之，進呈御覽，有旨：革職審擬。對簿時，詞色不撓。王大臣等擬以大不敬律，置重辟，有旨減死，發伊犂。武進趙君懷玉，入詔獄慰之，君曰：「昨日念念在西市，今日念念在玉門關矣。」次日，趙君送至廣寧門外，握手黯然，而君神氣自若。將抵戍所，某將軍妄測聖意，奏請俟君至，斃以法，先發後聞，有旨申飭不行。

五年四月，京師亢旱，上因久不雨，減釋軍流，不雨。朱文正奏稱安南黎氏二臣，忠於其主，而久繫獄中，請釋之，又不雨。上乃念君以直言獲罪，立予釋回。是日，甘霖大沛，御製《得雨詩》紀其事。又製《導言納諫論》，言「亮吉原書無違礙之句，有愛君之誠，實足啓沃朕心」。并將其書裝潢成卷，常置座右以作良規，以勸言事者毋因亮吉獲咎，鉗口不敢復言。

君以六年歸里，雖蒙編管，而江左名流，過君講學問字者，無虚日。十二年，常州旱，有司勘不成災，飢民剥樹皮以食。君請當事率紳士捐資賑濟，所活飢民數十萬，邑人至今稱頌不衰。十四年五月十二日，以疾終，得年六十有四。

君性伉直，疾惡如仇，自謂不能容物。生平好學，嘗舉荀子語「爲人戒有暇日」，所以窮日著書，老而不倦。深嫉浮屠氏之説，詩文中未嘗用彼教語。撰著行於世者：《左傳詁》二十卷、《公羊穀梁古義》二卷、《漢魏音》四卷、《比雅》十二卷、《六書轉注録》八卷、《弟子職箋釋》一卷、《補三國晉書地理志》《十六國疆域記》《乾隆府廳州縣志》《詩文集》若干卷。君在畢尚書沅幕中最久，預修《宋元資治通鑑》，修陝西、河南各州縣志，是以深於史學，而尤精地理沿革所在。

嘉慶四年，藩遇君於宣城，論《説文解字》「五龍六甲」之説及「冕旒」字，不合。君出示所作古文，藩又指摘其用事譌舛。君齗齗强辯，藩曰：「君如梁武之護前矣。」君愠見於色。因藩談次偶及興縣，君云「在江都」，藩據《文選注》赤岸山之證，當在六合。藩又謂《太平寰宇記》鄧艾石鼈城、白水陂事不見於史而已，並未言無此事也。君忽寓書於藩，謂興縣實在江都，而鄧艾事，樂史本之《元和郡縣志》，豈可疑爲無此事者。灑灑千言，反覆辨論。藩不答一字，恐激君之怒耳，豈知益增其怒，遂不復相見矣。今作君傳，潸然淚下，自悔鹵莽，致傷友道，能不悲哉！

與君同時爲漢學者，孫君淵如之外，有三人焉：一爲莊君炘，字虚庵，乾隆戊子副榜，較刊《淮南子》《一切經音義》，深於聲音、訓詁之學，今官陝西□州知州〔一九〕。一爲武進趙君懷玉，字億孫，一字味辛，庚子召試舉人，授内閣中書，出爲山東青州府同知。好學深思，無書不讀，肆經，深於《詩》故，兼工文章。一爲武進張惠言，字皋文，乾隆丙午中式舉人，嘉慶己未成進士，改庶吉士，充實録館纂修官、武英殿協修官。辛酉，散館，授編修，卒於官。著有《周易虞氏義》九卷、《虞氏消息》二卷、《儀禮圖》六卷。其甥董士錫，字晉卿，傳其學。

康熙時，又有臧琳者，武進諸生，博綜經史百氏之書，教人先以《爾雅》、許氏《説文解字》，曰：「不識字，何以讀書；不通訓詁，何以明經！」鍵户著述，世無知者。著有《經義雜記》三十卷，太原閻百詩爲之敍，玄孫鏞刊行之。

鏞字在東，盧紹弓學士之弟子，自云：「段大令懋堂致書學士曰：『高足臧君，學識遠超孫、洪。』」由是學士益敬異之。然乎？否乎？

又有劉君逢禄，字申甫，嘉慶辛酉選拔貢生，丁卯舉人，淹通經傳，著《春秋公羊釋例》。

校勘記

〔一〕「二十九」，原作「二十二」。嚴榮《述菴先生年譜》繫王昶任刑部山東司主事於乾隆二十九年，漆永祥《漢學師承記箋釋》已據改，今從。

〔二〕「寨」，原作「塞」，據山西書局本改。

〔三〕「薛琮」之「琮」，及下文「琮援絶糧盡」之「琮」，原作「綜」。漆永祥《漢學師承記箋釋》據《清史列傳》《清史稿》本傳及嚴榮《述菴先生年譜》等改作「琮」，今從。

〔四〕「站」，原作「跕」，漆永祥《漢學師承記箋釋》據嚴榮《述菴先生年譜》卷下乾隆四十九年條改，今從。

〔五〕「戰」，山西書局本作「賊」。

〔六〕「車」，原作「軍」，據山西書局本改。

〔七〕「還」，原作「還」，據《粤雅堂叢書》本、山西書局本改。

〔八〕「惋」，原作「惋」，據《粤雅堂叢書》本、山西書局本改。

〔九〕「蘜」，原作「蘜」，據《説文解字・艸部》「蘜，治牆也，從艸，鞠聲」改。

〔一〇〕「褌」，原作「襌」，漆永祥《漢學師承記箋釋》據《文選》李善注改。按：「《凡將》曰黄潤纖美宜製褌」云云，原出自劉淵林《左思蜀都賦注》，李善係轉引，今據改。

〔一一〕「盡」，原作「儘」。漆永祥《漢學師承記箋釋》據李慈銘批語「盡从聿，非从律」及《説文解字・血部》「盡，气液也，从血聿聲」改，今從。下文「盡」亦同。

〔一二〕「輾」，原作「輾」，據《粤雅堂叢書》本、山西書局本改。

〔一三〕「李熹」，《説文解字》卷十五下引許沖《進書表》作「李喜」。

〔一四〕「以」，原作「之」，據《粤雅堂叢書》本、山西書局本改。

〔一五〕「糸」，原作「絲」，漆永祥《漢學師承記箋釋》據朱筠《笥河文集》卷五《説文解字敘》及《説文・糸部》改，今從。

〔一六〕「僮」，原作「童」。按：漆永祥《漢學師承記箋釋》據朱筠《笥河文集》卷五《説文解字敘》及《國語・魯語下》改。據下引韋昭《注》，亦當作「僮」。今據改。

〔一七〕「陳澔」之「澔」，原作「灝」，漆永祥《漢學師承記箋釋》據洪亮吉《卷施閣文甲集》卷九《請禮記改用鄭康成注摺子》及呂培等《洪北江先生年譜》附孫星衍《傳》改，今從。

〔一八〕「靄吉」之「靄」，原作「藹」，漆永祥《漢學師承記箋釋》據呂培等《洪北江先生年譜》嘉慶三年條改，今從。

〔一九〕徐洪興校本云：「□，山西書局本作『乾』，非。據趙懷玉撰墓誌，莊炘於乾隆五十八年曾署陜西乾州知州，次年即改署興安知府，嘉慶二年遷邠州知州，在邠州十一年，休致。因而此處當作『邠』。」

國朝漢學師承記卷五

江永

江永，字慎修，婺源人。少就外傅，爲世俗學。一日，見明邱濬《大學衍義補》引《周禮》，求之有書家，得寫本《周禮》白文，朝夕諷誦。閉户授徒，束脩所入，盡以購書，遂通經藝。年二十一，爲縣學生。二十四〔一〕，補廩膳生。六十二，爲歲貢生。

永好學深思，長於步算、鍾律、聲韻，尤深於《禮》。以朱子晚年治《禮》，爲《儀禮經傳通解》，未成而卒，黄榦纂續〔二〕，缺漏浸多，乃爲之廣摭博討，從吉、凶、軍、賓、嘉五禮之次，名曰《禮經綱目》，數易稿而後定。

其論宣城梅氏所言歲實消長之誤曰：「日平行於黄道，是爲恒氣、恒歲實，因有本輪、均輪、高衝之差，而生盈縮，謂之視行。視行者，日之實體所至；而平行者，本輪之心也。以視行加減平行，故定氣時刻，多寡不同。高衝爲縮末盈初之端，歲有推移，故定氣時刻之多寡，且歲歲不同。而恒氣、恒歲實，終古無增損也。當以恒者爲率，隨其時之高衝以算定氣，而歲實消長可勿論。猶之月有平朔、平望之策，以求定朔、定望，而此月與彼月多於朔策幾何，少於朔策幾何，俱不計也。」

論鍾律曰：「黄鍾之宫，黄鍾半律也，即後世所謂黄鍾清聲是也。唐時《風雅十二詩譜》，以清黄起調畢曲。琴家正宫調，黄鍾不在大絃，而在第三絃。正黄鍾之宫，爲律本遺意，亦聲律自然，古今不異理也。《國語》伶州鳩因論七律而及武王之四樂，夷則、無射曰上宫，黄鍾、太蔟曰下宫，蓋律長者用其清聲，律短者用其濁聲，古樂用鈞之法既亡，而因端可推。《韓子・外儲》篇曰：『夫瑟以小絃爲大聲，大絃爲小聲。』雖詭其辭以諷，然因是知古者調瑟之法。黄鍾、大吕、太蔟、夾鍾、姑洗、仲吕、蕤賓，用半而居小絃；林鍾、夷則、南吕、無射、應鍾，用全而居大絃。此皆合之以管吕，論聲律相生者始明也。」

論聲韻曰：「古韻起於吴才老，而崑山顧氏尤精，然顧氏考古之功多，審音之功淺。」爲書以正顧氏分十部之疎，而分平、上、去三聲，皆十三部，入聲八部。虞屬魚、模，又分之以屬侯、幽，顧氏未之知也。先屬元、寒，又分之以屬真、諄，而真以後十有四韻之當分爲二，考之《三百篇》，用韻畫然，顧氏未之審也。蕭至豪四韻之讀如今音者，一部也；又分以屬侯、幽，在《三百篇》亦畫然，而顧氏未審也。覃至鹽，屬添、嚴，又分以屬侵，自侵以後九韻以侈斂當分爲二，猶之真以後當分十有四韻爲二也，顧氏亦一之。侯之正音近幽，顧氏不之審，而轉其讀以從虞。永之説，蓋欲彌縫其缺也。

《易・彖》言往來上下者，後儒謂之卦變，言人人殊。辨之曰：「《周易》以反對爲序次，卦變當於反卦取之。《否》反爲《泰》，《泰》反爲《否》，故曰『小往大來』，曰『大往小來』，是其例也。凡曰來，曰下、曰反者，自反卦之外卦來居内卦也；曰往、曰上、曰進、曰升者，自反卦之内卦往居外卦也。」

後儒言古者寓兵於農，井田廢而兵農始分。辨之曰：「考之春秋時，兵農固已分矣。管仲參國，伍鄙之法，齊三軍出之士鄉十有五，公與國子、高子分率之，而鄙處之農不與也。爲農者治田供税，不以隸於師旅也。鄉田但有兵賦，無田税，似後世之軍田、屯田，此外更無養兵之費。晉之始，惟一軍，既而作二軍，作三軍；又作三行，作五軍；既舍二軍，旋作六軍。以新軍無帥而復三軍。其既增又損也，蓋除其軍籍，使之歸農；若軍盡出於農，則農民固在，安用屢易軍制乎？隨武子曰：『楚國荆尸而舉，商農工賈，不敗其業。』此農不從軍之證也。魯之作三軍也，季氏取其乘之父兄子弟盡征之；孟氏取半焉，以其半歸公；叔孫氏臣其子弟，而以其父兄歸公。所謂子弟者，兵之壯者也；父兄，兵之老者也。皆其素在軍籍，隸之卒乘者，非通國之父兄子弟也。其後舍三軍，季氏擇二，二子各一，皆盡征之，而貢於公。若民之爲農者，出田税，自仍然歸之君。故哀公曰：『二，吾猶不足。』三家雖專，亦惟食其采邑，豈嘗使通國之農盡屬己哉！陽虎壬辰戒都車，令癸巳至。此又兵常近國都之證。其野處之農，固不爲兵也。」

卒年八十有二。所著書：《周禮疑義舉要》六卷、《儀禮釋宫增注》一卷、《禮記訓義擇言》八卷、《深衣考誤》一卷、《禮經綱目》八十八卷、《律吕闡微》十卷、《春秋地理考實》四卷、《鄉黨圖考》十卷、《古韻標準》六卷、《四聲切韻表》四卷、《音學辨微》一卷、《推步法解》五卷、《七政衍》《金水二星發微》《冬至權度》《恒氣註曆辨》《歲實消長辨》《曆學補論》《中西合法擬草》各一卷、《近思録集注》十四卷、《讀書隨筆》十二卷、《四書典林》四十卷。

永爲人和易近人，處里黨以孝悌仁讓爲先，人多化之。嘗援《春秋傳》豐年補敗之義，勸鄉人輸穀立義倉。行之三十年，一鄉之人不知有饑饉云。嘗一至江西，應學使金德瑛之招也；一游京師，以同郡程編修恂延之也。是時，《三禮》館總裁方侍郎苞自負其學，見永，即以所疑《士冠禮》《士昏禮》數事爲問，從容答之。苞負氣不服，永哂之而已。荆溪吴編修紱深於《三禮》，質以《周官》疑義，永是以有《周禮疑義舉要》之作也〔三〕。後數年，程、吴二君皆没，永家居寂然。值純皇帝崇獎實學，命大臣舉經術之儒，有人薦永者，永力辭之。當朝廷開《三禮義疏》館，纂修諸臣聞有《禮經綱目》一書，檄下郡縣録送，以備參訂。没後一年，詔修《音韻述微》，刑部尚書秦文恭公蕙田請於朝，令督臣取所著韻書三種，進呈貯館，以備採擇。蓋戴編修震在京師，文恭公延之修《五禮通考》，戴君攜有永書，以《推步法解》全篇載入《觀象授時》一類，所以文恭知永爲學者而有是請也。

考永學行，乃一代通儒，戴君爲作《行狀》，稱其學自漢經師康成後，罕其儔匹，非溢美之辭。然所著《鄉黨圖考》《四書典林》，帖括之士竊其唾餘，取高第、掇巍科者數百人，而永以明經終老於家，豈《傳》所謂「志與天地擬者，其人不祥」歟！

金榜

金榜，字輔之，一字蘂中，又字檠齊，歙縣人。江慎修之高弟子。少有過人之資，與休寧戴編修震相親善，承師友之訓，所以學有根柢，言無枝葉也。乾隆乙酉，召試舉人，授内閣中書，在軍機處行走。乾隆壬辰，以第一人及第，授修撰。散館後，即乞假歸，徜徉林下，著書自娱。專治《三禮》，以高密爲宗，不敢雜以後人之説，可謂謹守繩墨之儒矣。

戴君東原以《司馬法》賦出車徒二法難通，乃舉《小司徒》正卒、羡卒以釋之。曰：

《夏官》諸司馬職亡，周人軍賦莫可考見。其制有正卒以起軍旅，有羡卒以作田役，比追胥。《小司徒職》：「均土地以稽其人民而周知其數。上地家七人，可任也者家三人；中地家六人，可任也者二家五人；下地家五人，可任也者家二人。凡起徒役，無過家一人，以其餘爲羡，惟田與追胥竭作。」又云：「凡國之大事，致民；大故，致餘子。」此正、羡二卒，以《司馬法》計之，率十人而賦其一，其大法也。

《司馬法》一云：「六尺爲步，步百爲畝，畝百爲夫，夫三爲屋，屋三爲井，井十爲通。通爲匹馬，三十家，士一人，徒二人。通十爲成，成百井，三百家，革車一乘，士十人，徒二十人。十成爲終，終千井，三千家，革車十乘，士百人，徒二百人。十終爲同，同方百里，萬井，三萬家，革車百乘，士千人，徒二千人。」蓋家計可任者一人，一成三百家，可任者三百人，而革車一乘，士徒凡三十人。是爲十而賦一，所謂「凡起徒役，無過家一人」者也。一云：「九夫爲井，四井爲邑，四邑爲邱；邱十六井，有戎馬一匹，牛三頭，是曰匹馬邱牛。四邱爲甸，甸六十四井，出長轂一乘，馬四匹，牛十二頭，甲士三人，步卒七十二人，戈楯具備，謂之乘馬。」甸六十四井，通上、中、下地率之，定受田二百八十八家，計可任者二家五人，凡七百二十人，出長轂一乘，步卒七十二人，亦十而賦一。「甲士三人」者其軍吏，所謂「惟田與追胥竭作」者也。前法家可任者一人，十賦一爲正卒；後法可任者二家五人，十賦一爲通正、羨之卒。《小司徒職》「凡起徒役，毋過家一人」，不言「可任」者，蒙上「可任也者家三人，二家五人，家二人」省文，非謂家作一人爲徒役。其云「田與追胥竭作」，亦非竭作此家三人二人爲羨卒也。自「均土地」至「田與追胥竭作」，爲小司徒稽民數而辨其可任者之事；下云「大事，致民；大故，致餘子」，爲小司徒臨事徵調之事。

《族師職》曰：「五家爲比，十家爲聯；五人爲伍，十人爲聯；四閭爲族，八閭爲聯。使之相保、相受、相共，以役國事。」《士師職》曰：「掌鄉合州黨族閭比之聯，與其民人之什伍，使之相安相受，以比追胥之事。」明聯其什伍，十賦一爲卒，爰使其居者，相與共其馬牛、車輦、兵器諸用物，是爲周人以地與民制賦之成法。孫武言：「興師十萬，不得操事者七十萬家。」彼以八家賦出一卒，七家相與共其用，故云「不得操事」，是猶略具周人任民遺意。管子治齊，作内政，寄軍令，卒伍定乎里，軍政成乎郊。其制士鄉十五始家出一人爲卒，班孟堅所謂「隨時苟合，以求欲速之功，故不能充王制」者也。《詩》頌魯僖曰「公車千乘，公徒三萬」，與《司馬法》「革車一乘，士十人，徒二十人」數合。《春秋·成元年》「作邱甲」，説者謂「此甸所賦，使邱出之」。邱十六井，通上、中、下地二而當一，爲七十二家，亦家出一人爲卒。至戰國時，蘇秦謂「臨淄之中七萬户，下户三男子，臨淄之卒固已二十一萬」，始盡役其家之正、羨爲卒，而禍變亟矣。儒者於《周官》軍賦〔四〕，往往襍引《管子》釋之，而於《司馬法》與《周官》更相表裏，轉茫然莫辨。甚矣，其惑也！

《小司徒職》曰：「乃經土地，而井牧其田野。九夫爲井，四井爲邑，四邑爲邱，四邱爲甸，四甸爲縣，四縣爲都，以任地事而令貢賦，凡税斂之事。」此《經》主於任地合賦〔五〕，邱、甸、縣、都者，出賦之定數也。古者一成百井，定出賦六十四井，謂之甸。甸之言乘也，謂出兵車一乘，賦法蓋權輿於此。《刑法志》曰：「一同百里，提封萬井，除山川、沈斥、城池、邑居、園囿、術路三千六百井，定出賦六千四百井，戎馬四百匹，兵車百乘。一封三百一十六里，提封十萬井，定出賦六萬四千井，戎馬四千匹，兵車千乘。天子畿方千里，提封百萬井，定出賦六十四萬井，戎馬四萬匹，兵車萬乘。」今即一同之内出賦六千四百井計之，凡爲甸者百，爲縣者二十有五，爲都者六有奇。賦法備於一甸，小司徒經土地，必計及一都之田，而後上、中、下地通率二而當一，井牧之法如此。鄭君釋其制爲造都鄙，更爲治洫、治澮之説。榜謂《大司徒之職》「凡造都鄙，制其地域而溝封之，以其室數制之，不易之地家百畮，一易之地家二百畮，再易之地家三百畮」，《周官》造都鄙之法具於是。至於《匠人》「爲溝洫」、《司險》「設國之五溝、五涂」，皆掌其事於官。其用民力也，則《均人》均其力征，豐年公旬用三日，中年公旬用二日，無年公旬用一日。謂緣邊一里治洫，十里治澮，非古制也。如鄭君説，一同百里僅四千九十六井出田税，又與《司馬法》邱乘之制不合。《小司徒》有「九夫爲井」之法，《遂人》有「十夫有溝」之法。地之險夷異形，廣狹異數，因地勢而制其宜，凡不可井者，濟以《遂人》法，而地無曠土。《孟子》「請野九一而助，國中什一使自賦」。國中城郭宫室差多，涂巷又廣，於《遂人》法爲宜。是小司徒實與《遂人》聯事通職，不以鄉遂都鄙異制，審矣。

《周禮·泉府》：「以國服爲之息。」元、明諸人以爲乃新莽之制，劉歆取以羼入《周官》，宋王安石竊其説爲青苗法，乃《周禮》之遺害也。辨之曰：

《泉府》：「凡民之貸者，與其有司辨而授之，以國服爲之息。」《注》云：「有司，其所屬吏也。與之别其貸民之物，定其賈以與之。鄭司農云：『貸者，謂從官借本賈也，故有息。使民弗利，以其所賈之國所出爲息也。假令其國出絲絮，則以絲絮償；其國出絺葛，則以絺葛償。』玄謂『以國服爲之息』，以其於國服事之税爲息也。於國事受園廛之田而貸萬泉者，則期出息五百。王莽時，民貸以治産業者，但計贏所得受息，無過歲什一。」榜謂「凡民之貸」者，謂從官借本賈，先鄭説是也；「以國服爲之息」，以其於國服事之税爲息，後鄭説是也。泉府，市官之屬，以受市之征布爲職。其以市之征布貸於賈人以賈，與上經以征布斂市之滯貨同義〔六〕。二者皆恤商阜貨，泉府之職也。其言「凡民之貸者」，對下「有司」言之謂之民，泉府不得與國人爲貸。《周官·旅師職》云：「掌聚野之耡粟、屋粟、閒粟，凡用粟，春頒而秋斂之。」此貸於國人者，不令出息，爲其無所取贏也；賈人貸官財，以權子母之利，則有息。農民受田，計所收者納税；賈人貸泉，計所得者出息。其息或以泉布，或以貨物，輕重皆視田税爲差，是謂「以國服爲之息」。《朝士》「凡民同貨財者，令以國法行之」，後鄭釋「國法」爲國服之法，然則「同貨財」者，爲貸本以賈者與？《經》言「凡國事之財用取具焉」，指所受市之征布，《大府》所云「關市之賦以待王之膳服」是也，外府職之。其「以國服爲之息」者，謂之餘財，下經歲終「納其餘」是也，職幣職之。後儒以《經》文「以國服爲之息」與下「凡國事之財用取具焉」文相聯屬，誤合爲一事，至依托泉府以行其奸。爰据二鄭之言，贊而辨之如此。

又論禘祭云：「天祭莫大於圜邱，地祭莫大於方澤，與宗廟禘其祖之所自出，三者皆禘，見於鄭君釋《周官經·大司樂》。後儒習知宗廟有禘，疑禘非祭天地之名，惟鄭君識古，能述其義。《周語》：『禘郊之事，則有全烝。』《魯語》：『天子日入監九御，使潔奉禘郊之粢盛。』《楚語》：『禘郊不過繭栗，烝嘗不過把握。』又曰：『天子禘郊之事，必自射其牲，王后必自舂其粢；諸侯宗廟之事，必自射其牛，刲羊擊豕，夫人必自舂其盛。』又曰：『天子親舂禘郊之盛，王后親繅其服。』其言禘郊，與宗廟、烝嘗對文，明禘非宗廟之祭。《王制》『祭天地之牛角繭栗，宗廟之牛角握』，與《國語》禘郊、繭栗、烝嘗、把握之文合；《表記》『天子親耕，粢盛秬鬯，以事上帝』，與《國語》『天子親舂禘郊之盛』文合。天地之祭名禘，著於此矣。周人歲有事於天者，冬至禘昊天，啓蟄郊上帝，及四時迎氣於四郊，兆祀五帝，凡七祀。《大宗伯》『以禋祀祀昊天上帝』，《司服》『祀昊天上帝，則服大裘而冕，祀五帝亦如之』，《典瑞》『四圭有邸，以祀天旅上帝』，明昊天與上帝殊。《掌次》『大旅上帝則張氈案，設皇邸；祀五帝則張大次小次，設重帟重案』，明上帝與五帝殊。其冬至禘昊天，以嚳配，啓蟄郊上帝，以稷配，《魯語》是以言『周人禘嚳而郊稷』。四時迎氣祀五帝，則以大皞、炎帝、黄帝、少皞、顓頊配。冬至禘昊天，《國語》謂之禘，《戴記》通謂之郊。《郊特牲》曰：『郊之祭也，迎長日之至也，大報天而主日也。』又曰：『郊之用辛也，周之始郊日以至。』《祭義》曰：『郊之祭，大報天而主日，配以月。』《禮》家舊説：『言日以周郊天之月而至，陽氣新用事，順之而用辛日。』此冬至圜邱之禘通得郊名也。對『啓蟄而郊』言之，故謂之始郊。《大司樂職》：『凡樂，圜鍾爲宫，黄鍾爲角，大蔟爲徵，姑洗爲羽，靁鼓靁鼗，孤竹之管，雲和之琴瑟，《雲門》之舞。冬日至，於地上之圜邱奏之。若樂六變，則天神皆降，可得而禮矣。』《經》言冬日至於圜邱奏之，是著啓蟄而郊，無此降神之樂。鄭君釋天神、地示、人鬼三大祭爲禘，引《祭法》『周人禘嚳而郊稷』，謂此祭天圜丘以嚳配之，又言人鬼則主后稷。既於圜丘之禘、宗廟之禘區別不疑；其釋《喪服小記》及《大傳》『王者禘其祖之所自出，以其祖配之』，又以禘爲郊稷，與《大司樂》宗廟之中禮人鬼之文違異。《喪服小記》曰：『王者禘其祖之所自出，以其祖配之，而立四廟。』漢韋元成等四十四人奏議云：『禮，王者始受命，諸侯始封之君，皆爲大祖，以下五廟而遞毁。周之所以七廟者，以后稷始封，文王、武王受命而王，是以三廟不毁，與親廟四而七。』然則周人祖文、武，祖之所自出主稷也。稷爲太祖廟，立文世室、武世室配之，皆世世不毁；又下禘其親廟四，所謂『以其祖配之而立四廟』也。《逸禮·禘於太廟禮》：『毁廟之主，升合食而立二尸。』又曰：『獻昭尸如穆尸之禮。』又曰：『毁廟之主，昭共一牢，穆共一牢，祝詞稱孝子孝孫。』此禘祭之見於《逸經》者。毁廟之主立二尸，是昭共一尸，穆共一尸。祝詞稱孝子，明各祭於其廟，故於禰廟稱孝子也。《春秋公羊傳》：『大事者何？大祫也。毁廟之主，陳於太祖；未毁廟之主，皆升合食於太祖。』《曾子問》：『七廟無虚主；虚主者，惟祫祭於祖。』而《逸禮》有七尸之文。《禮器》：『周旅酬六尸。』鄭《注》云：『后稷尸發爵不受旅。』此經傳之言祫禘者。周公制禮之時，文、武之主尚在親廟，故禘遷主於太廟，而立昭、穆二尸。《逸禮》祫祭惟七尸，則祫之遷主無尸。天子立廟，得及其始祖之所自出，凡祭皆然，不惟禘也。禘祭禮盛事殷，故名大祭。《春秋傳》曰『魯有禘樂』，《明堂位》『季夏六月，以禘禮祀周公』，明其禮樂與時祭殊。禘祫俱及遷廟之主，諸侯則有祫無禘，故《記》曰『禮不王不禘』。天祭有禘名以別於郊，宗廟之祭有禘名以別於祫。禘郊、禘祫，因其散見之文，可考如此。」

論感生帝曰：「《生民》之詩具矣。《詩》曰：『履帝武敏歆，攸介攸止，載震載夙，載生載育，時維后稷。』言后稷感神靈之氣而生也。曰『誕后稷之穡，有相之道』，曰『誕降嘉種，維秬維秠，維穈維芑』，言后稷爲天所助，以成稼穡之功也。曰『載燔載烈，以興嗣歲』，曰『其香始升，上帝居歆』，言后稷肇祀以祈豐年，而上帝歆享之也。或曰帝，或曰上帝，皆指天帝而言。若如《傳》釋帝爲高辛氏之帝，則從於帝而見於天，因以生子，此亦何足稱異！下《經》『寘之隘巷』『寘之平林』『寘之寒冰』，不且大遠於事情乎？周人祈穀之郊，實本於后稷之肇祀。今由《生民》之詩繹之，鄭君謂郊祀爲祀感生帝，説非無據。但《月令》：『孟春乃擇元日，祈穀于上帝。』《春秋傳》孟獻子曰：『夫郊祀后稷，以祈農事也。是故啓蟄而郊，郊而後耕。』夫曰祈穀，曰祈農事，而絶不及於祭感生者，蓋《詩》表先代之神靈，《禮》嚴百王之祀事，故不同也。《大傳》：『王者禘其祖之所自出，以其祖配之；諸侯及其太祖；大夫士有大事，省於其君，干祫及其高祖。』是爲尊者尊統上，卑者尊統下之義。《喪服小記》：『王者禘其祖之所自出，以其祖配之，而立四廟。』則以后稷始封，文、武受命稱王，與四親廟對言爲七廟。二條皆謂宗廟之禘，與祭天無涉。且禘嚳郊稷，《禮》家或混禘於郊，未嘗混郊於禘。如鄭君説，則祈穀又蒙禘名矣。故《鄭志》答趙商云：『悉信亦非，不信亦非。』斯言也，敢援以爲治經之大法。」

此其説之尤著者。其論三江，世儒多是之，獨王光禄西沚與藩不以爲然。老年得髀痛疾，臥牀蓐間，手定《禮箋》十卷。未幾卒。

戴震

戴震，字慎修，一字東原，休寧人。祖寧仁，父弁，皆不仕。君生十歲，乃能言。就傅讀書，過目成誦。塾師授以《大學章句》右經一章，問其師曰：「此何以知爲孔子之言而曾子述之？又何以知爲曾子之意而門人記之？」師曰：「此子朱子云爾。」又問朱子何時人，曰：「南宋。」又問曾子何時人，曰：「東周。」又問周去宋幾何時，曰：「幾二千年。」曰：「然則子朱子何以知其然？」師不能答。讀書一字必求其義，塾師略舉傳注訓解之，意不釋。師惡其煩，乃取許氏《説文解字》，令檢閲之。學之三年，通其義，於是《十三經》盡通矣。

隨父客南豐，課學童於邵武。自邵武歸，年甫二十，同縣程中允恂一見奇之〔七〕。時江君慎修來歙，見君，目爲儒者。一日，舉曆算中數事曰：「吾積疑十有餘年，而未剖析者。」君爲之比較，言其所以然。江君驚喜曰：「今之定九也。」年二十八，補縣學生。家屢空，而學日進。著《考工記圖》《屈原賦注》《勾股割圜記》，流傳浙東西。天台齊侍郎召南讀其書，恨不識其人。江南惠定宇、沈冠雲二徵君，皆引爲忘年交。

乾隆二十七年壬午，舉於鄉。策蹇至京師，困於逆旅，人皆以狂生目之，幾不能供饘粥。獲交於錢少詹大昕，稱爲天下奇才。秦文恭公纂《五禮通考》，求精於推步者，少詹舉君名，文恭延之，纂《觀象授時》一類。後高郵王文肅公安國請君至家塾，課其子念孫，一時館閣通人，如河間紀庶子昀、嘉定王編修鳴盛、青浦王蘭泉先生、大興朱笥河先生，皆與之定交，從此海内知東原氏矣。

試禮部，不第。後朱方伯珪招之游晉，修《汾州府志》。三十八年，奉召充《四庫全書》館纂修官。三十九年乙未，特命與會試中式者同赴廷對，授翰林院庶吉士。四十二年五月，卒於官，享年五十有五。

生平無嗜好，惟喜讀書，詞義鉤棘難通之文，一再讀之，涣然冰釋。其學長於考辨，立一義，初若創獲，及參互考之，確不可易。《春秋·昭公二十二年》：「十月，王子猛卒。」而其夏、秋已兩書「王猛」，説者莫得其解。解之曰：「王猛與鄭忽，皆以國氏者也。王者，諸侯目王畿之辭，非天子之號。《春秋》凡書王，猶列國之書其國；書天王，猶列國之書爵。故王人與列國書人，同爲微者。王猛與鄭忽，同以國氏。忽未即位而出奔，歸，不得書爵，書世子，正其復國也。王子猛未即位稱王，故卒稱王子，若先正其號曰王，不得復稱王子矣。」

《周髀》言「北極璿璣四游」，又言「正北極樞璿璣之中」，後人多疑其説。解之曰：「正北極者，《魯論》之北辰，今人所謂赤道極也。北極璿璣者，今人所謂黄道極也。正北極者，左旋之樞，北極璿璣，每晝夜環之而成規。冬至夜半，在正北極下，是爲北游所極；日加卯之時，在正北極之左，是爲東游所極；日加午之時，在正北極之上，是爲南游所極；日加酉之時，在正北極之右，是爲西游所極：此璿璣之一日四游所極也。冬至夜半起，正北子位，晝夜左旋一周而又過一度，漸進至四分周之一，則春分夜半，爲東游所極；又進至夏至夜半，爲南游所極；又進至秋分夜半，爲西游所極：此璿璣之一歲四游所極也。《虞夏書》『在璿璣玉衡，以齊七政』，蓋設璿璣以擬黄道極，世失其傳也。」

今人所用三角、八線之法，本出於勾股，而尊信西術者，輒云「勾股不能御三角」。折之曰：「《周髀》云：『圜出於方，方出於矩，矩出於九九八十一。』三角中無直角，則不應乎矩，無例可比矣。必以法御之，使成勾股而止。八線比例之術，皆勾股法也。」

嘗謂儒者治經，宜自《爾雅》始。世所傳郭《注》已删節不全，邢《疏》又多疎漏。如《釋言》「桄，充也」，《六經》無「桄」字，鄭注《樂記》《孔子閒居》皆訓「横」爲「充」。「横」「桄」古通用。《書》「光被四表」，《漢書》引爲「横被四表」，今孔《傳》猶訓「光」爲「充」，文譌而義不殊也。《釋言》「庥，廕也」，即《詩》「不可休思」之「休」。《釋木》「桑柳醜條」，即《詩》「蠶月條桑」之「條」。《莊子》云「已而爲知者」〔八〕，「已而不知其然」，當從《釋詁》解「已」爲「此」。其考証通悟多如此。

《水經注》譌舛多矣，王伯厚引《經》文四事，其三事皆《注》之溷於《經》者，則《經》《注》之淆，南宋時已然。君獨尋其義例，區而别之云：「《經》文每一水云『某水出某郡縣』，此下不更舉水名；《注》則兼及所納羣川，故須重舉。《經》云『過某縣』者，統一縣而言；《注》則詳言所逕委曲，故有一縣而再三見者。《經》據當時縣治，善長作《注》時，縣邑流移，是以多稱『故城』，《經》無言『故城』者也。《經》例云『過』，《注》例云『逕』。以是推之，《經》《注》之淆者可正也。」閻百詩、顧景范、胡朏明雖善讀古書，猶未悟斯失，至君始釐正之。今武英殿所刊，即用其校本，海内始復見此書之真面目焉。

嘗論學云：「經之至者，道也；所以明道者，辭也；所以成辭者，字也。必由字以通其辭，由辭以通其道，乃可得之。」又云：「治經之難，雖一事，必綜其全而覈之。誦《堯典》至『乃命羲和』，不知日月星辰之所以運行，則掩卷不能卒業。誦《周南》《召南》，自《關雎》而往，不知古音，徒强以協韻，則已齟齬失讀。誦古《禮》，先《士冠禮》，不知古者宫室衣服等制，已迷於其方，莫辨其用。不知古今地方沿革，則《禹貢》職方山鎮川澤、《春秋》列國疆域會盟攻戰之地，失其處所。不知古今推步之長，則如《夏書》之『辰不集於房』，魯太史引以爲正陽之月孟夏，東晉《古文尚書》繫之季秋；《小雅》『十月之交』，鄭康成以爲周正十月，劉原父以爲夏正十月；《春秋傳》兩記『日南至』，歷代史志載步算家上考，曲合其一而卒違其一。儒者何以識古今之真僞〔九〕，辨箋解之得失，决魯曆至朔之當否？不知少廣旁要，則《考工》之器不能因文而推其制；不知鳥獸蟲魚草木之名號狀類，則比興之意乖。六書之學，詁訓、音聲未始相離，聲與音又經緯衡從宜辨。魏有孫叔然刱立翻語，厥後考經論韻悉用之，晉人以譯西域釋氏之言。釋氏之徒，羣習其法，因竊爲己有，謂來自西域；儒者數典，不能記憶也。管、吕言五聲十二律，宫位乎中，黄鍾之宫四寸五分，爲起律之本。學者蔽於鐘律失傳之後，不追溯未失傳之先，宜乎其説之多鑿也。」

又訓學者二：「曰私，曰蔽。私生於欲之失，而蔽生於知之失。異氏尚無欲，君子尚無蔽。異氏之學，主静以爲至。君子强恕以去私，而問學以去蔽，主以忠信而止於明善。凡生於其心，必發於其事。私者，逞己以縱欲無良，而憯不畏明。無私矣，尚不能無蔽。蔽者，不求諸事情，以其意見，信爲義理，公而不能明，廉潔而流於刻。《記》曰：『夫民有血氣心知之性，而無喜怒哀樂之常，應感起物而動，然後心術形焉。』凡有血氣心知，於是乎有欲；性之徵於欲，聲色臭味而愛畏分。既有欲矣，於是乎有情；性之徵於情，喜怒哀樂而慘舒分。即有欲有情矣，於是乎有巧與智；性之徵於巧智，美惡是非而好惡分。生養之道，存乎欲者也；感通之道，存乎情者也。二者，自然之符，天下之事舉矣。盡美惡之極致，存乎巧者也，宰御之方，由斯而出；盡是非之極致，存乎智者也，聖賢之德，由斯而備。二者亦自然之符，精之以底於必然，天下之能舉矣。君子之治天下也，使人各得其情，各遂其欲，勿悖於道義；君子之自治也，情與欲使一於道義。夫遏欲之害，甚於防川；絶情去智，充塞仁義。人之飲食也，養其血氣；而其問學也，養其心知。是以貴乎自得。血氣得其養，雖弱必强；心知得其養，雖愚必明。是以貴乎擴充。君子獨居思仁，公言言義，動止應禮。竭所能之謂忠，履所明之謂信，平所施之謂恕。馴而致之，仁且智，不私不蔽者也。君子之未應事也，敬而不肆，以虞其疏；事至而動，正而無邪，以虞其僞；必敬必正，而要於致中和，以虞其偏其謬。戒疏在乎戒懼，去僞在乎慎獨，致中和在乎達禮、精義、至仁、盡倫，天下之人同然而歸之善，可謂至善矣。夫以理爲學，以道爲統，以心爲宗，探之茫茫，索之冥冥，不若反求諸《六經》。此《原善》之書所以作也。」

其所撰述，有《毛鄭詩考正》四卷、《考工記圖》二卷、《孟子字義疏證》三卷、《方言疏證》十三卷、《原善》三卷、《原象》一卷、《勾股割圜記》三卷、《策算》一卷、《聲韻考》四卷、《聲類表》十卷、《儀禮正誤》一卷、《爾雅文字考》十卷、《屈原賦注》四卷、《九章補圖》一卷、《古曆考》二卷、《曆問》二卷、《水地記》一卷、《戴氏水經注》四十卷、《直隸河渠書》六十四卷、《文集》十卷，皆曲阜孔户部繼涵爲刊行之。

君没後十餘年，高廟校刊《石經》，一日命小璫持君所校《水經注》，問南書房諸臣曰：「戴震尚在否？」對曰：「已死。」上歎惜久之。時人皆謂君若不死，必充纂修官。嗟乎！君以庶吉士得邀特達之知，亦可謂稽古之榮矣。

同時學者，郡人鄭牧、方矩、程瑶田、汪龍。鄭、方二人事蹟不得其詳。瑶田字易田，又字易疇，歙人。乾隆庚寅舉人，太倉州校官〔一〇〕，著有《通藝録》行於世。汪龍字蟄泉，乾隆丙午舉人，著有《毛詩申成》《毛詩異義》，皆未刊行。

親受業者，高郵王念孫，字懷祖，乾隆乙未進士。授庶吉士，散館，改主事，官至直隸永定河道。精於訓詁，著有《廣雅疏證》十卷。子引之，字伯申，嘉慶己未姚文田榜以第三人及第，今官翰林院侍講學士，能世其學。

段大令玉裁，字若膺，一字懋堂，金壇人。乾隆庚辰舉人，官四川巫山縣知縣。講求古義，深於小學，著書滿家，刊行者惟《詩經小學録》四卷、《説文解字注》三十二卷〔一一〕。

盧學士文弨、紀相國昀、邵學士晉涵、任侍御大椿、洪舍人榜、汪孝廉元亮，皆同志之友而問學焉。孔檢討廣森，則姻婭而執弟子之禮者也。懋堂大令之婿曰龔麗正，號闇齊，仁和人，以懋堂爲師，能傳其學，著有《國語韋昭注疏》。嘉慶丙辰進士，今官禮部祠祭司郎中。

校勘記

〔一〕「二十四」，漆永祥《漢學師承記箋釋》據王昶《春融堂文集》卷五五《江慎修先生墓誌銘》及江錦波、汪世重《江慎修先生年譜》等改作「三十四」。

據補。

〔二〕「黄榦」之「榦」，原作「幹」，漆永祥《漢學師承記箋釋》據《宋史·黄榦傳》改，今從。

〔三〕「周禮疑義舉要」之「義」字原脱。按：江永著有《周禮疑義舉要》七卷，收入《四庫全書》中，今據補。

〔四〕「賦」，原作「數」，漆永祥《漢學師承記箋釋》據金榜《禮箋》卷一《周官軍賦》改，今從。

〔五〕「合」，漆永祥《漢學師承記箋釋》據《禮箋》卷一《周官軍賦》改作「令」。

〔六〕「斂市」之「市」，原作「布」，據《粤雅堂叢書》本、山西書局本改。

〔七〕「恂」，原作「洵」，漆永祥《漢學師承記箋釋》據李遇孫《鶴徵録》及《詞林輯略》卷三改，今從。

〔八〕「知」，原作「之」。按：《莊子·養生主》作「知」，鍾哲校本已據改，今從。

〔九〕「識」，原作「職」。按：是本旁有譚大臨批校，改「職」作「識」，今從。

〔一〇〕按：據《國朝先正事略》《清史稿》本傳，程瑶田爲乾隆庚寅舉人，太倉州學正。

〔一一〕「三十二」原爲空格，據《粤雅堂叢書》本、山西書局本補。按：段玉裁《説文解字注》凡三十卷，附録《六書音均表》二卷，合計三十二卷。

國朝漢學師承記卷六

盧文弨

盧文弨，字紹弓，號磯漁，又號檠齋，晚更號弓父。「抱經」其堂顏也，人稱曰抱經先生。其先自餘姚遷杭州。父存心，恩貢生，應博學宏詞科不第。母馮，馮景山公之女也。

文弨生而篤實，少不好弄，以讀書爲事。既稟家學，又得外王父之緒論，已知學之所向矣。長爲桑調元弢甫婿，師事之，於是學有本原，不爲異説所惑。

初名嗣宗，爲錢塘縣學生員，繼由餘姚祖籍改今名，援例入監。乾隆戊午，中式順天舉人。壬戌，考授内閣中書。壬申，恩科秦大士榜第三人及第，授翰林院編修。丁丑，命尚書房行走，由左春坊左中允洊至翰林院侍讀學士，充乙酉廣東正考官。旋命提督湖南學政〔一〕。戊子，以學政言事不合例，部議左遷。明年，乞假養親歸。乾隆乙卯十一月二十八日，卒於常州龍城書院，年七十有九。

紹弓官京師，與東原交善，始潛心漢學，精於讎校。歸田後二十餘年，勤事丹鉛，垂老不衰。

所校之書：《大戴禮記》《左傳》《經典釋文》《逸周書》《孟子音義》《荀子》《方言》《釋名》《賈誼新書》《獨斷》《春秋繁露》《白虎通》《吕氏春秋》《韓詩外傳》《顔氏家訓》《封氏聞見記》諸書。又取《易》《禮》注疏，《吕氏讀詩記》《魏書》《宋史》《金史》《新唐書》《列子》《申鑒》《新序》《新論》諸本脱漏者，薈萃一書，名曰《羣書拾補》，《抱經堂文集》三十四卷及《鍾山札記》《龍城札記》，刊行於世。

紀昀

紀昀，字曉嵐，一字春帆，晚年自號石雲，獻縣人也。世爲河間著姓。祖天申，有善行。父容舒，官姚安太守。河間爲九河故道，天雨則窪中汪洋成巨浸，夜有火光。天申夜夢火光入樓中而公生，火光遂隱，人以爲公乃靈物托生也。少而奇顥，讀書過目不忘。夜坐暗室内，二目爍爍如電光，不燭而能見物，比知識漸開，光即斂矣。

年二十四，乾隆丁卯科解元。甲戌，成進士，授庶吉士，散館，授編修。己卯，充山西鄉試正考官。庚辰，充會試同考官。辛巳京察，以道府記名。壬午，充順天鄉試同考官，命提督福建學政。於癸未授侍讀。明年，丁父憂。服闋，充日講起居注官，擢左庶子。戊子，授貴州都匀知府，以四品留任，晉侍讀學士。緣事罣誤，發烏魯木齊效力。至戍所時，遣戍單丁五年内積至六千人，爲都統具奏稿，得旨減釋爲民。辛卯，召還，授編修。三十八年，擢侍讀，命爲《四庫全書》館總纂官。丙申，授侍讀學士，充文淵閣直閣事、日講起居注官。己亥，擢詹事，旋晉内閣學士。壬寅，授兵部右侍郎，仍兼直閣事。改任不開缺，乃異數也。又轉左侍郎。甲辰，充會試副考官，知武會試貢舉。乙巳，晉左都御史。丙午〔二〕，轉禮部尚書，充經筵講官。戊申，賜紫禁城騎馬，充武會試正考官。壬子，畿輔水災，奏請截留南漕萬石，設十廠賑饑，全活無算。嘉慶元年丙辰，充會試正考官，轉兵部尚書。己未，充武會試正考官。癸亥六月，以八旬開秩，上遣官賫上方珍玩賜之。是年，奏：「婦女猝遭强暴，捆縛受污，不屈見戕者，例無旌表。臣謂捍刃捐生，其志與抗節被殺者無異。如忠臣烈士誓不從賊而縶縛把持，雖使跪拜，可謂之屈膝賊廷哉？請敕交大學士九卿科道公議，與未被污者略示區别，量予旌表。」大學士保寧等議奏：「如凶手在兩人以上，顯係孱弱難支，與强姦被殺者一體予旌。飭交各督撫勘明情形，請旨定奪。」報可。乙丑正月，奉旨調禮部尚書協辦大學士，加太子少保，管國子監事。十五日，卒於位，年八十有二。奉旨：「紀昀學問淹通，辦理《四庫全書》，始終其事，十有餘年，甚爲出力。由翰林洊歷正卿，服官五十餘載。本年正月，甫經擢襄綸閣，晉錫宫銜，遽聞溘逝，深爲軫惜。加恩賞陀羅經被，派散秩大臣德通帶同侍衛十員前往賜奠，並賞庫銀五百兩經理喪事。任内處分，悉予開復，應得卹典，查例具奏。」賜祭葬，予謚文達。

公於書無所不通，尤深漢《易》，力闢《圖》《書》之謬。《四庫全書提要》《簡明目録》皆出公手。大而經史子集，以乃醫卜詞曲之類，其評論抉奥闡幽，詞明理正，識力在王仲寶、阮孝緒之上，可謂通儒矣。胸懷坦率，性好滑稽，有陳亞之稱。然驟聞其語，近於詼諧，過而思之，乃名言也。公一生精力粹於《提要》一書，又好爲稗官小説，而嬾於著書。少年間有撰述，今藏於家，是以世無傳者。今録公所作《戴氏考工記圖序》一篇以見梗概。《序》曰：

戴君東原始爲《考工記》作圖也，圖後附以己説而無注。乾隆乙亥夏，余初識戴君，奇其書，欲付之梓。遲之半載，戴君乃爲余删取先、後鄭《注》，而自定其説，以爲《補注》。又越半載，書成，仍名曰《考工記圖》，從其始也。戴君語予曰：「昔丁卯、戊辰間，先師程中允出是書以示齊學士次風先生，學士一見而歎曰：『誠奇書也。』今再遇子奇之，是書可不憾已。」

戴君深明古人小學，故其考證制度字義，爲漢以降儒者所不能及。以是求之聖人遺經，發明獨多，《詩三百》、《尚書》二十八篇、《爾雅》等皆有撰著。自以爲恐成書太早，而獨於《考工記》則曰：「是亞於經也者，考證雖難，要得其詳則止矣。」

余以戴君之説，與昔儒舊訓參互校覈。轂末之「軹」，明其當作「軒」，不得與《輿人》之「軹」「轛」二名溷淆，今字書併「軒」字無之。《車人》「徹廣六尺」，以鬲長車廣當相等，兩轅之間六尺，旁加輻内六寸，輻廣三寸，綆寸，合左右凡二尺，則大車之徹亦八尺，字譌「八」爲「六」。《弓人》「膠三鋝」，一弓之膠不得過兩，有十銖二十五分銖之十四，正其當爲「三鍰」。此皆《記》文之誤，漢儒已莫之是正者。後鄭謂「軫，輿後横木」，戴君乃曰：「《輈人》言『軫間』，左右名軫之證也。『加軫與轐』『弓長庇軫』『軫方象地』，前後左右通名軫之證也。」《輈人》「任正」「衡任」，鄭以當軓與衡，而謂「軓爲輿下三面材，輢式之所樹」，戴君乃曰：「此爲下當兔圍軸圍發其意也。若輢式之所樹，宜記於《輿人》，今《輈人》爲之，殆非也。」鄭以「戈」「胡」「句倨外博」爲胡上下，戴君曰：「此不宜與『已倨』『已句』字義有異。」鄭引許叔重《説文解字》，及東萊稱證「鍰」「鋝」數同，戴君乃曰：「『鍰』之假借字作『垸』；『鋝』之假借字，《史記》作『率』，《漢書》作『選』，伏生《尚書大傳》作『饌』。數小大相懸，合爲一，未然也。」戟刺長短無文，鄭氏既未及，賈公彦云「蓋與胡同，六寸」，戴君則曰：「戈一援，戟二援也。中直援名刺，與枝出之援同，長七寸有半寸。刺連内爲一直刃，通長尺有二寸，猶夫戈之直刃通長尺有二寸也。」《桃氏》「爲劍，中其莖，設其後」，鄭訓「設」爲「大」，謂「從中已後稍大之」，戴君曰：「不當與『設其旋，設其羽』之屬異義。後，謂劍環，在人所握之下，故名後，與劍首對稱矣。」鍾之鉦間無文，鄭以爲與鼓間六等，而合舞廣四爲鍾長十六，戴君乃曰：「鍾自銑至鉦，自鉦至舞，斂䌙以二。準諸句股灋，銑間八，鉦間亦八，是爲鍾長十六。舞者其上覆，脩六廣四，蓋鍾羨之度，不當在鍾長之數。」「玉案以承棗㮚」，莫詳其制，戴君引棜禁及漢小方案，定其有四周而局足。《廬人》「句兵欲無彈，刺兵欲無蜎」，鄭皆訓之爲「掉」，戴君讀「彈」如「殈蟺」之「蟺」，轉掉也；蜎，摇掉也。其所以補正鄭氏《注》者，精審類如此。

他若因嘉量論黄鍾少宮，因《玉人》「土圭」、《匠人》「爲規識景」，論地與天體相應、寒暑進退、晝夜永短之理，辯天子諸侯之宮三朝三門、宗廟社稷所在，詳明堂个與夾室之制，申井田溝洫之法，觸事廣義，俾古人制度之大，暨其禮樂之器，昭然復見於今茲。是書之爲治經所取益固鉅，然戴君不喜馳騁其辭，但存所是。文略。又於《輈人》龍旂、鳥旟之屬，《梓人》簨虡，《車人》大車、羊車之等圖不具。其言曰：「思而可得者，微見其端，要留以待後學治古文者之致思可也。」斯誠得論著之體矣。余獨慮守章句之儒不知引伸，膠執舊聞，沾沾然動其喙也，是以論其大指，以爲之序首。

同時翁君覃谿者，亦爲漢學，收藏金石碑版文字，著有《經義考補》《兩漢金石文字記》，行於世。翁君名方綱，大興人。乾隆丁卯科舉人，壬申恩科成進士，授庶吉士，散館，授編修，官至内閣學士兼禮部侍郎，因老疾以學士歸田。

邵晉涵

邵晉涵，字與桐，號二雲，餘姚人也。祖向榮，康熙壬辰進士。父佳鈗，增廣生。君生而穎異，少多疾，左目微眚，然讀書十行並下，終身不忘。乾隆乙酉，中式本省鄉試舉人，典試者錢先生竹汀也。越六年，禮部會試第一，賜進士出身。乾隆三十八年，詔修《四庫全書》，金壇首以君名入告，召赴闕下，除翰林院庶吉士，充纂修官。逾年，授編修。後御試翰詹，名列二等，遷右中允，洊官至侍講學士兼文淵閣直閣事。

於書無所不讀，而非法之書不陳於側。嘗謂《爾雅》乃六藝之津梁，而《邢疏》淺陋，乃别爲《正義》，兼采舍人、樊光、李巡、孫炎諸家之《注》，有未詳者，摭他書補之。今之學者，皆舍邢而宗邵矣。

在四庫館時，《永樂大典》載有薛居正《五代史》，乃會粹編次，其闕者以《册府元龜》諸書補之，由是薛史復傳。竹汀先生問論《宋史》紀傳，南渡後不如東都之有法，寧宗以後又不如前三朝之犕備，微特事迹不詳，即褒貶亦失其實。君聞而善之，取熊克、李燾、李心傳、陳均、劉時舉所撰之書及宋人筆記，撰《南都事略》以續王偁之書，詞簡事增，正史不及也。

君嘗預修國史，館中收貯先朝史册以數千計，總裁問以某事，答曰「在某册第幾頁中」，百不失一，咸訝以爲神人焉。撰述又有《孟子述義》《穀梁正義》《韓詩内傳攷》《皇朝大臣謚迹録》《輶軒日記》《南江文集》，皆實事求是，爲學者有益之書。

君在日下，教授生徒以自給足，不詣權要之門，所以迴翔清署二十餘年而官止四品也。君少從山陰劉文蔚豹君、童君二樹游，習聞蕺山、南雷之説。於明季黨禍緣起，奄寺亂政，及唐、魯二王本末，從容談論，往往出於正史之外。自君謝世，而南江之文獻亡矣。

任大椿

任大椿，字幼植，一字子田，興化人。爲諸生時，與同邑侍鷺川朝詩歌唱和，藝林稱之。乾隆庚辰科舉人〔三〕。三十四年己丑，二甲第一名進士，授禮部主事，轉郎中，陝西道監察御史，充《四庫全書》館纂修官。子田與東原同舉於鄉，於是習聞其論説，究心漢儒之學。著有《弁服釋例》十卷、《深衣釋例》三卷、《字林考逸》八卷、《小學鈎沉》二十卷、《子田詩集》四卷。

同時有歸安丁小疋名杰者，謂曾著《字林考逸》一書，稿本存子田處，子田竊其書而署其名，作書徧告同人，一時傳以爲笑。然子田似非竊人書者。今其族弟兆麟又采獲一百五十餘條，爲《考逸補正》云。

兆麟字文田，震澤籍諸生，薦舉孝廉方正。嘗注《夏小正》，本鄭仲師《周官注》，移「主火出火」一條在三月〔四〕，又移「時有見稊始收」一條在五月，又爲補入「采芑」「雞始乳」二條，王光禄禮堂序，以爲確當絶倫也。

弟子中以經術著者，山陽汪廷珍，字瑟庵，《十三經義疏》皆能闇誦，不遺一字，舉經史疑義叩之，應答無滯義。乾隆丙午科舉人，己酉恩科胡長齡榜以第二人及第，今官内閣學士兼禮部侍郎。胡長齡，字西庚，一字印渚，通州人。博覽羣籍，説經以康成爲宗。乾隆癸卯舉人，己酉恩科第一人及第，今官兵部侍郎。

洪榜

洪榜，字汝登，一字初堂，歙縣人也。年十五，補邑庠生。乾隆乙酉選拔，與兄朴同應召試，梁文定公國治時爲安徽學使，評其賦曰：「詞霏玉屑，則弟勝於兄；文抱風雲，則伯優於仲。」朴授中書而榜未獲雋，然以文章見知於文定，乃從遊至晉。旋中乾隆戊子科舉人。丙申，應天津召試第一，授中書舍人。卒年三十有五。榜少與同郡戴君東原、金君輔之交，粹於經學。著有《明象》，未成書，終於《益》卦。因鄭康成《易贊》，作《述贊》二卷。其解《周易》，詁訓本兩漢，行文如先秦。又明聲均，撰《四聲均和表》五卷、《示兒切語》一卷。江氏永切字六百十有六，是書增補百三十九字；又以字母「見」「溪」等字注於《廣韻》之目，每字之上，以定喉、吻、舌、齒、脣五音。蓋其書宗江、戴二家之説而加詳焉。平生著述甚多，皆未卒業，有《周易古義録》《書經釋典》《詩經古義録》《詩經釋典》《儀禮十七篇書後》《春秋公羊傳例》《論語古義録》《初堂讀書記》《初堂隨筆》《許氏經義》諸書。留心奇遁之術，以其術犯造物忌，病中舉所著畀之火，唯《新安大好紀麗》，久已刊行。

爲人律身以正，待人以誠，以孝友著於鄉里。生平學問之道，服膺戴氏。戴氏所作《孟子字義疏證》，當時讀者不能通其義，惟榜以爲功不在禹下。撰《東原氏行狀》，載《與彭進士尺木書》，笥河師見之，曰：「可不必載，戴氏可傳者不在此。」榜乃上書辨論。今《行狀》不載此書，乃東原子中立删之，非其意也。藩是時在吴下，見其書，歎曰：「洪君可謂衛道之儒矣。」今録其文於左。文曰：

洪榜頓首笥河先生閣下：前者具狀戴先生行實，俾其遺孤中立稽首閣下之門，求志其墓石。頃承面諭，以《狀》中所載《答彭進士書》「可不必載，性與天道不可得聞，何圖更於程、朱之外復有論説乎？戴氏所可傳者不在此」。榜聞命唯唯，惕於尊重不敢有辭。退念閣下今爲學者宗，非漫云爾者，其指大略有三：其一謂程、朱大賢，立身制行卓絶，其所立説，不得復有異同，疑於緣隙奮筆加以醸嘲，奪彼與此；其一謂經生貴有家法，漢學自漢，宋學自宋，今既詳度數，精訓故，乃不可復涉及性命之旨，反述所短以揜所長；其一或謂儒生可勉而爲，聖賢不可學而至，以彼矻矻稽古守殘，謂是淵淵聞道知德，曾無溢美，必有過辭。蓋閣下之旨出是三者，仰見閣下論學之嚴，制辭之慎。然恐閣下尚未盡察戴氏所以論述之心，與榜所以表章戴氏之意，使榜且得罪，不可以終無辭。

夫戴氏《與彭進士書》非難程、朱也，正陸、王之失耳；非正陸、王也，闢老、釋之邪説耳；非闢老、釋也，闢夫後之學者實爲老、釋而陽爲儒書，援周、孔之言入老、釋之教，以老、釋之似亂周、孔之真，而皆附於程、朱之學。閣下謂程、朱大賢，立身制行卓絶。豈獨程、朱大賢，立身制行卓絶，陸、王亦大賢，立身制行卓絶，即老、釋亦大賢，立身制行卓絶也。唯其如是，使後儒小生閉口不敢道，寧疑周、孔不敢疑程、朱，而其才智少過人者，則又附援程、朱以入老、釋。彼老、釋者，幸漢、唐之儒抵而排之矣。今論者乃謂先儒所抵排者，特老、釋之粗，而其精者雖周、孔之微旨不是過也。誠使老、釋之精者雖周、孔不是過，則何以生於其心，發於其事，繆戾如彼哉！況周、孔之書具在，苟得其解，皆不可以强通。使程、朱而聞後學者之言如此，知必急急然正之也。然則戴氏之書非故爲異同，非緣隙釁嘲，非欲奪彼與此，昭昭甚明矣。

至謂治經之士宜有家法，非爲宋學，即爲漢學，心性之説，賈、馬、服、鄭所不詳，今爲賈、馬、服、鄭之學者亦不得詳。夫言性言心，亦不自宋以後興也。周末諸子及秦、漢間著書立説者多及之。其辭雖殊，其意究無大異，凡以勸學立教而已。惟老聃、莊周之書，乃有沖虚之説、真宰之名，不寄於事，不由於學，謂之返其性情而復其初。魏、晉之間，此學盛興，而諸佛書流入中土，亦適於此時爲盛。其書本淺妄無足道，譯者雜以老、莊之旨，緣飾其説，大暢玄風。唐傅奕曾言其事矣，然而未敢以入儒書也。至乎昌黎韓氏力闢佛、老，作爲《原道》等書，使學者昭然知二氏之非。而其時佛氏之説入人既深，則又有柳子厚之徒，謂「韓氏所罪者其迹也，忿其外而遺其中，譬之知石而不知韞玉」。彼其不可斥者，往往與《易》《論語》合，不與孔子異道也」。此説一出，後之學者往往執是説以求之《易》《論語》，而所謂《易》《論語》者，則又專用魏王氏之《注》與何氏《集解》，其人本深於老、釋，其説亦雜於二家，此則宜其有合也。歷唐之末，逮宋之初，此論紛紜，固結而不可解。於是讀《易》《論語》書者，或往往先從事於二氏，因即以其有得於二氏之精者，以説《易》《論語》之書。是以眉山蘇氏作《六一居士集序》曰「新學以佛、老之似亂周、孔之真，識者憂之」也。宋熙寧以後，此弊日深。至於姚江王氏之學行，則直以佛書釋《論》《孟》矣。彼賈、馬、服、鄭，當時蓋無是弊，而今學者束髮受書，言理言道，言心言性，所謂理道心性之云，則皆《六經》、孔孟之辭；而其所以爲理道心性之説者，往往雜乎老、釋之旨。使其説之果是，則將從而發明之矣；如其説之果非，則治經者固不可以默而已也。如使賈、馬、服、鄭生於是時，則亦不可以默而已也。前之二説，閣下苟詳察之，亦知戴氏之非私於其學，而榜之非私於戴氏矣。

至於聞道之名不可輕以許人，猶聖賢之不可學而至。如閣下以此爲慮，此其猶存乎後儒之見也。孟子謂「聖人人倫之至」；首陽之義，孔子稱曰「古之賢人」。夫聖賢不可至，蓋在是矣。雖然，安可以自棄乎哉！若夫高談深遠者謂之知道，不言而躬行者謂之未聞道，及夫治經訓者謂之儒林，明性道者謂之道學，此固戴氏所不道，而榜所望於閣下表揚之者，亦不在是也。夫戴氏論性道，莫備於其論《孟子》之書，而所以名其書者，曰《孟子字義疏證》焉耳。然則非言性命之旨也，訓故而已矣，度數而已矣。要之，戴氏之學，其有功於《六經》、孔孟之言甚大，使後之學者無馳心於高妙，而明察於人倫庶物之間，必自戴氏始也。惟閣下裁察焉。

榜弟梧，字桐生，乾隆庚子召試中書，庚戌成進士，授庶吉士，散館，授編修，官至沂州府知府。

博古通今，兼工詞翰。

榜同邑有汪萊者，字孝嬰，藩之密友也，優貢生。大學士禄康薦修《國史·天文志》，議敘，以教官用，選石埭縣訓導。深於經學，《十三經注疏》皆能背誦如流水，而又能心通其義。人有以疑義問者，觸類旁通，略無窒礙。尤善曆算，通中西之術，著有《衡齋算學》，刊行於世。與元和李尚之鋭論開方題解，及秦九韶立天元一法，不合，遂如寇仇，終身不相見。噫，過矣！然今之學者，大江以南惟顧君千里與孝嬰二人而已，烏可多得哉！

孝嬰之友有歙人羅子信者，名永符，丁卯舉於鄉，辛未成進士，選庶吉士。善讀書，通經達史，工詩古文，亦瓌奇之士也。洪瑩字賓華，甲子舉人，己巳恩科第一人及第，授修撰。淹通經史，《五經》皆有撰述，亦歙人也。

汪元亮

汪元亮，字明之，一字竹香，元和人。

爲諸生時，有文譽，與同郡余古農師、薛香聞師結詩社於城東，睥睨餘子，不可一世。乾隆壬午，與戴君東原同舉於鄉，相親善，乃究心經義及六書之學。平生論學，則推東原及程君易疇，論詩文則推古農師。屢上公車不第，以教授生徒自給。從游者多掇科第去，而君以孝廉終，命也夫！

少時得狂疾，忽已忽作，作時不省人事，日夕叫罵，纏綿幾二十年。所有著述，於疾作時皆投諸火，僅存詩古文而已。

孔廣森 李文藻 桂馥

孔廣森，字衆仲，一字撝約，又字㢸軒，曲阜人。年十七，中乾隆戊子科舉人。辛卯，成進士，官檢討。旋丁内艱，服闋補官，淡於世情，陳情歸養。忽遭家難，爲訟所累，扶病奔走江、淮、河、洛間，卒卒無歡悰。未幾，居大母與父喪，竟以哀毀卒。卒年三十有五。

少受經於東原氏，爲《三禮》及《公羊春秋》之學。能作篆隸書，入能品。尤工駢體文，汪明經中、孫觀察星衍亟稱之。其序《戴氏遺書》曰：

緬惟樂遊講藝，訪太傅於石渠；元日談經，坐侍中於重席。時則玉羊既遠，金虎初開；著學官者凡十四家，説「稽古」者成數萬字。至若五是六沴之徵，定君陽武；三科七缺之法，弊獄淮南。士茍通經，皆能致用。蓋原其授受，本屬參商；敘其世年，未暌昌闞。是以祖之前師，沿之後葉。北方戎馬，不能屏視月之儒；南國浮屠，不能改經天之義。夫學有優劣者，時也；經有顯晦者，數也。五君晚出，非漢博士之傳；千禩相仍，廢鄭司農之註。縱横異説，别創先天；顛倒聖文，悉更後定。特以腐儒炫視，易謬驪黄；末士明經，原求青紫。但遵甲令，粗知帖括之詞；疇克庚言，紹彼先民之作。敏而好學，信而好古，惟於戴君見之已。

君以梅、姚售僞，孔、蔡謬悠，妄云壁下之書，猥有航頭之字。《古文》一卷，祇出西州；《小序》百篇，舊名北斗。正謨攝誥，歷黄序而僅存；《月采》《豐刑》，遘赤眉而已燼。乃或誤援《伊訓》，滋元年正月之疑；强執《周官》，推五服一朝之解。譬之争年鄭市，本自兩非；議瓜驪山，良無一是。

是用翦除假託，折衷羣淆。步驟五三，目録四七。爲《尚書義考》未成，成《堯典》一卷。

又以要聞五際，尚論四家。《毛傳》孤行，是觴源於牟、妙；《鄭箋》破字，每毫采於轅、嬰。莫不假聲注文，以意逆志，誠古訓之所式，多識之所資也。雖其篇冠以敍，擇焉不精，或云托諸西河，或云造諸東海。然嗣音貽玖，何必欲色之音；交扈羅鴛，實爲陳古之刺。爲《毛鄭詩考正》四卷，别爲《詩補傳》未成，成《周南》《召南》二卷。

君之入書局也，西京容史〔五〕，夙善徐生；東觀中文，遂分《淹禮》。乃取忠甫《識誤》，德明《釋文》，殫求豕亥之差，期復鴻都之舊。互相參檢，頗有整齊。削康成長衍之條，退《喪服》廁經之傳。爲《儀禮正誤》一卷。

鄭斤粤鎛之篇，備遺事職；穹蓋星弓之教，首列巾車。九經九緯，營國有方；五溝五涂，奠水有則。尋筵既度，遂知洛邑之朝；圭槷未懸，孰辨營邱之夕。以至肆懸舞甬，五等琮璜；槐里樽空，椎成劍没。大夫嫁女之器，未必皆真；單于賄漢之銘，何嘗盡僞。諶、鎰之所畫繢，梁、聶之所更釐，不有參稽，將無競爽。爲《考工記圖》二卷。

古者冕服以祭，弁服以朝。祭則衣純，朝則以布。芾形連帶，制異於直方；屨色從裳，次分於繢繡。周壇饗帝，大裘降繁露之華；魯禘嫌王，旒璪飾丹雞之祝。等威昭焉，文質備焉。道學起而儒林衰，性理興而曲臺絶。齊、秦委武，莫識稱名；殷、夏圜章，焉能考據。溯增冰於積水，示祭海於先河。爲《學禮篇》一卷，冠其《文集》十卷之首。

且夫一陰一陽之爲道，見仁見知之爲性，通於六籍之爲學，辨於萬事之爲理。謂理具靈臺，則師智者得；謂學遺象罔，則悟寂者先。豈有略窺《語録》，便詡知天；解斥陽明，即稱希聖。信洛黨之盡善，疑孟氏之未醇，其説空空，其見小小。蓋繹鄭君生質之訓，誦《周雅》教木之箋，所謂受中自天，秉彝攸好；孔提可案，漢學非譌。爲《原善》一卷、《孟子字義疏證》三卷、《大學、中庸補註》各一卷。

君之學術，此其大端歟！

景純有云：「《爾雅》者，九流之津涉，六藝之鈐鍵。」虎闈小學，未束髮而知書；豹鼠奇編，不下席而觀古。故辨言之樂，對於三朝；首基之文，問於五始。至於殊方別語，絶代離詞，皆轉注之指歸，亦《凡將》之墜緒。爲《爾雅文字考》十卷、《方言疏證》十三卷。

書教有六，最夥諧聲；叔重無雙，惟傳《解字》。若乃部分平仄，母別見溪。官家恨狹，羊戎之所自爲；天子聖哲，梁武之所不信。古人韻緩，止屬椎輪；後世音繁，實精引墨。君審其清濁，導以源流。旁通反紐，發周、沈之舊聞；上協《詩》《騷》，採顧、江之新義。爲《聲韻考》四卷、《聲類表》十卷。

於是辨韻之餘，留觀百氏；研音之下，雅愛三閭。以爲娀臺訪女，近窈窕之遺聲；湘水搴芳，續榛苓之逸響。叔師註而未詳，《辨》《招》附而不可，核之《漢志》，名從主人。爲《屈原賦注》四卷。

自疇人分散，鄒大失居。九章中落，昧商高積矩之言；八線西來，竊師氏旁要之算。而耳聽下士，穴見小儒。不知五五之開方，輒薄九九之賤技。哨壺斗五，律管徑三，元晦以之存疑，季通以之强説。未知紀步，何能讀宅柳之經；未曉倨句，何能治上輿之記。爲《九章補圖》一卷，《原象》一卷、《古曆考》二卷、《曆問》二卷。

昔趙商難《禮》，先求五服之方；景伯受《詩》，即涉七州之地。君山川能説，郡縣成圖。酈元故籍，證其緐褫；崑渤今流，條其脈絡。爲《戴氏水經注》四十卷、《水地記》一卷、《直隸河渠書》六十四卷。

嗚呼！君之著書，可謂博矣；君之見道，可謂深矣。向使壽之以年，行其所志，下安輪於都尉，授梯几於鴻臚。雍宫未建，命曹褒以定儀；大予將成，詔宋登而持節。雖復辨卿訟闕，《公羊》未必能明；子駿移書，《逸禮》難其置立。而太山郡將，北面稱師；上蔡通侯，西行受業。則何湯既貴〔六〕，輜車方賜於五更；君上從游，録牒庶多於萬計。豈謂陰堂告祲，圓石鐫名。一經之寫定無年，三歲之瓊瑰已夢。《清明》卷佚，長封下馬之陵；通德人亡，不待嗟蛇之歲。然而《太玄》覆瓿，終遇桓譚；都養陳謨，彌尊伏勝。鄭鄉絶學，倘千百載而重興；《戴氏遺書》，於《十三經》其有補。悲懷逝者，延佇將來！

廣森深於戴氏之學，故能義探其原，言則於古也。世人徒賞其文詞之工，抑亦末矣。著有《大戴禮記注》十三卷、《儀鄭堂文集》二卷。

繼涵，字葒谷，乾隆庚辰科舉人，辛卯成進士〔七〕，官至户部郎中。其子廣根〔八〕，東原之壻。繼涵深於《三禮》，校刊《微波榭叢書》，廣森之叔也。

同時有李南磵者，名文藻，字素伯，一字茝晚〔九〕。先世自棗强遷益都，遂爲益都人。文藻天資俊朗，年十三，從父遠遊曹家亭，作《記》一篇，仿《赤壁賦》，見者以爲神童。二十一，補邑庠生。

乾隆己卯，中式本省舉人。明年，成進士。久之，謁選廣東恩平縣知縣。三年俸滿，擢桂林府同知，未及一年卒。居官有政績，粤人至今稱之。

性好博覽，不爲世俗之學，聚書數萬卷，手自讎校，丹鉛不去手。又好碑版文字，游歷所至，學宫、寺觀、巖崖、石壁，必停驂搜討。有僕劉福者，善椎拓，攜紙墨以從，有所得，盡拓之。又有一僕，忘其名，因拓摩崖刻石，失足墮崖死，文藻哭之慟。

生平樂道人善，表章潛德。如濟陽張處士稷若、元和惠徵君定宇、婺源江君慎修，訪其遺書刊行之，名曰《貸園叢書》。德州梁鴻翥窮老篤學，月必誦九經一過，鄉里目爲痴人，文藻一見奇之，爲之延譽，遂知名於世。

曲阜桂馥，字未谷，亦深小學。乾隆己酉科舉人，庚戌成進士。選教授，保舉知縣，補雲南永平縣知縣，卒於官。工篆刻，世人重其技，擬之文三橋云。所著有《許氏説文解字義証》五十卷、《札樸》十卷。

近日山左學者，以郝君懿行爲巨擘焉。懿行字恂九，棲霞人，嘉慶己未進士，官主事。著有《山海經注》，乃實事求是之學，若近世摽竊膚淺者，豈可同日而語哉！

棲霞又有牟廷相，字默人，覃谿學士爲藩言之，後晤萊陽趙君曾，始知其治《今文尚書》。趙君字北嵐，乾隆己酉舉人，分發江蘇以知縣用。性好古錢及金石文字。治經，爲《今文尚書》《三禮》《左氏春秋》之學，亦山左之翹楚也。

又有濟寧進士許君鴻磐字漸逵者，安徽候補同知，深於輿地之學，亡友淩君次仲亟稱之。後見所著《雪帆雜著》一册，皆辨駁地理之説，不在朏明、祖禹之下。其論内地及外裔山川，瞭如指掌，蓋四方經緯洞徹胸中，故不爲皮傅之言也。在京師與戴君金溪談及《雪帆雜著》，金溪曰：「許君曾官指揮，當時以俗吏目之，失許君矣。」

又有膠州王夏，字蜀子，號大村，邑諸生。喜爲詩，與高密詩人李少寉兄弟友善。好學篤古，尤邃於經，其持論多發前人所未發。所有著述，秘不示人，於趙君北嵐處見其所作《釋稷》一篇，穿穴經傳，義明詞達，可謂通人矣。

校勘記

〔一〕「湖南」，原作「湖廣」，漆永祥《漢學師承記箋釋》據盧文弨《書韓門輟學後》、翁方綱《盧公墓誌銘》、藏庸《盧先生行狀》改，今從。

〔二〕「丙午」，漆永祥《漢學師承記箋釋》據《高宗實録》改作「丁未」。

〔三〕「庚辰」，原作「壬午」，漆永祥《漢學師承記箋釋》據姚鼐《惜抱軒文集》卷一三《陝西道監察御史興化任君墓誌銘》及《咸豐重修興化縣志》卷八《任大椿傳》、卷七《選舉表一》改，今從。

〔四〕「主火」，原作「主夫」，漆永祥《漢學師承記箋釋》據《大戴禮記》、任兆麟《夏小正注》、王鳴盛《夏小正注序》改，今從。

〔五〕「容」，原作「客」，據漆永祥《漢學師承記箋釋》改。

〔六〕「何湯」，原作「河陽」，周予同《漢學師承記（選注）》據《後漢書·桓榮傳》改，今從。

〔七〕「辛卯」，原作「辛巳」。近藤光男《國朝漢學師承記（譯注）》云：「『辛巳』爲『辛卯』之誤。翁方綱撰《墓誌銘》：『君以乾隆庚辰舉於鄉，辛卯成進士，官户部河南司主事兼理軍需局事。』據《進士題名碑録》，孔繼涵爲乾隆三十六年辛卯恩科第二甲四十名及第。」今據改。

〔八〕「廣根」，原作「廣栻」，近藤光男《國朝漢學師承記（譯注）》、漆永祥《漢學師承記箋釋》據翁方綱《户部河南司主事孔君墓誌銘》、洪榜《戴先生行狀》等改，今從。

〔九〕「莔晚」，錢大昕《潛研堂文集》卷四三《李南澗墓誌銘》作「莔畹」。

國朝漢學師承記卷七

陳厚耀

陳厚耀，字泗源，泰州人。康熙四十五年丙戌進士。學問淹通，從梅徵君文鼎受曆算〔一〕，遂通中西之術。李相國光地薦厚耀通曆學，召見，試以三角形，令求中線，又問弧背尺寸，厚耀具劄進呈，稱旨。旋以省親，乞歸里。

戊子，特命來京。己丑五月，駕幸熱河，至密雲，命寫筆算式進呈。少頃，出御書筆算，問：「知此法否？」對曰：「皇上此法精妙簡便，臣法不可用。」上諭曰：「朕將教汝，汝其細心貫想，以待朕問。」次日又問曰：「汝能測北極出地高下否？」對曰：「若將儀器測景長短，用檢八綫表，可得高度，此乃二分所測之法。若餘節氣，又有加減之法；然亦不準，以地上有朦氣差，以人目視之，有卑高、映小爲大之異故也。」又問：「地周三百六十度，依周尺每度二百五十里，今尺二百里，地周幾何？地徑幾何？」奏云：「依周尺地周九萬里，今尺七萬二千里。以圍三徑一推之，地徑二萬四千；以密率推之，當得地徑二萬二千九百一十八里有奇。」上復問地圜出何書，對以《周髀算經》曾言之。問：「何以見其圜也？」對曰：「《職方外紀》：西人言繞地過一周，四匝皆生齒所居，故知其爲圜。且東西測景有時差，南北測星有地差，皆與圜形相合，故益知其爲圜。」

時厚耀以母年高，不忍離，乃就教職，得蘇州府教授。未踰年，召入南書房，上問測景是何法，厚耀求指示，上曰：「此法甚精，不必用八綫表。」即以西洋定位法、開方法、虛擬法寫示。又命至座旁隨意作兩點於紙上，厚耀隨點之，上用規尺畫圖，即得兩點相去幾何之法。上從容諭之曰：「《堯典》敬授人時，乃帝王大事，奈何勿講！」嘗召入至淵鑒齋，問難反覆，並及天象、樂律、山川、形勢，得徧觀御前陳列儀器。召至西煖閣，詢問家世甚詳。從至熱河，命賦《泉源石壁詩》，授中書科中書，傳旨曰：「上道汝學問好，授汝京官，使汝老母喜也。」又諭厚耀曰：「汝嘗言梅瑴成算學甚深，今命來京，與汝同修算法。」瑴成至，上問曰：「汝知陳厚耀否？他算法近日精進。向曾受教於汝祖，今汝祖若在，尚將就正於彼矣。」乃命厚耀、瑴成並修書於蒙養齋，賜《算法原本》《算法纂要》《同文算指》《嘉量算指》《幾何原本》《周易折中》《字典》，西洋儀器、金扇、松花、石硯及瓜菓等克什。癸巳，書成，特授翰林院編修。甲午，丁内艱，命賜帑銀，着江蘇織造經紀其喪。服闋，晉國子監司業，擢左諭德兼翰林院修撰，充戊戌會試同考官。己亥，告病，以原官致仕。

所著書有《春秋戰國異辭》五十六卷、《孔子家語注》《左傳分類》《禮記分類》《十七史正譌》及天文曆算諸書〔二〕。又有《春秋長曆》十卷，乃《左傳分類》中一門，爲補杜預《長曆》而作。其凡有四：一曰曆證。備引漢、晉、隋、唐、宋、元諸史《志》及朱載堉曆書諸説〔三〕，以證推步之異。又引《春秋屬辭》「杜預論日月差謬」一條，爲注疏所無，《大衍曆議》「春秋曆考」一條，亦《唐志》所未録，尤足以資考證。二曰古曆。古以十九年爲一章，一章之首，推合周曆正月朔旦冬至。前列算法，後以《春秋》十二公紀年横列爲四章，縱列十二公，積而成表，以求曆元。三曰曆編。舉《春秋》二百四十二年，一一推其朔閏及月之大小，而以經傳干支爲證佐，皆述杜預之説而考辨之。四曰曆存。以古術推隱公元年正月庚戌朔，杜預《長曆》則爲辛巳朔，乃古術所推之上年十二月朔，謂元年之前失一閏，以經傳干支排次知之。厚耀則謂如預之説，元年至七年中書日者雖多不失，而與二年八月之庚辰、三年十二月之庚戌、四年二月之戊申又不能合。且隱公三年二月己巳朔日食、桓公三年七月壬辰朔日食，亦皆失之。蓋隱公元年以前，非失一閏，乃多一閏。因退一月就之，定隱公元年正月爲庚辰朔，較《長曆》實退兩月。推至僖公五年止，以下朔閏一一與《杜曆》相符，故不復續載焉。蓋厚耀精於曆法，視預爲密，於考證之學尤爲有裨，治《春秋》者，不可少此編矣。又有《春秋世族譜》一卷，亦《左傳分類》之一門也。卒年七十有五。

程晉芳

程晉芳，字魚門，一字蕺園，江都人。家山陽，饒於貲。喜讀書，蓄書五萬卷，丹黄皆徧。性又好客，延攬四方名流，與袁大令枚、趙觀察翼、蔣編修士銓爲詩歌唱和，無虚日，由此名日高而家日替矣。

累試南北闈，不售。乾隆二十七年，高宗純皇帝南巡，召試，授中書。後十年，始成進士，改主事，旋授吏部員外郎，與修《四庫全書》，欽命改翰林院編修。

君生而頎長，美鬚髯，酒酣耳熱，縱論時事，則掀髯大笑，少所容貸。至於獎掖後進，則有譽無否也。不善治生，家事皆委之僕人，坐此貧不能供饘粥，以至責戶剝啄之聲不絕於耳，而君伏案著書，若無事者然。後乞假游西安，卒於巡撫畢沅署中。

君始爲古文詞，及官京師，與笥河師、戴君東原游，乃治經，究心訓故。著有《周易知旨》、《尚書今文釋義》、《左傳翼疏》、《禮記集釋》、《勉行齋文集》十卷、《蕺園詩集》三十卷。

賈田祖

賈田祖，字稻孫，號禮畊，高郵州人。廩膳生。乾隆四十二年，試於泰州，病經宿而卒。藩亡友汪明經中誌其墓，稱「田祖好學，多所瞻涉。喜《左氏春秋》，未嘗去手，旁行斜上，朱墨爛然。善爲詩，所作三千餘篇。性明達，於釋老神怪、陰陽拘忌及宋儒道學無所惑。伯兄有錮疾，喜怒失中，君事之，曲得其欲。與陽湖洪稚存，同里李惇、王念孫友善。矜立名節，猛志疾邪」云云〔四〕。蓋力行篤學之士也。藩未識其人，亦未讀其所著書。《墓誌》云「旁行斜上」者，豈田祖爲《春秋》之表學歟？然明經不輕許人，其言可信也。

李惇

李惇，字成裕，一字孝臣，高郵州人。祖兼五，父佩玉，皆有篤行。君治經通敏，尤深於《詩》及《春秋三傳》之學。晚好曆算，得宣城梅氏書，盡通其術。與同郡劉君台拱、王君念孫、汪君中友善，力倡古學。君内性淳篤，恂恂退讓，不與人較；然遇友朋患難，則尚義有爲，至死不變。久困諸生，以高第將貢於國學，試之前夕，執友賈田祖死，君不入試，親爲棺斂，送歸其家。容甫稱其勇於爲義，有過賁、育，非虚語也。

乾隆四十四年己亥，中式舉人。明年，成進士。注選如縣，襆被南歸，不能家食。時謝侍郎墉督學江蘇，延之主暨陽書院。君口不雌黄人物，與世無忤，然忌其學者，於侍郎前日貢萋菲之言，侍郎輕信讒言，竟下逐客之令。君嘗謂人曰：「容甫恃才傲物，宜爲時所嫉。予一生謹厚，亦爲世人所忌，豈命宫坐箕宿耶！」後得末疾，終於家，年五十一。

憶昔年君往江陰，留宿藩家，與君然燭豪飲，議論史事，君朗誦史文，往往達旦。明日，藩取史文核之，一字不誤也。藩獲交於君時，年少，好詆訶古人，君從容謂藩曰：「王子雍有過人之資，若不作《聖證論》攻康成，豈非淳儒哉！」少頃，又曰：「若夫佛氏輪迴因果之説，淺人援儒入墨之論，不可不辨，子車氏所謂『正人心，息邪説』，苟不力闢之，是無是非之心矣。」嗚呼！自君謝世之後，二十餘年，藩坎坷日甚，而情性益戾，不聞規過之言，徒增放誕之行，可悲也夫！

君所著有《卜筮論》、《尚書古文説・金縢》《大誥》《康誥》三篇、《毛詩三條辨》《大功章爛簡文》《明堂考辨》《考工車制考》《歷代官制考》《左傳通釋》《杜氏長曆補》《説文引書字異考》《渾天圖説》《羣經識小》《讀史碎金》《詩文集》〔五〕，藏於家。

江德量

江德量，字成嘉，一字秋史，儀徵人。父恂，字于九，號蔗畦，拔貢生。官至安慶府知府，有政聲。伯父昱，字賓谷，號松泉，江都諸生。讀書好古，爲聲音、訓詁之學。又好碑版文字，考核精詳。長於詩，著有《瀟湘聽雨録》二卷、《韻岐》五卷、《松泉集》六卷。

德量少承家學，勵志肄經。既長，與同郡汪明經容甫爲文字交，其學益進。乾隆丁酉，選拔貢生，己亥舉人，庚子汪如洋榜第二人及第。授編修，改御史，歷掌浙江、江西道。德量精於小學，收藏碑版、法書、名畫、古錢。著有《泉志》三十卷，又撰《廣雅疏》，未成而卒。

汪中

汪中，字容甫，先世居歙之古唐里。曾祖鎬京始遷揚州，遂爲江都人。父一元，邑增生。君生七歲而孤，家夙貧，母鄒緝屨以繼饔飧。冬夜藉薪而臥，旦供爨給以養親。力不能就外傅讀，母氏授以小學、《四子書》。及長，鬻書於市，與書賈處得借閲經史百家。於是博綜典籍，諳究儒墨，經耳無遺，觸目成誦，遂爲通人焉。

年二十，李侍郎因培督學江蘇，試《射雁賦》第一，入學爲附生。時杭太史世駿主安定書院，見君製述，深加禮異，所作詩文，必屬君視草。君僑寓真州，沈按察廷芳主樂儀講席，聞君議論，歎曰：「吾弗逮也。」

年三十，客游於外，代州馮觀察廷丞、同郡沈太守業富、朱學使筠河先生皆招置幕中，禮爲上客。同時鄭贊善虎文、王侍郎蘭泉先生、錢少詹竹汀、盧學士紹弓竝爲延譽。然母老家貧，中年乏嗣，戚戚少歡，歎世人之不知，悼賦命之不偶，著《弔黄祖文》《狐父之盜頌》，以寫懷自傷，而俗子以爲譏刺當世矣。

乾隆四十二年丁酉，謝侍郎墉督學江蘇，選拔貢生，每試，別置一榜，署名諸生前，謂所取士曰：「若能受學於容甫，學當益進也。」又曰：「予之先容甫，以爵也；以學，則北面事之矣。」容甫以勞心故，病怔忡，聞更鼓雞犬聲，心怦怦動，夜不成寐，是以不與朝考，絶意仕進。

乾隆五十一年丙午，朱文正以侍郎典試江南，思得君爲選首，不知君不與試也。君感知遇之恩，上書侍郎請執弟子禮。侍郎旋奉命督學浙江，君往謁時，爲述揚州割據之迹、死節之人，作《廣陵對》三千餘言，博徵載籍，貫串史事，天地間有數之文也，文多不載。後畢尚書沅開府湖北，君往投之，命作《琴臺銘》。甫脱稿，好事者争寫傳誦。其文章爲人所重如此。

君治經宗漢學，謂國朝諸儒崛起，接二千餘年沉淪之緒，通儒如顧寧人、閻百詩、梅定九、胡朏明、惠定宇、戴東原，皆繼往開來者。亭林始闓其端；《河》《洛》圖書至胡氏而絀；中西推步至梅氏而精；力攻《古文》者，閻氏也；專治漢《易》者，惠氏也；及東原出而集大成焉。擬作《六儒頌》，未成。好金石碑版，嘗從射陽湖頂氏墓得漢石闕《孔子見老子畫像》，因署其堂曰問禮。

君性情伉直，不信釋老、陰陽、神怪之説，又不喜宋儒性命之學。朱子之外，有舉其名者，必痛詆之。每謂人曰：「《周禮》天神、地示、人鬼，今合而爲一。如文昌，天神也；東嶽，地示也；先聖先師，人鬼也。天神、地示，世俗必求其人以實之，豈不大愚乎！」且言世多淫祀，尤爲惑人心，害政事。見人邀福祠禱者，輒罵不休，聆者掩耳疾走，而君益自喜。於時流不輕許可，有盛名於世者，必肆譏彈。人或規之，則曰：「吾所罵者，皆非不知古今者，惟恐莠亂苗爾。若方苞、袁枚輩，豈屑屑罵之哉！」然錢少詹事竹汀、程教授易疇、王觀察懷祖、孔檢討㮚仲、劉訓導端臨、李進士孝臣諸君子，或以師事之，或以友事之，終身稱道弗衰焉。事母至孝，家無儋石儲，而參朮之進，滫瀡之奉，嘗稱貸以供。母疾篤，侍疾，晝夜不寢，滌牏之事不任僕婢，無愁苦之容，有孺子之慕。吁！可謂孝矣。生平篤師友之誼，一飯之恩，終身不忘也。

君中年輯三代學制，及文字、訓詁、制度、名物有係於學者，分別部居，爲《述學》一書，屬稿未成，後乃以撰著之文分爲《述學内外篇》刊行之。又采揚州故實，始春秋，至楊吴，作《廣陵通典》，藏於家。

君一生坎軻不遇，至晚年，有鹺使全德耳其名，延君鑒别書畫，爲君謀生計，藉此稍能自給，而鹺使素不以學問名。嗟夫！當世士大夫自命宏奬風流者，皆重君之學，而不能周其困乏，於以知世之好真龍者鮮矣。乾隆五十九年，因校勘文宗閣《四庫全書》，往浙江借書讎對，卒於西湖之葛嶺園僧舍。盧學士抱經、鮑丈以文、梁君玉繩經紀其喪以歸。卒年五十一。子喜孫，字孟慈，嘉慶丁卯科舉人，能讀父書，長於考據，傳其學。

藩弱冠時，即與君定交，日相過從。嘗謂藩曰：「予於學無所不窺，而獨不能明九章之術。近日患怔忡，一搆思，則君火動而頭目暈眩矣。子年富力强，何不爲此絶學。」以梅氏書見贈。藩知志位布策，皆君之教也。君少喜爲詩，不爲徘徊光景之作。尤善屬文，上苴韓、歐，以漢、魏、六朝爲則。藩最重君文，酷愛其《自序》一首，今録於左。文曰：

昔劉孝標自序生平，以爲比迹敬通，三同四異，後世誦其言而悲之。嘗綜平原之遺軌，喻我生之靡樂，異同之故，猶可言焉。

夫亮節慷慨，率性而行。博極羣書，文藻秀出。斯惟天至，非由人力。雖情符曩哲，未足多矜。余玄髪未艾，野性難馴。麋鹿同遊，不嫌擯斥。商瞿生子，一經可遺。凡此四科，無勞舉例。

孝標嬰年失恃，藐是流離。托足桑門，棲尋劉寶。余幼罹窮罰，多能鄙事。賃舂牧豕，一飽無時。此一同也。

孝標悍妻在室，家道轗軻。余受詐興公，勃谿累歲。里煩言於乞火，家搆衅於蒸棃。蹀躞東西，終成溝水。此二同也。

孝標自少至長，戚戚無懽。余久歷艱屯，生人道盡。春朝秋夕，登山臨水。極目傷心，非悲則恨。此三同也。

孝標夙攖羸疾，慮損天年。余藥裹關心〔六〕，負薪永曠。鰥魚嗟其不瞑，桐枝惟餘半生。鬼伯在門，四序非我。此四同也。

孝標生自將家，期功以上，參朝列者十有餘人。兄典方州，餘光在壁。余衰宗零替，顧景無儔。白屋藜羹，饋而不祭。此一異也。

孝標倦遊梁楚，兩事英王。作賦章華之宫，置酒睢陽之苑。白璧黄金，尊爲上客。雖車耳未生，而長裾屢曳。余簪筆傭書，倡優同畜。百里之長，再命之士。苞苴禮絶，問訊不通。此二異也。

孝標高蹈東陽，端居遺世。鴻冥蟬蜕，物外天全。余卑栖塵俗，降志辱身。乞食餓鴟之餘，寄命東陵之上。生重義輕，望實交隕。此三異也。

孝標身淪道顯，藉甚當時。高齋學士之選，安成《類苑》之編。國門可縣，都人争寫。余著書五車，數窮覆瓿。長卿恨不同時，子雲見知後世。昔聞其語，今無其事。此四異也。

孝標履道貞吉，不干世議。余天讒司命，赤舌燒城〔七〕。笑齒嚬顔〔八〕，盡成辠狀。跬步才蹈，荆棘已生。此五異也。

嗟乎！敬通窮矣，孝標比之，則加酷焉。余於孝標，抑又不逮。是知九淵之下，尚有天衢。秋荼之甘，或云如薺。我辰安在？寔命不同。勞者自歌，非求傾聽。目瞑意倦，聊復書之。

藩自遭家難後，十口之家，無一金之産。跡類浮屠，鉢盂求食。睥睨紈袴，儒冠誤身。門衰祚薄，養姪爲兒。耳熱酒酣，長歌當哭。嗟乎！劉子之遇酷於敬通；容甫之阨甚於孝標。以藩較之，豈知九淵之下，尚有重泉；食荼之甘，勝於嘗膽者哉！

顧九苞 顧鳳毛

顧九苞，字文子，興化人。博聞强記，長於《毛詩》《三禮》。母任，子田之祖姑，通經達史。文子之學，母教之也。文子乾隆四十六年辛丑成進士，未幾卒。

子鳳毛，字超宗，號小謝，亦受經於祖母。年十一，通《五經》。著有《毛詩集解》《董子求雨考》《楚詞韻考》《入聲韻考》。乾隆四十九年甲辰，高宗純皇帝南巡，召試，欽取二等。後中戊申科副榜。卒年二十七。

劉台拱

劉台拱，字端臨。先世自蘇州遷居寶應。父世謩，官靖江縣訓導。

君生而岐嶷，不好弄，就塾讀書，不離几席。九歲，作《顔子頌》，斐然成章，觀者稱爲神童。年十六，爲邑庠生。二十一，中乾隆三十六年辛卯科舉人〔九〕。屢試禮部不第，銓授丹徒縣訓導。

君少失恃，事繼母鍾如母。丹徒去寶應三百里，每年必迎二親至學署，奉養無缺，得親歡心。體夙清羸，疊遭大故，飯疏食淡，哀毁過情，卧病不起。卒年五十有五。

君六世祖永澄，問學於蕺山，以躬行實踐爲主，子孫世傳其學。至君，又習聞王予中、朱止泉之緒論，深研程朱之行，以聖賢之道自繩。然與人游處，未嘗一字及道學也。君學問淹通，尤邃於經。解經專主訓詁，一本漢學，不雜以宋儒之説。著有《論語駢枝》一卷、《荀子補註》一卷、《漢學拾遺》一卷、《經傳小記》三卷、《古文集》一卷。君勤於讀書，嬾於著述，不似今人鹵莽成書，動輒盈尺也。

鍾褱

鍾褱，字保其，一字菽崖，甘泉人。與阮侍郎元、焦孝廉循相善，共爲經學，旦夕討論，務求於是。君淡然無欲，以讀書爲樂。生平篤實，敦善行，交游中稱爲君子。嘗撰《漢儒考》，較陸元朗所載增多十餘人。又有《祭法考》諸書。舉優貢生，卒。阮侍郎爲刻《考古録》四卷。

徐復

徐復，字心仲，江都人。本農家子，所居南鄉，乃互鄉也，有子弟讀書者，必羣起譁之。心仲少孤，喜讀書。其兄使之牧，乃棄牛而逃，至郡西僧寺中爲僧，供灑掃之役以餬口，暇則誦讀，恒達旦不寢。一日，焦孝廉循憩寺中，見其所誦之《五經》及所作制義，大奇之，爲之延譽，於是爲鄉塾童子師。未幾，補諸生，遂從事於經史之學。甲寅省試，與友人江都黄君承吉同寓，黄君詰以九章算法，不能答，以爲恥，典衣購算書歸。時君攜婦入城，與藩所賃之屋衡宇相望，薄暮時，即執算書一册來相質問，未及一年，弧三角之正弧、垂弧、次形、矢較諸法，皆能言其所以然矣。後得虚損疾，危篤時猶手執《北齊書》與友人講論，語未畢而逝。著有《論語疏證》，藩爲之序。

君没後無子，婦歸南鄉，其兄鬻爲土豪妻，而婦不知也。誆以上塚，賺至豪家，婦忽舉止異常，行狀聲音宛如心仲，指豪大呼曰：「汝何人，敢買我妻爲妾乎！」婦遂仆地，其兄遁去。俄頃，婦醒，遽入廚取廚刀自刎死，其兄至今無恙也。先世有良田百畝，其兄惡心仲不務農而讀書，疾之如仇，乃避兄居城中，不食兄之粟。其死也，能爲厲以全妻之節，而不禍其兄，豈不欲傷手足之情歟！嗚呼！君生不能叨一第之榮，而身罹六極之備，天之困通人，若此之酷耶！其兄之所爲，天實爲之也。

汪光爔

汪光爔，字晉蕃，號芝泉，儀徵縣廩膳生。其先人韡懷部郎諱棣，與惠徵君松崖、戴編修東原及王蘭泉先生、王光禄西沚、錢詹事竹汀爲莫逆交。晉蕃少承庭訓，習聞諸老宿名論，乃潛志讀書，博通經史。嘗著《荑稗釋》一篇，其説曰：

《孟子·五穀章》「不如荑稗」，趙《注》云：「五穀雖美，種之不成，則不如荑稗之草，其實可食。」按「荑」之説凡五：《説文》：「荑，草名也。」《爾雅》：「莁荑，蔱藸。」《注》云：「一名白蕢。」《玉篇》：「荑，茅始生。又荑桑也，莁荑也。」《廣韻》：「荑，秀。」《詩·靜女章》：「自牧歸荑。」《傳》云：「荑，茅之始生。」《碩人章》：「手如柔荑。」《傳》云：「如荑之新生」是也。「稗」之説凡三：《説文》：「稗，禾别也。」《釋文》引《字林》云：「禾别名。」《玉篇》：「稗，秕也。」《廣韻》：「稗，稻也。」又稗草似穀。」戴侗《六書故》：「稗葉純似稻，節間無毛，實似蕢，害稼。」《後漢書·光武紀》：「建武三十一年，陳留雨穀，形如稗實。」李賢引《左傳》杜《註》云：「草之似穀者」是也。但「荑稗」之「荑」，當爲「稊」而非「荑」。按《説文》：「稊，苵也。」《爾雅》「稊苵」，《註》云：「稊似稗，布地生，穢草。」則蕛之狀可識。《莊子·秋水》篇「蕛米之在太倉」，又云「知天地之爲稊米也」。《釋文》引司馬云：「稊米，小米也。」李云：「稊，草也。」則蕛之實可考。《孟子》言五穀不熟而比以蕛稗者，取其類也。且《莊子·知北游》又云「道在蕛稗」，《釋文》作「苐藉」，李云「二草名」，又云「本又作『稊稗』」。而《爾雅釋文》云：「蕛又作稊。」引《莊子》云「道在稊稗」是也。則「蕛稗」或作「稊稗」，或作「苐藉」，斷不作「荑稗」。是「蕛苵」之「蕛」，不同「莁荑」之「荑」明矣〔一〇〕。《説文·禾部》無「稊」字，或缺耳。稗爲「禾别」者，以其形似禾而别於禾，徐曰「似禾而别」是也。《玉篇》誤以爲「秕」。《説文》：「秕，不成穀也。」「稗」無「秕」訓，「秕」亦無「稗」訓，以「稗」爲「秕」者，乃俗解，非古訓也。《廣韻》又誤以爲「稻」。《説文》：「稻，稌也。」亦無「稗」訓。唯其異於稻，所以有禾别之名。若稻，則何别矣！或疑《易·大過》「枯楊生稊」，李氏《易傳》引虞翻《易注》云：「稊，稺也。楊葉未舒。」則字本作「稊」。《釋文》引鄭氏《易注》云：「枯，謂无姑、山榆。荑，木更生，山榆實。」則字又作「荑」。是「稊」「荑」二字似可通，非也。按《詩·七月章》：「猗彼女桑。」《傳》云：「女桑，荑桑也。」《疏》云：「取《周易》『枯楊生荑』之義。」亦作「荑」而不作「稊」。可見凡木更生皆爲荑，則《大戴禮·夏小正》「柳稊」亦當作「柳荑」，而不作「柳稊」矣。「生荑」之「荑」不得誤爲「稊」，則「稊稗」之「稊」亦不得譌爲「荑」。但篆文二字相近，或傳寫之錯耳。

又辨惠氏《易爻辰圖》之謬，予服其精深，文多不載。晉蕃夙患哮疾，羸瘦骨立。丁卯秋八月，應省試歸，病復作，遂卒，年四十有三。病中尚手批《大戴禮》《文選》不置云〔一一〕。

李鍾泗

李鍾泗，字濱石。其先阜寧人，父世璉，賣卜揚州市，遂居甘泉。濱石讀書，性善記，人所作文，一覽即能闇誦。治經深於《左氏春秋》，撰《規規過》一書，抑劉伸杜。焦孝廉循稱其書精妙詳博，而藩未之見也。

濱石少孤，從黄大令洙讀《四子書》，黄君愛其聰穎。忽棄而學賈，一日誤碎肆中玻璃缸，賈者責之，濱石大哭。黄君適過之，曰：「所碎之器，我償汝值。」賈者遜謝。乃攜濱石歸，謂其母曰：「此子能讀不能賈，而使之賈，何哉？」母曰：「家貧，不能供脩脯。」黄君曰：「第從我讀，何脩脯爲！」一年之後，補邑庠生，文名大著。嘉慶六年辛酉，舉於鄉，其學益進。嘗從藩問《喪禮》，往覆問難，發人所未發。赴禮部試不第，殁於京師。

凌廷堪

凌廷堪，字次仲，一字仲子，歙人也。父文焻，字燦然，自歙遷於海州之板浦場，遂家焉。君十二歲，即棄書學賈，偶在友人家見《詞綜》《唐詩別裁集》，攜歸，就燈下讀，遂能詩及長短句。浙人張賓鶴見其詩詞，大奇之，告之板浦場大使湯某，某敬禮之，邀君至揚州。是時，鹺使置詞曲館，檢校詞曲中之字句違礙者，從事讎校，得修脯以自給。君之精於南北曲而能分別宫調者，基於此也。

久客邗江，爲華氏贅壻。與黄明經文暘交，明經勉君爲舉子業，始學作八股文，讀《五經》，是時年已二十五矣。後游京師，受業於翁覃谿學士，乃究心經史之學。乾隆戊申，順天副榜貢生。己酉，中式本省舉人。庚戌，成進士，銓授寧國府教授。迎生母王至學署，先意承志，得親歡心。母偶不懌，必長跪以請，俟母笑乃起。母没，哀毁骨立，眚一目，而妻亦相繼殂謝，孑然一身，居恒不樂。至徽州，依程君麗仲，麗仲以師禮事之。阮侍郎芸臺服闋，復爲浙江巡撫，延之課子，得末疾，終於歙。君病時，麗仲贈以紫團，手煎湯藥；其死也，經紀其喪。擬之古人，其范巨卿之流歟！君無子，應繼兄子嘉錦，嘉錦先君卒。嘉錦兄嘉錫在海州聞訃，以次子名德後嘉錦，爲君之承重孫。

君讀書破萬卷，肄經，邃於《士禮》，披文摘句，尋例析辭，聞者冰釋。至於聲音、訓詁、九章、八綫，皆造其極而抉其奥。於史，則無史不習，大事本末，名臣行業，談論時若瓶瀉水，纖悉不誤。地理沿革，官制變置，《元史》姓氏，有詰之者，從容應答，如數家珍焉。近時講學者，喜講六書，孜孜於一字一音，苟問以三代制度，五禮大端，則茫然矣。至於潛心讀史之人，更不能多得也。先進之中，惟錢竹汀、邵二雲兩先生，友朋中則李君孝臣、汪君容甫及君三人而已。其於詩也，不分唐、宋門户，專論聲韻之協、對偶之工。詩餘亦不主一家，而嚴於律。今人之詞有一字不合者，必指摘之。雅善屬文，尤工駢體，得漢魏之醇粹，有六朝之流美，在胡稺威、孔顨軒之上，而世人不知也。

弟子中最著者：儀徵阮君常生，字壽昌，一字小芸，從君受《士禮》，校刊《禮經釋例》十三卷。小芸好學深思，不以才地矜物，恂恂君子也。宣城張君其錦，字褧伯，廩膳生，精研章句，不墮師承。聞君没,徒步至歙訪君遺書,無所得;又北走海州,於敗簏中攟拾殘稿,假居僧寺,輯録以歸。得《燕樂考原》六卷、《元遺山年譜》二卷、《充渠新書》二卷、《校禮堂文集》三十六卷、《詩集》十四卷、《梅邊吹笛譜》二卷,將謀剞劂,可謂不負師門矣。嗟乎!君冷宦無家,白頭乏嗣,雖死故鄉,實同旅殯,亦生人之極哀也已!然而懷方之禮,付於戚生;昌黎之文,編煩李漢。斯又不幸中之幸也!

君久客揚州,如劉君端臨、汪君容甫諸君子,以及宋君守端、秦君敦夫、焦君理堂、阮君伯元、楊君貞吉、黄君春谷,皆君之友也。援寓公之例,記於郡人之末云。

守端名綿初,高郵州人,乾隆丁酉拔萃科,選儒學訓導。邃深經籍,尤長於《詩》,著有《韓詩内傳徵》四卷。子保,字定之,廩膳生,候選訓導,精於聲音、訓詁之學。

敦夫名恩復,一字澹生,江都人,乾隆癸卯舉人,丁未進士,授編修。讀書好古,所居五笥仙館蓄書萬卷,以校讎爲事,丹鉛不去手,校刊陶弘景《鬼谷子注》、盧重元《列子注》《隸韻》諸書。見人謙益不自滿,亦絶口不談學問,是以世無知者。

理堂名循,一字里堂,江都人,家黄子湖,嘉慶辛酉舉人。聲音、訓詁、天文、曆算,無所不精。淡於仕進,閉户著書,《五經》皆有撰述。刊行者,《羣經宫室圖考》《理堂算學》《北湖小志》。

伯元名元,一字芸臺,儀徵人。乾隆丙午舉人,己酉進士,授編修,官至浙江巡撫,今官詹事府少詹事。於學無所不通,著有《考工車制考》《石經校勘記》《十三經注疏校勘記》《曾子注》《論語論仁論》《疇人傳》等書。

貞吉名大壯，一字竹廬，甘泉人，昭武將軍之裔也。以世襲起家，官至安徽參將。病廢回籍，日讀古經注疏，尤精於曆算、律吕之學。

春谷名承吉，字謙牧，江都人。嘉慶戊午科解元，乙丑成進士，以知縣用，分發廣西，補興安縣知縣，今罷官歸。天資過人，爲漢儒之學，篤志研究，得其精微。通曆算，能辨中西之異同。又工詩古文，自出機杼，空無依傍，寓神明於規矩之中，不屑爲世俗之詩文者也。

又有儀徵許珩者，字楚生，能詩。讀《周官經》，時有所得，著《周禮獻疑》七卷，能疑所當疑，不疑所不當疑，亦近時有心之士也。

校勘記

〔一〕「文鼎」之「文」字原脱。按梅文鼎，字定九，精曆算。梅轂成之祖。下文云：「（梅）轂成至，上問曰：『汝知陳厚耀否？他算法今日精進。向曾受教於汝祖，今汝祖若在，尚將就正於彼也。』」可相印證。今據補。

〔二〕「曆算」之「曆」，原作「術」，此段下文「長曆」「古曆」「杜曆」之「曆」同；又「曆證」「曆書」「曆議」「曆元」「周曆」「曆編」「曆存」「曆法」之「曆」，原文皆作「律」；「曆考」之「曆」，原作「歷」。《粤雅堂叢書》本皆改作「厤」。均爲避清高宗弘曆諱，今據改。

〔三〕「載」，原作「戴」，漆永祥《漢學師承記箋釋》據《明史·諸王四·仁宗諸子》及《疇人傳》卷三一《朱載堉傳》改，今從。

〔四〕徐洪興校本云：「按汪中撰墓誌，未提及賈田租與洪亮吉交往。江藩或别有所據，而誤記出處爲汪文。」

〔五〕「讀史碎金」，原作「讀碎金」，漆永祥《漢學師承記箋釋》據焦循《雕菰樓集》卷二一《李孝臣先生傳》、阮元《揅經室續集》卷二《高郵李孝臣君傳》改，今從。

〔六〕「裹」，原作「裹」，據《粤雅堂叢書》本、山西書局本改。

〔七〕「舌」，原作「口」，漆永祥《漢學師承記箋釋》據《自序》李詳《注》、古直《注》改，今從。

〔八〕「笑」，原作「关」，漆永祥《漢學師承記箋釋》據文義改，今從。

〔九〕「三十六」，原作「三十五」。按：乾隆三十六年，爲辛卯年。劉文興《劉端臨先生年譜》「乾隆三十六年」條：「是年，舉江南鄉試第八十九名。」漆永祥《漢學師承記箋釋》已據改，今從。

〔一〇〕「同」，原作「得」，據《粤雅堂從書》本、山西書局本改。

〔一一〕山西書局本「云」後有「阮梅叔亨刻其遺稿入《瀛舟筆談》《淮海續英靈集》」一句。近藤光男《國朝漢學師承記（譯註）》云：「此下『阮梅叔亨刻其遺稿入《瀛舟筆談》《淮海續英靈集》』十九字，爲《師承記》揚州刊本所刊入，光緒時所刊山西書局本倣此，改刊之跡顯然。檢今本《瀛舟筆談》（十二卷，嘉慶二十五年阮氏刊本），不見有關汪氏之記事。《淮海續英靈集》，亦未見。」

國朝漢學師承記卷八

黄宗羲

黄宗羲，字太沖，餘姚人，忠端公尊素之長子也。生而岐嶷，垂髫讀書，不事舉業。年十四，補博士弟子員。

時魏忠賢弄國柄，戕害清流，忠端遭羅織，死詔獄，有覆巢毁卵之虞。宗羲奉養王父及母，以孝聞。讀書畢，夜分伏枕嗚嗚哭，不敢令堂上知也。

思宗即位，攜鐵錐，草疏入京訟冤。至則逆奄已死，有詔卹死奄難者，贈官三品，予祭葬，蔭一子。乃詣闕謝恩，疏請誅曹欽程、李實。蓋忠端削籍，乃欽程奉奄旨論劾，而李實則成丙寅黨禍之首者也。得旨：刑部作速究問。崇禎元年五月，會訊許顯純、崔應元，對簿時，出所袖錐錐顯純，流血滿體。顯純自訴爲孝定皇后外甥，律有議親之條，請從末減。宗羲謂顯純與逆奄構難，忠良盡死其手，幾覆宗社，當與謀逆同科。以謀逆論，雖如親王高煦尚不免誅，況后之外親乎！卒論二人斬。時欽程已入逆案，而李實辨原疏非實所作，乃逆奄取其印信空本填寫，故墨在硃上；又陰致宗羲三千金求勿質。宗羲即奏稱李實今日猶能公行賄賂，其辨詞豈足信哉！於對簿時，亦以錐錐之。然丙寅之禍，實由空本填寫，得減死。獄成，偕同難子弟設祭於詔獄中門，哭聲如雷，聞於禁中。思宗歎曰：「忠臣孤子，朕心爲之惻然。」宗羲與吴江周延祚、光山夏承錐牢子葉咨、顔文仲，應時而斃，二人乃斃諸君子於獄中者。思宗憫其忠孝，不之罪也。宗羲在京師，歐應元胸，拔其鬚歸，焚而祭之忠端木主前，乃治葬事。

父冤既白之後，日夕讀書，《十三經》《二十一史》及百家九流、天文曆算、《道藏》《佛藏》，靡不究心焉。忠端遺命以蕺山劉忠正公宗周爲師，乃從之游。又約吴越中嚮學者六十餘人共侍講席，力排陶奭齡援儒入釋之邪説。弟宗炎字晦木，宗會字澤望，並負異才，宗羲親教之，皆成儒者。

崇禎中，復用涓人，逆黨咸冀録用，而在廷諸臣或薦霍維華、吕純如，或請復涿州冠帶。至陽羨出山，特起馬士英爲鳳督。士英以阮大鋮爲援，奄黨又熾，即東林中如錢謙益，以退閒日久，亦相附和矣。獨南都太學諸生仍持清議，乃以大鋮觀望南中，必生他變，作《南都防亂揭》文。宜興陳貞慧、寧國沈壽民、貴池吴應箕、蕪湖沈士柱〔一〕，共議署名，東林子弟首推無錫顧端文公之孫杲〔二〕，被難諸家推宗羲，縉紳則推周儀部鑣，大鋮啣之。

壬午入京，陽羨欲薦宗羲爲中書舍人，力辭不就，遂南歸。甲申之難，赧王立國，大鋮驟起，遂按揭一百四十人，欲盡殺之。時宗羲憂國勢難支，之南都上書，而禍作，同邑有奄黨者糾劉忠正公及三弟子〔三〕。三弟子者，都御史祁彪佳、給事中章正宸與宗羲也。遂與杲並逮，駕帖未出而大兵至，得免。

南都歸命，踉蹌回浙東。時忠正已死節，魯王監國，孫嘉績、熊汝霖以一旅之師畫江而守。宗羲糾黄竹浦子弟數百人，隨諸軍江上，人呼之曰世忠營。黄竹浦者，宗羲所居之鄉也。宗羲請如唐李泌故事，以布衣參軍，不許，授職方司員外。尋以柯夏卿、孫嘉績等交章論薦，改監察御史，仍兼職方司事。總兵陳梧自嘉興之乍浦，浮海至餘姚，縱兵大掠，王職方正中行縣事，集兵民擊殺之。梧兵大噪，有欲罷正中官以安諸營者，宗羲曰：「乘亂以濟私，致干衆怒，是賊也。正中守土，爲國保民，何罪之有！」監國從之。是年，作《監國魯元年大統曆》，頒之浙東。

馬士英南中脱走，在方國安營，欲入朝，朝臣皆言宜誅之。熊汝霖恐其挾國安爲患，曰：「非殺士英時也。使其立功自贖。」宗羲曰：「公力不能殺耳。春秋之孔子豈能加兵於陳恒，但不得謂其不當殺也。」汝霖大慚，謝過焉。遺書總兵王之仁曰：「諸公何不沉舟決戰，由赭山直趨浙西，而日於江中放船伐鼓，意在自守也。蕞爾三府，以供十萬之衆，豈能久守乎！」總兵張國柱之浮海至也，諸軍大驚，廷議欲封以伯，宗羲言於嘉績曰：「若封以伯，則國柱益横，且何以待後來有功者！請署爲將軍。」從其請。又力請西進之策，孫嘉績以所部卒盡付之，與王正中合軍，得三千人。正中，之仁從子也，以忠義自奮，宗羲深結之，使之仁不以私意撓軍事。故諸軍與之仁有隙，皆不能支餉〔四〕，而宗羲軍獨不乏食。

查職方繼佐軍亂，披髮夜走，投宗羲，拜於牀下。宗羲出撫其衆，遂同繼佐西行，渡海，駐潭山，烽火遍浙西。太僕寺卿陳潛夫以軍同行，尚寶司卿朱大定、兵部主事吴乃武皆來會師，議由海寧以取海鹽。因入太湖，招吴中豪傑，百里之内，牛酒日至。直抵乍浦，約崇德孫爽爲内應〔五〕，會大兵已戒嚴，不得前。復議再舉，而王正中軍潰於江上，宗羲走入四明，結山寨自固，殘兵從至者五百餘人。駐軍杖錫寺，微服潛出，欲訪監國消息，爲扈從計，戒部下無妄動。部下不遵節制，擾山中民，民潛焚其寨，部將茅翰、汪涵死之。己丑，聞監國在海上，乃與都御史方端士赴之。晉左僉都御史，再晉左副都御史。時方發使拜山寨諸營官，宗羲言諸營之强莫如王翊，乃心王室者亦莫如翊，宜優其爵，使之總諸營以捍海上，朝臣皆以爲然。俄而大兵圍健跳，城中危甚。會蕩湖救至，得免。時熊汝霖、劉中藻、錢肅樂皆死，宗羲失兵無援，與尚書吴鍾巒坐舡中講學，推算歐羅巴曆法而已。

宗羲之從亡也，母氏尚居故里。章皇帝下詔：凡前明遺孽不順命者，録其家口以聞。宗羲聞之，恐母氏罹罪，陳情監國，得請變姓名歸。鍾巒棹三板舡送三十里外，哭別於波濤中。是年監國由健跳至翁州，復召宗羲副馮京第乞師日本，之長埼島，不得請。宗羲賦《式微》之章以感將士，乃回甬上。

是時，大帥治浙東，凡得名籍與海上有涉者，即行翦除。宗羲雖杜門息景，然位在列卿，而江湖俠士多來投止。馮侍郎京第結寨杜嶴，即宗羲舊部。大帥習聞其事，宗羲名與馮侍郎並懸通衢。有上變於大帥者，首列宗羲名，捕者益急。宗羲竄匿草莽，東徙西遷，屢瀕於危，然猶挾帛書，招婺中鎮將。遣使入海告警，令爲之備，而不克。弟宗炎與京第交通有狀，被獲，刑有日矣，宗羲潛至鄞，以計脱之。慈水寨主沈爾緒難作，牽連宗羲，大帥遣人四出搜捕，乃挈眷屬伏處海隅，草間苟活。

迨海氛靖後，聖祖仁皇帝如天之仁，不復根追勝國從亡諸人，宗羲始奉母返里門，復舉蕺山證人書院之會，從之講學者數百人。嘗謂明人講學，襲《語録》之糟粕，不以《六經》爲根柢，束書不讀，但從事於游談。學者必先窮經，經術所以經世，乃不爲迂儒。又謂讀書不多，無以證斯理之變；讀書多而不求於心，則又爲僞儒矣。故受其教者，不墮講學之弊，不爲障霧之言。其學盛行於東南，當時有「南姚江西二曲」之稱。二曲者，李中孚也。

康熙戊午，詔徵博學鴻儒，掌院學士葉方藹先以詩寄宗羲，慫恩之，宗羲次韻答以不出之意。方藹商於宗羲門人陳庶常錫嘏，對曰：「是將迫先生爲謝叠山矣。」其事遂寢。未幾，有詔命葉方藹與同院學士徐元文監修《明史》。宗羲爲世家子弟，家有《十三朝實録》，復嫻於掌故，方藹與元文又薦宗羲，乃與前大理寺評事興化李清同徵，詔督撫以禮敦遣，宗羲以母老及老病辭。方藹知不可致，乃請詔下浙江巡撫，就家鈔所著書有關史事者付史館。元文又延宗羲子百家及鄞處士萬斯同參訂史事。斯同，宗羲之弟子。宗羲戲答元文書曰：「昔聞首陽山二老托孤於尚父，遂得三年食薇，顔色不壞。今吾遣子從公，可以置我矣。」

宗羲之學出於蕺山，雖姚江之派，然以慎獨爲宗，實踐爲主，不恣言心性，墮入禪門，乃姚江之諍子也。又以南宋以後，講學家空談性命，不論訓詁；教學者説經則宗漢儒，立身則宗宋學。又謂昔賢闢佛，不檢佛書但肆謾罵，譬如用兵，不深入其險，不能勦絶鯨鯢也。乃閲《佛藏》，深明其説，所以力排佛氏，皆能中其窾要。國難時，遺老以衣鉢晦迹者，久之或嗣法上堂，宗羲曰：「是不甘爲異姓之臣，反爲異氏之子。」弟宗會晚年好佛，爲之反覆辨論，極言其不可。蓋於異端之説，雖有托而逃者，亦不容少寬假焉。

宗羲性耿直，於友朋中多不少可，周囊雲一人之外，皆有微辭。在南都時，見歸德侯朝宗每宴以妓侑酒，宗羲曰：「朝宗之尊人尚在獄中，而放誕如此乎！吾輩不言，是損友也。」或曰：「侯生性不耐寂寞。」曰：「夫人而不耐寂寞，則亦何所不至耶！」時人皆歎爲至論。及選明文，或謂當黜方域文，宗羲曰：「姚孝錫嘗仕金，元遺山終置之南冠之列，不以爲金人者，原其心也。夫朝宗亦若是矣。」乃知其論人嚴，亦未嘗不恕也。

平生勤於著述，年逾八十尚矻矻不休，所著有《明儒學案》六十二卷、《宋儒學案》《元儒學案》。《易學象數論》六卷，辨《河》《洛》方位圖説之非。《授書隨筆》一卷，則閻若璩問《尚書》而答之者。《春秋日食曆》一卷。《律吕新義》二卷，少時取餘姚竹管肉孔勻者，截爲管而吹之，知十二律之四清聲，乃著是書。《孟子師説》四卷，因蕺山有《論語》《大學》《中庸》諸解，獨無《孟子》，以舊聞於蕺山之説集爲一書，故名《師説》。《明史案》二百四十四卷、《弘光紀年》一卷、《隆武紀年》一卷〔六〕、《永曆紀年》一卷、《魯紀年》一卷、《贛州失事記》一卷、《紹武事紀》一卷、《四明山寨記》一卷、《海外痛哭記》一卷、《日本乞師記》一卷、《舟山興廢》一卷、《沙定洲記亂》一卷、《賜姓本末》一卷。《汰存録》一卷，糾夏考功《幸存録》也。《授時曆故》一卷、《大統曆推》一卷、《授時曆假如》一卷、《西曆假如》一卷、《回曆假如》一卷、《氣運算法》《勾股圖説》《開方命算》《測圓要》諸書。又有《今水經》《四明山志》《台巖紀游》《匡廬游録》《病榻隨筆》。《明文海》四百八十二卷，與十五朝國史可互相參正。《續宋文鑑》《元文抄》，以補吕、蘇二家之缺。《思舊録》《姚江瑣事》《姚江文略》《姚江逸詩》、自著《年譜》、《明夷待訪録》二卷、《南雷文案》十卷《外集》一卷、《吾悔集》四卷、《撰杖集》四卷、《蜀山集》四卷、《詩曆》四卷，又分爲《南雷文定》《南雷文約》，合之得四十卷。《明夷留書》一卷，言王佐之略，崑山顧絳見而歎曰：「三代之治可復也！」又欲修《宋史》而未成，僅存《叢目補遺》三卷。

宗羲以古文自命，有志於《明史》，雖未預修史，而史局遇有大事疑事必咨之。其論古文曰：「唐以前句短，唐以後句長；唐以前字華，唐以後字質；唐以前如高山深谷，唐以後如平原曠野。自唐以後，爲文之一大變，然而文章之美惡不與焉。其所變者，詞而已；所不可變者，雖千古如一日也。」此論足以掃近人規橅字句之陋習矣。晚年愛謝皋羽《晞髮集》，注《冬青樹引》《西臺慟哭記》，蓋悲皋羽之身世蒼涼，亦以自傷歟！

康熙戊辰冬，營生壙於忠端墓側，中置石牀，不用棺槨。子弟疑之，作《葬制或問》一篇，援趙邠卿之例，毋得違命。自以身遭國難，期於速朽，不欲顯言也。卒之日，遺命一被一褥，即以所服角巾深衣斂，遂不棺而葬。卒年八十有六。門生私謚曰文孝，學者稱爲南雷先生云。

顧炎武

顧炎武，本名絳，乙酉，改名炎武，字寧人，學者稱爲亭林先生。顧氏爲江東望族，五代時由吴郡徙徐州，南宋時遷海門，已而復歸吴下，遂爲崑山人。其先世在明正德間有工科給事中、廣東按察使司僉事溱，溱之弟濟，刑科給事中。濟生兵部侍郎章志〔七〕，侍郎生左贊善紹芳及國子生紹芾。

紹芳生官廕生同應，同應之仲子，即炎武也。紹芾生同吉，早卒，聘王氏，未婚守節，以炎武爲之後。

炎武生而雙瞳子，中白邊黑，見者異之。讀書一目十行。性耿介，絶不與世人交，獨與里中歸莊善，同游復社，相傳有「歸奇顧怪」之目。母王養炎武於襁褓中，撫育守節，事姑孝，曾斷指療姑疾。崇禎九年，直指王一鶚請旌於朝，報可。乙酉之夏，母王年六十，避兵常熟，謂炎武曰：「我雖婦人，然受國恩矣，設有大故，必死。」是時，炎武方應崑山令楊永言之辟，與嘉定諸生吴其沆、歸莊共起兵，奉故鄖撫王永祚以從夏文忠公於吴江東，授炎武兵部司務。事不克，永言遁去，其沆死之，炎武與莊脱走。母王氏不食卒，遺言後人勿事二姓。次年，閩中使至，以職方郎召，炎武念母氏未葬，辭不赴。

次年，幾豫吴勝兆之禍。葬事畢，將之海上，道梗不前。庚寅，有怨家欲陷之，偽作商賈，由嘉禾竄京口，遂之金陵，謁孝陵，變姓名爲蔣山傭。甲午，僑居神烈山下，遍遊沿江一帶，以觀山川之勝。有三世僕陸恩，見炎武久不歸，投身里豪家，炎武四謁孝陵回，持之甚急。恩欲告炎武通海，乃亟禽之，數其罪沉之水。恩之婿某復投里豪，謀報怨，以千金賄太守，告炎武通海，不繫之訟曹而繫之奴家，甚危急。有爲求救於錢謙益，謙益欲炎武自稱門下而後許之，其人知不可，而恐失事機，乃私書一刺與之。炎武聞之，急索刺還，不得，列揭文於通衢以自白。謙益聞之曰：「寧人何其卞也！」時有路舍人澤溥者，故相文貞公振飛之子，寓洞庭東山，識兵備使者，爲之愬冤，其事遂解。乃五謁孝陵，遂北行墾田於章邱長白山下。

戊戌，遍游北都，謁長陵以下，圖而記之。次年，再謁十三陵，而念江南山水有未游者，復歸，六謁孝陵，東游至會稽。次年，復北謁思陵攢宮，由太原、大同以入關，又北走至榆林。康熙甲辰，與李因篤同謁攢宮，爲文以祭。往代州墾田，每言馬伏波、田疇皆從塞上立業，欲居代北，曰：「使吾澤中有牛羊千，則江南不足懷矣。」然又苦其地寒，但經其始，使門人掌之。丁未，之淮上。次年，取道山東入京師。萊黄培之奴姜元衡告其主詩詞悖逆〔八〕，案多株連；又以吴人陳濟生所輯《忠節録》指爲炎武作。炎武聞之，馳赴山左，自請繫勘。李因篤爲告急於有力者，親往歷下解之。獄釋，復入京師，五謁思陵，從此策馬往來河北諸邊塞者十餘年。

丁巳，六謁思陵，後始卜居華陰。嘗謂人曰：「徧觀四方，惟秦人慕經學，重處士，持清議。而華陰綰轂關、河之口，雖足不出户而能見天下之人，聞天下之事。一旦有警，入山守險，不十里之遥；若志在四方，一出關門，亦有建瓴之勢。」乃定居焉。王徵君山史築齋延之，炎武置田五十畝於華下，供晨夕。又餌沙苑蒺藜而甘之，曰：「啖此久，不肉不茗可也。」蓋以蒺藜苗佐餐，以子待茗，故有此語。

朝廷開明史館，大學士孝感熊公錫履主館事，以書招炎武，答曰：「願以一死謝公。」戊午詞科詔下，諸公争欲致之，炎武作書與門人之在京師者，曰：「刀繩具在，無速我死。」次年，大修《明史》，諸公又欲薦之，乃貽書葉學士訒庵，請以身殉，得免。或曰：「先生盍亦聽人一薦？薦而不出，其名愈高矣。」笑曰：「此所謂釣名者也。今夫婦人之失所天也，從一而終，之死靡慝，其心豈欲見知於人？若曰盍亦令人强委禽焉而力拒之，以明吾節，則吾未之聞矣。」崑山相國元文弟兄，炎武之甥也。尚書乾學未遇時，炎武振其困乏。至是，一門鼎貴，以書迎之南歸，爲買田置宅，拒而不往。或叩之，答曰：「昔歲孤生，飄摇風雨；今兹親串，崛起雲霄。思歸尼父之轅，恐近伯鸞之竈。且猶吾大夫，未見君子，徘徊渭川，以畢餘年，足矣。」庚申，其妻没於家，寄詩輓之而已。次年，卒於華陰，年六十有九〔九〕。無子，自立從子衍生爲後。門人奉喪歸葬，高弟子吴江潘耒收其遺書，序而傳之。

撰述之書，有《左傳杜解補正》三卷、《音論》三卷、《詩本音》十卷、《易音》三卷、《唐韻正》二十卷、《古音表》二卷、《韻補正》一卷、《營平二州地名記》一卷、《求古録》一卷、《金石文字記》六卷、《石經考》一卷、《日知録》三十卷、《天下郡國利病書》及《肇域志》二書未成。

炎武留心經世之術，游歷所至，以二馬二騾載書自隨。至西北阨塞，東南海陬，必呼老兵退卒，諮其曲折〔一〇〕，與平日所聞不合，即發書檢勘。其所著《天下郡國利病書》，聚天下圖經、歷朝史籍以及小説、筆記、明十三朝實録、公移、邸報之類有關於朝政民生者，酌古通今，旁推互證，不爲空談，期於致用。《肇域志》則專論山川要阨、邊防戰守之事。蓋炎武周流西北垂三十年，邊塞亭障皆經目擊，故能言之了了也。

晚年，篤志《六經》，精研深究。居華陰，有請講學者，謝曰：「近日二曲以講學得名，遂招逼迫，幾致凶死。雖曰威武不屈，然而名之爲累則已甚矣。況東林覆轍，有進於此者乎！」有求文者，告之曰：「文不關於經術政事者，不足爲也。韓文公起八代之衰，若但作《原道》《諫佛骨表》《平淮西碑》《張中丞傳後敘》，而一切諛墓之文不作，豈不誠山斗乎！」在關中論學，曰：「諸君，關學之餘也。橫渠、藍田之教，以禮爲先。孔子嘗言『博我以文，約之以禮』，而劉康公亦云『民受天地之中以生，所謂命也』；是以有動作禮義威儀之則以定命』。然則君子爲學，舍禮何由！近來講學之師，專以聚徒立幟爲心，而其教不肅，方將賦《茅鴟》之不暇，何問其餘哉！」

炎武生性兀傲，不諧於世。身本南人，好居北土。嘗謂人曰：「性不能舟行食稻，而喜餐麥跨鞍。」又謂：「北方之人飽食終日，無所用心；南方之人羣居終日，言不及義，好行小慧。」時人謂其評論切中南北學者之病。嘗至京師，東海兩學士延之夜飲，怒曰：「古人飲酒卜晝不卜夜，世間惟淫奔、納賄二者皆夜行之，豈有正人君子而夜行者乎！」其狷介嫉俗如此。於同時諸君子，雖以苦節推百泉、二曲，以經世之學推黎洲，至於論經評史，亦不苟同也。

節甫曰：《記》成之後，客有問於予曰：「有明一代，囿於性理，汩於制義，無一人知讀古經注疏者。自黎洲起而振其頽波，亭林繼之，於是承學之士知習古經義矣。所以閻百詩、胡朏明諸君子皆推挹南雷、崑山。今子不爲之傳，豈非數典而忘其祖歟？」予曰：「黎洲乃蕺山之學，矯良知之弊，以實踐爲主；亭林乃文清之裔，辨陸、王之非，以朱子爲宗。故兩家之學皆深入宋儒之室，但以漢學爲不可廢耳。多騎牆之見，依違之言，豈真知灼見者哉！」

客曰：「二君以瓌異之質，負經世之才，思見用於當世，垂勳名於來葉，讀書論道，重在大端，疎於末節，豈若抱殘守缺之俗儒，尋章摘句之世士也哉！然黄氏闢《圖》《書》之謬，知《尚書》古文之僞；顧氏審古韻之微，補《左傳》杜《注》之遺。能爲舉世不爲之時，謂非豪傑之士耶？國朝諸儒究《六經》奥旨，與兩漢同風，二君實啓之。菜瓜祭飲食之人，芹藻釋瞽宗之奠，乃木本水源之意也。況若璩《四書釋地》曲護紫陽，朏明《洪範正論》直譏劉向，於此則從寬假之條，於彼則嚴踰閑之辨，非有心軒輊者乎？」予曰：「甲申、乙酉之變，二君策名於波浪礪灘之上，竄身於榛莽窮谷之中，不順天命，强挽人心。發蛙黽之怒，奮螳螂之臂，以烏合之衆，當王者之師，未有不敗者矣。逮夫故土焦原，横流毒浪之後，尚自負東林之黨人，猶效西臺之慟哭，雖前朝之遺老，實周室之頑民，當名編熏胥之條，豈能入儒林之傳哉！」

客曰：「固哉，子之説也！我祖宗參化育之功，體生成之德，不但不加以誅戮，抑且招之使來，所以突圍猛獸，得以遁跡山林；漏網長鯨，亦復呴濡江海。此伊古以來未有之寬仁厚澤也。我高宗純皇帝御批《通鑑輯覽》，乙酉一年，不黜留都位號；唐、桂二主，併爲竊據《續編》。即欽定《明史》，亦仿《宋史》甲戌、乙亥之例，大書而特書矣。是以祁彪佳、熊開元皆有列傳。核二君事蹟，祁、熊之流也。今子不尊聖人至公之心，而爲拘牽之論，何所見之不廣耶！」予曰：「噫！吾過矣！」

退而輯二君事實，爲書一卷，附於册後。

校勘記

〔一〕「沈士柱」之「柱」，原作「桂」，漆永祥《漢學師承記箋釋》據黄宗羲《思舊録》及《明史・吴應箕傳》

《阮大鋮傳》改，今從。

〔二〕「端文」，原作「文端」。按：此指杲祖顧憲成，謚端文，漆永祥《漢學師承記箋釋》已據改，今從。

〔三〕按：此處之「忠正」，及下文「時忠正已死節」之「忠正」，皆指劉宗周謚號。漆永祥《漢學師承記箋釋》據乾隆四十年清廷賜謚改作「忠介」，然南明朝魯王賜謚忠端、唐王賜謚忠正，故可不必改。

〔四〕「皆」字原在「支餉」後，據《粤雅堂叢書》本、山西書局本乙正。

〔五〕「孫爽」，原作「孫奭」。周予同《國朝漢學師承記（選注）》云：「《思舊録》與《年譜》俱作孫爽。」今據改。

〔六〕「隆武」，原作「龍武」。按：此指南明唐王年號隆武，今據改。

〔七〕「章志」，原作「廣志」，漆永祥《漢學師承記箋釋》據《明史・顧濟傳》、顧炎武《顧氏譜系考》、全祖望《鮚埼亭集内編》卷一二《亭林先生神道表》等改，今從。

〔八〕「姜元衡」之「衡」，原作「銜」，漆永祥《漢學師承記箋釋》據周可真、張穆等諸家《顧亭林先生年譜》改，今從。

〔九〕按：「卒年六十九」，引據全祖望《亭林先生神道表》。周可真、張穆等諸家《顧亭林先生年譜》皆作卒年七十，漆永祥《漢學師承記箋釋》據改。

〔一〇〕「謁」，山西書局本作「詢」。

國朝經師經義目録

易

魯商瞿子木受《易》於孔子，五傳至齊田何子莊，子莊之後，有施、孟、梁邱之學。施，施讎也；孟，孟喜也；梁邱，梁邱賀也。又有京氏學。京氏，京房也，從梁人焦延壽學《易》。延壽嘗從孟喜問《易》，喜死，房以延壽《易》即孟氏學，翟牧、白生不肯，皆曰非也。然則京生之學，實出於焦贛，長於災異，非孟氏《易》明矣。又有費氏《易》。費氏名直，本以古字，號古文《易》，無章句，徒以《彖》《象》《繫辭》《文言》解説上下經。成帝時，劉向典校書，考《易》，以爲諸家説皆祖田何，大義略同，惟京氏爲異。又以中古文《易經》校施、孟、梁邱之《易經》，或脱去「无咎」「悔亡」，惟費氏《經》與古文同。京兆陳元、扶風馬融、河南鄭衆、北海鄭玄、潁川荀爽並傳費氏《易》。沛人高相，治《易》與費氏同時，其《易》亦無章句，專説陰陽災異，自言出丁將軍，傳至相。丁將軍，丁寬也，受田何《易》。是爲高氏《易》。漢初，立《易》楊氏博士。楊氏字叔元，田何之弟子也。宣帝後，立施、孟、梁邱之《易》，元帝又立京氏《易》。費、高二《易》，民間傳之，後漢費氏興而高氏微矣。永嘉以來，鄭玄、王弼二《注》列於國學。至南齊，《易》用鄭義。隋、唐始專主王弼，而漢、晉諸儒之注皆亡。惟唐李鼎祚《周易集解》博採諸儒之說，如孟喜、京房、馬融、鄭玄、荀爽、劉表、宋衷、虞翻、陸績，略存一二。於是卦氣、六日七分、游歸、飛伏、爻辰、交互、消息、升降、納甲之變，半見等例，藉此可以推尋。無如王、韓清談，程、朱理學，固結人心，或詆爲穿鑿，或斥爲邪說，先儒古義棄如土梗矣。

夫《易》爲卜筮之書，秦火未燔，商瞿受《易》以來，傳授不絕。則漢儒之說，以商瞿爲祖；商瞿之說，孔子之言也。嗟乎！孔子之言可以謂之穿鑿，謂之邪説哉！蓋《易》自王輔嗣、韓康伯之書行，一千餘年，無人發明漢時師說。及東吴惠氏起而導其源，疏其流，於是三聖之《易》昌明於世，豈非千秋復旦哉！國初老儒亦有攻王弼之《注》，擊陳摶之《圖》者。如黄宗羲之《易學象數論》，雖闢陳摶、康節之學，而以納甲動爻爲僞象，又稱王輔嗣《注》簡當無浮義；黄宗炎之《周易象辭》《圖書辨惑》，亦力闢宋人《圖》《書》之説，可謂不遺餘力矣。然不宗漢學，皆非篤信之士也。惟毛奇齡《仲氏易》《推易始末》《春秋占筮書》《易小帖》四書，頗宗舊旨，不雜蕪詞；但以變易、交易爲伏羲之《易》，反易、對易之外，又增移易爲文王、周公之《易》，牽合附會，不顧義理，務求詞勝而已。凡此諸書，不登茲録。

《易圖明辨》十卷胡渭撰。

《易説》六卷惠士奇撰。

《周易述》二十三卷、《易漢學》八卷、《易例》二卷、《周易本義辨證》五卷惠定宇撰。

《易述贊》二卷洪榜撰。

《周易虞氏義》九卷、《虞氏消息》二卷張惠言撰。

《易音》三卷顧炎武撰〔一〕。

書

《尚書》有二：一爲今文，伏生所授也；一爲古文，孔安國所傳也。《書》本有百篇，孔子序之，遭秦滅學。至漢，唯濟南伏生口傳二十八篇：一《堯典》，合《舜典》爲一篇；二《皋陶謨》，合《益稷》爲一篇；三《禹貢》；四《甘誓》；五《湯誓》；六《盤庚》；七《高宗肜日》；八《西伯戡黎》；九《微子》；十《坶誓》；十一《洪範》；十二《金縢》；十三《大誥》；十四《康誥》；十五《酒誥》；十六《梓材》；十七《召誥》；十八《洛誥》；十九《多士》；二十《無逸》；二十一《君奭》；二十二《多方》；二十三《立政》；二十四《顧命》，合《康王之誥》爲一篇；二十五《吕刑》；二十六《文侯之命》；二十七《粊誓》；二十八《秦誓》。又河内女子得《泰誓》一篇獻之，共二十九篇。伏生作《尚書傳》四十一篇，以授同郡張生，張生授千乘歐陽生，歐陽生授同郡兒寬，寬授歐陽生之子，世世傳之，至曾孫歐陽高，謂之《尚書》歐陽之學。又有夏侯都尉，受業於張生，以授族子始昌，始昌傳族子勝，爲大夏侯之學；勝授從子建，別爲小夏侯之學。於是有歐陽、大、小夏侯三家。訖漢東京，相傳不絕，是爲《今文尚書》。

漢武帝時，魯恭王壞孔子宅，得《古文尚書》，孔安國以今文字讀之，皆起，增多一十六篇：《舜典》一；《汩作》二；《九共》三；《大禹謨》四；《棄稷》五；《五子之歌》六；《胤征》七〔二〕；《湯誥》八；《咸有一德》九；《典寶》十；《伊訓》十一；《肆命》十二；《原命》十三；《武成》十四；《旅獒》十五；《冏命》十六。鄭康成謂之二十四篇者，分《九共》爲九篇也。遭巫蠱事，不得列於學官，故稱《逸書》亦稱《中古文》。其傳之者，都尉朝，朝授膠東庸生，庸生授胡常，常授徐敖，敖授王璜、涂惲，惲授桑欽。成、哀時，劉向父子校理秘書，皆見之。後漢賈徽受業於涂惲，傳子逵。又有孔僖者，安國後也，世傳其學。尹敏、周防、周磐、楊倫、張楷、孫期亦習古文。又有扶風杜林，得西州《桼書》互相考證，以授衛宏，徐巡、馬融亦傳其學。鄭君康成，先受古文於張恭祖，既又遊馬融之門，乃淵源於孔氏，又通杜林《桼書》者也，是爲《古文尚書》。然增多之一十六篇，馬融云「絶無師説」，蓋安國以今文讀之，校其文字，習其句讀而已。漢儒重師承，無師説者不敢强爲之解。則張楷之《注》，賈逵之《訓》，馬融之《傳》，康成之《註》，亦但解伏生所傳之二十八篇，其一十六篇皆無注釋也，所以謂之《逸書》。《逸書》者，非逸其文，其説逸而無考也。其後，《武成》亡於建武之際。至東漢之末，《胤征》《伊訓》猶有存者，故康成注《書》間一引之，如《禹貢注》引《胤征》，《典寶注》引《伊訓》之類。迄乎永嘉，師資道喪，二京逸典，咸就滅亡。

江左中興，元帝時，豫章内史梅賾奏上孔傳《古文尚書》，自云「晉太保公鄭沖以《古文尚書》授扶風蘇愉，愉授天水梁柳，柳授城陽臧曹，曹授汝南梅賾」。賾所上之書，增多古文二十五篇：一《大禹謨》；二《五子之歌》；三《胤征》；四《仲虺之誥》；五《湯誥》；六《伊訓》；七《太甲上》；八《太甲中》；九《太甲下》；十《咸有一德》；十一《説命上》；十二《説命中》；十三《説命下》；十四

《泰誓上》；十五《泰誓中》；十六《泰誓下》；十七《武成》；十八《旅獒》；十九《微子之命》；二十《蔡仲之命》；二十一《周官》；二十二《君陳》；二十三《畢命》；二十四《君牙》；二十五《冏命》。是爲《僞古文尚書》《僞孔傳》。齊建武中，吴姚方興於大航市得《舜典》一篇奏上，比馬、鄭《注》多「曰若稽古帝舜，曰重華，協于帝，濬哲文明，温恭允塞，元德升聞，乃命以位」二十八字，乃分《堯典》之半爲《舜典》，此又僞中之僞也。時梁武爲博士，駁之，遂不行。至唐孔穎達爲《正義》，取《僞孔書》，又取此説，反斥鄭氏所述之二十四篇爲張霸僞造。霸僞造者，乃《百兩篇》，成帝時，劉向以古文校之，非是，遂黜其書。《漢書·儒林傳》先述孔壁《逸書》，後叙《百兩篇》，則《逸書》非《百兩》明矣。且《逸書》及《百兩篇》，劉向父子領校秘書時，皆得見之，豈有向明知其僞，而撰《别録》仍取霸書乎！歆撰《三統曆》，述《伊訓》《武成》《畢命》諸篇，悉孔壁古文，豈有歆亦知其僞，而反取其説乎！沖遠之説，可謂游談無根矣。自此以後，《正義》大行，而馬、鄭之《注》皆亡。至宋吴棫、朱子始疑其僞，繼之者，吴草廬、郝京山、梅鷟也。然皆未能抉其奥，探其藴。

逮國朝閻氏、惠氏出，而《僞古文》寖微，馬、鄭之學復顯於世矣。國朝注《尚書》者十有餘家，不知《僞古文》《僞孔傳》者，概不著録。如胡朏明《洪範正論》，雖力攻《圖》《書》之謬，而闢漢學五行災異之説，是不知夏侯始昌之《洪範五行傳》亦出於伏生也。朏明雖知《僞古文》，而不知《五行傳》之不可闢，是以黜之。

《古文尚書疏證》八卷閻若璩撰。

《禹貢錐指》二十卷、《圖》一卷胡渭撰。

《古文尚書攷》二卷惠定宇撰。
《尚書攷辨》四卷宋鑒撰。
《尚書後案》三十卷王鳴盛撰。
《尚書集注音疏》十二卷、《尚書經師系表》一卷江艮庭撰。

詩

《詩》有齊、魯、韓、毛四家，皆出於子夏。《齊詩》，齊人轅固生作《詩傳》，號曰《齊詩》；魯人申培公受《詩》於浮邱伯，以《詩經》爲訓故以教，無傳，疑者則闕，號曰《魯詩》；燕人韓嬰推《詩》之意，作《内外傳》萬言，號曰《韓詩》；《毛詩》者，出自毛公，河間獻王好之。徐整云：「子夏授高行子，高行子授薛倉子，薛倉子授帛妙子，帛妙子授河間人大毛公，爲《詩故訓傳》於家，以授趙人小毛公。小毛公爲河間獻王博士，以不在漢朝，故不列於學。」一云：「子夏傳曾申，申傳魏人李克，克傳魯人孟仲子，孟仲子傳根牟子，根牟子傳趙人孫卿子，孫卿子傳魯人大毛公。」《漢書·儒林傳》云：「毛公，趙人，治《詩》，爲河間獻王博士，授同國貫長卿，長卿授延年，延年授號徐敖，敖授九江陳俠。或云：陳俠授謝曼卿。」三説不同，未知孰是。後漢鄭衆、賈逵傳《毛詩》，馬融作《注》，鄭玄作《箋》，於是《毛傳》大行而三家廢矣。魏王肅又述毛非鄭，王基駁王申鄭，孫毓爲《詩評》，評毛、鄭、王肅三家同異而朋於王，陳統又難孫申鄭。王、鄭兩家，互相掊擊，皆本《毛傳》。

自漢及五代，未有不本毛公而别爲之説者；有之，自歐陽修《詩本義》始，於經義毫無裨益，專務新奇而已。修開妄亂之端，於是攻《小序》者不一其人，攻《大序》者不一其人，若《毛傳》《鄭箋》，則棄之如糞土矣。至程大昌之《詩論》、王柏之《詩疑》，變本加厲，斥之爲異端邪説可也。國朝崇尚實學，稽古之士崛起。然朱鶴齡之《通義》，雖力駁廢《序》之非，而又採歐陽修、蘇轍、吕祖謙之説，蓋好博而不純者也。鶴齡與同里陳啓源商榷《毛詩》，啓源又著《稽古編》三十卷，惠徵君定宇亟稱之。其書雖宗鄭學，訓詁、聲音以《爾雅》爲主，草木蟲魚以《陸疏》爲則，可謂專門名家矣。然而解「西方美人」，則盛稱「佛教東流，始於周代」，至謂「孔子抑藐三皇而獨聖於西方」；解「捕魚諸器」，謂「廣殺物命，恬不知怪，非大覺緣果之文，莫能救之」；妄下斷語，謂「庖犧必不作網罟」。吁！可謂怪誕不經之談矣！以佛説解經，晉、宋間往往有之，然皆襲其説而改其貌，未有明目張膽若此者也。顧震滄之《毛詩類釋》多鑿空之言，非專門之學，亦在删汰之例。

《詩説》三卷惠周惕撰。

《毛鄭詩考正》四卷戴震撰。

《詩本音》十卷顧炎武撰。

《詩音表》一卷錢坫撰。

禮

秦氏坑焚，《禮經》缺壞。漢興，魯高堂生傳《士禮》十七篇，即今之《儀禮》也。而魯徐生善爲容。景帝時，河間獻王好古，得《古禮》，獻之。《古文禮》五十六篇，《記》百三十一篇，《周禮》六篇。

其十七篇與高堂生同，而字多異。或曰：「河間獻王開獻書之路。有李氏上《周官》五篇，失《冬官》一篇，乃購千金，不得，取《考工記》以補之，即今之《周禮》也。」《禮記》者，本孔子門徒共撰所聞，以爲此《記》，後人各有損益。《中庸》，子思所作；《緇衣》，公孫尼子制；《月令》，吕不韋撰；《王制》，漢時博士所爲。陳卲《周禮論序》云：「戴德删《古禮》二百四篇爲八十五篇，謂之《大戴禮》；戴聖删《大戴禮》爲四十九篇，是爲《小戴禮》。後漢馬融、盧植考諸同異，附戴聖篇章，去其繁重及所敍略，而行於世，即今之《禮記》也。」傳《禮經》者，自瑕邱蕭奮授東海孟卿，卿授同郡后蒼及魯瑕邱卿〔三〕。其《古禮經》五十六篇，蒼傳十七篇，所餘三十餘篇以付書館，名爲《逸禮》。蒼説《禮》，號《后蒼曲臺記》，授聞人通漢及戴德、戴聖、慶普，由是《禮》有大、小戴，慶氏之學。普授夏侯敬，又傳族子咸；大戴授徐良；小戴授橋仁、楊榮。新莽時，劉歆爲國師，始立《周官經》，杜子春受業於歆，授鄭興父子。此《士禮》《周官》授受源流也。慶氏《曲臺》，其亡已久。傳《禮記》者，馬融、盧植、鄭康成。

自晉及唐，《三禮》皆用鄭《注》。至宋儒潛心理學，不暇深究名物度數，所以於《禮經》無可置喙，然必欲攻擊漢儒，乃於《周禮》中指摘其好引讖緯而已。南宋以後，始改竄經文，補亡之説興矣。《士禮》十七篇，文詞古奥，宋儒畏其難讀，别無異説。至敖繼公始疑《喪服傳》非子夏所作，而注文隱攻鄭氏，巧於求勝。於是郝敬之臆斷、奇齡之《吾説》起矣。延祐科舉之制，《易》《詩》《書》《春秋》，皆以宋儒新説與注疏相參，惟《禮記》則專用注疏。至陳澔乃爲《集説》一書，不從鄭《注》，於是談《禮記》者皆趨淺顯而不問古義矣。

至國朝，如萬斯大、蔡德晉、盛百二，雖深於《禮經》，然或取古注，或參妄説，吾無取焉；方苞輩，則更不足道矣。

《周官禄田考》三卷沈彤撰。

《禘祫説》二卷惠定宇撰。

《周禮疑義舉要》七卷江永撰。

《考工記圖》二卷戴震撰。

《弁服釋例》十卷任大椿撰。

《車制考》一卷錢坫撰。

《儀禮鄭注句讀》十七卷、《監本正誤》一卷、《石經正誤》一卷張爾岐撰。

《儀禮小疏》一卷沈彤撰。

《儀禮釋宫譜增註》一卷江永撰。

《儀禮管見》四卷褚寅亮撰。

《儀禮正譌》十七卷金曰追撰。

《儀禮圖》六卷張惠言撰。

《禮經釋例》十三卷凌廷堪撰。

《深衣考》一卷黄宗羲撰。

《明堂大道録》八卷惠定宇撰。

《禮記訓義擇言》八卷、《深衣考誤》一卷江永撰。

《深衣釋例》三卷任大椿撰。

附三禮總義

《禮説》十四卷惠士奇撰。

《禮經綱目》八十五卷江永撰。

《禮箋》十卷金榜撰。

春秋

孔子作《春秋》，爲之傳者，左邱明、公羊高、穀梁赤及鄒氏、夾氏。鄒氏無師，夾氏有録無書，皆不顯於世。傳於世者，左氏、公、穀三家。邱明作《傳》以授曾申，申傳吴起，起傳其子期，期傳鐸椒，椒傳虞卿，卿傳荀況，況傳張蒼，蒼傳賈誼，誼傳至其孫嘉，嘉傳貫公，貫公傳少子長卿，長卿傳張敞及張禹，禹傳尹更始，更始傳其子咸及翟方進、胡常，常授賈護，護授陳欽。劉歆從尹咸及翟方進受《左氏》，歆授賈徽，徽傳子逵。逵受詔，列《公羊》《穀梁》不如《左氏》四十事奏之，又作《左氏訓詁》，於是鄭衆、馬融、服虔皆爲《左氏》學。至和帝元興十一年，鄭興父子奏上《左氏》，乃立於學官，遂盛行。江左中興，用服氏《注》，後專用杜氏，而諸家之注廢矣。傳《公羊》者，胡母生、董仲舒，仲舒傳褚大、嬴公、段仲温、吕步舒，嬴公授孟卿及眭宏，宏授嚴彭祖、顔安樂，由是《公羊》有嚴、顔之學。數傳至孫寶，後漢何休爲之注。傳《穀梁》者，瑕邱江公受於魯申公，其學寖微，惟榮廣、浩星公二人受焉。蔡千秋、周慶、丁姓皆從廣受《穀梁》，千秋又事浩星公，爲學最篤。宣帝即位，聞衛太子好《穀梁》，乃詔千秋與《公羊》家竝説，上善《穀梁》説，後又選郎十人從千秋受。會千秋病死，徵江公孫爲博士。詔劉向受《穀梁》，欲令助之。江博士復死，乃徵周慶、丁姓待詔，使卒授十人。十餘歲，皆明習，乃召《五經》名儒太子太傅蕭望之等大議殿中，平《公羊》《穀梁》同異。望之等多從《穀梁》，由是大盛。又有尹更始事千秋，傳其學，又授《左氏傳》，爲《章句》十五卷，繼之者唐固、麋信。至隋時，《穀梁》用范甯《注》。是時，《左氏》學大行，二家鮮習之者。至唐趙匡、啖助、陸淳始廢《傳》談《經》，而《三傳》束置高閣，春秋之一大厄也。有宋諸儒之説《春秋》，皆啖、趙之子孫而已。

國朝爲《左氏》之學者，吴江朱氏、無錫顧氏。而鶴齡雜取邵寶、王樵之説，而不採賈、服；震滄之《大事表》雖精，然實以宛斯之書爲藍本，且不知著書之體，有不必表者亦表之，甚至如江湖術士之書，以七言爲歌括，不值一噱矣。茲不著録。宋以後貴文章，治《左氏》、《公》《穀》竟爲絶學。阮君伯元云：「孔君廣森深於《公羊》之學。」然未見其書，不敢著録，餘倣此。

《左傳杜解補正》三卷顧炎武撰。

《左傳事緯》十二卷、《附録》八卷馬驌撰。

《春秋長曆》十卷、《春秋世族譜》一卷陳厚耀撰。

《左傳補注》六卷惠定宇撰。

《春秋左傳小疏》一卷沈彤撰。

《春秋地理考實》四卷江永撰。

附三傳總義

《春秋説》十五卷惠士奇撰。

論語

《論語》者，孔子應答弟子及時人所言，或弟子相與言而接聞夫子之語也。鄭康成云：「仲弓、子夏等所撰定。」漢興，傳者《魯論語》《齊論語》《古論語》三家。傳《魯論》者，龔奮、夏侯勝、韋賢、賢子玄成、扶卿、夏侯建、蕭望之〔四〕。《齊論語》則有《問王》《知道》二篇，凡二十二篇，其二十篇中章句頗多於《魯論》。傳之者，王吉、王卿、貢禹、五鹿充宗、膠東庸生。《古論語》出孔壁中，二十一篇，有兩《子張》，篇次與《齊》《魯》不同，孔安國爲《傳》，馬融亦注之。張禹受《魯論》於夏侯建，又從庸生、王吉受《齊論》，擇善而從，號曰《張侯論》，包咸、周氏並爲《章句》。鄭玄就《魯論》張、包、周之篇章，考之《齊》《古》，爲之注焉。魏何晏又爲《集解》。梁、陳，鄭、何並立於學官。唐則專用何《注》，而鄭《注》亡矣。至南宋，朱子始以《論語》《孟子》及《禮記》中之《中庸》《大學》二篇合爲《四書》，盛行於世。凡《四書》類及經總義類，皆附於此。

《四書釋地》一卷、《四書釋地續》一卷、《四書釋地又續》二卷、《四書釋地三續》二卷、《四書釋地餘論》一卷閻若璩撰。

《鄉黨圖考》十卷江永撰。

《孟子字義疏證》三卷戴震撰。

《論語後録》五卷錢坫撰。

《論語駢枝》一卷劉台拱撰。

附經總義

《九經誤字》一卷顧炎武撰。

《九經古義》十六卷惠定宇撰。

《羣經補義》五卷江永撰。

《經義雜記》三十卷臧琳撰。

《古經解鉤沉》三十卷余古農撰。

《經讀考異義證》□□卷武億撰〔五〕。

《經傳小記》三卷劉台拱撰。

爾雅

《爾雅》一書，張揖云：「《釋詁》一篇，周公作。《釋言》以下，或言仲尼所增，子夏所足，叔孫通所益，梁文所補。」漢儒爲此學者，犍爲舍人、劉歆、樊光、李巡、孫炎。後用郭璞《注》，而各家之注俱亡。凡《方言》《釋名》小學諸書，皆附於後。

《爾雅正義》二十卷邵晉涵撰。

《方言疏證》十三卷戴震撰。

《釋名疏證》八卷、《釋名補遺》一卷、《續釋名》一卷江艮庭撰。

《小學鉤沉》二十卷、《字林考逸》八卷任大椿撰。

《説文解字義證》五十卷桂馥撰。

《别雅》五卷吴玉搢撰。

附音韻

《音論》三卷、《唐韻正》二十卷、《古音表》二卷、《韻補正》一卷顧炎武撰。

《古韻標準》四卷、《四聲切韻表》四卷、《音學辨微》一卷江永撰。

《聲韻考》四卷、《聲類表》十卷戴震撰。

《四聲均和表》五卷、《示兒切語》一卷洪榜撰。

樂

古者《六籍》《五經》，《禮》《樂》並重。周衰，《禮》壞《樂》微。迨秦燔書，而《樂》之遺籍掃地盡矣。漢興，制氏以雅樂聲律世爲樂官，能記其鏗鏘鼓舞，而不能言其義。其後，樂人竇公獻《樂章》。武帝時，河間獻王作《樂記》，與制氏不相遠，内史丞王定傳之，以授常山王禹。成帝時，禹爲謁者，獻《記》二十四卷。劉向校書，得《樂記》二十三篇，與禹不同，其道寖微。魏晉以後，典章廢棄，即《班志》所載二十三篇已不復得，於是遂爲絶學。

國朝諸儒蔚起，搜討舊聞，雖樂制云亡，而論音律者，求周尺漢尺之遺，尋審律審音之旨，俾二千餘年之墜緒彰明宇宙，不誠繼往開來之偉業哉！若斯之類，不可泯滅，因别立一類，以附卷末。

《律吕新論》二卷、《律吕闡微》十卷江永撰。

《律吕考文》六卷錢塘撰。

《燕樂考原》六卷凌廷堪撰。

家大人既爲《漢學師承記》之後，復以傳中所載諸家撰述，有不盡關經傳者，有雖關經術而不醇者，乃取其專論經術而一本漢學之書，倣唐陸元朗《經典釋文》傳注姓氏之例，作《經師經義目録》一卷，附於《記》後，俾治實學者得所取資，尋其宗旨，庶不致混莠於苗，以砆爲玉也。著録之意，大凡有四：一，言不關乎經義小學，意不純乎漢儒古訓者，固不著録已；一，書雖存其名而實未成者，不著録；一，書已行於世而未及見者，不著録；一，其人尚存，著述僅附見於前人傳後者，不著録。凡在此例，不欲濫登，固非以意爲棄取也。次列既，鈞承命繕録〔六〕，因不揣檮昧，著其義例於末。嘉慶辛未良月既望，男鈞謹識。

校勘記

〔一〕《粤雅堂叢書》本同，山西書局本在「顧炎武撰」後增「《易學》四十卷焦循撰」一條。

〔二〕「胤征」，原作「允征」，避雍正帝胤禛諱，今據改。

〔三〕「禮經」，原作「經經」，據《粤雅堂叢書》本、山西書局本改。

〔四〕「賢子」之「子」，原作「弟」，按玄成乃韋賢次子，《漢書》卷七三有傳，今據改。

〔五〕「□□」，山西書局本作「十二」。按：武億著有《群經義證》八卷，有民國十三年蘇州文學山房木活字排印本；《經讀考異》八卷、《補》一卷，有道光二十三年武耒《授堂遺書》本。故此處合稱，當作「十七」。

〔六〕「鈞」原在「承命」後，據《粤雅堂叢書》本、山西書局本乙正。

跋

（清）汪喜孫

古者國家有巡守、封禪、朝聘、燕饗、明堂、宗廟、辟雍之儀，天子廣集衆儒，講議典禮，損益古今之宜，推所學以合於世用，根柢《六經》，憲章四代，先王制作之精義，可攷而知焉。自後儒以讀書爲翫物喪志，義理典章，區而爲二；度數文爲，棄若弁髦；箋傳注疏，束之高閣。又其甚者，肆其創獲之見，著爲一家之言，綴王肅之巵詞，棄鄭君之奥論。末學膚受，後世滋惑。經學浸微，蓋七百年矣。

國朝漢學昌明，超軼前古。閻百詩駁《僞孔》，梅定九定曆算，胡朏明辨《易圖》，惠定宇述漢《易》，戴東原集諸儒之大成，裒然著述，顯於當代。顓門之學，於斯爲盛。至若經史、詞章、金石之學，貫穿勃穴，靡不通擅，則顧寧人導之於前，錢曉徵及先君子繼之於後，可謂千古一時也。若夫矯誣之學，震驚耳目，舉世沿習，罔識其非。如汪鈍翁私造典故，其他古文詞支離牴牾，體例破壞；方靈皋以時文爲古文，《三禮》之學，等之自鄶以下；毛西河肆意譏彈，譬如秦、楚之無道；王白田根據漢宋，比諸春秋之調人。惡莠亂苗，似是而非，自非大儒，孰有能辨之者！

吾鄉江先生博覽羣籍，通知作者之意，聞見日廣，義据斯嚴，彙論經生授受之指，輯爲《漢學師承記》一書。異時采之柱下，傳之其人，先生名山之業，固當坿此不朽。或如司馬子長《史記》、班孟堅《漢書》之例，撰次《敘傳》一篇，列於卷後，亦足屏後儒擬議規測之見，尤可與顧寧人、錢曉徵及先君子後先輝暎者也。喜孫奉手受教，服膺有年，被命跋尾，不獲固辭，謹以所聞質諸坐右，未識先生以爲知言不也〔一〕。嘉慶十有七年五月七日，後學汪喜孫識。

校勘記

〔一〕「識」，原作「職」。按：是本旁有譚大臨批校，改「職」作「識」，今據改。

國朝宋學淵源記

國朝宋學淵源記序

（清）達　三

嘗觀元代之尊孔子曰：「先孔子而聖者，非孔子無以明；後孔子而聖者，非孔子無以法。」至哉言乎！不唯有明講學者所弗能及，即宋儒極力推崇，連篇累牘，亦未有若是之精確者也。

蓋天之生物，氣具則命立，性賦則理存，而人秉天地之中以生，故爲萬物之靈。有斯世，則有斯人；有斯人，則有斯性。自開闢以至今日，自羲、農以至今世之人，此理無一息之間斷，此性亦無一人之不具也。但天道不能無寒暑、晝夜之遞嬗，人性不能無昏明、强弱之不同；反其同而變其異，作之君，作之師，所謂修道之教也。粤稽堯、舜、禹、湯、文、武之爲君，皋陶、稷、契、伊、周之爲臣，其所謂繼天立極者，亦不過君君、臣臣、父父、子子，各全其天性而已。

周衰，孔子生於東魯，出類拔萃，繼往開來。然使當日得行其道，亦不過致君爲堯、舜之君，使民爲堯、舜之民，原不能於各全天性之外别有神奇也。無如天厭周德，其道未能大行於天下。不得已，訂《詩》《書》，正《禮》《樂》，序《易》象，修《春秋》，以垂教於萬世；而大經大法，奥義微言，具載《六經》。後之人果能於《六經》身體而力行之，以之修身，則可悟前聖之心傳；以之治世，則可返唐、虞之盛軌；内聖外王，體用兼盡，原非爲托之空言已也。

至於七十二子之徒，皆親炙門墻，身通六蓺，其中惟顔、曾獨得心傳，諸子則各具一體。其問答之閒，皆因其品詣而指示之，非厚於顔、曾而薄於諸子也。聖人之言，廣大精微，因人設教，使諸子各尊所聞而深造之，其要歸亦未有不合於「一貫」之旨者也。孔子没，楊、墨興，孟子辭而闢之，廓如也，然當時已有好辯之譏。暴秦焚書坑儒，典籍蕩然，然斯人斯性未嘗滅絶也。漢興，尊崇經術，諸大儒於灰燼之餘，或師學淵源，專門稽古；或殫心竭慮，皓首窮經；而各守一説，不相攻擊，意至厚也。昌黎崛起數百年後，推崇聖道，力排佛、老，而於荀、楊，則曰大純而小疵，亦何嘗於儒術之中自相牴牾哉！蓋道在修己，功在安民，王道聖功，理無二致。故《大學》始言格、致、誠、正以修身，終之以齊家、治國、平天下，節次不紊，事理相因。本心性以爲事功，即所謂「一以貫之」者也。

自宋儒「道統」之説起，謂二程心傳直接鄒魯，從此心性、事功分爲二道，儒林、道學判爲兩途；而漢儒之傳經，唐儒之衞道，均不啻糟粕視之矣。殊不思洛、閩心學源本《六經》，若非漢唐諸儒授受相傳，宋儒亦何由而心悟！且詳言誠、正，略視治、平，其何以詆排二氏之學乎！南渡後，江西陸氏、永嘉陳氏，或尊德性，或講事功，議論與朱子不合，門下依草附木者互相攻訐。沿至有明，姚江王氏本「良知」以建功業，稍徵實學，而推尊古本《大學》，不遵朱《註》，於是黨同伐異者又羣起而攻陽明矣。

本朝列聖相承，本建中立極之學，爲化民成物之政。《四子書》仍遵朱子，《十三經》特重漢儒。名賢輩出，或登廊廟，黼黻皇猷；或守蓬茅，躬行實踐。府縣置學官，無聚徒私議之士；文武歸科第，無懷才不售之人。重熙累洽，一道同風，直邁三代而媲美唐、虞矣。今世之人，幸值休明之運，果能下學上達，服古入官，言行一以孔聖爲依歸，則將仰高鑽堅，瞻前忽後，矻矻孜孜，寸陰是惜，又何暇分唐、分漢，闢陸、闢王，舍己之田而芸人之田乎！

甘泉江子鄭堂博學多識，有志斯文，經術湛深，淵源有自。既編《漢學師承記》，芸臺宮保爲跋於前，繼又纂《宋學淵源記》，問序於予。予才疎學淺，曷能妄測高深！詳閱其書，無分門別户之見，無好名争勝之心，唯録本朝潛心理學而未經表見於世者，其餘廟堂諸公，以有國史可考，不敢僭議也。其用心至矣，其用力勤矣！因忘其譾陋，本諸師傳，驗諸心得，爲弁數語於簡端，以答其虚衷下問之意。若夫精一執中、至誠無息之淵源，請還質諸世之善法孔子者。時皇清道光二年嘉平月，長白達三書於粤東榷署。

國朝宋學淵源記上

春秋、戰國之際，楊、墨之説起，短長之策行，薄湯、武，非周、孔，聖人之道幾乎息矣。暴秦燔書，棄仁義，峻刑法，七十子之大義乖矣。

漢興，儒生攟摭羣籍於火燼之餘，傳遺經於既絶之後，厥功偉哉！東京高密鄭君集其大成，肄故訓，究禮樂。以故訓通聖人之言，而正心、誠意之學自明矣；以禮樂爲教化之本，而修、齊、治、平之道自成矣。

爰及趙宋，周、程、張、朱所讀之書，先儒之義疏也。讀義疏之書，始能闡性命之理，非漢儒傳經，則聖經賢傳久墜於地，宋儒何能高談性命耶！後人攻擊康成，不遺餘力，豈非數典而忘其祖歟！惟朱子則不然，其言曰：「鄭康成是好人。」又曰：「康成是大儒。」再則曰：「康成畢竟是大儒。」朱子服膺鄭君如此，而小生豎儒妄肆詆訶，果何謂哉！然而爲宋學者，不第攻漢儒而已也，抑且同室操戈矣。爲朱子之學者攻陸子，爲陸子之學者攻朱子。至明姚江之學興，尊陸卑朱，天下士翕然從風。姚江又著《朱子晚年定論》一篇，爲調人之説，亦自悔其黨同伐異矣。竊謂朱子主敬，大《易》「敬以直内」也；陸子主静，《大學》「定而後能静」也；姚江良知，《孟子》「良知良能」也。

其末節雖異，其本則同，要皆聖人之徒也。陸子一傳爲慈湖楊氏，其言頗雜禪理，於是學者乘隙攻之，遂集矢於象山。詎知朱子之言又何嘗不近於禪耶？蓋析理至微，其言必至涉於虛而無涯涘，斯乃「賢者過之」之病，「中庸」之所以爲難能也。儒生讀聖人書，期於明道，明道在於修身，無他，身體力行而已。豈徒以口舌争哉！有明儒生，齗齗辯論朱、陸、王三家異同，甚無謂也！

我朝聖人首出庶物，以文道化成天下，斥浮僞，勉實行，於是樸棫之士，彬彬有洙、泗之遺風焉。藩少長吴門，習聞碩德耆彦談論，壯游四方，好搜輯遺聞逸事，詞章家往往笑以爲迂。近今漢學昌明，徧於寰宇，有一知半解者無不痛詆宋學。然本朝爲漢學者，始於元和惠氏，紅豆山房半農人手書楹帖云「《六經》尊服、鄭，百行法程、朱」，不以爲非，且以爲法，爲漢學者背其師承，何哉？藩爲是《記》，實本師說。嗟乎！耆英彫謝，文獻無徵，甚懼斯道之將墜，恥躬行之不逮也。惟願學者求其放心，反躬律己，庶幾可與爲善矣。至於孰異孰同，槩置之弗議弗論焉。

國朝儒林，代不乏人，如湯文正、魏果敏、李文貞、熊文端、張清恪、朱文端、楊文定、孫文定、蔡文勤、雷副憲、陳文恭、王文端，或登臺輔，或居卿貳，以大儒爲名臣，其政術之施於朝廷，達於倫物者，具載史宬，無煩記録，且恐草茅下士，見聞失實，貽譏當世也。若陸清獻公，位秩雖卑，然乾隆初特邀從祀之典，國史自必有傳矣。藩所録者，或處下位，或伏田間，恐歷年久遠，姓氏就湮，故特表而出之。黄南雷、顧亭林、張蒿菴見於《漢學師承記》，茲不復出。此《記》之大凡也，附書於此。

孫奇逢

孫奇逢，字啓泰，號鍾元，容城人。年十七，中萬曆庚子科舉人。與定興鹿忠節公善繼友，以聖賢相期勉。居喪盡禮，偕兄弟廬墓，巡按御史以聞，下詔旌表。

天啓時，魏奄竊朝柄，左光斗、魏大中、周順昌被逮。三君與善繼、奇逢友善，時善繼在榆關贊孫承宗軍事，奇逢遣弟彦逢上書高陽曰：「左、魏諸君，善類之宗，直臣之首，横被奇冤，有心者孰不扼腕！昔盧次楩，一莽男子耳，謝茂秦以布衣爲行哭於燕市曰：『諸君今不爲盧生地，乃從千載下哀湘而弔賈乎！』李獻吉在獄，何仲默致書楊文襄求一援手，康德涵至不自愛其名。左、魏之品，可方獻吉，非次楩所敢望。奇逢一介書生，無由哭訴，尚慙茂秦；閣下名位比肩文襄，豈至出德涵下乎！」高陽覽書，即具疏請朝，面陳軍事。忠賢大懼，謂高陽興晉陽之甲，夜繞御牀而泣，乃馳詔止之，然高陽亦不能申救也。時三君子誣贓以萬計，許顯純嚴刑追比，奇逢與善繼之父鹿太公正及張果中倡義捐助，輸者麕至。繳納未竟，而三君已斃於詔獄矣。乃經紀其喪，歸葬故里。高陽知其賢，將薦之於朝。奇逢知時不可爲，自陳願老公車，不敢以他途進。

崇禎丙子，容城被圍，率里人堅守，巡撫上其事，有旨褒美而已。時李自成已陷秦、晉，賊氛甚迫，乃移家之易州五公山中，依之者數百家。奇逢定條約，修武備，暇則講論身心性命之學，遠近慕德，土賊亦相戒勿犯孫先生。

順治中，巡按御史柳寅東、陳棐交章論薦〔一〕，朝命敦促，固辭，弗應詔。遂率子弟躬耕於蘇門之百泉山，築堂名兼山，讀《易》其中，四方負笈而來者日衆。睢州湯斌，成進士後始從學，謹守師説，奇逢門下第一人也。

其學於憂患中默識心性原本，嘗曰：「喜怒哀樂中，視聽言動必合於禮，子臣弟友盡分，此終身行不盡者。世之學者不務躬行，惟騰口説，徒增藩籬，於道何補！」病世之辯朱、陸異同者不知反本，著《理學宗傳》以周、程、張、邵、朱、陸、薛、王、羅、顧十一子爲正宗，漢董子以下迄明季諸儒中謹守繩墨者次之，横浦、慈湖等議論有出入儒佛者又次之。其言平實切理，門户之見泯然矣。康熙十五年卒〔二〕，年九十二。孫之涂，康熙壬戌進士。

刁包

刁包，字蒙吉，祁州人。明天啓中舉人，再試不第，遂謝公車，力志於學。嘗曰：「吾日三省吾身：心無妄念乎？言無妄發乎？事無妄爲乎？」居鄉黨，恂恂如也。然見義必爲，勇過孟賁。崇禎末，流賊至祁，散家財，結聚千餘人，守且戰，賊却走。時有二璫督兵，探卒報賊勢張甚，璫怒，謂卒誑語惑軍心，欲斬之。包厲聲曰：「必欲殺此卒，請先殺刁包。」二璫氣索而止。賊去，流民滿野，爲茅屋處之，且給以食，有傷痍者予以藥，存活數百人。山東婦女被難者不能歸，遣健僕六人護之歸，于其行，敦屬六人保護，八拜而送。六人感泣，盡歸諸其家，無一人失所也。甲申聞變，服斬衰，朝夕哭。忽有僞官趣之起，七發書拒之，其人將行戕害，會闖敗得免。

初，聞百泉講學，嚮慕其言行；後讀梁谿高氏遺書，大喜曰：「不讀此書，虚過一生矣。」作木主奉之，或有過，即跪主前自訟。居父喪，慟哭無已時，鬚髮盡白，三年不入内，不飲酒、食肉，能盡古喪禮。及母殁，大哭，嘔血數升，以毁卒。將卒時，肅衣冠起坐，命子濂告先人及高子主前，俄曰：「吾胸中無一事，去矣。」遂逝。門弟子私謚爲文孝。

李中孚

李中孚，盩厔人。家在二曲之間，人稱爲二曲先生。父可從，字信吾，烈士也。崇禎末，應募從軍，隸監紀孫兆禄軍，從陝西總督汪喬年討闖賊，喬年戰死襄城，兆禄與可從等五千餘人同日死難。

中孚年十六而孤，母彭氏教之讀。家貧，常借人書，遂博覽經史，攷其誤謬，著書數十卷。及長，盡棄之，爲窮理之學，以悔過自新爲始基，静坐觀心爲入手。謂：「必静坐乃能知過，知過乃能悔過，悔過乃能改過。」此顔子不遠復之功也。

已而母殁，往襄城求父骨，將以合葬，不得。襄城知縣張允中感其孝，爲可從立祠。常州知府駱鍾麟師事中孚，聞在襄城，迎至道南書院，主東林講席，繼講于江陰、靖江、宜興，興起甚衆。還襄城以竣祠事。初，可從從軍，以落齒一枚與其妻曰：「賊氛甚熾，此行恐不能生還，見齒如見我也。」中孚以落齒與母合葬，名曰齒冢。崑山顧炎武作《襄城紀異詩》以褒美之。

康熙十二年，陝西總督鄂善以隱逸薦，固辭以疾。十七年，禮部以真儒薦，大吏至其家敦迫之，中孚絶粒六日，至拔刀自刺。大吏駭去，得以疾辭。遂居土室，反扃其户，不與人通。後聖祖西巡，召赴行在，辭以老病，乃就其家取所著《四書反身録》，賜額曰關中大儒。大吏使作表謝，詞甚拙，大吏笑置之。晚還富平，率弟子王心敬傳其學。

心敬字爾緝，鄠縣人。少爲諸生，歲試，學使遇之不以禮，脱帽而出。居平不苟言笑，終日默坐。有人問學，曰：「反求諸己而已矣。」心敬學問淹通，有康濟之志。所著《豐川集》中，論選舉、餉兵、馬政、區田法、圃田法、《井利説》《井利補説》諸篇，皆可起而行，較之空談性命，置天下蒼生於度外而不問者，豈可同日語乎！朱高安督學關中，數造廬請益焉。陝西總督額忒倫、年羹堯先後上章薦於朝，兩徵不起。羹堯以禮招致幕府，心敬見其所爲驕縱不法，避而不見，亦不往謝。世宗聞而重之。

乾隆初，有蒲城新進士應廷試，鄂西林相國問豐川安不，豐川，心敬之號也。進士不知爲何許人，茫無以對。相國笑曰：「若不知若鄉有豐川，亦成進士耶！」

李因篤

李因篤，字天生，一字子德，富平人，明季庠生。

時天下大亂，因篤走塞上，訪求勇敢士，招集亡命，殲賊以報國，無有應者。歸而閉户讀經史，爲有用之學，與李中孚友善。崑山顧炎武至關中，主其家。甲申、乙酉之間，與炎武冒鋒刃，間關至燕中，兩謁愍帝攢宫。

康熙己未，詔舉博學鴻詞，朝臣交章薦之，因篤以母老辭。是時，秉鈞者聞其名，必欲致之，大吏承風旨，縣官加意迫促，因篤將以死拒，其母勸之行，始涕泣就道。試授翰林院檢討，以母老且病，上疏辭職歸養。疏曰：

竊惟幼學而壯行者，人臣之盛節；辭榮而乞養者，人子之苦心。故求賢雖有國之經，而教孝實人倫之本。

伏蒙皇上勅諭，内外諸臣保舉學行兼優之人，比有内閣學士項景襄、李天馥，大理寺少卿張雲翼等，旁採虚聲，先後以臣因篤姓名聯塵薦牘，獲奉諭旨，吏部遵行，陝西督撫促臣應詔赴京。

臣母年逾七旬，屬歲多病，又緣避寇墜馬，左股撞傷，晝夜呻吟，久成癈疾，困頓牀褥，轉側需人。臣止一弟因材，從幼過繼於臣叔曾祖家，分奉小宗之祀。臣年四十有九，兒女並無，母子煢煢，相依爲命，躬親扶侍，跬步難離。

隨經具哀辭，次第移咨吏部，吏部謂咨内三人，其中稱親援病，恐有推諉，一槩駁回。竊思己病或可僞言，親老豈容假借！臣雖極愚不肖，詎忍藉口所生，指爲諉卸之端！痛思臣母遲莫之年，不幸身嬰殘疾，臣若貪承恩詔，背母遠行，必至倚門倚閭，夙病增劇。況衰齡七十，久困扶牀；輦路三千，難通嚙指。一旦禱北辰而已遠，迴西景以無期，萬一有人子所不忍言者，則毛義之捧檄，不逮其親；温嶠之絶裾，自忘其母。風木之悲何及，缾罍之恥奚償！即臣永爲名教罪人，虧子職而負朝廷，非臣愚之所敢出也。皇上方敬事兩宫，聿隆孝治，細如草木，咸被矜容，自能宏錫類之仁，推之士庶，甯忍孑然母子飲泣向隅，奪其烏鳥私情，置之仕路！

蓋閣臣去臣最遠，故以虚譽採臣，而不知臣之有老母也。臣雲翼與臣皆秦人，雖所居里閈非遠，知臣有老母，而不知其既病且衰，委頓支離至於此極也。即部臣「推諉」之語，槩指臣三人而言，非謂臣必舍其親而不知顧也。且臣雖譾陋，而同時薦臣者悉皆朝廷大臣，其於君親出處之義，聞之熟矣。如臣獵名違母，則其始進已乖，不惟瀆斁天倫，無顏以對皇上，而循陔負疚，躁進貽譏，則於薦臣諸臣亦爲有靦面目。

去歲，臺司郡邑絡繹遣人，催臣長行，急若風火，臣趨朝之限雖迫於戴星，而問寢之私倍懸於愛日。然呼天莫應，號泣就途，志緒荒迷，如墮雲霧，低頭轉瞬，輒見臣母在前，寢食俱忘，肝腸迸裂。其不可瀆官常而干禄位也明矣。況皇上至聖至仁，以堯、舜之道治天下，敦倫厚俗，遠邁前朝；而臣甘違離老親，致傷風化，有臣如此，安所用之！

乃臣自抵都以來，屢次具呈具疏，九重嚴邃，情壅上聞。隨於三月初一日扶病考試，蒙皇上拔之前列，奉旨授臣翰林院檢討，與臣同官纂修《明史》。聞命悚惶，忝竊非分。臣衡茅下士，受皇上特達之知，天恩深重，何忍言歸！但臣於去秋入京，奄更十月，數接家信，云臣母自臣遠離膝下，哀痛彌侵，晝夜思臣，流涕無已，雙目昏眊，垂至失明。臣仰圖報君，俯迫諗母，欲留不可，欲去未能，瞻望闕庭，進退維谷，乃於五月二十一日具呈吏部，未蒙代題。臣孺切下情，惟哀祈君父查見行事例：「凡在京官員無以次人丁，聽其終養。」臣身爲獨子，與例正符，伏願皇上特沛恩慈，許臣遄歸，扶養其母，叨沐聖澤，以終天年。

臣母殘病餘生，統由再造。臣母子銜環鏤骨，竭畢生而報國方長；策名有日，益圖力酬知遇，務展涓埃矣。

疏上，有旨放歸。吴江鈕琇謂本朝兩大文章，葉方伯映榴《絶命疏》與因篤《陳情表》也。後奉母家居，晨夕不離左右，鄉人稱其孝焉。

其學以朱子爲宗。時二曲提唱良知，關中人士皆從之遊。二曲與因篤交最密，晚年移家富平，時相過從，各尊所聞，不爲同異之説。君子不黨，其二子之謂乎！

平生尚氣節，急人之難。亭林在山左被誣陷，因篤走三千里，至日下泣訴當事而脱其難。性伉直，面斥人過，與毛奇齡論古韻不合，奇齡强辯，因篤氣憤填膺不能答，遂拔劒斫之，奇齡駭走，當時相傳爲快事。或曰：「因篤性剛，非君子也。」予曰：「無欲則剛，人之所難，故聖人有未見之歎。子之言過矣。」因篤詩文出唐入宋，乃一代作者，有《壽祺堂集》行於世。

孫若羣

孫若羣，淄川人。學贍品端，言動有則，鄉里稱爲小聖人。早歲成進士，謁選京師，任少司寇克溥延之課子。坐不易牀，食不兼豆，雖盛暑，亦衣冠危坐，如見大賓。司寇知其二子應童子試，時山左學使與司寇交善，將爲之地，而不知二子名，屢欲問之，憚其嚴，終不敢發。

若羣寡言語，然有問難者，則指畫談議，滔滔不絶。評騭人文，務愜其隱，窮通壽妖，皆能以文決之。康熙癸丑，出爲交城知縣，遣其子歸淄就昏。去後，見其近作制藝，嘆曰：「吾子其不反矣。」歸家數日，竟無故自縊死。治交多異政，秩滿遷四川某州知州，卒於官。

張沐

張沐，字仲誠，上蔡人。順治十五年進士，除直隸内黄縣。敦教化，重農事，注《六諭敷言》，反覆譬喻，雖婦孺聞之，亦憬然改過也。朔望集諸生講學明倫堂，勉以聖賢之道。在官五年，坐事免。復以薦起，知四川資縣，治資如内黄，一載告歸。

從百泉遊。初，湯文正道出内黄，與語大悦，寄書百泉，稱其任道甚勇，求道甚切。及入京，文正與人書，又云：「仲誠脚踏實地，學以主敬爲功，治《易》有心得，當代真儒也。」後主游梁書院，晚闢白龜圃以教學者，時人咸稱爲「上蔡夫子」云。

竇克勤

竇克勤，字敏修，柘城人。

少勤學，讀書恆至夜半。比長，治《五經》，聞耿介石傳百泉之學，從之游，居嵩陽六年，遂契心宗。介石名介，登封人，順治八年進士，官至少詹事，百泉之高弟子也。

克勤應京兆試，獲雋，謁湯文正公，日夕請業。文正謂師道不立，由教官之失職，勸克勤就教職。選泌陽教諭。泌陽地小而僻，人鮮知學。克勤立五社學，置之師，各設規過勸善簿，月朔稽善過而勸懲之。又立童子社學，授以《孝經》、小學，次及《四書》《五經》。暇則讀書，雖饘粥不繼，宴如也。

康熙十七年，成進士，選庶吉士。丁母憂，歸。于柘城東門外建朱陽書院，倡導正學。服除入京，授檢討。一日，聖祖命諸翰林院作楷書，克勤書「學宗孔、孟，治法堯、舜，而其要在慎獨」十四字以進，聖祖覽而器之。尋以父老乞歸。著有《孝經闡義》《事親庸言》，切於内行。卒年六十四〔三〕。

劉原渌

劉原渌，字崑石，安邱人。

明末盜賊蜂起，原渌與仲兄某率鄉人壘土爲堡，以禦賊。賊至，守堡者多被創死，仲兄出鬭，身中九矢，力戰。原渌從之，發數十矢，矢盡，仲兄麾之去，原渌大呼曰：「離兄一步非死所！」乃舉刀斬二渠帥，獲馬六匹，賊遁去。

亂定，以力耕致富。既而推膏腴與仲兄，以其餘爲長兄立後，兼贍亡姊家。於是謝人事，閱道書，求長生久視之術。寢食俱廢，得咯血疾，遂棄去。後讀宋儒書，乃篤信朱子之學，集朱子書，作《續近思録》。嘗曰：「學者居敬窮理，二者皆法文王而已矣。『小心翼翼，昭事上帝』，居敬之功也；『不識不知，順帝之則』，窮理之功也。」每五更起，謁祠後，與弟子講論，常至夜分。

仲兄疾，籲天祈以身代；兄死，三日内水漿不入口。又爲鄉人置義倉，儉歲煮粥以食饑人。嘗曰：「人與我一天而已，何畛域之有焉！」卒年八十二。

姜國霖

姜國霖，字雲一，濰縣人。生有至性。父客燕中，感病，國霖往省，跣走千里，至則父已歿。無錢市棺，以衣裹尸，負之行，乞食歸里，泣告族黨曰：「父死不能斂，又不能葬，欲以身殉，又有老母在，長者何以教我？」人憐其孝，爲捐金以葬。母善怒，一日怒甚，國霖作小兒嬉戲狀，長跪膝前，持母手披其面，母大笑，自是不復怒。時年五十矣。

師事昌樂周士宏，嘗與雲一至莒，樂其山川，遂移家昌樂，死而葬焉。國霖築室墓側，安貧守素，不求於人。值歉歲，三旬九食，莒人恐其餓死，聞於官而周之粟，亦弗却也。昌樂閻循觀問國霖喜讀何書，曰：「《論語》終身味之不盡。予年四十，始能不以貧富攖其心；五十，始能不以死生動其心。」其自述如此。

循觀字懷庭，年十八舉於鄉。初喜讀西方書，後覽《朱子大全集》，乃專志洛、閩之學。少孤，及長，春秋家祭，哀慕泣下。乾隆三十四年，成進士，授考功司主事。持大體，不阿附上官。衙中會食，必四五簋，循觀獨懷餅食之。同僚哂其儉，曰：「性能粗糲，非矯强也。」一同年友爲外官，遺之金，不受，曰：「忝居此職，不敢受。且不可以貧累君也。」未幾，引疾歸，卒於家。

循觀之友有韓夢周者，字公復，濰縣人。乾隆二十二年進士。其學以存養、省察、致知三者爲人德之資，躬行士也。後爲萊安縣，有政聲，長洲彭進士紹升，稱其治萊如元魯山。

孫景烈

孫景烈，字□□〔四〕，號酉峯，武功人。早歲舉于鄉，爲商州教官，勤于課士，不受諸生一錢。雍正年間，巡撫蒲坂崔公以賢良方正薦，授六品銜。乾隆庚午，陳文恭公撫陝，奉旨舉經明行修之儒，將以景烈名入告。先是四年己未成進士〔五〕，明年授檢討，以言事忤旨放歸。景烈深自韜晦，乃以賦性拘墟、學術膚淺固辭。主講關中書院、蘭山書院，教生徒以克己復禮。居平雖盛暑必肅衣冠。韓城王文端公爲入室弟子，嘗語人曰：「先生冬不爐，夏不扇，如邵康節；學行如薛文清。」又曰：「先生歸籍三十年，雖不廢講學，獨絶聲氣之交，爲關中學者宗，有自來矣。」

記者曰：自孫奇逢以下諸君，皆北方之學者也。北人質直好義，身體力行；南人習尚浮誇，好騰口説，其蔽流於釋、老，甚至援儒入佛，較之陸、王之説，變本加厲矣。北學以百泉、二曲爲宗，其議論不主一家，期於自得，無一語墮入禪窟。即二曲雖提唱「良知」，然不專于心學，所以不爲禪言，不爲禪行也。刁、王諸子，亦皆敬守洛、閩之教者，豈非篤信志道之士哉！

校勘記

〔一〕徐洪興校本（三聯書店一九九八年版）云：「『陳蜚』，據魏裔介所撰《傳》（見《碑傳集》卷一二七）

當作『陳棐』。」

〔二〕徐洪興校本云：「據魏裔介所撰《傳》及魏象樞所撰《墓表》（見《碑傳集》卷一二七），孫奇逢卒年當爲康熙十四年。」《清史稿》本傳亦作康熙十四年。

〔三〕徐洪興校本云：「據湯右曾《墓誌》、冉覲祖《傳》，竇克勤卒年『五十有六』，非『六十四』。」按《清史稿》本傳作「六十四」。

〔四〕徐洪興校本云：「據《碑傳集》卷四八張洲所撰《行狀》，孫景烈字孟揚，一字競若。」

〔五〕「四年」，原作「二年」。按：乾隆己未乃乾隆四年，今據改。

國朝宋學淵源記下

劉汋

劉汋，字伯繩，山陰縣人。忠介公宗周之子也。

忠介家居講學，弟子中有未達者，問於汋，答問如流，無滯義，共相敬服。及忠介聞國變絶食死，唐、魯二王皆遣使致祭，蔭以官，辭曰：「敢因父死以爲利！」既葬，杜門不出，絶人事。副使王爾禄，故忠介門生，以白鏹三百兩請刊忠介遺書，不受，語來伻曰：「幸爲我辭！出處殊途，毋苦相强。」

忠介欲著《禮經考次》一書，屬汋撰成，處小樓中日夕編纂。以《夏小正》爲首篇而附《月令》，帝王所以治曆明時也；次《丹書》而附《王制》，正己以正朝廷、百官、萬民也；於是原禮之所由起，而次《禮運》焉；推禮之行於事，而次《禮器》焉；驗樂之所以成，而次《樂記》焉；然後述孔子之言，次《哀公問》，次《燕居》《閒居》《坊記》《表記》；設爲祀典，次以《祭法》《祭義》《祭統》《大傳》；施於喪葬，次以《喪大記》《喪服小記》《雜記》，申以《曾子問》《檀弓》《奔喪》《問喪》，終之以《間傳》

《三年問》《喪服四制》，而喪禮無遺矣；君子常服深衣，雅歌投壺，不可不講也，則次以《深衣》《投壺》；男女冠笄婚姻所有事，則次以《冠義》《昏義》而《鄉飲酒義》《射義》《燕義》《聘義》。合三十篇，謂之《禮經》。別分《曲禮》《少儀》《内則》《玉藻》《文王世子》《學記》七篇，謂之《曲禮》。垂老未卒業，其子茂林始克成之。

著書之暇，談論惟史孝咸、惲仲升數人而已。或勸之舉講會，不應。戒其子曰：「若等當常記憶大父遺言，守《人譜》以終身，足矣。」《人譜》，忠介所著書也。病時所卧榻，乃假之祁氏者，强起易之，曰：「豈可終於假人之榻耶！」門弟子私謚曰貞孝先生。

惲仲升〔一〕，號遜庵，壽平之父。黄宗羲以仲升爲蕺山門下第一人，其事蹟莫詳。或曰「魯王監國時，授職爲監司，兵敗後薙髮於靈隱寺。久之，攜子歸毘陵，反初服」云。

韓孔當

韓孔當，字仁父，沈求如之弟子。其學以名教經世，嚴於儒、佛之辨。家貧，未嘗向人稱貸，每言立身須自節用始，出陸梭山《居家制用》一編示學徒。與人講學，反復開導。人有過，於講學時以危言動之，而不明言其過，聞者内愧沾汗也。疾亟，謂弟子曰：「吾于文成宗旨，覺有新得，然檢點於心，終無受用。小子識之！」味其言，則知其學不尊文成而尊朱子矣。

邵曾可

邵曾可，字子唯，與韓孔當同時，皆餘姚人也。爲人以孝弟爲本。少愛書畫，一日讀《孟子》「伯夷，聖之清者也」句，忽有悟，悉棄去，壹志於學。時初立姚江書院，里人多笑之，曾可曰：「不如是，虚度此生。」遂往聽講。主講者爲史孝咸，曾可師事之。其初以「主敬」爲宗，自見孝咸之後，專守「良知」。嘗曰：「於今乃知，知之不可以已。日月有明，容光必照；不爾，日用跬步，鮮不貿貿者矣。」孝咸病，晨走十餘里，叩牀下省疾，不食而反。如是月餘，亦病。同儕共推爲篤行之士焉。

張履祥

張履祥，字考父，桐鄉人，明季諸生。幼孤，貧不能就外塾，其母受以《四子書》。及長，從劉忠介公游，嘗書所得呈質，忠介可之。明亡，教授里中。

著《經正録》，自敘云「天之恒道，民實秉之，存亡顯晦，而治亂以分，由古道今，百世無忒也。故綱常者，經世之本，父子君臣之道得而國治，猶恒星不忒而五氣順布，四時序行也。邪慝生於心，則禍亂中於世，殆非朝夕之故矣。極陰生陽，無往不復，有開必先，非學不爲功。竊取反經之義，輯舊聞，舉其要以端其本」云云。

居鄉躬耕，習于農事，著《補農書》，以爲學者舍稼穡別無治生之道。能稼穡，則無求于人，而廉恥立；知稼穡之艱難，則不敢妄取于人，而禮讓興；廉恥立，禮讓興，而世道可以復古矣。又著有《楊園備忘録》。

其學以鹿洞爲宗，蓋蕺山見姚江末學流于禪言禪行，作《人譜》以正其失，履祥傳其學，故所著之書切于日用。是時，主講者多不務己，徒騁口辯，深疾其所爲。不敢抗顔爲師，來學者一以友道處之。履祥頗能詩，秀水朱彝尊稱其「詩無頭巾氣」云。

朱用純

朱用純，字致一，崑山人。父集璜，貢生，大兵下江南，城破不屈死。用純痛其親之死，取王裒攀柏事，自號柏廬。

其學以「主敬」爲程。長洲徐枋屢以書問學，答曰：「竊觀吾兄酬應人倫，微喜諧謔，雖無損大節，要非君子所宜爲。何者？《書》云：『德盛不狎侮。』身狎侮，其職不修；心狎侮，其體不立。孔子曰：『修己以敬。』己非外人物而爲孤孑之己，修亦非外人物而爲偏寂之修，故一修己而人安、百姓安矣。若視他人一分可忽，便是自己一分學力未到。蓋聖賢實見人之與我，此心同，此理同，吾無可驕于彼，彼無可爲吾所忽者。夫婦之愚不肖，可以與知能，及其至也，雖聖人亦有所不知不能，夫又何可忽乎哉！夫又何可忽乎哉！狎侮之心，畢竟起于忽人；忽人之心，畢竟起於不自修；未見自修之至而猶恐忽人者也。此温恭克讓，所以爲堯之德；温恭允塞，所以爲舜之德也。」

枋又言先須發悟，而後可以言學。用純曰：「聖賢之道，不離乎事事物物，即事事物物而道在，即事事物物而學在。苟欲先得乎道而後言學，則離事與物而二之，亦析學與道而二之矣。朱子曰：『人須是博學、審問、慎思、明辯、篤行，然後可到易簡地位；若先以易簡存心，便入異端。』惟即事物而達簡易之理，故應天下之事，接天下之物，不覺其煩難；若舍事物而求簡易，則雖應一事，接一物，便覺煩難，不勝分錯。聖賢之學，無過一敬，敬猶長隄巨防，滴水不漏。敬之至也，一敬而天下之理得，天下之能事畢，變通鼓舞，盡利盡神，希聖希天之學，俱在於是。」

用純居平，晨起謁家祠，誦《孝經》。置義田，贍宗族，友愛諸弟，白首無間。康熙十八年，詔舉博學鴻儒，有將以用純薦者，力却之；有司舉鄉飲大賓，亦弗應。其教生徒，先授以《近思録》，次以《四子書》。每歲孟春，率生徒行釋奠先師禮，將事後，講書一章，以誠意啓沃人心。又恐學者空言無實，作輟講語，反躬自責，言多深切。鄉里重其學行。世傳《家訓》，乃用純之文，世人不知，誤爲文公所作。卒年七十二。卒之前三日，設先人位，拜于中堂，起顧弟子曰：「學問在性命，事業在忠孝，勉之！」著有《愧訥集》《大學中庸講義》行於世。無子，以弟之子導誠嗣。

徐枋字昭法，《明史》有傳。

沈昀

沈昀，初名蘭先，更名昀，字朗思，仁和人。前明諸生，劉忠介之弟子也。明亡，教授里中。嘗絶糧，采階前馬藍草爲食。客有餽米者，不受。客固請，昀固辭，推讓良久，昀饑且憊，遂仆于地，客乃駭走。既而蘇，徐起，笑曰：「其意可感，然適以困老人耳。」

忠介卒後，傳其學者互相爭辯，曰：「道在躬行，徒以口舌爭，非先所望於吾曹也。」以喪禮久廢，輯《士喪禮説》，授弟子陸寅。疾亟，人問曰：「此時何似？」曰：「知誠敬而已。」没後，貧無以斂，友人應撝謙經紀其喪，爲之涕泣不食。或問之，曰：「吾不敢輕受賻以辱先生。」撝謙之徒姚敬恆趨而前曰：「如敬恆者，可以斂沈先生乎？」曰：「子之篤行，乃沈先生所許也，可矣。」敬恆乃斂而葬焉。

謝文游〔一〕

謝文游，字秋水，南豐人，明季諸生。

時天下大亂，慨然有出世志。入廣昌香山爲浮屠氏之學，好大慧和尚書，學佛益力。後得餘姚、龍溪書，讀之，大悔前此之非，遂偕友生講于新城之神童峯。有王聖瑞者，力攻陽明，與之辯論累日，不能勝。退而爲之心動，又讀羅整菴《困知記》，遂專力程、朱，闢程山學舍，顔其堂曰尊洛。

著《大學中庸切己録》，以爲爲學之要，「畏天命」一言盡之矣。聖人一生戰兢惕厲，曰「顧諟天之明命」，曰「上帝臨汝，無貳爾心」，曰「昊天曰明，及爾出王；昊天曰旦，及爾游衍」，無非「畏天命」之心法。學者注目而視惟此，傾耳而聽惟此，稍有一念之私，急須痛悔刻責，速自洗滌，無犯帝天之怒。工夫既久，人欲淨盡，上下同流，樂天境地可得而臻也。

時寧都易堂九子、星子髻山七子，以文章氣節名。髻山宋之盛過訪文游，見其學行醇粹，遂約易堂魏禧、彭任會講程山，咸推文游篤恭行、識道本。

康熙二十年，得疾，自爲墓志卒。

應撝謙

應撝謙，字嗣寅，仁和人。

早歲能文章，尚氣節，與虞畯民、張伏生、蔣與恆諸子結社講學。因東林之後，幾、復二社以詩文制藝號招南北知名之士，非顧、高二君之志也，於是絶聲氣之交，獨究性命之旨，故名其社爲猥社。

康熙十八年，以博學鴻儒徵，稱疾不行。大吏促之，舁牀詣有司驗疾，乃得免。海寧知縣許某請主書院，兩造其廬，不見。既而曰：「是非君子之道也。」乃棹小舟往謁。令大喜，曰：「先生其許我耶？」逡巡對曰：「令君學道，但從事于愛人足矣。彼滕口説者，客氣耳。」令默然。既出即行，弟子曰：「令君必來，去何急也？」笑曰：「令君好事，必有所贈，拒之則益其愠，受之則非心所安也。」遂解維疾去。同里姜圖南爲巡鹺御史，歸贈撝謙金，弗受。一日遇諸涂，方盛暑，撝謙衣木棉衫，圖南歸，遺以葛二端，且曰：「此非盜蹠物也。」撝謙却之曰：「吾昨偶中寒，絺衣故在篋也。」

其治經以實踐爲主，坐卧小樓中，一几一榻，書籍之外，別無長物，終日端坐，無疾言遽色。遠近從學者甚衆。里中一惡少年，使酒好鬬，忽求聽講，許之。聽講三日，甚拘苦，遂去，使酒如故。一日，持刀欲殺人，勢洶洶，莫能沮，忽見撝謙來，遽失色，刀墮于地。撝謙以好語撫之曰：

「一朝之忿，何至於此！」少年俯首謝過去。自後與人争，傍觀者不能勸解，紿之曰「應先生來矣」，即遁走。

所著書甚多，以朱子爲宗，陽明之説，亦不致辯也。

吴慎

吴慎，字徽仲，歙縣諸生。篤行好學，尤致力於宋五子書。以誠敬爲宗，故自號敬菴。游梁谿時，主東林書院者爲高世泰，字彙旃，忠憲公之從子也。恪守家法，春、秋釋奠畢，升堂即席，以次開講，威儀肅然，莫不斂容欽聽。慎與施璜、無錫張夏同受業焉。後歸歙，會講紫陽、還古兩書院，四方來學者甚衆。老於家。著有《周易粹言》《大學中庸章句翼》，行于世。

施璜

施璜，字虹玉，休寧人。

初爲舉業，詣府應試，入紫陽書院聽講，瞿然曰：「學者當如是矣。」遂棄舉業，發憤志於道。自梁谿歸，紫陽、還古兩處會講，首推璜。璜先期齋戒，至開講日，肅衣冠升座，以誠感人。教學者以九容養外，九思養内，以造於自得，學者翕然宗之。在東林時，將歸，與世泰約某年某月日來赴講會，及期，世泰設榻以待。或曰：「千里之期，能必信乎？」曰：「施生，篤行君子也，必如發明》等書。

約。如失信不至，吾不復相天下士矣。」言未終而璜挈其子至矣。著有《思誠録》、《小學》《近思録

張夏

張夏，字秋紹，隱於菰川，孝友力行。

初受業於馬文肅之門，後入東林書院。其學先經後史，博覽强記，而歸本修、齊。高世泰歿後，主東林講席。湯文正爲江蘇巡撫，至書院與夏講學，韙其説，邀至蘇州學宫，講《孝經》、小學，退而著《孝經解義》《小學瀹注》。又考先儒書，著《洛閩源流録》。卒年八十餘。

彭瓏

彭瓏，字雲客，號一庵，蘇州衛籍。

早歲補庠生，有文名。順治初，結慎交社，始則宋實穎弟兄三人及尤侗、汪琬、吴敬生七人而已，後遠近聞風，入社者不可勝紀。年近四十，貢入成均，廷試以知縣用，不就。順治十四年，順天鄉試舉人。十六年，成進士，選惠州長寧縣。縣城在山中，僅五里，前假令貪而酷，民甚苦。瓏至，去苛政，與民休息，自書楹柱云：「厥田下下，惟願減賦輕徭，汔五都之小息；自我居居，庶幾飲冰茹蘖，偕百姓以長寧。」數月後，訟簡民安，訟庭稀鞭朴聲。以廉直忤知府，又與前假令有隙，乃合謀誣陷，遂罷官歸。

初，瓏好佛，又喜道家言。至六十餘，得梁谿高、顧二家書，讀之，始潛心儒術，一以主敬律身。嘗謂其子定求曰：「吾始泛濫涉獵，好語渾同，所謂騎墻耳，甯有當乎？學至窮神達化，而終歸于一矩，故知居敬窮理之功，不可須臾懈也。尚何敢曠逸之耽馳騖之役乎！」于是悉屏平生所玩物，署所居曰志矩齋，端坐其中，陳《四子書》《五經》及宋儒諸書，尋繹點注，夜以繼日，自稱「信好老人」。集諸生課八股文，引而進之於道，弟子著録者百有餘人。或曰：「公何自苦？」曰：「吾不忍使後生之無聞也。」

湯文正知瓏學，嘗稱之聖祖前。文正卒，瓏爲之出涕曰：「不復見正人矣。」吴民立文正祠，歲時伏臘必至其祠，瞻拜盡禮。卒年七十又七。弟子私謚曰「仁簡先生」。

子定求，字勤止，康熙十二年舉人〔三〕，十五年，會試、廷對皆第一，官至國子監司業。

定求孫啓豐，字翰文，雍正四年舉人，明年，會試、殿試亦皆第一，官至吏部右侍郎。

彭氏在明時，仕不過七品，自瓏以後，一門鼎貴，爲三吴望族。瓏治家整肅，至今子弟恪守庭訓，不踰規矩，有萬石之遺風。江南世禄之家，鮮克由禮，當以彭氏爲矜式焉。

高愈

高愈，字紫芝〔四〕，無錫人，忠憲公之兄孫也。

十歲，讀忠憲遺書，即有向學之志。後補弟子員，不事帖括，日誦經史，謹言行，嚴取舍。嘗曰：「士求自立，須自不忘溝壑始。」

事親孝。父晉侯嗜酒，每食必具酒肉。出就人飲，必遣僮往候，已立道左，俟父出，趨而扶掖歸。先後居父母喪，不内寢，不飲酒食肉。

有兩兄，皆殁，撫其子女，爲之昏嫁。家有田數十頃，性好施予，所入錢穀，隨手輒盡。晚年坐是大困，嘗啜粥七日，尚挈子登城遠眺，可謂「貧而樂」矣。

張清恪撫吴日，檄有司延主東林講席，以瘍疾辭；有司饋以椵皮，不受。平居和易近人，以巽語道子弟，不加訶斥。終日静坐，不欠伸。當暑不裸跣。與人食，不越簋下箸。里人有忿争者，至愈前，輒慚愧而去。時縣中講學者，好以道學相攻擊，獨於愈皆曰：「君子人也。」著有《周禮》《朱子》《小學注》。乾隆中，督學尹會一以《小學注》頒行於學官，使諸生習之。

顧培

顧培，字畇滋，無錫人。

少多病，其母憂之，命棄舉子業。事胎息導引之術，行之有效。後從宜興湯之錡問學，幡然改曰：「道在人倫庶物而已。甚矣哉，吾向者之自私也！」之錡殁，有弟子金敞傳其學。

培築共學山居以延敞，晨夕講貫，守高忠憲静坐之説，於默識未發之中，悟性善之旨，四方來學者甚衆。春、秋大會於山居，復行忠憲七規，有請益者，教以默識大原，實體倫物；七日後，釋奠先師，習《禮》歌《詩》，歲以爲常。張清恪公詣東林講學，疑静坐非入德之方，培暢忠憲之旨，往復千言，清恪不能難也。

錢民

錢民，字子仁，嘉定人。早孤。年十三，棄書學賈。性拘謹，言動以禮，數爲鄉里所侮，慨然曰：「世多妄人，求其不妄者，惟聖人乎！」聞青浦有孔子衣冠墓，齋戒往祭，願爲聖人之徒。其夕夢一偉丈夫告之曰：「道之不明，由後儒之説亂之也。子欲爲學，屏去漢以後書，其可矣。」既歸，始取《四子書》讀之，題所居曰存養，反觀克己，日有啓發。

陸清獻公知嘉定，從之講學。又五年，清獻在籍，往平湖見之。清獻與之語，多不合，怪問其所由，曰：「公從朱子入，民從孔子入耳。」嘗與友人書曰：「先聖之學，貴乎本末兼盡，始終有序。《大學》所謂『知本』者，作聖之基也；『誠正』者，作聖之功也。《中庸》所謂『尊德性』先也，本也；『道問學』後也，末也。『即物窮理』其病在于無本；『《六經》注我』其誤在于無末。《論語》曰：『君子務本，本立而道生。』朱子以爲學者不可厭末求本，教人但學其末，是所謂『其本亂』矣。本亂而求末之治，豈可得乎！此未合乎《大學》也。《孟子》曰：『堯、舜之知不徧物。』《中庸》曰：『雖聖人亦有所不知焉。』朱子教初學者即責以『知盡而後意可誠』，又云『格物者，窮事事物物之理；致知者，知事事物物之理』。如此，則意之惑亂滋甚，又安可得而誠乎！且堯、舜之知不能徧物，況初學乎！此未合乎《孟子》也。」又言今之學者不知追求孔、孟之實，而紛紛焉争朱、陸之異同，是謂舍己田而芸人之田，終亦必亡而已矣。民之説，以經注經，頗得經旨〔五〕。「即物窮理，其病在于無本；

《六經》注我，其誤在于無末」二語，可謂破的之論，辯朱、陸之異同者，何嘗見及此哉！

勞史

勞史，字麟書，餘姚人。

世爲農。少就塾讀書，長而力耕以養父母，夜則披卷莊誦。讀朱子《大學、中庸序》，慨然以道自任。又讀《近思録》數過，起立設香案稽首，曰：「吾師在是矣。」史以爲，天之命我者若君之詔臣、父之詔子，一廢職即膺嚴譴，一墜家業即窮無所歸，可不慎哉！引接後學，委曲盡誠，傭工下隸，皆引之向道，曰：「盡汝分所當爲，務實作去，終身不懈，即是賢人，勿自棄也！」聞者莫不憬然。其德化於鄉里，商賈不鬻僞物。有争鬭者，多攜酒登堂，求辯曲直，史巽語解紛，無不帖服。即芻兒牧豎亦服其教，不事戲弄。一鄉之中，有洙、泗之風焉。

弟子桑調元自錢塘來謁，論學數日，臨行送之，曰：「我壽不過三年，恐不復相見矣。」後三年九月，語弟子汪鑒曰：「今月某日，吾其逝乎！」遂徧詣親友家飯，與老者言所以教，與少者言所以學，令家人治木飭喪事。死之前一夕，趣具湯沐，至期而殁。著有《餘山遺書》，調元所刻也。

鑒，餘姚人。父死於雲南，鑒護喪歸。至漢川，遇大風，舟且覆，抱棺大哭，誓以身殉，忽風回，得泊沙渚，衆呼爲孝子。爲人尚氣節，史戒之曰：「英氣，客氣也。其以問學融化之。」史之殁也，鑒實左右焉。

朱澤澐

朱湘陶，名澤澐，寶應人。

早年力學，得程氏《分年日程》，即次讀之，閲數年而略徧。更涉獵天文、輿地諸書，窮竟原委。久之，始志於道，讀《朱子語録》有得。嘗言：

世之名朱學者，其居敬也，徒矜持于言貌，而所爲不覩、不聞者，離矣；其窮理也，徒汎濫于名物，而所爲無方、無體者，昧矣。于是有舍德性而言問學，以爲朱學固如是者。不知從來「道問學」莫如朱子，「尊德性」亦莫如朱子。觀朱子中和之説，其于《中庸》之旨深乎！故知居敬、窮理只是一事，窮即窮其所存之心，存即存其所窮之理，初非有二也。

雍正六年，詔公卿各舉所知。澤澐同邑之劉師恕爲直隸總督，知澤澐之學行，欲薦于朝，作書與其弟，使先爲道意，弗應。晚年得脾疾，然猶五更起觀書，至夜分不倦。疾甚，吟康節詩曰：「任經生死心無異，雖隔江湖路不迷。」命家人治後事，别親友卒。

向璿

向璿，字荆山，山陰人。

少攻八股文。年二十餘，居母喪，始閲性理書。一日，讀《孟子》「人之所以異於禽獸者幾希」，瞿然曰：「吾其遂爲禽獸乎！」切己悔過，心不甯者數月。時有王行九者，文成之裔也，開講「良知」之學。璿往請業，聆其言，心有所得，以書問難，往復者再，遂致力于王氏之學。爲輔仁會，赴會十有餘人，每月朔一舉，威儀進止咸中規矩。里人目以爲癡。璿作《癡人傳》，其文以游戲出之，非居敬之道，兹不録。

璿爲王學有年，後讀程、朱書，心竊疑之，偶于書肆中得《高忠憲公年譜》，讀之，遂盡棄其學而學焉。謹守雒、閩諸書，與其徒辯析異同。著《志學録》，明其學一本程、朱，不雜以異説。嘗言事事反躬，刻刻畏天，一刻不畏天便是罪過，一事不反躬便涉怨尤。故其平日，雖小過亦自責甚嚴，日之所爲，夜必告天。

其弟子有黄艮輔、程登泰。艮輔字序言，亦始宗王學，後歸程、朱，能文章。登泰字魯望，侍父病勞瘁，得咯血疾，人稱爲孝子。疾劇，尚讀書不輟，人止之，曰：「死，命也。以學死，不愈于徒死乎！」二人皆山陰人也。

黄商衡

黄商衡，字景淑，改名商衡，長洲人，黄孝子農之遺孤也。

節母金氏課商衡夜讀，常至雞鳴，時流涕述先人志行以勖之。家貧，或勸之使商衡學賈，曰：「命當貧，改業能富耶！吾不忍墮先人志也。」商衡承母志，益刻苦于學。夜寢，刻香繫鐵錘，下承銅盤，香盡錘墮，擊盤鏗然作聲，即驚覺起讀。所爲文詞深理奥，因此久困童子試。陳恪勤公知蘇州府，試閲其文，曰：「深入顯出，非熟讀宋五子書者，不能作此文。」拔置第一。院試不獲雋，年四十餘，始補弟子員，遂無意功名。

日讀先儒性理書，尤好蕺山《人極圖説》，推衍其義，貫以《論語》《大學》《中庸》及横渠、朱子之緒，輯爲一書，題曰《困學録》，自命爲「又次學人」。

先是，孝子卒于康熙二十一年。雍正元年，詔訪窮簷苦節，節母年十七而寡，殁於雍正二年，五十餘年矣，例合請旌。時沈公德潛爲諸生，與其友數人請于大吏，具以聞，得邀旌典。至乾隆六年，其父復以孝子旌。謀建孝節坊，擇日奉主入忠孝祠，遽得疾，强起拜送，尋卒。

任德成

任德成，字象元，吴江府學生。

篤于儒行。奉朱子《白鹿洞規》，因集自漢及明先正格言與《洞規》相發明者，合爲一書，名《洞規大義》，以明先後一揆之旨。居鄉勤施濟，置社倉，創鄉塾，濬萬頃江達之太湖，里中無水患。有司以聞，賜八品服。年饑，煮粥食餓者，鄉人德之。一夕，步于庭，有偷兒方踰垣下，見德成，驚欲竄走，徐語之曰：「子毋恐，得無患餒乎？吾與子米。」手量一斛給之，曰：「此危道也，慎勿更爲。」其人叩頭負米去，乃徧告其黨，相戒勿竊任氏。其言頗聞于人，于是同里津津傳述焉，而德成未嘗語人也。

雍正初，詔舉賢良方正，鄂文端公爲布政使，欲薦德成，固辭乃已。乾隆三十七年，年八十九，十月得疾，誡其子曰：「勤讀書，勉爲善，守此兩言可矣。」遂吟康節詩云：「俯仰天地間，浩然無所愧。」吟罷而逝。後詔採天下遺書，其家以所著書上之四庫館。

鄧元昌

鄧元昌，字慕濂，贛人也。

少爲諸生，有文名。後得宋五子書讀之，曰：「今而後始知爲人之道矣。出入黌門而不知省，哀哉！」遂棄舉子業，致力於學。雩都宋昌圖以通家子往謁，與之講論，大喜曰：「吾小友也。」館昌圖于家，晨夕論學，爲日程，言動必記之，互相攷核。

有兄瞽而頑，大小事必告而行；後母性暴而刻，每怒，元昌長跽請罪，必釋乃已。後母弟及弟婦，元昌待之甚厚。弟死有子，婦泣請于元昌曰：「感伯之德，誓不他適，願苦守撫孤兒。」元昌亦泣拜之。自是不入内處，攜其子寢于中堂，課其子與弟之子，後皆成立。

元昌有田在城南，秋成視穫，見貧人子拾秉穗者，招之曰：「來，女無然。我教女讀，能背誦者，我與女穀。」羣兒争趨之。始教以識字，既使諷章句，又以俚語譬曉之，羣兒踴躍受教。卒穫時，羣兒號曰：「先生將歸矣，奈何！」至有泣者。嗣後視穫，羣兒來學，以爲常。城南人無少長皆曰：「我鄧先生。」見有衣冠問元昌者，則曰「我先生客也」，不敢慢。市井人見元昌來，必起立，俟其去，始就坐。其至誠感人也如此。

記者曰：劉汋以下，皆南方之學者也。夫道學始於濂溪，而盛於洛、閩，自龜山闢書院以講學，於是白鹿、鵞湖相繼而起。逮及明時，講席徧天下，而東南尤甚。至本朝，其風衰矣。

爰考厥初，其講學皆切於身心性命之旨；自道南、東林以還，但辯論朱、陸、王之異同而已。是爲詞費，是爲近名。即以洛學而論，同時康節别立一幟，然二程不非邵，邵亦不非程也。朱、陸之主敬、主静，及論「尊德性」「道問學」之互異，亦各尊所聞，各行其志而已，初未嘗相争相競也。惟「太極」「無極」之説，遺書往來，辯難不置，此乃教學相長之義，豈務以詞勝者哉！昔朱、陸會於白鹿，象山講「君子小人喻於義利」章，聽者泣下，朱子深爲嘆服，謂切中學者隱微深痼之病。象山云：「青田亦無陸子静，建安亦無朱元晦。」觀二子之言，可見其廓然至公，無一毫私意存乎中矣。陽明之學，不過因陸子之言而發明之。其後爲王學者，遂視朱子爲仇讎；朱學之徒又斥陸、王爲異端。而攻擊者，并文成之事功亦毁之，甚至謂明之亡不亡於朋黨，不亡于寇盗，而亡于陽明之學術。吁！其言過矣！

藩詮次諸君子，於嘵嘵辯論三家之異同者，槩無取焉。

校勘記

〔一〕據《碑傳集》卷一二七湯脩業《惲先生日初傳》、惲敬《遜菴先生家傳》及《清史稿》本傳，惲仲升名日初，字仲升。

〔二〕徐洪興校本云：「『謝文游』，據《碑傳集》《國朝耆獻類徵初編》《清史稿》等當作『謝文洊』。」

〔三〕徐洪興校本云：「據《碑傳集》卷四四羅有高撰《行狀》，彭定求是康熙十一年舉人。」

〔四〕據《碑傳集》卷一二九彭紹升《高先生愈傳》、顧棟高《紫超高先生傳》及《清史稿》本傳等，高愈字當爲「紫超」。

〔五〕「民之説」，原作「培之説」，當是涉上《顧培傳》而誤，今改正。

附記

沈國模

沈國模，字求如，明季餘姚諸生。

爲文成之學。嘗與劉忠介公證人講會，歸而闢姚江書院，與管宗聖、史孝咸、史復，講明「良知」之説。與山陰祁忠敏公友善。忠敏以御史按江東，一日，杖殺大憝數人，適國模至，欣然述杖殺人事。國模瞠目字祁曰：「世培亦曾聞曾子曰『如得其情，則哀矜而勿喜』乎？」後忠敏嘗語人曰：「吾慮囚必念求如言，恐倉卒喜怒過差，負此良友也。」

崇禎末〔二〕，屏處石浪。明亡，聞忠介死節，爲位痛哭。順治十三年，死于石浪。

管宗聖字霞標，餘姚人，崇禎十四年卒。

史孝咸

史孝咸，字子虛，餘姚人。

國模歿後，繼主姚江書院。嘗曰：「『良知』非致不真。」又曰：「空談易，對境難。居處恭，執事敬，與人忠，精察力行之，其庶乎！」家貧，日食一粥，泊如也。其學以覺悟爲宗。崑山葛瑞五參學有得，通書孝咸，復之曰：「人生惟此一事，足下既于此有省，良可慶幸！深望百尺竿頭進步，否則藕絲一縷亦能絆人也。」卒于順治十六年。

王朝式

王朝式，字金如，山陰人，國模之弟子。

嘗與證人社，忠介主「誠意」，朝式守「致知」，曰：「學不從『良知』入，必有誠非所誠之蔽。」由是，會者往往持異同，從忠介學者多以沈史爲禪學。忠介嘗致書朝式，其略曰：

僕生也晚，不及事前輩老師大儒，幸私淑諸人，于吾鄉得陶先生，學有淵源，充養自得。每與講席，積痼頓開，退而惘然，失所懷也。其他若求如之斬截，霞標之篤實，子虚之明快，皆僕自忖以爲不可及者，不問其爲儒與禪也。至足下志願之大，骨力之堅，至之以不止，成就正未可量，亦不暇遽問其爲儒與禪也。然而世人悠悠，不能無疑，曰：諸君子言禪言，行禪行，律禪律，何以道學爲？諸君子自信愈堅，世人疑之愈甚。今將永拒人于流俗，不得一聞聖人之道，是亦諸君子之過也。《傳》有之：「中道而立，能者從之。」諸君子誠畏天命，憫人窮，有溥濟一世之願，盡一世之人納之大道，闖陽明之室，接孔、孟之傳，則心迹去就之際，宜必有以自處矣。若止就一身衡量，諸君子既已自信矣，亦安往而不可乎！然僕有以知足下之必爲彼而不爲此也。

忠介所稱陶先生，陶奭齡也。朝式得書，亦不辯，亦不愠。

崇禎十年，浙中大饑，朝式入嵊賑粟，全活甚衆。時天下大亂，將走四方求奇傑之士，謀治安戰守之策，不果行。尋卒，年三十八。朝式卒之年月無可考，大約在順治初也。

薛香聞師

先生諱起鳳，字家三。

少孤，依舅氏廣嚴福公。公本滕縣諸生，厭棄世法，出家傳磬山宗，住揚州法雲寺。寺有謝太傅祠，謝氏子孫欲占爲己産，倚勢鳴官。福公見逐，居吳下，隱於卜。得錢，資先生從師讀。福公，即吳人所稱不二和尚也。間與先生論出世法，輒解悟，乃大喜曰：「末法衆生不識心原，儒、佛互争。子欲見儒者身説法，要以見性爲宗，誠能見性，何儒、佛之有！」先生之學出入儒、佛，所由來矣。

先生少爲長洲縣學生，與余古農師、汪孝廉元亮同學，爲古文詩歌，見稱於時。日夕讀書，損一目。高宗南幸紫陽書院，山長以先生名聞於大吏，强先生應召試，呈獻詩中，有「范甯中年眼暗侵」之句，山長令改之，不可。庚辰，舉于鄉，文名益著，來學者甚衆。嘗誨人曰：「作聖之基，當从誠意始。此心本無所染，意不誠，則有汙矣。須知此心染汙不得，能識子在川上、舜居深山時氣象，則取之左右逢原矣。」或有問輪回之説者，曰：「精氣爲物，游魂爲變，二語盡之矣。」

藩從先生受句讀，方十二齡，即諭以涵養工夫。一日，藩怒叱僕人，先生婉言開導曰：「讀書以變化氣質爲先，女如此氣質，尚能讀書乎！況彼亦人子也，爲女役者，逼于饑寒耳。方哀矜之不暇，忍加訶責耶？」

後主沂州書院，得疾歸，筮之不吉，書紙尾曰：「勿起妄心，勿生妄見，修行懺悔，時哉時哉！」尋卒。先生天性純厚，雖居貧，常周人之急。姊家負人責百金，未卒前數日，出金代償之，人以爲尤難也。

羅有高

羅有高，字臺山，瑞金人。

生而奇偉。年十六，補諸生。明年，寓雩都蕭氏别業，徧讀所藏書。心慕古昔豪傑之士，習技勇，讀兵書，視同舍生蔑如也。久之，人有道雩都宋道原爲宋五子之學，君子也。有高聞而心動，遂往見之，自述其所學。道原不以爲然，有高負氣争辯，道原曰：「子少安毋躁，吾語子。昔張子見范文正公言兵法，公勿善也，授以《中庸》。足下兵法自問如張子否？即便如張子，亦非儒者所尚，況未必如張子乎！『天生烝民，有物有則。』視、聽、皃、言、思，物也；明、聰、恭、從、睿，則也。能全是理，而後能有其身；能有其身，而後閨門順敘而家齊。達而行之，若有原之水，有根之木，滂沛條暢，無湮塞夭扎之患。及其成也，身亨而道泰，致足樂也。今察足下氣浮而言疾，神明擾攘，常若有營，以此入世，得免刑戮，不累父母、兄弟幸矣，尚求有濟於天下乎！」有高聞言，汗流浹背，舌縮肢攣，無地自容。久之，請曰：「何以教我？」曰：「子歸而讀先儒書，有餘師。」又出所作

《持敬》《主一》二銘示之，曰：「力爲之！」于是棄所學而學焉。尤喜明道、象山、陽明、念菴之書，旁推曲證，頗多心得。後謁雷寧化，受業門下，每有陳説，雷公曰：「子太聰明，如水銀潑地，吾懼其流也。」

乾隆二十七年，舉優貢生，遂入京師。三十年，應順天鄉試，出彭芝庭先生之門。與彭公子尺木居士友善，屢至吴門，主其家，同修浄業，閉關七旬，讀《首楞嚴》，參究「上乘」。嘗言：東西二聖人權實互用，門庭迥别。其歸宿名相，離言思絶，一且不立，二復何有！惟自證者知之，非可以口舌争也。性喜出遊，常之廣東，客恩平縣李文藻官舍。又見戴東原太史於京師，始撿注疏及《爾雅》《説文解字》諸書爲訓故之學，有《釋槖》一篇，文煩不録。

三十七年，會試報罷。後游宜黄，有余子安者，館之石逕山僧舍，日誦《華嚴經》，修念佛「三昧」。尋至揚州高旻寺，主僧貞公照月門風甚峻，屢呈見解，不許，曰：「此是口頭學得，何關本分！」詰以古德機鋒，不能對。乃發憤入禪室，隨衆起倒，晝夜參究。居半年，積疑頓釋，遂辭去。偕同參僧度錢塘，又之寧波，主同年友邵海圖家。度海，上落伽山禮大士。已而至吴下，與尺木居士游太湖洞庭，樂石公之勝，賃僧舍居之。未幾，又至寧波。有高自謂解脱，然名心不死，又與海圖入京應試，不獲雋，得末疾，復至吴下。疾大劇，踉蹌歸，甫抵家而死。

汪愛廬師讀其《與法鏡野論春秋書》，評曰：「上帝臨壇，萬靈拱肅；世尊下降，諸天震動。」尺木居士謂有高奮乎百世之下，希三代之英，可謂豪傑之士。又稱其文華梵交融，奏刀砉然，傾倒至矣。

昔日，與友人程君在仁挑燈道故。程君曰：「羅先生可謂天下第一學人。」予曰：「爲宋儒之學，不及道原；歸西方之教，不如照月；肄訓詁之學，不如戴太史；文則吾不知也。」又曰：「其學佛猛勇精進，必往生浄土。」予曰：「人之所以學佛者，爲了生死耳。閉户參究，回光反照，即可以了矣，何事僕僕道路爲？亦可謂疲於津梁矣。當鐘鳴漏盡之時，尚不知反，幾死道路，危哉！且屢上公車，求一進士而不可得，名利之心甚熾，而能了不染之心耶！清浄世界中，一朶蓮花豈容此凡夫趺坐其上！」在仁又述其在奉化西峯寺事云：「一日，出白金易泉，金甚夥，縣役疑其爲盜，捕之，手仆三人，餘皆逃去。尋自詣縣，令升堂見之，叱使跪，不應；詰其姓名，不答。羈之告成寺。邵海圖聞其事，白於縣令，釋之。能禦强暴，豈非豪士哉？」予笑曰：「此妄人之所爲也。當縣役捕時，曉之曰：『我羅舉人，非盜也。』即不信，同縣役詣縣，自述顛末，且可援邵海圖以爲證，其事即解，何必用武耶！其在縣堂時，縣令聞其勇，愈疑其爲盜，所以叱之、詰之，何以不答？豈亦將施老拳於縣令耶？幸有海圖在耳。設海圖不知，縣令横虐，竟肆桁楊，因好勇鬭狠，毁傷父母遺體，不孝莫大焉！少有知識者尚不爲，而學佛者爲之乎？」

汪愛廬師

先生諱縉，字大紳，吴縣諸生。少孤，程太孺人撫以成立。幼入塾讀書，性不善記。年十六，試爲文，數百言立就。其文在荆川、百川之閒；至於發揮經旨，涵泳道德，唐、方二家所不及也。喜爲詩，以陳子昂、杜少陵爲則。

不二師見其《虎邱題壁詩》，詫曰：「此白衣大有根器。」後見寒山、拾得詩〔二〕，喜其字字句句皆從性海流出，於是以詩作佛事，有空山無人、水流花開之妙境，非若王安石之句摹字擬也。尤工古文，人所不能言者，能言之；人所不敢言者，能言之；人所不能暢者，能暢之；人所不能曲者，能曲之。其出儒入佛之作，則言思離合，水月圓通，有不可思議者。尺木居士許之曰「噓氣成雲」。王光禄西莊云：「讀大紳文，十洲三島悉在藩溷閒矣。」然而先生之志不在此也，有詩曰「消沈文字海，萬古涕淋浪」，先生之志，蓋在向上一義矣。

壯歲，讀《陳龍川文集》，慕其爲人，思見用於世。既而讀宋五子書，又讀西來梵筴，始悟其非。謂趙宋以來，儒與佛争，儒與儒争，轇葛紛紜，莫能是正。乃統其同異，通其隔閡，仿明趙大洲《二通》之作，著《二録》《三録》以明經世之道；又著《讀書四十偈私記》〔三〕，以通出世之法。嘗謂藩曰：「吾于儒、佛書，有一字一句悟之十餘年始通者。讀《二録》《三録》，當通其可通者，不可强通其不可通者。」尺木居士謂先生之論儒、佛，一彼一此，忽予忽奪，似未深知先生者。先生豈無權量於其閒耶？

先生落落寡合，往來最密者，尺木居士一人而已。曾主來安建陽書院，以正學教諸生，緣歲饑，輟講歸。又嘗應浙江賓學使聘，校試文，非所好也。歸而閉户習静，不復應科舉。作《無名先生傳》曰：「先生講學，不朱不王；先生著書，不孟不莊；先生吟詩，不宋不唐；先生爲人，不猥不狂；先生處世，不圓不方。」復作歌曰：「先生有耳聽清風，先生有眼看明月，先生有身神仙人，先生有家山水窟。先生于事無不有，人欲説之壁挂口。」自述其孤往也如此。以食廩歲滿，貢太學，未得教官。卒年六十八。卧疾數日,口不及家事,索茗盡兩甌,曰「好好」而逝。

彭尺木居士

尺木居士,又號知歸子,名紹升,字允初,大司馬芝庭公之四子也。八齡,躓于户閾,損一目。早歲舉于鄉,乾隆己丑成進士,例選知縣,不就。生性純厚,禀家教,讀儒書,謹繩尺。初慕洛陽賈生之爲人,思有以建白,樹功名。後讀先儒書,遂一志于儒言、儒行,尤喜陸、王之學。及與薛、汪二先生遊,乃閲《大藏經》,究出世法,絶欲素食。久之,歸心浄土,持戒甚嚴。好作有爲功德,鳩同人施衣施棺,恤嫠放生,鄉人多化之。修浄業後,一切屏去,惟讀古德書。閒作漢隸,收弆金石文字。嘗謂予曰:「朱子亦愛金石碑版,此《論語》所謂『游於蓺』,非玩物喪志也。」治古文,言有物而文有則。熟于本朝掌故,所著《名臣事狀》《良吏述》《儒行述》,信而有徵,卓然可傳於後世。論學之文,精心密意,紀律森然;談禪之作,亦擇言爾雅,不涉禪門語録惡習。其解《大學》「格物」,訓「格」爲「度量」,本之《倉頡篇》。宋以後儒者,自撰詁訓,豈知此哉?

其《讀古本大學》一首,有裨于經傳。文曰:

《大學》一書,古聖人傳心之學也。傳心之學,「明明德」一言盡之矣。「親民」者,明德中自然之用,非在外也。民吾同體,「親」之云者,還吾一體而已矣。故下文不曰「親民」,而曰「明明德于天下」。心量所周,蕩然無際。民視、民聽,即吾視、聽;民憂、民樂,即吾憂、樂。如明鏡,物無不鑒；如太虚，物無不覆。是謂「明明德于天下」。故曰：「一日克己復禮，天下歸仁焉。」仁非在外也，亦還吾一體而已矣。「至善」者，明德中自然之矩，所謂天則也。見龍无首，乃見天則，聖人以此洗心，退藏于密，所謂「至」也。故道莫先于「知止」矣。知者，明德之所著察，止外無知，知外無止。止外無知，是謂「知本」；知外無止，是謂「知至」。「知至」云者，外觀其物，物無其物，物無其物，是謂「物格」；内觀其意，意無其意，意無其意，是謂「意誠」；進觀其心，心如其心，心如其心，是謂「正心」。由是以身還身，以家還家，以國還國，以天下還天下，不役其心，不動于意，不殽于物，是謂「身脩」「家齊」「國治」「天下平」。而其機莫切于知本，家國天下以身爲本，而身以知爲本。故反復于本末之辨，而終之曰：「此謂知本，此謂知之至也。」知本則知止，知止則知至，不其然乎？雖然，本末易知也，知本矣，而其功莫精于誠意。蓋亂吾知者，意也，意之動而好惡形焉。是不可得而遽泯也，慎之于獨而已矣；慎之于獨，「無有作好，無有作惡」而已矣。「如惡惡臭，如好好色」，言無作也。無作則無意矣，「心廣體胖」，此其徵也。《淇澳》《烈文》，德之所被，民不能忘，一誠之所貫浹也，所謂「誠于中，形于外」也。何以誠之？反之于獨而已矣。反之于獨，不昧其知，謂之「自明」。「用其極」者，自明之極，本斯在是矣。「緝熙敬止」，其功也；「仁」「敬」「孝」「慈」「信」，一止也，極也；「大畏民志」，通天下之志也。意既誠矣，知斯至矣，「知本」之説也。然則，學者宜知所以事心矣。心本無所，有所，不可也；本無不在，有不在，不可也。善事心者，納之于一矩而已矣，所謂「正」也。自身而家，自家而國，自國而天下，納之于一矩，而無不修且齊焉，治且平焉。「矩」也者，所謂「極」也，「至善」也。「絜矩」云者，即本以知末，「止于至善」「明明德于天下」之實也。君子先慎乎德，反本而已矣。彼好惡拂人之性者，豈其性異人哉！舍本而逐末，卒爲天下僇，本其可勿務乎？故曰：「自天子以至於庶人，壹是皆以修身爲本。」

居士蓋本陽明之説而推廣之，如「意無其意」「心本無所」，語近於禪。然其言爲學之次第，知所本矣。又有《論語集註疑》《大學章句疑》《中庸章句疑》《孟子集註疑》四篇。居士深於陸、王之學，故於朱子不能無疑焉，亦各尊其所聞而已。

乾隆四十九年，大司馬卒後，往深山習静，參究向上第一義，自云：「當沉舟破釜，血戰一番，埽盡羣魔，以還天明。」作《蓼語》，示諸兄子。久之，又復家居，尋卒。

程在仁

在仁，常熟人。困童子試，每試必更名，無定名，以字行。

深於史學，尤精二《漢書》。嘗謂魏收有史才，陳壽、沈約皆不及也。艮庭江先生亟稱之。喜談匡濟之學，以爲如有用我者，可以立致太平。豪氣勃勃，不可一世。從吴門老儒陸佩鳴爲師，一日，謂在仁曰：「我不足爲子師。爲子擇師，莫如汪君愛廬。」在仁聞之，即執贄門下，盛稱其學。汪先生曰：「昔朱子謂吕子伯恭喜讀史書，所以心麤，不能體認經書。子之學，去吕子十萬八千里，而子之心已麤，氣亦浮矣。豈有心麤氣浮之人能讀書乎，而能成功業乎？」在仁瞿然下拜，曰：「願受教。」乃取《近思録》授之。十日後，問之曰：「省否？」曰：「不省。」又授以陸、王之書。久之，又問之曰：「省未？」曰：「省。」曰：「前此何以不省也？」曰：「心不在腔子裏。」

從此砥厲廉隅，雖三旬九食，不妄受人惠。性孤冷，不樂見熱客，坐是益困矣。假僧舍讀書，徧閱《大藏》。又得李卓吾、紫柏書讀之，感其遇，爲之泣下。嘗曰：「一僧一俗，皆從悲憤海中來。」蓋引以自喻也。

後下榻予家，樂與先君子談論，自悲身世不偶，多憤激之言。先君子曰：「《傳》有之，『富貴在天』，雖一衿，亦有定數。子學儒、學佛十有餘年，胸中尚不能消『秀才』二字，學道何爲！」退而告藩曰：「聞丈言，醍醐灌我頂矣。」未幾，歸海虞，以貧病死。

記者曰：儒生闢佛，其來久矣。至宋儒，闢之尤力。然禪門有語録，宋儒亦有語録；禪門語録用委巷語，宋儒語録亦用委巷語。夫既闢之，而又效之，何也？蓋宋儒言心性，禪門亦言心性，其言相似，易於渾同，儒者亦不自知而流入彼法矣。至儒、佛之分，在毫釐之閒，若暗中分五色，飲水辨淄、澠，其理至微，學者貴自得之，豈可以口舌爭乎？自象山之學興，慈湖之言近於禪矣；姚江之學繼起，折而入於佛者不可更僕數矣。然尚自諱其學，曰：「吾之言，儒言也，非禪言也；吾之行，儒行也，非禪行也。」如沈、史諸君子是已。至明之趙大洲，始以儒證佛，以佛證儒，如香聞師諸先生是已。閒嘗考之，後人皆曰「援儒入佛始於楊慈湖」，然程伯子有言曰：「佛言前後際斷，純亦不已是也。」是援儒入佛，不始於慈湖，始於伯子矣。

先君子學佛有年，明於去來，嘗曰：「儒自爲儒，佛自爲佛，何必比而同之？學儒、學佛，亦視其性之所近而已。儒者談禪，略其跡而存其真，斯可矣。必曰佛、儒一本，亦高明之蔽也。」藩謹守庭訓，少讀儒書，不敢闢佛，亦不敢佞佛，識者諒之。

校勘記

〔一〕「崇禎」之「禎」，原作「正」，避雍正帝胤禛諱，今據改。下同。

〔二〕「拾得」，原作「捨得」。按：寒山、拾得乃唐代著名詩僧，曾同隱天台山國清寺，今據改。

〔三〕徐洪興校本云：「據彭紹升撰《述》（見《國朝耆獻類徵初編》卷四三九），《讀書四十偈私記》當作《讀四十偈私記》。」今見汪縉著《讀佛祖四十偈私記》一卷，光緒十七年刻本。

跋

（清）伍崇曜

右《國朝宋學淵源記》二卷《附記》一卷，國朝江藩撰。百餘年來，學者以訓詁、小學相尚，許、鄭之説尊於周、孔。儁材秀民欲以是別異，矯枉過直，集矢於宋儒。影響附和，冥行擿埴，捫籥揣燭，皆自以爲漢學，亦一蔽也。蓋漢儒專言訓詁，宋儒專言義理，原不可偏廢。學者各尊所聞，各行所知，隨其性情之所近，詣力之所專，殊塗同歸，與道大適，無庸悦甘而忌辛，是丹而非素也。

鄭堂復撰此書，匪騎牆之見，亦持平之論耳。湯文正、魏果敏諸鉅公，以史宬當有傳，故未及載；若陸清獻從祀孔庭，史臣亦必有傳，故亦未載，亦見矜慎。至孫百泉，道光間從祀孔庭，則鄭堂書成久矣。南、北學者，分上、下二卷；附記一卷，多援儒入墨之論，殊可不必。

鄭堂專宗漢學，而是書記宋學淵源，臚列諸人，多非其所心折者，固不無蹈瑕抵隙之意。至《羅臺山孝廉傳》，痛詆之幾無完膚，其人苟無可取，亦何必爲之立傳？甚矣，鄭堂之褊也！鄭堂學術、人品，頗近毛西河檢討，故留粤時，於阮文達亦頗有違言，則其他可知。讀者分別觀之可耳。

張石州《閻潛邱年譜》稱「是書載李天生於甲申、乙酉間，冒鋒刃，閒關至燕中，兩謁愍帝攢宮。是並先生詩文集未之見也」云云。今《李天生傳》無此語，或石州所見爲鄭堂未定之本歟？咸豐甲寅夏五望後，南海伍崇曜謹跋。

校補陸志

《陸志》卷一：唐揚子縣圖。按：元真州舊圖題曰「唐疆域圖」，神山之後有赤岸、瓜步二山，天甯洲之後有黄天蕩、小帆山。《陸志》因四處不在此時儀徵縣境内，所以删去。然既題曰「唐揚子縣圖」，則唐時疆域如此，未可删去，當補入。

《陸志》卷二弟一葉「宋永嘉」一條。按：永嘉當作「元嘉」。沈約《宋書·州郡志》：中原亂，北州流民多南渡，晉成帝立南兖州，寄治京口。文帝元嘉八年始割江淮閒爲境，治廣陵，領郡國十四。廣陵太守，十四郡國之一也，非分廣陵、江都等四縣爲南兖州也，當改云：「宋元嘉八年，廣陵太守屬南兖州，齊、梁因之。」

《陸志》卷二弟二葉「五代吴改」一條。按：《輿地廣記》云：「南唐以永正縣地置迎鑾鎮。」《寰宇記》云：「本揚州白沙鎮地，僞吴順義二年改爲迎鑾鎮。」二者不同，象之謹按：《通鑑》：後梁龍德二年，歲在壬午，吴主楊溥即位，改元順義。又《通鑑》：唐莊宗同光二年，歲在乙酉，吴主如白沙鎮觀樓船，更命白沙曰迎鑾鎮，徐温自金陵來朝。又《儀徵志》引《五代史》楊溥僭位，順義四年，溥臨白沙閲舟，金陵尹徐温來見，改白沙鎮爲迎鑾鎮。自後梁龍德二年壬午順數至同光二年乙酉，整整四年，則吴自龍德二年壬午改元順義，亦順數至順義四年乙酉，亦整整四年。參《通鑑》《五代史》二書以觀，則當在吴順義四年及後唐同光二年，《輿地廣記》以爲南唐所改，已是差互，而《寰宇記》以爲在順義二年，年月亦非是。當書曰：「吴順義四年，改白沙鎮曰迎鑾鎮。」

《太平寰宇記》：建安軍本揚州白沙鎮地，僞吴順義二年改爲迎鑾鎮，是揚州大江入京口之岸，皇朝建隆三年升爲建安軍，雍熙三年仍割揚州之永貞縣以屬焉。永貞縣西北五十五里，舊十六鄉，今十鄉。本漢江都縣地，舊揚子鎮城。唐高宗廢鎮置縣，因鎮爲名。廣陵監、丹陽監并置在縣郭，李昪僞命改爲永貞縣。

《資治通鑑》胡三省《注》：路振《九國志》楊溥巡白沙，太學博士王轂上書請改白沙爲迎鑾。

宋本王象之《輿地紀勝》：雍熙三年，割揚州之永正縣以屬焉。《輿地廣記》以爲雍熙二年，不同。《國朝會要》及《九域志》并在雍熙三年，當從《會要》。又引《九朝通略》載：大中祥符六年初鑄玉皇聖祖太祖太宗尊像於建安軍，至是成，丁謂爲奉迎使，乙巳入玉清昭應宫，上親謁。尋陞建安軍爲真州。

《輿地紀勝》：《中興小曆》建炎四年有真、揚鎮撫郭仲威屯天長，而不言置使之始。

以上四條，宜補入卷二弟二葉「宋乾德」一條之後。

《陸志》卷二弟六葉：唐揚子爲望縣。按：唐時縣有上中下，無所謂望者。望、緊始於周廣順三年。考唐時長安、萬年、洛南、洛陽、太原、晉陽六縣，謂之京縣，京兆、河南諸縣謂之畿縣，如揚子縣則上縣也，「望」當改「上」。《唐六典》《舊書·職官志》：上縣令一人，從六品，丞一人，從八品，主簿一人，正九品，尉二人，從九品，司户佐四人，史七人，帳史一人，司法佐四人，史八人，倉督二人，典獄十人，問事四人，白直十人，市令一人，佐一人，史一人，帥二人，倉督二人，博士一人，學生四十人。

《太平寰宇記》：唐廣陵監、丹陽監並置在縣郭。每歲鹽鐵使鑄錢一萬一千餘貫。按：此條當補入卷二弟六葉「宋初爲軍」一條之前。

《陸志》卷四弟三葉：孫元長，《揚州府志》作「元常」。蘇緽，《儀徵縣舊志》作「蘇績」。「劉湜」下，《府志》有「仕至中丞」四字。弟六葉：黄惟正，《進士題名碑録》《府志》皆云江都人。弟十二葉：張桓，《舊志》作「張恒」。弟十四葉：胡景榮，《題名碑》及《府志》皆作江都人。弟十六葉：李柷，《府志》作「祝」。弟十七葉：孔元德，據《府志》己酉科舉人，當在三十七年下。弟十九葉：鄭元勳、鄭爲光，《題名碑》《府志》皆作江都人。弟二十四葉：王詰，《題名碑》《府志》皆作江都人。

《太平寰宇記》：皇朝建隆三年升爲建安軍，雍熙三年割揚州之永貞縣屬焉。按：此條當補入卷五弟一葉「宋乾德」一條之前。

《陸志》卷五弟一葉：開禧二年，《府志》作「三年」。弟三葉：《府志》「屢改守臣」，今《陸志》訛作「累改守臣」。弟七葉：《府志》「朝廷議復」，今《陸志》「復」訛作「浚」。

《嘉靖維揚志》：水驛站船一十七隻，站馬八疋，鋪陳七十六副，水夫一百名，馬夫八名。按：此條當補入二十一葉「水驛」一條之後。

《府志》：水驛在縣南一里。今《陸志》卷五弟二十一葉作「三里」。

《嘉靖維揚志》：嘉定六年，守徐景令判官朱明孫等因舊址重建屋四十六楹。按：此條當補入卷六弟十葉「宋貢院」條後。

《府志》：預備倉舊有東、西、南、北四境四倉，明洪武二十三年知縣王士亨建，今俱廢。節貯倉在資福寺前。按：以上二倉當補入卷六弟十三葉「宋常平倉」後。

《輿地紀勝》引《儀徵志》曰：「考之天文，自斗十二度至須女七度爲星紀之分，北負淮水，南自臨淮，廣陵至於東海，皆屬星紀。而揚入牛八度，則真州在牽牛矣。按：此條當補入《陸志》卷七弟一葉「明天文書」條後。

《輿地紀勝》：温公《送吴處厚知真州》詩：「屭託屏星駕，同隨丞相車。終朝容懶拙，經歲庇迂疏。」「共此趨雲闕，旋聞建隼旗。江淮一都會，遊刃必多餘。」又荆公《送吴仲純守儀徵》詩：「江圭齋船駐彩橈，鳴笳應滿緑楊橋。久爲漢吏知文法，當使淮人服教條。拱木延陵瞻故國，叢祠瓜步認前朝。」按：此條當補入卷七弟二葉「風俗」一行之前。

《陸志》卷七弟四葉：陟山鋪。按：舊府志、新府志、舊縣志作「陡山鋪」。《隆慶縣志》：有金聲坊、玉振坊在儒學街東西。按：此條當補入卷七弟七葉「城内巷」前。

《府志》云縣治，以爲是晉謝安所築。按：安於步邱築新城，乃在今甘泉縣北二十五里，非此地也。元至元二十八年，移揚子縣治此，今爲鎮。東西高橋孌江橋、新壩皆在此。土人喜植桃，春花最盛。按：此條當補入卷七弟七葉「新城鎮在縣東一十里」之下。

《輿地紀勝》：蜀崗在揚子縣西北，自胥浦至江都界並謂之蜀崗，以其來遠也。《寰宇記》蜀崗屬揚州江都縣，爲禪智寺，即隋之故宫。今屬儀徵，與金陵相對。

《太平寰宇記》：蜀崗在永貞縣西北，淮子河與江都縣分界。按：以上二條當補入卷七「自小帆山」一行之後。

《輿地紀勝》：城子山在州北，魏文帝嘗於此築東遊臺。按：此條當補入卷七弟十葉「城子山」下。

《府志》：臘山高五十丈，周七里，有白龍廟。宋郡守王大昌於此禱雨有感。按：此條當補入卷七弟十一葉「臘山」條下。

祝穆《方輿勝覽》云：「宋大中祥符六年，京師建玉清昭應宫，擇地範鑄，司天言建安軍西小山有王氣，堪以鑄像。及後迎奉赴闕，詔即其地建天慶儀真觀。」《府志》云：「《九朝通略》：建安軍鑄像成，丁謂爲奉迎使，尋陞軍爲真州。」按：此條當補入卷七弟十葉「小山」條後。

《陸志》云：「大銅山高一百丈，周七里。」按：此條當補入卷七弟十一葉「大銅山」下。

《太平寰宇記》：銅山、小銅山并在永貞縣西北八十里。《輿地紀勝》：小銅山在揚子縣北二十里，世傳吴王濞鼓鑄之地。按：此二條當補入卷七弟十二葉「小銅山」下。

《陸志》卷七弟十三葉：冶山在縣西北六十里。《隆慶縣志》作「四十里」。

《府志》「鑪鞲將軍廟」下有唐開元中建祇洹寺一事，當補入卷七弟十三葉「將軍廟」下。

《府志》：甘草山高十八丈五尺，周一里。尖山高三十丈，周二里。雞留山高九丈五尺，周二里。按：此當補入卷七弟十三葉「三山」之下。

《隆慶儀徵志》：方山，梁建寺其上，曰興雲，後更曰梵天，有玉子石、猫兒石、鳳凰橋、黄龍池。其柴王城、康尼寺，并皆頽絶。按：此當補入《陸志》卷七弟十四葉「方山」下。

《府志》：丁山高三丈，周二里。青山高三十丈，周一十三里。神山高十五丈，周三里。焦家山高八丈，周五里。戴家山高十丈，周二里。按：此當補入《陸志》卷七弟十四五葉各山之下。

《輿地紀勝》：伍子胥廟在胥浦山。昔伍氏食邑於棠，胥亡奔吴，嘗解劍渡江於此。故張芸叟詩云「聞説仙鄉接瀨鄉」，而東坡《祭文》有「報楚爲孝，徇吴爲忠」之語。按：此條當補入卷十四弟十二葉「伍子胥祠」下。

《輿地紀勝》：浣紗女馮氏廟。初，伍子胥亡楚，過見一女子浣紗，因屬之曰：「後有追兵至，切勿他言。」其女子遂赴於水，以誓絶口。按：此條當補入卷十四弟二十四葉「浣紗女祠」下。

《輿地紀勝》：證聖寺在揚子縣横山之陽。梁太子修善業於此，有梁太子讀書堂。按：此條當補入卷十五弟一葉「禪證寺」下。

《輿地紀勝》：荆公《真州東園》詩：「十年歷遍人間事，卻遶新花認故叢。南北此身知幾日，山川長在淚痕中。」按：此條當補入卷十六弟二葉「歐陽記」一條之下。

《陸志》卷十六弟十三葉：陡遐亭。按：宋本《輿地紀勝》作「陟遐亭」。

《輿地紀勝》：胡宗愈。《事略》云：英宗朝，李定自秀州推官除御史，知制誥蘇頌、李大臨不草制，皆落職歸班。宗愈以舍人封還詞頭，爲是坐奪職，通判真州。按：此條當補入卷十九弟三葉「胡宗愈」條下。

《輿地紀勝》：向子忞。建炎三年，金人去真州，靳賽復引兵入城，頗肆殺掠。後數日，守臣向子忞至，以義責之，賽語塞。《繫年録》云。按：此條當補入卷十九弟四葉「向子忞」條下。

《輿地紀勝》：孫錫世爲廣陵巨室，父再榮悉推田宅與兄弟，居於建安軍揚子縣，遂爲真州人。千里迎師，市書至六七千卷。錫年十九登開封府進士第，後持憲淮南，考課爲天下弟一，知舒州，發倉以濟陳、潁、許、蔡流人，王荆公爲銘其墓。按：此條當補於卷二十弟一葉「孫錫」條下。

《輿地紀勝》：蔡薿自元祐中居真州塘下里。崇寧間魁天下，後補尚書，蔡京欲通族，不可，京由是惡之。按：此條爲各舊志所不載，當補爲一傳，列於《陸志》卷二十弟五葉「沈度」之後。

《輿地紀勝》：王荊公《處士征君墓表》云皆居於真州之揚子，曰杜君、徐君，皆隱於醫卜。有征君者，有子五人，兩人登進士第，一預鄉薦。按：此條當補於《陸志》卷二十一弟十四葉「征集」條下。

《陸志》弟二十一卷弟十七葉：陳次升，仙遊人。《輿地紀勝》載爲固始人。